기독교철학 길라잡이

김종걸 지음

한국침례신학대학교출판부

차 례

추천의 글 ·· 5

프롤로그 ·· 15

1부 종교철학과 기독교철학 ··· 21
1. 종교란 무엇인가? ·· 25
2. 철학이란 무엇인가? ·· 46
3. 종교철학의 개념 ·· 50
4. 종교에 대한 사유가 중립적일 수 있는가? ········· 59
5. 기독교철학의 개념 ·· 70

2부 신 개념에 대한 이해: 신이란 무엇인가? ··········· 79
1. 신을 인식하는 다섯 가지 방식 ···························· 88
2. 신을 거절하는 견해 ·· 120

3부 신의 존재를 논증하는 이론 ································ 125
1. 존재론적 논증 ·· 132
2. 우주론적 논증 ·· 145
3. 목적론적 논증 ·· 154
4. 도덕적 논증 ·· 160

4부 신의 존재를 거부하는 논증: 무신론과 불가지론 ·········· 167
1. 오귀스트 콩트(Auguste Comte, 1798-1857) ··············· 173
2. 루트비히 포이어바흐(Ludwig Feuerbach 1804-1872) ········ 184
3. 찰스 다윈(Charles Darwin, 1809-1882) ····················· 194

4. 칼 마르크스(Karl Marx, 1818-1883) ·················· 217
  5. 프리드리히 니체(Friedrich Nietzsche, 1844-1900) ·········· 235
  6. 에밀 뒤르켐(Émile Durkheim, 1858-1957) ·············· 251

5부 신앙과 이성의 조화 ····························· **269**
  1. 신앙이란 무엇인가? ························· 276
  2. 신앙과 이성: 갈등과 균형 ······················ 280
  3. 새로운 영성을 향하여 ························ 297
  4. 신앙과 이성의 조화: 성경적 가치관의 회복 ·············· 304

6부 기독교철학과 사회적 이슈 ························ **309**
  1. 기독교와 남북통일 문제 ······················· 311
  2. 4차 산업혁명과 교회의 변화 ···················· 339

| 추천의 글 |

　이성과 합리성이 시대정신을 주도하던 근대, 그리고 형식적 합리성의 지배를 피하려는 탈근대적 시대를 넘어 이제는 새로운 통합의 시대가 열리고 있다. 종교와 철학이라는 주제는 오랫동안 신학과 철학에서 다루고 있는 거대담론이다. 상대주의가 모든 것을 가름하는 이 시대에 기독교의 진리를 이성적으로 합리적인 방법으로 설명할 수는 없을까? 기독교를 지성으로 이해하기 위한 시도는 신학과 철학에서 역사적으로 계속 되어 온 작업이다. 김 박사님은 이 책에서 종교와 철학, 신학과 철학은 서로 대립하는 것처럼 보이나 근원적인 차원에서 서로를 필요로 하고 있다고 역설한다. 특히 지성적 신앙을 듣길 원하는 지성인들에게 무조건적인 믿음만을 강조하지 않고, 기독교 신앙에 대한 지성적인 확신을 가지도록 김 박사님은 차근차근 설명해 나가고 있다.

　김 박사님은 꾸준히 지성인과 신앙인들이 철학자가 되라는 것이 아니라, 철학적 토대 위에 단단하게 발을 딛고 서있으라고 말하고 있다. 그리스도인 모두가 철학자가 될 필요는 없지만, 탄탄한 철학적 바탕이 없이는 풍성한 결실을 맺을 수가 없다고 설명한다. 「기독교철학 길라잡이」는 6부로 구성되어 있다. 1부는 종교철학과 기독교철학, 2부는 신에 대한 개념이해, 3부는 전통적인 신 존재 증명, 4부는 신 존재 반대를 이야기 하는 철학자들의 논증, 5부는 신앙과 이성의 조화를 강조하며 성경적 가치관의 회복을 다루고 있고 그리고 6부에서는 기독교철학과 사회적 이슈로 남북통일 문제와 4차 산업혁명을 다루고 있다. 김 박사님의 책은 전체적인 구성도 잘 짜여 있지만, 자칫 한 쪽으로 치우치기 쉬운 부분도 절제하며 신앙과 이성의 균형을 이루고 있다.

나는 이 책을 꼼꼼히 읽어 나가는 가운데 삶의 근본적인 질문들에 대해 이성적인 작업으로 기독교 신앙을 바라보는 훈련이 될 것이라고 생각한다. 그리고 이러한 저자의 필적은 쉽게 읽혀지고, 명쾌하며, 정확하고, 최고로 세련된 것이라고 확신한다.

김 박사님은 한국침례신학대학교에서 30년간 기독교철학을 가르쳐온 복음주의 학자이다. 나는 그의 책을 대할 때마다 그의 신학이 철저하게 복음적이라고 확신한다. 그러기에 나는 이 책이 성경을 이해하고, 4차 산업혁명시대에서 신앙과 이성의 조화를 통해 하나님이 원하는 모습으로 이 땅에서 살고자 하는 지성인들이 반드시 읽어야 하는 책이라고 확신한다.

이 책을 사서, 읽고 또 읽길 권면한다. 장담하지만 결코 후회하지 않을 것이다, 나는 이 책을 사랑한다. 김종걸 박사님의 연구와 저술의 수고에 찬사와 감사를 드리며 이 귀중한 책을 기쁜 마음으로 추천한다.

고명진 목사
(기독교한국침례회 총회장,
수원중앙교회 담임목사, 한교총 공동대표회장)

| 추천의 글 |

　종교와 철학, 철학과 신학의 관계를 보여주는 김종걸 박사님의 「기독교철학 길라잡이」는 '기독교 철학적 사유'의 깊이를 맛볼 수 있는 단단한 저작이다. 김종걸 박사님은 먼저 책을 집필하게 된 동기에 대해 "종교다원주의 시대 속에서 기독교 신앙이 진리라는 사실을 어떻게 충분히 합리적인 방법으로 설명할 수 있을까"라는 질문과 함께 고민하면서 기독교 진리를 이성적이고 합리적으로 설명할 수 있어야 한다면서 이 책을 쓰게 되었다고 한다.

　이 책은 총 6부로 구성되어 있다. 1부는 종교철학과 기독교철학이라는 주제를 다르게 구분해서 이야기한다. 종교가 무엇이지 그리고 철학이 무엇인지 살펴보고, 종교철학과 기독교철학의 개념을 설명한다. 2부는 신에 대한 개념을 다루고 있다. 저자는, 신에 대한 다양한 견해를 유신론(Theism), 이신론(Deism), 범신론(Pantheism), 만유재신론(Panentheism), 유한신론(finite godism)의 다섯 가지 유형으로 압축하여 소개하고 있다. 3부는 전통적인 신 존재 증명이론을, 존재론적 논증(Ontological Argument), 우주론적 논증(Cosmological Argument), 목적론적 논증(Teleological Argument), 도덕적 논증(Moral Argument)으로 제시한다. 여기서 저자는 이성적 접근이 신앙에 절대적 요소가 아니라 기독교인들의 신앙에 체계환 된 이성적 논리가 하나님을 체험한 신앙을 뒷받침해줄 수 있다고 주장한다. 4부에서는 신의 존재를 부정하는 학자들을 소개한다. 오귀스트 콩트(Auguste Comte), 루트비히 포이어바흐(Ludwig Feuerbach), 칼 마르크스(Karl Marx), 프리드리히 니체(Friedrich Nietzsche), 찰스 다윈(Charles Darwin), 에밀 뒤르켐(Emile Durkheim) 등의 무신론적이며 불가지론적인 철학을 다루고 이에 대한 기독교적 비판을 하고 있다. 5부에서는 신앙과 이성의 조화를 다룬다. 저자는 종교와 철학이 만나야 할 필요성, 신학과 철학이 만나야 할 필요성, 종교와 신학이 철학을 품어야 할 이유에 관해 설명하고, 신앙과 이성 간의 조화로운 관계를 통해 하나님의 진리를 분명히 알 수 있음을 역설한다. 종교와 철학, 신학과 철학은 서로 대립하는 것처럼 보이나 근원적인 차원에서 서로가 필요하다는 것이다. 6부에서는 우리가 살아가는 이 세계의 현실 문제들 가운데 남북통일 문제, 4차 산업혁명을 다루며, 기독교가 나아가야 할 방향을 제시한다.

김종걸 박사님의 「기독교철학 길라잡이」는 신학과 철학이 소통하지 않고 점차 멀어지고 있는 상황에 새로운 활력을 불어넣었다고 평가된다. 저자는 이 책에서 신학에서 철학을 활용하는 것을 차근차근 설명하고 옹호한다. 「기독교철학 길라잡이」는 합리적이고 과학적인 현대인들을 위한 최고의 기독교철학 입문서로서 종교다원주의 시대 속에서 기독교 신앙이 진리라는 사실을 아주 쉽게 그리고 명료하게 설명하고 증명하고 있다. 다채로우면서도, 구성면에서도 영리한 이 책은 흔히 학문적인 언어로 뒤덮여 있다고 간주되는 기독교철학에 쉽게 접근할 수 있도록 명료하고 분명하게 설명하고 있다. 「기독교철학 길라잡이」는 김종걸 박사님의 명쾌함이 한없이 발현된 책이다. 철학과 신학을 넘나들며 풀어낸 진리에 관한 통찰은 우리를 모두 '지성적인 것이 영성이다'라는 그의 기독교철학 이해로 빠져들게 하고 있다.

　김종걸 박사님은 우리 시대의 복음주의 지성을 이끄는 대표적인 기독교철학자 중 한 사람이다. 그는 신학과 철학에 대해 넓고 깊은 이해를 바탕으로 기독교철학을 가르치고 강연해 왔다. 특히 이 시대가 기독교 신앙에 제기하는 중요한 쟁점에 효과적으로 대처하도록 학생들을 돕고 그와 관련된 글을 꾸준히 써 왔다. 무엇보다 포스트모더니즘과 인본주의에 따라 기독교적 가치관이 훼손되면서 교회들이 어려워지고 다음 세대들의 가치관이 혼돈 속에 갈 바를 찾지 못하는 최근의 상황에서, 가장 깊숙이 계발되어야 할 지성을 기독교적 시각으로 성경적 해결방안을 제시한 점도 눈에 띈다. 김종걸 박사님의「기독교철학 길라잡이」는 성경적 지성의 작업을 통해 기독교 공동체의 지적 자부심을 높인 저술로서 신학생과 목회자, 지성인뿐 아니라 모든 그리스도인이 읽고 유익을 얻을 책이라고 확신한다. 김종걸 박사님의 연구와 수고에 감사를 드리며, 이 책이 기독교에 뿌리내린 반지성주의(反知性主義)를 혁파하는 길라잡이가 되길 기대한다.

김선배 박사
(한국침례신학대학교 총장)

| 추천의 글 |

　　김종걸 교수의 「기독교철학 길라잡이」(한국침례신학대학교 출판부, 2022)가 출간된 것은 한국기독교철학 계에 경사다. 「기독교철학 길라잡이」는 1년 6개월 전 기독교세계관 저서 「넌 세상을 어떻게 바라 볼거니: 기독교 세계관으로 바라보기」(요단출판사, 2020)에 이어 나온 저서이다. 저자는 숭실대학교 대학원에서 리꾀르의 해석학 연구로 박사학위를 취득하고 한국침례신학대학교에서 평생토록 기독교철학을 강의해온 학자다. 그가 회갑을 넘어서 여태까지 학문 연구의 결실로서 기독교세계관에 관한 깊이 있는 내용의 저서를 출판한 데 이어 올해 기독교철학 입문을 낸 것은 열심히 연구해온 기독교철학자로서의 결실을 보여주는 것이다.

　　더욱이 한국사회와 교회 안에 한국인 대학교수가 쓴 철학입문은 많이 있으나 기독교철학 입문은 거의 없는 처지에서 본 저서는 한국기독교철학 계를 위한 기여라고 말할 수 있다. 보수신앙이 강하게 지배하는 한국에서는 철학과 기독교 사이에 근본주의 성향의 이율배반적인 편견이 자리 잡고 있다. '예루살렘과 아테네 사이에는 아무런 관계가 없다'는 터툴리안(Tertullianus, 155-240) 식의 이해가 크게 자리 잡고 있다. 이에 대하여 저자는 기독교와 철학을 조화시키는 어거스틴적 이해를 제시하고 있다. 이런 의미에서 저자는 한국 기독교철학의 발전에 기여하고 있다. 저자는 2021-2023 한국기독교철학회 차기회장 직에 봉직하고 있으며, 앞으로

2023-2025 한국기독교철학회 회장으로서 그 귀한 역할을 하게 될 것이다.

저자는 머리말에서 "지성적인 것은 영성이다"라는 문장으로서 그의 기독교철학의 이해를 표현하고 있다. 중세 교부 안셀름(Anselm, 1033-1109)이 피력한 바같이 기독교 신앙은 지성을 추구하는 것이다(fides quarens intellectum). 이는 기독교철학이란 지성과 신앙이라는 두 요소를 균형 있게 파악하는 것을 의미한다. 기독교철학은 신앙의 근거를 따지지 않고 무조건 믿는 반지성주의적 맹목적 신앙이 아니라 지성적 신앙을 요구한다. 그래서 항상 자신의 한계를 아는 겸손의 지성이기를 추구한다. 이런 의미에서 저자는 기독교철학 이해에 있어서 초기 교부 어거스틴(St. Augustine, 354-430), 종교개혁자 칼빈(John Calvin, 1509-1564), 현대에 와서는 프랑스의 해석학자 폴 리꾀르(Paul Ricoeur, 1913-2005), 21세기 복음주의 개혁신학자 존 프레임(John M. Frame, 1939-)의 입장에 서고 있다.

저자의 「기독교철학 길라잡이」는 6부문으로 나누어진다. 제1부에서 종교철학과 기독교철학이라는 주제를 서로 다른 분과로서 다룬다. 종교철학은 종교적인 문제들이나 신념들을 비판적으로 반성하나 기독교철학은 기독교를 변증, 철학적으로 옹호하는 성찰이다. 제2부에서 신 개념을 다룬다. 일반적 4가지 유형인 유신론(Theism), 자연신론(自然神論) 혹은 이신론(理神論, Deism), 범신론(汎神論, Pantheism), 만유재신론(萬有在神論, Panentheism) 외에 새로운 유형으로 유한신론(finite godism)을 비판적으로 다룬다. 유한신론은 신을 우주 밖에 있으며 우주를 통치하지 않는 존재로 보고, 피조물 수준으로 격하시킨다. 제3부에서 신의 존재를 증명하는 이론을 다룬다. 존재론적 논증(Ontological Argument), 우주론적 논증

(Cosmological Argument), 목적론적 논증(Teleological Argument), 도덕적 논증(Moral Argument)을 다루고 있다. 저자는 이 4가지 철학적 논증은 지성적 성찰에 그치지 않고 영적 체험(spiritual experience)을 전하는 수단이 된다는 점을 강조한다. 제4부에서 신의 존재를 부정하는 오귀스트 콩트(Auguste Comte), 루트비히 포이어바흐(Ludwig Feuerbach), 칼 마르크스(Karl Marx), 프리드리히 니체(Friedrich Nietzsche) 등의 무신론적 철학과 하나님의 존재를 알 수 없다는 찰스 다윈(Charles Darwin), 에밀 뒤르켐(Émile Durkheim) 등의 불가지론적 철학을 다루고 이에 비판적 성찰을 하고 있다. 저자는 다윈 진화론 비판 맥락에서 '창조 방식으로 진화사용을 주장'하는 유신진화론(theistic evolutionism)이 자연주의에 지배되는 것이라 비판적으로 잘 지적하고 있다. 제5부에서 신앙과 이성의 조화를 다룬다. 저자는 신앙과 이성의 긴장과 조화로운 관계를 통해 하나님의 진리를 분명히 알고 신앙을 발견할 수 있음을 제시한다. 저자는 여기서 기독교 영성을 강조한다. 종교와 일반적 영성은 피조물과 창조주 사이의 구분을 철폐하는 신비주의에 빠진다. 이에 대하여 기독교 영성, 특히 복음주의 영성은 피조물과 창조자를 명료히 구분하면서 하나님과의 인격적 관계 속에서 그리스도의 인격을 닮아가는 성령의 사역을 수용한다. 이러한 저자의 성찰은 정통 복음주의 신학의 입장을 견지하고 있다. 제6부에서 남북통일 문제, 4차 산업혁명 등 현실세계 문제를 다룬다. 그리고 기독교가 나아가야 할 방향을 제시한다. 여기서 저자는 "통전적 영성" 개념 아래 기독교 철학이 신앙의 수직적인 차원에 머물지 않고 기독교인이 당면하고 있는 4차 산업혁명 시대와 공산주의 이념을 지닌 북한과의 관계와 통일 문제에 이르기까지 기독교 신앙의 현실적 적용에 이른다고 주장한다.

이 저서에서 저자는 '인간 구원에는 성령의 역사가 절대적이며 그로 인해서만 새로운 피조물로의 변화가 따른다'는 복음주의적 입장을 견지하고 있다. 저자는 이 저서를 통하여 '독자들이 삶의 근본적인 질문들에 대해 이성적인 작업으로 기독교 신앙을 바라보는 훈련을 하고', '불신자들에게 효과적으로 복음을 증거 할 수 있는 내용들과 방법을 습득하는 관점의 변화가 있기'를 바라는 저작 의도를 표명하고 있다. 저자는 신앙과 이성의 조화를 향해서 바람직한 참된 신앙과 확신 그리고 그에 상응하는 실천과 헌신이 있을 것을 바라고 있다.

기독교철학 교수와 침례교 목사로서 저자는 복음주의적 전통신앙에 입각해서, 신앙과 이성을 대립과 갈등으로 보지 않고 상호 조화시키려 한 평생 씨름하고 견지한 입장을 「기독교철학 길라잡이」에서 보여주고 있다. 이러한 기독교철학 길라잡이는 한국교회의 기독교철학 입문에 하나의 이정표 역할을 하게 될 것으로 평가된다.

김영한 박사
(기독교학술원장, 숭실대 명예교수)

프롤로그

지성적인 것이 영성이다

종교다원주의 시대 속에서 기독교 신앙이 진리라는 사실을 어떻게 충분히 변증할 수 있을까? 그 진리를 이성적으로 합리적인 방법으로 설명하고 증명할 수는 없을까? 기독교를 지성으로 이해하기 위한 시도는 신학과 철학에서 역사적으로 계속 되어 온 작업이다. 신앙인들은 때때로 철학자들을 종교적 신앙을 부수려고 반목질시하는 비판자들로 여겨왔고, 철학자들은 신앙인들을 무지몽매한 맹신(盲信)하는 자로 보기도 했다. 그렇다고 해서 철학과 종교를 이러한 시각에서 규정하려한다는 것은 심각한 과오를 범하는 것이다. 역사 속에서 위대한 신앙인들은 위대한 철학자이기도 했고, 철학자들이 종교 사상에 대해 커다란 공헌을 하기도 했다. 믿음을 이야기 할 때 이리 저리 살피지 말고 '무조건 믿으라'고 이야기 할 때가 많다. 이 말은 합리성과 논리성을 가지고는 믿을 수 없다는 말이다. 그러나 과연 아무런 근거 없이 믿음을 가질 수 있을까? 오늘날에는 많은 사람들이 기독교 신앙을 이성적으로 받아들일 수 없기 때문에 기독교를 신앙으로 받아들일 수 없고, 교회에 가기 싫다고 이야기 한다. 기독교 신앙이 과연 진리를 말하는 것이 맞는지에 대한 의구심이다. 만약 여기에 대한 답을 충분히 제시하지 못한다면 하나님의 나라를 확장하는 것은 쉽지 않은 것처럼 보인다. 특히 젊은 사람들과 지성인들은 지성에 근거한 지성적 신앙을 듣기 원하지만, 교회가 그동안 이러한 부분에 대해 제대로 가르치지 못했기에 교회를 등지고 있다는 사실이다. 그러기에 무조건적인 믿음만을 강조하는 것만이 기독교 신앙을 지킬 수 있다는 편견에서 벗어나, 개인들이 기독교 신앙에 대한 지성적인 확신을 가진다면 더욱 더 참된 신앙인으로 살아가는 헌신하는 사람이 될 것이라는 사실을 인지하는 것이 매우 중요하다. 철학자이며 신학자인 찰스 말릭(Charles Malik, 1906-1987)은 휘튼대학교(Wheaton College) 빌리 그레이엄(Billy Graham, 1918-2018) 센터 헌당식 연설에서 '기독교가 맞는 가장 큰 위기는 반지성주의'라고 역설했다. 가장 깊숙이 계발되고 향상되어야 할 지성이 기독교에서 무시를 당하고 있다는 말이다. 필자는 기독교가 진리를 말한다면 충분하게 진리라고 할 만한 근거가 있고, 증명할 수 있어야 한다고 본다. 그리고 기독교는 이성적이고 합리적으로 설명해 줄 수 있다고 생각한다.

하나님께서 우리에게 주신 이성을 터부시하고 참된 믿음을 갖는데 전혀 쓸모없다고 생각한다면 이거야 말로 교만이고 아집이다. 중국의 고대 역사서 서경(書經)에 보면 '만초손 겸수익(滿招損 謙受益)'이라는 성어가 실려 있다. '교만은 손해를 부르고 겸손은 이익을 받는다'는 뜻이다. 신앙을 이성적으로, 합리적으로 모두 설명할 수는 없다 하더라도 논리적으로 설명될 수 있는 믿음을 간과해서는 안 될 것이다. 성경은 교만과 겸손에 대해 이렇게 이야기한다. "사람의 마음의 교만은 멸망의 선봉이요 겸손은 존귀의 길잡이니라"(잠 18:12). 우리는 지성으로 이해되는 신앙을 통해 믿음을 더욱 더 다져야 하는 겸손한 노력과 책임을 더 이상 미룰 수는 없다. 그러기에 필자는 가장 '지성적인 사람'은 '영성의 사람'이라는 영역을 향해 힘차게 노를 저어 가보고자 한다. 성경은 하나님이 누구인지에 대해 "나는 스스로 있는 자이니라"(출 3:14)고 대답하고 있다. 이 말은 나는 절대자 혹은 초월자로 계시는 하나님이라는 뜻이다. 이 간단한 표현에 하나님의 '자존성'(自尊性)과 '영원성'(永遠性)이 나타나 있다. 하나님 자신은 증명되거나 변론되어야 할 이유가 없으나, 그 하나님을 사람들에게 알리려면 합리적인 이성의 작업이 필요하다. 미국의 기독교철학자이며 개혁주의 조직신학자인 존 프레임(John M. Frame) 교수는 '하나님의 주재권'을 근거로 철학과 신학의 역사를 논증한다. 그는 기독교인들이 철학을 공부하면 복음을 대적하는 세력을 파악할 수 있으며, 복음을 전하는 데도 유리하다고 설파한다. 기독교인들이 사상과 지성의 영역에서 무작정 손을 놓아서는 안된다. 왜냐하면 철학과 신학은 우리가 서 있는 위치를 파악하고 가야 할 방향과 길을 제시하는 GPS와 같은 역할을 하기 때문이다.

필자는 신학과 철학을 공부하고, 하나님의 은혜와 인도하심으로 한국침례신학대학교에서 가르칠 수 있는 기회가 주어졌다. 그리고 기독교철학 교수로 신앙과 이성, 종교와 철학에 관련된 많은 주제들을 연구하고 정리하면서 위의 질문에 대한 대답들을 많은 사람들과 공유하고 싶어졌다. 대학생들, 기독교 지성인들, 믿음에 대한 확신이 부족하거나 없는 사람들 그리고 기독교를 알고 싶어 하는 모든 이들에게 미약하지만 도움이 되었으면 하는 바람으로 이 글을 써 내려갔다. 그래서 이 책은 기독교철학에 대한 학문적 탐구와 강의실과 교회에서 가르친 경험을 바탕으로 쓰여 진 것이다. 이 책이 그동안 간과되어 팽개쳐 버려졌던 이성이라는 도구를 사용하여 기독교 신앙이 진리라는 사실을 합리적으로 설명하고, 신앙에 확신이 없거나 믿음이 연약한 사람들이 기독교 신앙생활에 헌신하는 계기가 되었으면 한다. 아울러 기독교를 알고 싶어 하는 모든 사람들이 기독교 신앙을 제대로 알고, 새로운 믿음의 세계로 들어가는 시발점이 되길 기대한다.

  이 책은 6부로 구성되어 있다. 1부는 종교철학과 기독교철학이라는 주제를 가지고 이야기 하고자 한다. 인간 삶의 역사에 있어서 중요한 요소인 종교가 무엇인가? 그리고 철학이 무엇인가? 철학은 종교적 신념들에 대해 이성적으로 사고하고 종교적 신념들이 사실인지 또 그 믿음의 합리적인 근거가 있는지를 밝히고자 하는 작업이다. 종교, 철학 그 자체가 너무나 큰 주제임을 알기에 학문적으로 심오하게 접근하는 것 자체가 어렵다는 것을 인정한다. 그러기에 종교와 철학에 대해 간략히 알아보고 종교철학과 기독교철학의 개념을 살펴보고자 한다. 2부는 신 개념에 대한 이야기이다. 역사 이래 수많은 종교들은 이러저러한 신에 대한 이해를 가지고 있다. 수많은 신에 대한 다양한 견해들이 있지만 유신론(Theism), 자연신론(自然神論) 혹은 이신론(理神論, Deism), 범신론(汎神論, Pantheism), 만유재신론(萬有在神論, Panentheism), 유한신론(finite godism)의 다섯 가지 유형으로 압축하여 개념을 정리하고자 한다. 3부는 신의 존재를 증명하는 이론들을 살펴보고자 한다. 신의 존재를 믿는 것이 정당하다는 사실을 증명하기 위해 내세워진 여러 가지 철학적 논증들을 검토할 것이다. 존재론적 논증(Ontological Argument), 우주론적 논증(Cosmological Argument), 목적론적 논증(Teleological Argument), 도덕적 논증(Moral Argument)을 통해 검토하고자 한다. 지금도 하나님에 대한 어떠한 물음 없이 '무조건적 신앙'을 부추긴다면, 그것이야 말로 충동적인 신앙생활로 오염될 수 있게 만드는 위험요소가 될 수 있다. 필자는 이성적 접근이 신앙에 절대적 요소라고 말하는 것이 아니다. 단지 기독교인들의 신앙에 구체적이고 체계화된 이성적 논리가 하나님을 체험한 신앙을 뒷받침해줄 것이라는 주장을 하는 것이다. 물론 '신이 존재한다는 논증'이 이성적인 차원에서만 적용되어야 함을 말하는 것도 아니다. 구원은 성령의 역사가 절대적이며 그로 인해서만 새로운 피조물로의 변화가 따른다는 구원에 관한 교리를 필자는 확실히 믿고 있다. 이러한 기본 적인 전제하에 '신이 존재한다는 논증'은 우리의 영적체험을 지성적으로 그리고 구체적으로 전할 수 있는 이성적 도구라는 점에서 반드시 강조되어야 할 부분이라고 본다. 그러기에 '신이 존재한다는 논증'은 이성적 이해를 통해 더 적극적인 의지를 가지고 하나님께 나아갈 수 있는 도구적 측면임을 간과해서는 안된다. 4부는 신의 존재를 거부하는 학자들에 대해 살펴볼 것이다. 여기서는 주로 하나님의 존재에 대한 불신과 거부를 의미하는 무신론적 철학과 하나님의 존재를 알 수 없다는 불가지론적 철학을 고찰하고자 한다. 관심을 갖고 살피고자 하는 학자는 오귀스트 콩트(Auguste Comte), 루트비히 포이어바흐(Ludwig Feuerbach), 칼 마르크스(Karl Marx), 프리드리히 니체(Friedrich Nietzsche), 찰스 다윈(Charles Darwin), 에밀 뒤르켐(Émile Durkheim) 등이다. 5부는 기독교철학의 정점인 신앙과 이성의 조화에 대해 생각해 보고자 한다. 진리를 향해 가기 위해 필요한 것은 과연 이성만일까? 구원을 얻기 위해 필요한 것은 신앙뿐일까? 필자는 신앙과 이성의 긴장과 조화로운 관계를 통해 하나님의 진리를 분명히 알고 신앙을 발견할 수 있음을 제시하고자 한다. 6부는 우리가 살아가는 이 세계의 현실 문제를 생각하고자 한다. 수많은 사회적 이슈들이 있지만 그 중에 남북통일 문제, 4차 산업혁명 등을 깊이 있게 생각해보며 기독교가 나아가야 할 방향을 제시하고자 한다.

바라기는 독자들이 이 책을 꼼꼼히 읽어 나가는 가운데 삶의 근본적인 질문들에 대해 이성적인 작업으로 기독교 신앙을 바라보는 훈련이 되고, 이어 기독교 신앙의 확신을 가지고 불신자들에게 효과적으로 복음을 증거 할 수 있는 내용들과 방법을 습득하는 관점의 변화가 있길 기대한다.

아울러 이 책이 신앙과 이성에 대해 갈등하고 반목하는 입장에서 신앙과 이성의 조화를 향해 항해하여 바람직한 참된 신앙과 확신 그리고 그에 상응하는 실천과 헌신이 있을 것이라 확신한다.

 어려운 여건에도 출판을 할 수 있도록 배려해 주신 김선배 총장님께 감사드린다. 그리고 이 책이 나오기 까지 수고해주신 한국침례신학대학교 출판부 가족께 감사드린다. 아울러 곁에서 항상 격려와 사랑으로 힘이 되어주신 기독교한국침례회 총회장이시며 한교총 공동대표회장인 수원중앙교회 고명진 목사님께도 감사의 인사를 전한다. 철학적해석학에 눈을 뜨고 공부하고 연구하는 데는 숭실대학교 명예교수이시며 기독교학술원 원장이신 김영한 박사님의 가르침을 잊을 수 없다. 그리고 부족한 사람을 끝까지 신뢰하면서 격려와 사랑을 마다하지 않은 많은 동료들께 감사를 표한다. 본인이 선지동산에서 가르치는 사역과 교회에서의 협력사역을 감당하는 데는 아내의 헌신적인 희생과 사랑이 있었다. 곁에서 신뢰를 갖고 기도와 격려를 아끼지 않은 아내 최미애와 그리고 항상 아빠를 응원하는 딸 예지, 아들 예신에게 감사한 마음을 전한다. 끝으로 지금 이 자리에 있기 까지 부족한 종을 이끌고 말할 수 없는 은혜로 응답하신 하나님께 영광을 올려드린다.

2022년 2월
하기동 연구실에서
김종걸

1부

종교철학과 기독교철학

1부
종교철학과 기독교철학

종교는 인간의 삶과 역사에 있어서 중요한 요소이다. 인류 역사 이래 원시시대에도 마찬가지이고, 합리주의 사상이 인본주의를 주장하고 있는 현대에 있어서도 마찬가지이다. 대다수 인간은 아직도 신은 존재하는가? 인간이 죽으면 어떻게 되는 것인가에 대하여 많은 관심을 가지고 있다. 대부분의 종교들은 이러한 질문에 대하여 구체적인 대답을 주고 희망을 준다. 철학의 역할은 이러한 종교적 신념들을 비판적으로 고찰하는 것이다. 대체로 종교와 철학은 상호 양립할 수 없는 배타적인 것으로 인식하여 왔다. 신앙을 가진 사람들은 철학자가 신의 지혜를 인간의 이성으로 부정하는 교만한 자들로 생각하여 왔고, 철학자들은 종교인을 미신의 수호자요 권위에 맹목적으로 복종을 하는 자로 보아왔다. 이러한 종교와 철학 간의 긴장이 존재하기는 하지만 그 대립과 갈등을 피할 수 없는 것은 아니다. 역사적으로 보면 신앙인 가운데 위대한 철학자가 나타나기도 했고, 위대한 철학자들 가운데 역시 종교사상에 커다란 공헌을 한 학자가 나타나기도 했다. 특정의 종교를 믿는 사람은 그들이 믿고 따르는 독특한 신념을 가지고 있으며 그러한 감정, 태도와 경험을 가지고 있다. 신앙을 지닌 사람은 그렇지 않은 사람과는 다르게 행동을 하고, 그 종교에서 제시하는 규범과 원칙을 따르려고 한다. 그리고 대부분은 그 종교의 창시자를 자신들의 삶의 모델로 삼는다. 그리고 신앙인은 신앙을 가지지 않은 사람들과 달리 다른 감정이나 태도를 가질 뿐만 아니라 그 공동체의 일부로서 살아간다. 이러한 종교는 이성적으로만 설명이 되지 않는 초월적이고 신비적인 부분들이 분명히 있다. 철학은 이성적으로 사고하고 종교적 신념들이 사실인지 또 그 믿음의 합리적인 근거가 있는지를 밝히려고 하는 반면에, 신학은 종교적 전통의 지지자로서 이론적으로 그 범위 내에서 기초를 신앙에 두고 종교적 신념을 추구한다. 철학은 믿음이나 신앙과 같은 주관적이고 비합리적인 것을 배제하려고 하고, 합리적이고 이성적으로 사실을 분석하고 설명하고 해석하여 일정한 이론을 이끌어 낸다. 이에 반하여 종교는 실천적이고, 객관적인 보편타당한 진리가 아니라 개개인의 주관에 있어서 심정을 만족시키고 일정한 방향으로 행동을 유발하게 한다.

필자는 우선 종교철학과 기독교철학이 무엇인지를 규명하기 위해 종교란 무엇인가 그리고 철학이 무엇인가를 살펴보고자 한다. '종교' 그리고 '철학'이란 두 단어가 의미하는 바가 매우 광범위하고 심오하지만 여기서는 기독교철학을 이해하기 위한 전제로서 기초적인 것들을 간략히 다루어 보기로 한다.

1. 종교란 무엇인가?

우리가 살고 있는 이 지구상에는 80억 가까운 사람들이 살고 있는데, 그들은 어떤 형태이든지 종교를 가지고 있고 종교로부터 파생된 문화와 관습 속에서 살아가고 있다. 한마디로 종교생활을 영위하고 있는 것이다. 철학적 신학의 선구자인 폴 틸리히(Paul Tillich, 1886-1965)가 "종교는 문화의 내용이고 문화는 종교의 형식이다"라고 말한 것도 이러한 현상을 두고 말한 것이다.[1] 밀림 속에 살고 있는 미개인이나 고도로 발달한 문명 속에서 생활하고 있는 현대인이거나 어떤 형태이든지 간에 종교를 가지고 있는 것이 사실이라면 인간이 가지고 있는 종교란 무엇인가? 종교는 무엇을 의미하며, 어떠한 과정과 결과를 초래하는가? 종교를 정의하면 다음과 같다. '종교는 신이나 어떤 초월적인 절대자를 인정하여 일정한 양식아래 그것을 믿고 숭배하고 신앙하는 것에 의하여 마음의 안락과 행복을 얻으려

---

[1] 틸리히(Paul Tillich, 1886-1965)는 프러시아의 복음주의 교회 목사의 아들로 태어났다. 그는 낭만주의적 사고양식 가운데서 성장했고, 자연에 대한 심미적이고 명상적인 태도가 그의 어린 시절을 지배했다. 그는 튀빙겐, 할레, 베를린 등 여러 대학교에서 칸트, 피히테, 쉘링 그리고 헤겔 등을 연구한 뒤에, 브레슬라우 대학(Breslau University)에서 '쉘링의 종교철학'으로 철학박사학위를 받았다. 그의 철학 사조는 실존주의적 사고 양태에 가깝다. 틸리히는 세계1차 대전이 나자 종군목사로 봉사하기도 했다. 당시 그를 지배한 사조는 낭만주의나 진보적 역사관들이었지만, 그가 낭만주의적 생각을 버린 것은 1차 세계대전 때문이었다. 그는 불란서에서 전쟁 중 밤에 수많은 공격을 받은 경험을 하고, 그곳에서 전우들이 죽어 가는 것을 목격하고는 '인간은 인식적으로 그의 존재의 본질을 극복할 수 있어야 한다'는 생각을 가지게 되었다. 니체를 포함하여 다양한 실존주의 철학에 매료되면서 틸리히도 전통적인 신, 하나님은 죽었다고 믿었다. 전통적인 신은 너무 초월적, 초자연적, 초역사적인 이미지로서의 신이기에 그 같은 유신론적 신관은 죽었다는 것이다. 우리가 표현을 잘해야 하는 것은 바로 여기에 있다. 단순히 우리의 삶의 근원이 되는 신이 죽은 것이 아니라, 우리의 삶과 분리된 초월적, 초자연적, 초역사적인 신이 죽었다는 것을 말하는 것이다. 초월적이고 유신론적 초자연적인 신이 죽었다고 믿었던 틸리히는 하이데거와 학문적 접촉을 통하여 인간 실존의 보다 넓은 가치와 의미를 신학과 철학에 부여하기에 이르렀고, 그것이 새로운 신학적 사고의 양태를 형성하게 되었다.

고 하는 정신문화의 한 조건'이다. 또 다른 일반적인 정의는 '종교란 인간들이 이 세상을 지배하고 있다고 생각하는 절대적인 존재와 더불어 조화를 이루며 살아가려고 노력하는 인간 경험의 영역'이다. 그런데 놀라운 것은 사람들은 자신이 신봉하는 종교에 대하여 애착을 가지고 있기는 하지만 그 종교의 근본적인 신앙에 대해서나 그 종교가 가르치고 있는 중요한 교리에 대해서는 거의 알지 못하고 있다는 점이다. 더 나아가 대부분의 사람은 자기 종교에 대한 이해도 부족할 뿐 아니라 다른 사람이 가진 종교에 대하여는 전혀 모르고 있고 또 알려고 하지도 않는다는 사실이다. 그러나 과학기술이 급속하게 발달함에 따라 오늘날의 세계는 과거의 그 어느 때보다도 서로 밀접한 연관성을 지니게 되었다. 그러기에 이제는 내 이웃이 어떤 신앙을 가지고 있는지에 대하여 충분한 인식과 이해를 가질 필요가 절실해졌다. 특히 종교다원주의가 지배하는 포스트모던 사회 속에서 종교들에 대한 생생한 이해는 사람들 사이에 존재하는 이해의 단절을 메우게 된다는 사실이다. 역사적으로 살펴보면 고대로부터 문명의 발달과 함께 타종교에 대한 관심은 높아져갔고 이러한 현상들은 몇 개의 종교를 서로 비교해보는 학문으로 발전해 갔다. 서로 다른 종교를 비교해 보는 일은 아득한 옛날부터 있었던 일이다.

    종교사가(宗敎史家)들은 그러한 역사적인 흔적을 메소포타미아(Mesopotamia) 남쪽의 고대 왕국 바빌로니아(Babylonia)의 종교현상에서 발견할 수 있다고 말한다. 바빌로니아 혹은 바빌론(Babylon)은 세계 역사상 두 차례 등장한다. 하나는 B.C. 3000년경의 고대 바빌론이고, 다른 하나는 성경에 등장하는 신 바빌론(B.C. 625-538, 칼데아왕국) 시대로 나누어 볼 수 있다. 바빌로니아는 바빌론을 그 지역의 중심지로 만든 우르 3왕조가 무너진 뒤 메소포타미아 전역으로 몰려든 셈족 계통의 아모리인(Amorite)이 세운 왕국이다. 바빌로니아는 처음부터 통일 된 하나의 강력한 왕국이 아니었다. 오랜 기간 동안 메소포타미아를 정복했던 국가들의 중심지가 바빌론이었기 때문에 B.C. 4000년부터 이 지역을 지배해 왔던 메소포타미아 남부의 수메르(Sumer) 왕국과 중부의 아카드(Akkad) 왕국 그리고 셈족 계통의 아모리인이 세운 도시 왕국들을 통칭하여 바빌로니아라고 부른다. 바빌로니아 왕국의 수도였던 바빌론 성읍도 그 때까지는 아직 하나의 도시왕국에 불과했다. 이후 이신-라르사(Isin-Larsa) 왕국 시대에 주변을 정복하며 아모리인의 왕조에 의한 소 독립국의 수도가 되었고, 바빌로니아 제1 왕조의 제6대 왕 함무라비(Hammurabi, B.C. 1810-1750 경) 시대에 이신-라르사 왕국을 비롯한 고대왕조 및 주변의 경쟁국들을 정복하여 비로소 메소포타미아 전역을 재패하게 되었다. 이 때 오랜 동맹국이었던 아모리인들이 세운 마리 왕국도 함무라비에 의해 여러 정치적 이유로 함께 점령당하게 되며, 유프라테스 강 중류지역에 위치해 있는 마리(Mari) 유적에서 이 시대의 수많은 점토판 문헌들이 발굴되었다. 이때 발굴된 문헌들은 주로 행정적인 것과 상업적인 것들로 아브라함이 가나안으로 이주해오기 전 메소포타미아의 정치적 상황을 이해하는 데 큰 도움이 되고 있다.

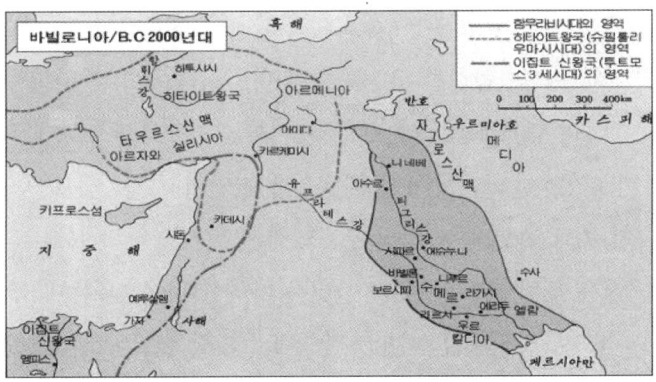

또한 인류 최초의 법전으로 일컬어지는 함무라비 왕이 반포한 고대 바빌로니아의 법전인 함무라비 법전(Code of Hammurabi)은 이 시대의 산물로서 민법, 형법 등에 대한 282조의 판례집이었다. 그 가운데 상당한 부분이 모세 오경의 율법 가운데 나오는 민법과 상당히 유사하다. 그러나 그 유사성이 직접적인 연관성의 증거라기보다는 공동의 유산에 따른 것으로 이해되고 있다. 제6대 왕 함무라비는 신전과 성벽 및 공공건물들을 복원했으며 운하를 파서 해상무역과 운송을 도모했고, 왕국 내의 여러 도시에서 신들에게 제물을 바치는 한편 전쟁을 벌이며 왕국을 성장시켜 나갔다. 바빌로니아는 B.C. 1531년 히타이트(Hittite) 족에 의해 멸망되었으며, 후에는 카시트(Kassite) 족이 옮겨와서 살게 되었다. 히타이트 족과 카시트 족은 모두 사나운 유럽어족에 속하는 유목민들로 유목인 특유의 호전적, 전투적 기질로 충만했고, 말이 끄는 전차까지 소유하고 있었다. 아이러니하게도 민족의 이동으로 세워진 바빌로니아의 약화와 몰락의 이유는 정복을 위한 내분과 민족들의 대이동 때문이었다. 이후 바빌론은 규모가 축소되어 작은 도시국가로서의 형태만 유지하고 있었으며, 칼데아(Chaldea) 왕조의 왕 중 가장 뛰어난 왕으로 B.C. 625년 아시리아(Assyria)를 멸망시킨 네부카드네자르 2세(Nebucatnezzar II, B.C. 630-562 경)가 메소포타미아 전역의 패권을 다시 쥐고 신 바빌론 왕국을 세울 때까지 아시리아의 지배 하에서 그 명맥만을 간신히 유지하게 된다.

바빌로니아의 종교는 지극히 현세적인 '다신교'로서 메소포타미아 지방에 널리 퍼져있던 수많은 신들을 자신들에게 맞춰서 계승하고 있었다. 바빌로니아의 종교 현상 중에 가장 두드러진 것은 다양한 신탁행위이다. 신점(神占) 혹은 신탁(神託)행위로 불리는 다양한 점술행위는 왕궁의 비호 아래 체계적으로 발달했다. 바빌로니아에서 가장 발달한 점술 방법은 동물 간을 관찰하여 미래를 예측하는 점술이었다. '바루'(Baru)라고 불리는 고도의 전문적인 집단이 이 일을 전담하였으며, 그 밖에도 물 위에 기름을 띄어 점치는 것과 막대기점 등이 성행했다. 구약성경 에스겔 21장 21절에 보면 "바벨론 왕이 갈랫길 곧 두 길 어귀에 서서 점을 치되 화살들을 흔들어 우상에게 묻고 희생제물의 간을 살펴서"라는 기록이 있다. '바루'(Baru)들은 양과 소의 간을 해부하여 인간과 도시와 궁궐의 미래를 보았다고 한다. 특히 바빌로니아의 점성술은 후에 천문학으로 발전하여 고대 과학과 점술이 깊은 관련이 있음을 보여주고 있다. 이와 비슷한 점술행위는 구약에서도 다양하게 나타난다. 요셉은 꿈을 해몽하는 사람이었을 뿐만 아니라 점을 잘 치는 사람으로 소개된다. "요셉이 그들에게 이르되 너희가 어찌하여 이런 일을 행하였느냐 나 같은 사람이 점을 잘 치는 줄을 너희는 알지 못하였느냐"(창 44:15). 이스라엘 사람 가운데 이방의 영향을 받은 자들이 복술가(사 2:6), 별 점을 치는 자(암 5:26), 주술 여인(겔 13:18), 신 접자(사 8:19) 등 다양한 점쟁이들로서 활동한 모습들을 기록하고 있다. 그러나 이 모든 종교행위는 내세를 위해서가 아니라 현세적인 행복을 기원하기 위해 발전하였다.

그러나 자기 자신이 스스로를 봉헌하고 절대적인 진리라고 신뢰하고 있는 자기의 종교와는 다른 또 하나의 신앙체계가 있다는 발견이야말로 필경 커다란 충격이 아닐 수 없었을 것이다. 왜냐하면 그 또 하나의 다른 종교는 그저 있는 것이 아니라, 자기의 신앙적인 헌신의 경험과 내용 그리고 진리라고 믿는 것과 경쟁적이며 혹은 나아가서는 더 적대적인 관계를 유지할 수도 있는 것이기 때문이다. 아무튼 타종교의 존재를 의식하는 일은 어떠한 문화권의 역사를 살펴보더라도 그 의식의 표현 양태는 다르지만 늘 있어왔던 현상이다. 그래서 폴 틸리히 교수는 「기독교와 세계 종교와의 만남」(1952)이라는 저서에서 구약성서를 통해 기독교가 지니고 있는 타종교에 대한 태도의 유형을 정리하는 작업을 시도했다.

유럽 문화권을 중심으로 드려다 보면, 특별히 기독교는 타종교에 대한 의식을 통하여 자기 종교의 존재 의미를 형성했다고 할 만큼 이 문제는 매우 심각한 것이었다. 최초로 바울의 선교로부터 이슬람과의 충돌에서 야기된 십자군 사건에 이르기까지의 역사적인 상황을 보면 분명히 드러난다. 기독교가 중심적이고 거의 절대적인 종교의 자리를 차지하여 이른바 '기독교 문화권'을 설정할 수 있게 된 그 역정은 저절로 된 것이 아니라 문자 그대로 피눈물 나는 싸움의 승리가 가져다 준 결과였다. 그러나 싸움으로 뺏어 온 승리가 가져다 준 결과이기에, 절대적 진리의 주장 속에서 이루어진 타종교에 대한 태도는 필연적으로 배타적인 것일 수밖에 없었다. 심하게 말해서 광신적으로 배타적이었다. 이러한 배타적인 입장에서 바라본다면, 종교라고 하는 일반적인 개념은 기독교의 입장에서는 불가능한 것일 수밖에 없다. 종교를 하나의 인간의 현상으로 인정하고 기독교에 적용한다면, 기독교는 인간 현상의 하나인 종교라는 개념을 거절해야 하는 입장에 서있게 되는 것이다. 그렇기 때문에 기독교가 타종교를 대하는 전통적인 입장은 타종교를 운위한다 할지라도 그것을 운위하는 유일한 까닭은 계시에 근거하여 그들을 심판하기 위한 것 이외에는 아무것도 아닌 것이었다. 따라서 타종교와의 만남에 대한 기독교의 기본적인 입장은 타종교와의 만남 자체가 흥미 있는 사실일 수는 있어도, 심각한 신학적인 문제일 수는 없다는 태도이다.

그러나 계몽주의 이후 유럽의 기독교 안에서는 커다란 변화가 일기 시작했다. 그 중에서도 학문에 있어 특기할 만한 것은 합리적인 연구와 경험적인 분석의 방법을 내용으로 하는 이른바 '과학적 탐구의 태도'가 형성된 것이었다. 그러한 학문적 태도에서는 '거룩하다'는 이유 때문에 연구의 대상에서 제외될 수 있는 어떤 주제도 있을 수가 없었다. 그리하여 마침내 종교도 하나의 연구 대상, 즉 객관적인 연구의 대상이 되었고 종교에 대한 연구는 인류학, 사회학, 심리학 등과 마찬가지로 순수한 하나의 학문이 될 수 있었다. 마침내 독일 출신의 영국의 철학자이자 동양학자로 옥스퍼드 대학교 종교학 교수였던 막스 뮐러(Friedrich Max Müller, 1823-1900)는 그의 유명한 「비교신화론」(Comparative Mythology)을 1856에 출간한다. 그는 이 책을 통해 신화에서 종교의 본질을 추리해 내려는 방법을 설명했고, 이러한 뮐러의 방법은 종교학의 정립을 위한 새로운 가능성을 제공하는데 초석이 되었다. 그는 1867년에 최초로 '종교학'(Religionswissenschaft)이라는 용어를 사용하기 시작함으로서 이른바 종교학의 현대적 발전의 싹이 트기 시작했다. 막스 뮐러의 대표작들은 「종교학 논고」(1867), 「종교학 입문」(1873), 「종교의 기원과 성장에 관한 강좌」(1878), 「신화학의 공헌」(1897) 등이 있다.

그런데 이러한 학문적인 입장에서의 변화와 더불어 교회와 신학에서도 타종교와의 관계에 대한 현저한 태도의 변화가 일기 시작하였다. 지나친 단순화의 위험이 있지만 그것은 교회와 신학의 스스로의 편협성에 대한 반성이라고 말할 수가 있다. 19세기 이후 교회와 신학은 두 가지 특징적인 사실을 자체 안에서 경험한 바 있다. 그 하나는 식민지의 확대가 자극한 기독교선교의 뜨거운 사명감이고, 또 하나는 세계의 여러 종교현상 속에 노출된 기독교를 처음으로 발견했다는 사실이다. 이 같은 사실은 두 가지 측면에서 교회와 신학으로 하여금 비교종교학(Comparative Religion)이라고 하는 학문적 관심을 그 나름대로 정립하도록 자극을 주게 되었다. 첫째, 개종을 강요할 수 있는 근거를 확보하기 위해 기독교의 우월성 및 절대성을 합리적으로 주장해야 한다는 필요를 자극한 것이었다. 둘째, 타종교에 대한 관용, 즉 동정적인 이해의 가능성을 전제로 한 대화의 필요를 자극한 것이었다.

선교적인 목적을 위한 입장을 대표적인 학자는 네덜란드 개혁교회의 일치운동에 기여한 선교신학자 헨드릭 크래머(Hendrik Kramer, 1888-1965)를 들 수 있다.[2] 그는 자신의 저서의「비기독교 세계에서의 기독교 메시지」(The Christian Message in a Non-Christian World, 1938)에서 기독교의 복음을 성격적 실재론으로 표현하고 역사적 기독교를 종교 가운데 하나로 간주한다. 그는 기독교의 핵심은 오직 예수 그리스도 안에서만 온전하게 드러난 하나님의 실제적인 계시이며, 인간에게 요구되는 것은 이 계시를 받아들이는 신앙과 삶을 통해 그가 받은 계시를 증거하는 일이라고 강조한다. 그런데 종교인식을 위한 경우, 즉 종교학이라고 하는 입장은 1875년

---

2) 크레머(Hendrik Kramer, 1888-1965)의 초기 활동은 하나의 종교학자와 언어학자로서 있었다. 그는 인도네시아의 섬 자바(Java)에 머무르면서 성서를 인도네시아말로 번역하였다. 그가 여기서 얻은 경험은 그 후 세계 선교운동에 가장 큰 영향을 줄 수 있었던 명저「비기독교 세계에서의 기독교 메시지」(The Christian Message in a Non-Christian World, 1938)를 낳게 하였다. 1937년에서 1948년에 이르기까지 그는 네덜란드의 라이덴(Leyden) 대학에서 종교학 교수로 활동하였다. 그러나 그간의 활동은 단순히 교수하는 일에 그친 것이 아니었다. 2차 대전 중에는 독일의 나치에 항거하는 네덜란드의 레지스탕스 운동의 한 지도자였다. 한편 그는 또한 세계교회 협의회(WCC)의 준비 위원의 한 사람으로서 에큐메니컬 운동의 선봉이 되어 활동하였다. 1948년에서 1955년 그가 은퇴하기까지 그는 스위스 보세이(Bossey)에 있는 에큐메니컬 학원의 초대 원장으로 시무하면서 에큐메니컬 운동을 지도하여 오늘의 초석을 만드는 데 크게 공헌했다. 은퇴 후에도 초청을 받아 세계 각국을 다니며 현대 교회혁신 운동을 지도 하였으며, 한 편으로는 저술에 시간을 보냈다. 그 간의 저서를 보면 다음과 같다. *Religion and the Christian Faith*(1956), *The Communication of the Christian Faith*(1958), *A Theology of the Laity*(1958), *World Cultures and World Religions*(1961). 크레머 교수는 단순한 학자가 아니라 현대 교회 혁신 운동의 기수요 개척자였다. 그는 창의적인 학자요 또한 움직이는 지도자였다. 그는 에큐메니컬 운동의 지도자요, 평신도 운동의 선봉이요, 또한 선교 신학의 개척자였다. 이것을 다시 한마디로 요약한다면, 그는 현대 교회혁신 운동의 기수였다.

부터 1915년에 이르기까지에는 철학 및 신학적인 관심 위에서 종교적인 교리, 그 중에서도 특별히 현존하는 세계종교들이 지닌 신앙의 비교연구나 혹은 원시인에 대한 비교연구이던 것이 점차 하나의 기술과학으로 발전하게 되었다. 다시 말하면, 종교현상은 여러 문화 현상 속에서 다른 현상으로도 환원될 수 없는 특수한 것이라는 사실의 인식과 그러한 해석을 교리적인 신학적 범주를 벗어나 시도해 보려는 노력이 정리되어 갔다. 즉 그들은 이러한 노력 속에서 두 가지 사실을 전제한다. 첫째, 인간의 삶 속에는 가장 근본적이라고 불리어질 수 있는 어떤 요소들이 틀림없이 있을 것이고, 그것은 바로 '종교'라고 한다. 둘째, 바로 이 종교적 요소들은 인간의 삶 속에서 드러나는 여러 현상의 의미를 결정하는데서 독특한 역할을 수행할 것임에 틀림없다. 그렇기 때문에 이러한 입장에서의 종교학은 종교가 지니고 있는 통시적이고 공시적인 어떤 공통적인 요소, 예를 들면 신 개념 등을 편견 없이 비교해 나가고자 노력한다. 이와 같은 넓은 의미의 대표적인 노작들로는 독일의 종교학자로 종교사와 종교철학의 차이를 강조한 요아킴 바흐(Joachim Wach, 1898-1955)의 「비교종교학」(*The Comparative Study of Religion*), 영국의 인류학자 에드윈 올리버 제임스 (Edwin Oliver James, 1888-1972)의 「비교종교」(*Comparatve Religion*), 루마니아 태생의 비교종교학자 미르체아 엘리아데(Mircea Eliade, 1907-1986)의 「종교양태론」(*Patterns of Comparative Religion*) 등이 있다.

1) 종교에 대한 어의(語意) 및 어원(語源)

종교(宗敎)라는 말은 영어 religion의 번역어로서 근대 이후 중국, 우리 나라 등 한자 문화권에 통용하게 되었다. 어의(語意)를 보면 그리스도교

사전에는 '일반적으로 종교를 말할 때 초인간적, 초자연적인 존재와 힘에 대하여 갖는 신앙과 태도와 행위의 체계를 의미하며, 조직적인 면에서는 교의(敎儀)와 예전(禮典)과 제도의 복합체이다'라고 되어 있다. 새우리말 큰사전에는 '신이나 어떤 초월적인 절대자를 인정하여 일정한 양식아래 그것을 믿고 숭배하고 신앙하는 것에 의하여 마음의 안락과 행복을 얻으려고 하는 정신문화의 한 조건을 말한다'고 정의되어 있다. 어원(語源)을 살펴보면 다음과 같다. 종교(宗敎)는 한문 뜻에 따르면 곧 근본이 되는 가르침이다. 과학과 철학적 이상의 근원이 되는 가르침을 말한다. 영어 religion은 라틴어 렐리기오(religio)에서 유래된 것으로 알려져 있다. 그러나 렐리기오(religio)가 무엇을 의미하는 말인지에 대해서는 학자들 사이에도 의견이 분분하나 두 가지 대표적인 학설이 있다. 로마 시대의 정치가이며 철학자인 키케로(Cicero, B.C. 106-43)에 의하면 렐리기오(religio)는 '다시 읽다'라는 뜻을 지닌 'relegere'에서 나온 것이다. 이는 반복되어 행해지는 종교의식에 초점을 맞추어 초월자에 대한 경외심을 나타내는 말로 이해되었다. 그 뜻은 '신중하게 양심적으로 어떤 것에 주의를 기울이다' 혹은 '삼가 경의를 표하다'는 의미로 해석한다. 즉 '다시 음미하다'(to go over ponder), '자세히 숙고하다'(carefull to ponder)라는 말로 '사람이 자기보다 존엄한 존재에 대하여 두려워하는 태도로 양심적인 경의를 표하는 것'을 종교로 보았다. 초기 기독교의 신학자이자 저술가인 락탄티우스 (Lucius Caecilius Firmianus Lactantius, 250-325 경)에 의하면 렐리기오(religio)는 '다시 묶다'는 'religare'에서 나온 것이다. 그 뜻은 '과거에 분열되었던 것을 다시 잇다"는 뜻으로 이해한다. 신과 인간의 관계에 초점을 맞추어 죄로 끊어진 관계를 재결합시켜 주는 뜻으로 해석이 되었다. 즉, 인간이 범죄로 생명의 근원이신 하나님으로부터 분리되어 죽게 되었는데 중보자 예수 그리스도를 믿게 됨으로 하나님께 다시 결합하게 하는 것을 참 종교로 보았다.

그렇다면 인간 역사에 있어 떼려야 뗄 수 없는 종교를 어떻게 이해해야 할까?

2) 종교에 대한 이해

(1) 종교는 보편적인 현상이며 독특한 현상이다

종교는 전 세계의 보편적인 현상이다. 다시 말하면 인간이 살아가고 있는 곳이라면 어디에서나 인간을 초월한 절대적 존재에 대한 인식이 있고, 이 같은 사실은 어느 누구도 반박할 수 없다. 그리고 종교는 인간 사회의 보편적인 현상일 뿐 아니라 인간과 동물을 구별할 수 있게 하는 독특한 현상하다. 우리가 알고 있는 한, 동물이 최고로 지능이 발달하였다 해도 종교를 가지고 있지 않지만, 반면에 아무리 미개한 종족이라 해도 종교를 가지지 않은 인간은 지금까지 어디에서도 발견된 적이 없었다는 사실이다.

(2) 종교는 인간의 필요를 채워준다

인간 생활의 모든 영역에 있어서 종교가 미치는 영향력과 중요성은 다른 어떤 것과도 비교할 수 없다. 왜냐하면 인간을 인간답게 살아갈 수 있게 하는 원동력이 바로 궁극적인 존재에 대한 관심과 신념, 즉 종교로부터 나오기 때문이다. 이와 같은 종교의 중요한 기능에 대하여 미국 작가이자 인도 선교사인 로버트 어니스트 흄(Robert Ernest Hume, 1877-1948)은 우리가 살고 있는 현재의 삶을 보다 가치 있는 것으로 만들어 주는 동시에 미래에 대한 희망을 불어넣어 주고, 인류의 구원이라는 궁극적인 문제에 대한 해답을 보여 준다는 의미에서 종교가 개인과 사회에 대하여 갖는 기능은 매우 중요하다고 보았다. 종교 이외의 다른 철학이나 윤리, 문화적인 어떠한 제도들도 종교만큼 인간들의 필요를 채워주지는 못한다. 다시 말하면 인간이 바라는 가장 큰 욕구는 자신이 믿고 신뢰하는 절대적 존재를 통해서만 채워질 수 있다.

(3) 모든 종교의식은 다양하다

인간이 지니고 있는 종교들의 의식은 그 종교들의 특색만큼이나 특수하고 다양하다. 예를 들면, 고대에 어떤 이들은 짐승을 잡아 제사지내는 것을 종교의식으로 삼았고, 또 어떤 이들은 고행이나 정신적, 영적 훈련을 종교의식으로 삼기도 했다. 인간들은 특수하고 다양한 모습으로 종교의식을 유지시켜온 것이 사실이다. 종교의식의 다양함은 오늘날도 마찬가지이다. 즉, 종교의식은 사제의 집전을 통하여 제단에서 이루어지기도 하고, 강단에서 목사를 통한 설교의 형태로 나타나기도 한다. 때로는 전쟁에서의 승리와 평화를 기원하는 의식의 형태로, 또는 극히 엄숙한 예식으로, 경우에 따라서는 즐거운 잔치나 유희의 형태로 나타나기도 한다. 다양한 종교들만큼 모든 종교의식도 다양하다.

(4) 모든 종교는 동일하지 않다

사람들이 종교에 대하여 갖기 쉬운 오해 중의 하나는 모든 종교가 근본적으로는 똑같은 것이며, 따라서 어떤 종교를 가지더라도 무방하다고 생각하는 것이다. 다시 말해 모든 종교는 서로 다른 교리들을 가지고 있기는 하지만 그 각각의 교리들을 따라가 보면 결국에는 같은 목적지, 즉 같은 신에게 도달한다고 생각한다. 그러므로 모든 종교는 동일한 진리를 가르치고 있기 때문에 어떤 종교적 믿음을 믿느냐는 중요하지 않다고 본다. 비교종교학에 대한 탐구자이며, 인도 르네상스의 아버지라고 불리는 람 모한 로이(Raja Ram Mohan Roy, 1772-1833)는 자신의 저서 「보편종교」에서 세계의 주요 종교인 힌두교, 이슬람교, 기독교, 불교 사이의 장벽을 무너뜨려 모든 인류가 받아들일 새로운 종교, 즉 '보편종교'(Universal Religion)라는 이상을 제시했다. 보편종교는 국가나 인종의 차이를 초월하여 전 인류를 한 가족처럼 일체가 되게 하고 지상에 평화와 선의를 가져오는 것이라고 그는 생각했다. 요약하면 보편종교란 모든 종교들 속에서 공통적으로 발견할 수 있는 교훈들을 모아 그것을 교리로 삼는 종교이다. 세계화의 흐름 속에서 보편주의와 다원주의가 종교적인 미덕으로까지 여겨지고 있지만, 모든 종교들이 근본적으로 동일하지 않다는 사실은 명백하다.

3) 종교의 기원

사실상 종교의 기원을 규명하는 길은 그리 쉽지가 않다. 종교의 기원을 논하는 이론 중 하나인 '발생학적 방법'(Genetic Method)은 무엇이나 역사적인 것은 기원(Origin)을 탐구하여 그 본질을 이해하려는 방법이다. 이 방법은 어떤 학문의 대상이든지 그 대상을 연구할 때에 그 대상을 이해하는데 많은 도움을 준다. 그러나 철학적인 견지에서 생각할 때, 이 방법만 의존하여 사물의 본질을 규명하려고 하면 충분하지 못하다. 인간의 모든 역사적 시초가 유치한 것과 동일하게 종교의 시초도 유치하기 때문이다. 인류문화사는 오늘의 천문학은 점성술로 시작했고, 의학은 마법사의 마술로부터 시작한 것이라고 증거하고 있다. 오늘날 우리는 암석(巖石)을 통하여 지구의 역사를 읽을 수 있고, 달의 운석(隕石)을 통하여 달의 생성과정을 알 수 있고, 화석(化石)을 통하여 인류의 생리적 진화과정을 알 수도 있다. 그러나 이러한 것들은 종교사(宗敎史)를 구성하는데 있어서는 그 자료를 취급하기가 곤란하다. 우리가 가지고 있는 문서, 습관, 고고학적 발견과 문화유품도 종교기원을 규명하는 데는 한계가 있다. 왜냐하면 이 같은 자료는 역사의 근대시기에 대해서는 말하고 있으나 역사 이전의 시대에 대해서는 말하지 않고 있기 때문이다. 그러므로 이런 역사적 근대시기의 자료를 갖고 해석하므로 인류의 역사만큼이나 오랜 종교의 기원을 정의한다는 것은 난제(難題)가 아닐 수 없다.

옥스퍼드대학교 종교학 교수였던 막스 뮐러(Friedrich Max Müller, 1823-1900)는 그의 대표적인 저서「종교의 기원과 성장에 관한 강좌」(1878)에서 종교 기원의 실마리를 인도와 구라파의 여러 종교에서 신봉하는 여러 신에 대하여 동일한 명칭을 사용하고 있다는데서 찾았다고 주장한다. 이 공통된 명칭은 하늘, 땅, 해, 달, 불, 천둥 등과 같은 것을 의미하는 언어학적 어근으로부터 온 것으로 보았다. 막스 뮐러는 이 사실로부터 종교와 제사 간의 진화과정을 자연세력으로부터 제신(諸神)으로 변천한 것이라는 학설을 세웠다. 그러나 오늘날 많은 학자들은 막스 뮐러가 언어학적 연구에만 너무 치중했음을 지적한다. 그리고 대다수의 인류학자들은 종교적 기원의 다양성을 강조하고 있다. 종교기원을 규명하는데 또 한 가지 난점은 종교사의 성질 자체에 있다. 종교는 원래 단순한 형태로부터 시작해서 오늘의 복잡한 고등종교의 형태로 발전하는 과정은 그리 평탄한 길이 아니었다. 이 길은 굽이굽이 돌기도 하고, 역류가 있고, 격돌과 돌변 등 갈피를 잡기가 쉽지 않게 뒤섞여 어수선한 길을 헤쳐 온 것이 사실이다. 어떤 종교는 시초에 가졌던 순결성을 잃고 타락한 것도 있고, 심지어 어떤 종교는 생명을 잃은 것도 있다. 또 어떤 종교는 교훈과 조직이 동일성을 가졌다 하더라도 꼭 같은 역사를 통하여 성장과정을 거쳐 왔다고 할 수 없다. 그러므로 종교적 생활의 참된 원시형태를 발견하기는 실제적으로 어려운 것이다. 여기서 우선 초기적 신앙의 형태에 대해 간략히 알아보기로 하자.

(1) **자연숭배**(自然崇拜, Nature Worship)
   종교와 문화의 역사에 있어서 가장 원시적인 신앙현상으로 자연에 종교적 의미를 부여하여 숭배하는 신앙행위를 자연숭배라고 한다. 즉 자연에 경의를 표하고, 신앙을 바치는 것을 말한다. 자연숭배는 특정의 자연현상이나 자연물에 대한 숭배이기에 다른 말로 '천연숭배'(天然崇拜) 혹은 배물숭배(拜物崇拜)로 불리기도 한다. 자연숭배의 대상은 하늘, 땅, 해, 달 별 등의 천체와 바람, 비, 우뢰, 번개 등의 천연현상 그리고 산천, 기암괴석, 하천, 바다, 조수, 사람, 동물, 생물, 초목 등의 자연물이다. 자연숭배는 I, II기로 구별한다. 자연숭배 I기는 자연물에 대해서 고마워하는 마음과 두려워하는 마음에서 인격화한 신앙을 말한다. 여기에는 영력이 있다고 생각지는 않았다. 자연숭배 II기는 천연물 자체에 영력과 추상적 위력을 더하여 숭배의 대상으로 삼아 인격화한 신앙을 말한다.

(2) **서물숭배**(庶物崇拜, Fetichism)
   서물숭배는 어떤 자연물이나 인공물에 신비한 힘이 있다고 믿고 그것을 신앙의 대상으로 숭배하는 원시 종교의식이다. 물신숭배(物神崇拜), 주물(呪物)숭배라고도 하는데, 어떠한 물건에 초자연적인 힘이 깃들어 있다고 믿어 이를 숭배하는 것을 뜻한다. 원시 종교에서는 깃털이나 나뭇

조각, 돌조각 따위에 영험한 힘이 있다고 믿어 그것을 숭배하고 재앙을 면하거나 병을 고치려 했다. 주물숭배는 영어로 페티시즘(Fetichism)인데, 페티시(fetish)는 초자연적인 힘이 깃든 물건, 그 중에서도 특히 인공물을 뜻한다. 그 어원적인 뿌리를 거슬러 올라가면 라틴어 팍티키우스(facticius, 인공적인)에 두고 있다. 예를 들면, 사람의 마음을 사로잡거나 현혹시키는 이상야릇한 힘이라는 마력(魔力)과 재액으로부터 몸을 보호하기 위하여 지니는 부표인 호신부(護身符)를 들 수 있다. 한국인들은 전쟁에 나갈 때 갓난아이에게 입히는, 깃을 달지 않은 저고리 배내옷을 웃옷 내부에 부착함으로 형통함을 믿었다. 프랑스의 인류학자 샤를르 드 브로쓰(Charles de Brosses, 1709-1777)는 자신의 저서「서물숭배 의식」(1760)에서 종교의 가장 낮은 단계는 나무나 돌 등 자연적이거나 만들어진 여러 대상을 예배하는 서물숭배라고 결론을 내렸다. 즉 종교의 기원은 원시인들이 초월적 힘을 지니고 있다고 믿은 자연적이거나 인공적인 여러 사물을 숭배한데서 시작한 것이라고 하였다.

(3) 정령숭배(精靈崇拜, Animism)

정령숭배는 동물이나 식물 및 기타 자연물에 깃들어 있다고 생각되는 정령(精靈)을 경외하고 숭배하는 원시 신앙의 한 형태를 말한다. 존재하는 모든 사물에는 정령이 깃들어 있다는 정령설(精靈說)을 기반으로 한다. 즉, 정령숭배는 모든 사물에는 영혼과 같은 영적, 생명적인 것이 두루 퍼져 있으며, 삼라만상의 여러 가지 현상은 그것의 작용이라고 믿는 세계관이다. 애니미즘(Animism)은 생기론(生氣論), 유령관(有靈觀)으로 번역되기도 한다. 영어 애니미즘(Animism)은 라틴어 아니마(Anima)에서 유래된 말이다. 아니마(Anima)는 숨, 생기, 목숨이란 뜻이다. 헬라어로는 프쉬

케(ψυχη)인데 공기, 호흡(숨), 목숨(생명), 의식, 정신, 마음, 영혼이란 뜻을 지니고 있다. 즉, 모든 사물의 현상 가운데 아니마(Anima)가 있어서 작용한다고 생각하는 신앙이 정령숭배이다. 영국의 인류학자 에드워드 타일러(Edward B. Tyler, 1832-1917)는 1871년에 「원시 문화」라는 책을 발표하여 서물숭배보다 앞서서 강 나무 달 해 등에 정령이 있다고 믿는 정령숭배(Animism)가 종교의 기원이었다고 주장하였다.3) 정령신앙이 이루어진 후에 이런 영들이 복을 주거나 앙화(殃禍)를 가져온다고 믿어서 그 신앙이 구체화될 때 비로써 서물숭배의 단계에 이르게 된다는 것이다. 서물숭배에서 진화하면 다신교로 그 다음에는 일신적인 천신신앙으로 그리고 진화의 절정에 이르러서 유일신 신앙이 생기게 된다고 하였다.

(4) 영력설(靈力設, manaism)

영력설이란 종교의 기원을 마나(mana, 영력)의 관념에서 구하려는 학설이다. 마나(mana)란 원시종교에서 생겨난 비인격적이며 초자연적인 힘, 영력, 주술력 따위의 관념을 말한다. 마나(mana)란 비인격적, 초자연적인 영력으로서 자연의 세력도 사용되고 인격의 세력에도 사용된다. 이 힘은 자연의 힘과 다르며 선의나 악의로 말미암아 동작하는 신비한 것이다. 이 마나(mana)는 토착민들의 종교와 주술에 공통적으로 있는 본원이라고 생

---

3) 에드워드 타일러(Edward B. Tyler, 1832-1917)는 1896년 옥스퍼드대학교 최초의 인류학 교수이다. 종교와 관련한 애니미즘 이론으로 유명해졌으며, 인류학 연구의 대상을 문화에서 찾았다. 그는 문화에 대한 최초의 고전적 학술적 정의를 시도한 사람이다. 그에 따르면 문화란(혹은 문명) 보다 넓은 민족지학적인 의미에서 '지식, 신앙, 예술, 도덕, 법, 관습 그리고 사회 구성원으로서 인간에 의해 얻어지는 또 다른 능력과 습관들을 포함하는 복잡한 통합'이라고 한다. 그는 이 용어를 인위적으로 가공된 세계의 모든 총체적 집합으로 사용하였다. 인류학 연구의 새 분야를 많이 개척하여 '인류학의 아버지'로 불린다. 저서로는 애니미즘 이론을 쓴 「원시 문화」, 「인류학」 등이 있다.

각한다. 마나(mana)란 용어는 본래 태평양연안 섬들의 토착민들의 종교와 주술에 공통적으로 있는 본원이라고 생각하는 공통 용어이다. 이 용어는 1891년 영국의 인류학자 로버트 헨리 코드링턴(Robert Henry Codrington, 1830-1922)이 말레이시아 군도 토인들의 종교연구에서 처음으로 사용된 이래, 인류학, 언어학, 종교학에서 세계적으로 사용되는 학술용어가 되었다. 원시인들의 종교를 연구한 그는 그들의 원시적인 삶 속에서 지배적으로 작용하는 것이 어떤 초자연적인 힘이라고 보았고, 이 초자연적인 힘을 코드링턴은 마나(mana)라고 불렀다. 이 힘은 어떤 인격적인 모습을 가지고 있지 않으면서 인간에게 이롭게 또는 해롭게 작용할 수 있다. 이 힘을 소유하는 자는 지배력을 행사할 수 있게 된다. 그러므로 이 마나는 어떤 것으로 고정될 수 없고, 거의 모든 사물에 들어가 있을 수 있으며, 물이나 돌, 짐승의 뼈를 중간 매개로 하여 그 힘을 발휘할 수도 있고, 정령의 형태로 나타날 수도 있다. 이 마나의 관념에서는 최소한 어떤 주술적인 힘이나 생명관이 있으므로 종교의 가장 기본적인 요소를 이루고 있고, 이 기본적인 힘에 관한 관념이 발전하여 여러 신들의 모습이 되었다고 한다.

(5) 토템숭배(Totemism)

토템숭배는 원시사회에서 동식물이나 자연물을 신성시함으로써 형성되는 종교 및 사회체제이다. 여기서 토템(totem)이란 원시사회에서 자신들의 부족 또는 씨족과 특별한 '관계'가 있는 것으로 믿어 신성하게 여기는 동식물이나 자연물을 말한다. 여기서 '관계'란 말은 어떤 때는 혈연관계를 말하고, 어떤 경우에는 한 종족의 조상이기도 하다. 토템이란 말은 미 인디안 치페와(Chippewa) 족 혹은 오지브와(Ojibwa) 족의 속어로 '기호'란 의미이다. 토템이란 용어는 스코틀랜드의 인류학자 제임스 조지 프레이저(James George Frazer, 1854-1941)가 처음 종교의식의 발현기원으로 사용한 이래로 인류학, 언어학, 종교학에서 발현기원으로 사용하는 세계적인 학술용어가 되었다. 스코틀랜드의 신학자 윌리엄 스미스(William Robertson Smith, 1846-1894)는 원시인의 제사는 토템숭배로부터 발생했다고 주장한다. 한민족 최초의 나라인 고조선의 건국에 대한 이야기 단군신화(檀君神話)에 보면 환웅(桓雄)과 웅녀(熊女)가 결혼하여 단군왕검(檀君王儉)을 낳았다고 한다. 웅녀(熊女)란 '곰'으로 여기는 고마 족의 여성을 대표하며, 이 고마 족은 그 토템인 '곰'과 밀접한 관계가 있음을 말하는 것으로, 원시사회의 종교현상을 드러낸 말이다. 고조선의 건국 신화의 내용을 통해 고조선 사회는 선민사상의 이념을 바탕으로 하여 국가를 건국하였고, 토테미즘의 신앙을 가진 신정사회로서 정치와 종교를 일치시켰다.

(6) 타부(taboo) 또는 금기(禁忌)

타부란 사회적인 관습이나 미신적인 관념에 의거하여 특정 행위를 엄격히 금하는 것을 말한다. 미신적 금기로는 민간신앙에 의해 신성하거나 더러운 것에 접촉하지 않게 하는 금기가 있고, 개인이나 사회에게 해를 끼친다는 인식 하에 터부시되는 것도 있다. 언어적으로 살펴보면 타부(taboo)는 폴리네시아 언어 터부(tabu)에서 나온 말로 '금기(禁忌)된'의 뜻을 지닌다. 원래 어떤 사람이나 물건을 신성시 또는 부정시하여 접촉하거나 언급하기를 금하는 풍습을 말하고 있다. 사회적으로는 특정 집단의 사람들 사이에서 일상생활에서 지키지 않으면 안 될 특정 행동이나 말을 지칭한다. 예를 들면, 오늘날 초상 중에 있는 집에 보면 '기중'(忌中)이란 종이가 붙어있다. 이것은 이 집에 죽음의 부정이 있으니 함부로 출입하여 부정에

접하지 않도록 주의하여 달라는 뜻으로 상가(喪家)의 무단출입을 금기하고 있는 것이다. 임신부와 산후(産後)에 대한 금기도 있다. 임신부는 시체를 보지 않는다. 새끼줄을 넘지 않는다. 살생하는 것을 보아서는 안 된다 등이다. 사업의 실패, 질병, 죽음 등의 고난과 불행은 우연한 사고나 불운이 아니라 터부를 위반한 대가로 여긴다.

4) 신앙의 발현동기

종교심은 본래적으로 타고난 것이기 때문에 신의 계시라고 했다. 그러나 종교의식은 타고난 것이라 하더라도 출생과 동시적으로 발현되는 것은 아니다. 종교의식의 발현 동기는 사람과 사정에 따라 다르고 죽을 때까지 발현되지 않을 수 있다. 신앙의 발현 동기로는 다음의 네 가지를 들 수 있다. 첫째, '물질적 욕구'의 동기이다. 제물을 바쳐 제사하는 것은 감사의 예표이고, 죄를 사하여 주시고 재앙을 거두시고 복을 달라고 청구하는 것이다. 사람이 어떤 사업을 경영하든지 기도를 드릴 정성이 생기고 감사할 마음이 나면 종교의식은 발현된 것이다. 그러므로 물질적 욕구가 신앙발현의 동기이다. 둘째, '정신적 욕구'의 동기이다. 인간은 물질적 부분과 정신적 부분으로 구성된 이원론적 존재이기 때문에 육체에는 물질적 욕구가 있고, 심령에는 정신적 욕구가 있다. 지적욕구와 예술적 욕구와 도덕적 욕구를 정신적 욕구라 할 수 있다. 이 정신적 욕구가 종교적 신앙으로 만족될 수 있기에 신앙이 발현되는 것이다. 셋째, '생명적 욕구'의 동기이다. 인간은 생명의 욕구가 강하여 살기를 좋아하고 죽기를 싫어한다. 생명의 본원이 되는 신도 사람이 사는 것을 좋아하신다. 남녀 간에는 성적연애를 좋아하며, 부부가 된 후에는 자녀 두기를 원한다. 대를 잇는 것이 육체적 영생으로 생각하기 때문이다. 사람들이 삼복(三福)인 장수(壽), 부(富), 다남(多男)을 기원하는 것도 생명적 욕구에서 개인이나 단체가 오랫동안 살기 위함이다. 생명적 욕구가 가장 강한 욕구이기 때문에 종교적 신앙으로 이 욕구를 만족하게 하기 위하여 기도하는 것이다. 넷째, '공명적 욕구'의 동기이다. 인간은 무슨 공명을 남기고 명예를 얻고자 하는 공명심의 욕구는 종교의 신앙심을 일으킬 동기가 될 수 있다. 예를 들면, 범은 죽어서 가죽을 남기고, 사람은 죽어 이름을 남긴다는 말이 이런 공명적 욕구이다.

2. 철학이란 무엇인가?

철학이란 무엇인가라는 물음 자체가 이미 철학의 일부분이라고 하는 지적이 종종 철학자들로부터 나오고 있다. 이 질문에 대해서도 철학자들 스스로도 그 대답이 일치하지 않는다. 어떤 철학자는 철학의 질문들을 대답하는데 대해 중립적인 방법을 열거함으로써 철학자들 간의 실질적인 불일치들을 피하려고 시도하기도 한다. 그러나 불행하게도 철학을 하는 적절한 방법에 대해서도 철학의 결론에 대한 것만큼이나 불일치가 존재한다. 합리주의자들은 철학은 연역적 증명의 방법을 채용해야 한다고 가정하며, 언어철학자들은 철학은 언어의 분석으로 이루어져야 한다고 생각한다. 한편 현상학자들은 철학은 '살아있는 체험'(lived experience)을 묘사함으로서 스스로를 식별해야 한다고 생각한다. 이들 중 어느 방법도 순수하게 중립적인 것은 없다. 그들은 처음부터 끝까지 변함없이 이성이나 언어, 경험이라는 특별한 견해를 전제하고 있다.

철학은 이성적인 작업이며 반성적인 활동이고 일종의 사유이다. 물론 모든 사유가 질적으로 철학적인 것은 아니다. 우리가 철학이라고 부르는 사유는 진지한 문제를 직접적으로 다루는 신중한 사유를 말한다. 나는 누구인가? 내가 사는 세계는 어떤 세계인가? 무엇을 위해 사는 것이 가치가 있는 것인가? 등의 진지하고 근본적인 질문들은 보편적인 중요성을 지니고 있다. 이러한 근본적인 질문들에 대한 납득할만하고 체계적인 대답들을 철학체계라고 부른다. 이러한 질문들에 대해 이성적으로 진지하게 씨름하는 활동을 철학이라고 한다. 반성적 사유라는 형태인 철학은 언제나 자신을 되돌아보며 생각하고 비판적이 된다. 철학자는 사상의 체계를 세울 뿐만 아니라 그러한 체계들을 비판적으로 반성해 보기도 한다. 그러므로 철학은 세계와 인간의 삶에 대한 근본 원리 즉 인간의 본질, 세계관 등을 탐구하는 학문이다. 또한 존재, 지식, 가치, 이성, 인식 그리고 언어, 논리, 윤리 등의 일반적이며 기본적인 대상의 실체를 연구하는 학문이다. 철학적 방법이란 질문, 비판적 토론, 이성적 주장, 그리고 체계적 진술을 포함한다. 철학(Philosophy)이라는 용어는 고대 희랍어의 필로소피아(φιλοσοφία, 지혜에 대한 사랑)에서 유래하였는데, 이는 필레인(Φιλειν, 사랑하다)과 소피아(σοφία, 지혜)의 합성어로써 직역하면 '지혜를 사랑하다'이다. 여기서 지혜는 인간 자신과 그것을 둘러싼 세계를 관조하는 지식을 뜻한다. 이를테면 세계관, 인생관, 가치관이 포함된다.

철학의 특징은 다음과 같다. 첫째, 비구체성을 지닌다. 다른 학문은 대개 구체적인 연구의 대상이 있으나 철학은 구체적인 대상을 대상으로 삼지 않는 학문이다. 구체적인 대상 없이 우리의 생각 그 자체를 밝게 밝혀보자는 학문이다. 둘째, 철학은 새로운 사실을 밝혀주는 것이 아니라 사실에 대한 새로운 해석이다. 그리고 철학은 우리에게 주어진 사실들을 분석, 비판하는 것이다. 즉 비판적으로 무지의 베일을 벗겨나가는 것이 철학이다. 셋째, 철학은 조직적이고 보편적인 특징을 지닌다. 이는 특정 사물에 국한하지 않고 전체 사고구조에 대해 이성적, 논리적, 합리적, 체계적으로 다루는 학문이다.

철학의 분야들은 일반적으로 논리학과 형이상학, 인식론, 그리고 윤리학의 네 분야로 나누어진다. 논리학은 이성적 탐구 일반을 행함에 있어서 우리의 사고가 따라야 하는 법칙들이 무엇인지를 탐구한다. 형이상학은 진정으로 존재하는 것들이 무엇이며 이들의 가장 보편적인 특성이 무엇인지를 탐구한다. 인식론은 지식의 본성과 범위, 그 한계가 무엇인지를 탐구한다. 윤리학은 우리 행위의 옳고 그름 및 좋고 나쁨을 결정할 수 있는 기준이 무엇이며 우리가 어떻게 살아가야 하는지를 탐구한다. 그밖에도 언어, 마음, 과학, 사회, 역사, 문화 등의 철학적 토대를 탐구하는 언어철학, 심리철학, 과학철학, 사회철학, 역사철학, 문화철학 등의 분야가 있다.

철학의 역사는 다음과 같다. 역사적으로 아리스토텔레스(Aristotle, B.C. 385-323 경)에 따르면 철학은 기원전 6세기에 성립된 밀레토스 학파인 탈레스(Thales, B.C. 640-546 경), 아낙시만드로스(Anaximandros B.C. 610-546 경), 아낙시메네스(Anaximenes, B.C. 585-525 경)에 의해서 시작되었으며, 그것은 신화로부터의 학문의 독립이었다. 이들은 세계가 어떻게 이루어져 있는지에 대한 객관적인 질문을 하고, 그리고 그에 대한 해답을 찾기 위해 자연을 바라보고 관찰하여 만물의 근원을 설명하려고 했다. 그래서 이 시기는 '자연철학'으로 분류된다. 자연의 관찰을 통해 탈레스는 세계는 본질적 물질(아르케, ἀρχή)로부터 형성되었고, 이것을 물이라고 생각하였다. 아낙시만드로스는 보이지 않는 원소를 선택하고, 이를 아페이론(ἄπειρον)이라고 불렀고, 아낙시메네스는 공기(Pneuma)라고 생각하였다. 그 이후 소크라테스(Socrates, B.C. 470-399 경), 플라톤(Plato, B.C. 424-348 경), 아리스토텔레스(Aristotle, B.C. 385-323 경)에 이르는 '인간학적 철학'의 시대가 온다. 이 시대는 자연에 대한 관심에서 인간으로의 관심으로 변화된 시대이다. 고대 그리스에서는 철학이 '모든 학문의 여왕'이라고 불리어 거의 '학문'과 같은 뜻으로 쓰였다. 중세철학(中世哲學)은 5세기에 서로마 제국이 붕괴하고 나서 16세기에 르네상스(Renaissance)가 일어날 때까지의 시기의 철학이다. 중세철학은 교부철학, 스콜라 철학, 토마스 아퀴나스의 철학이 중심을 이루게 된다. 이 시기는 로마 가톨릭교회 철학의 시대로 철학은 '신학의 시녀'가 되었다. 근세철학(近世哲學)은 17세기에 서유럽에서 시작한 철학을 말한다. 근세 철학은 특정 학파를 지칭하거나 특별한 원칙은 없었지만, 초기 철학과는 뚜렷이 구별할 수 있는 많은 공통적인 가정을 가지고 있다. 근세철학 사상이 형성되는 과정에는 르네상스, 과학혁명 그리고 종교개혁이 중요한 영향을 미쳤다. 르네상스는 자유주의와 개인주의를 중요시하는 사조를 만들었고, 종교개혁은 만인제사장주의를 기초로 평등주의를 확립하는 계기가 되었다. 따라서 근세 철학 사상은 이러한 논의를 통하여 개인주의, 자유주의, 평등주의를 근간으로 형성되게 되었다. 근세에 이르러 다양한 분야의 과학이 현저히 발전하면서 철학도 과학과 결부되어 발달했다. 또한 과학뿐만 아니라 예술, 종교 그리고 일상생활에서의 여러 문제도 철학의 재료가 되어 철학은 더욱더 복잡해지기 시작했다. 이 시기에 경험론, 합리론, 관념론, 실존주의, 정치철학, 현상학, 실용주의, 분석철학 등이 나타나게 되었다. 현대철학(現代哲學)은 20세기 이후에 나타난 영미권의 분석철학과 독일, 프랑스권의 대륙 철학으로 나눌 수 있다. 영미권에서는 논리실증주의(Logical Positivism)를 거쳐 분석철학 (Analytic Philosophy)이 발전했다. 분석철학은 특정한 인생관이나 세계관을 토대로 하여 고정된 이데올로기를 내세우는 학파가 아니라 철학하는 방법이 논리적이고 언어적인 초점에 맞추어진 경향이 유사한 학파를 지칭한다. 대표적인 학자로는 영국의 철학자이며 수리논리학자인 버트런드 러셀(Bertrand Arthur William Russell, 1872-1970)과 영국의 철학자이자 수학자인 루트비히 비트겐슈타인(Ludwig Josef Johann Wittgenstein, 1889-1951) 등이 있다. 독일에서는 딜타이(Wilhelm Dilthey, 1833-1911)의 해석학, 후설 (Edmund Husserl, 1859-1938)의 현상학, 하이데거(Martin Heidegger, 1889-1976)의 현상학적 해석학 등이 영향을 주었고, 프랑스에서는 실존주의, 구조주의가 발전했다.

3. 종교철학(Philosophy of religion)의 개념

종교철학이란 무엇인가? '종교를 보는 관점'에 초점을 두고 얘기한다면, 종교철학은 종교를 철학적으로 문제 삼는 분과이다. 한 걸음 더 진전시키면 종교를 대상으로 해서 종교에 관해서 철학적인 사유를 진행하는 것이다. 철학적인 사유의 가장 근본적인 성격이 대상을 비판적이고 반성적으로 보는 것이라고 하면 역시 종교라는 대상에 대해서도 비판적이고 반성적으로 접근하는 것이 결국 종교철학이 할 역할이다. 이론적인 표현을 들면 '종교에 대해서 철학적인 사유를 하고 반성을 한다는 것'은 결국 종교의 본질이 무엇인가를 해명하는 것이다. 체계상의 여부를 떠나 차이가 있을 수 있지만 종교들이 제시하는 중요한 사상들을 검토하고 연구하는 것, 실제로 각 종교들이 제시하는 철학적인 내용과 연관된 사상들을 검토하는 것이 종교철학이 하는 역할이다. 그래서 종교 편에 가까이 가서 이야기하면, 종교적인 신념(doctrine)들을 검토하고, 종교적인 행위(의례), 종교적인 경험, 종교적인 언어, 종교적인 상징 등을 검토하고 거기에서 이루어지는 것을 비판적으로 반성함으로써 종교가 무엇인가에 접근하는 것이 종교철학의 핵심적인 작업이다. 다시 말해 종교에 대한 철학적 분석 및 반성을 하는 것이다. 이는 철학적 처지에서 종교를 연구하는 학문으로서 '철학적 종교학'(philosophical religiology)이라고 부른다. 즉 개인이 믿거나 호의를 가지고 있는 신앙의 처지를 떠나서 객관적으로 철학에 대한 종교의 관계를 연구하는 학문이다.

정리하면, 종교 철학의 핵심적인 문제는 종교의 실체가 무엇인가를 탐구하는 것이다. 그래서 종교의 본질을 탐구하는 거라면, 종교가 무엇인가(What)에 대한 탐구이다. 보통 우리가 철학에서 무엇인가(What)라고 물어

봤을 때, 대답하는 것이 본질이다. 세계에는 매우 다양한 종교들이 있다. 그 종교들은 차이가 있지만 그것들을 종교이게끔 만들어주는 종교의 실체, 본질이 무엇인가라는 질문이 바로 종교철학의 질문이라고 할 수 있다. 예를 들면, 나무로 만들어져서 교실, 교회 혹은 카페에 놓여있는 의자도 있고, 콘크리트로 만들어져서 공원에 놓여있는 의자도 있고, 금속이나 알루미늄으로 만들어진 다양한 의자들이 있지만 무엇인가(What)라고 물어보면 의자라고 부른다. 왜냐하면 의자의 본질이 동일하기 때문이다. 이때 본질은 기능이나 특성과 연관이 되는 것으로 결국 의자라는 것은 '앉을 수 있다'라는 기능, 특성을 가리키는 것이다. 종교는 이보다 훨씬 더 다양한 것들이 있는데 이 다양한 것들을 종교라고 부르게끔 하는 본질이 무엇인가? 종교란 무엇인가? 여기에 바로 종교철학의 주된 관심이 있다.

이와는 달리 신학은 너희가 믿어야 하고 그래야만 너희가 구원받을 수 있다는, 종교의 본질이 아니라 어떤 기능, 역할을 하고 있고 어떤 영향을 미치고 있고 하는 종교의 기능을 이야기 한다. 종교는 실제로 어떤 역할과 기능을 하고 있고, 어떻게 움직이고 있는가? 어떻게 작동하고 있는가에 대한 탐구를 하는 것이 신학이라고 할 수 있다.

물론 신학자가 종교철학 작업을 하지 말라는 법은 없다. 그러나 전형적인 차원에서 종교철학의 작업은 종교가 무엇인가를 다루는 것이고, 신학의 작업은 종교가 어떻게 움직이고 있는가, 어떻게 활동하고 있는가, 어떻게 기능하고 있는가를 다룬다는 점에서 차이가 있다. 신학은 실제로 존재하는 종교현상이 왜 생겼는지 설명을 해줘야 하고, 역사적으로 어떻게 형성되었기 때문에 왜 이런 믿음을 가졌는지도 설명을 해야 한다. 사실을 기술하는 일종의 경험과 그의 성격을 신학이 가진다면, 종교철학은 그 현상을 평가하고, 비판적으로 반성하는 것이 종교철학의 입장이다. 그런 종교현상이 우리 삶의 의미에 어떤 역할을 하는지 가치평가를 내리려는 것이 결국 비판, 반성적 작업의 핵심이라고 볼 수 있다.

그 다음에 종교철학을 '종교적 철학'(religious philosophy)과 구분하는 것도 중요하다. '종교적 철학'(religious philosophy)은 종교적 처지에서 철학을 연구하는 학문이다. 즉 개인이 믿고 있거나 호의를 가지고 있는 신앙의 처지에서 종교에 대한 철학의 관계를 연구하는 학문이다. 종교적 철학은 철학적 신학(philosophical theology)으로 사용하기도 하며, 이는 신학의 일종으로서 철학적 방법을 사용한다. 프리드리히 슐라이어마허(Friedrich Daniel Ernst Schleiermacher, 1768-1834) 등 자유주의 신학자들이 선호하고 있다. 자유주의는 현대의 과학적이며 합리적인 시대정신에 근거하여 기독교 신앙을 재해석함으로써 기독교를 변호하려는 노력이었다. 19세기 들어 개신교는 기독교의 본질에 대한 문제에 직면하게 되었다. 그것은 현대에서 종교가 어떻게 가능하며, 기독교가 어떻게 존재할 수 있는가 하는 본질적인 문제였다. 이것에 대한 응답으로 나온 것이 자유주의 신학이다. 이것은 종교와 신학의 가능성 문제, 그리스도론의 가능성 문제, 기독교와 문화의 관계가 주 관심사였다. 자유주의 신학의 사상적 배경으로는 르네상스와 계몽주의와 관념론이 있다. 르네상스란 인간의 모든 생활영역에 걸쳐 인본주의에로의 지향운동이다. 그것은 중세의 어설픈 신본주의에서 떠나 인간 중심으로 나아가는 것이었다. 르네상스는 성경 및 초자연적인 것에 대한 회의를 자아냈다. 계몽주의는 일반적으로 인간 이성의 충족성과 과거의 전통적 권위의 타당성에 대한 이의를 강조한다. 관념론은 실제는 물체적 영역에 있지 않고 정신 속에 있다는 것이다. 이것은 기독교의 성육 교리를 부정하게 된다. 육체 속에는 실재가 들어 있을 수 없기 때문이다. 이와 같이 르네상스로부터 시작된 현대 정신은 18세기 유럽의 지성계 대부분을 지배했다. 이것은 과학적이고 낙관적인 세계관을 형성했으며, 과학적 경험주의와 역사적 상대주의가 그 특징이었다. 이 현대적 세계관은 성경의 역사적 확실성과 전통적인 신학의 모든 전제들을 문제시하고 집중적으로 공격했기 때문에 교회와 신학은 그 토대마저 흔들릴 정도였다. 이런 위기에 직면한 19세기 초의 신학적 과제는 기독교 신앙의 활력을 회복하고 창조적인 미래를 위한 신학의 토대를 마련하는 것이었다. 이러한 도전에 직면하여 해결책을 제시한 사람이 슐라이어마허이다. 그의 처녀작 「종교론」(On Religion, 1799)은 경건주의를 배경으로 계몽주의와 낭만주의에 대해 종교가 현대에서 어떻게 존립 가능한가를 해명한 종교 변증서이다. 이로 말미암아 그는 자유주의 신학을 위한 방향을 제시했고, 현대신학의 아버지, 새로운 기독교의 산파, 교회의 황태자, 신학적 자유주의의 아버지 등으로 불리게 되었다. 자유주의 신학은 신학사적으로는 슐라이어마허로부터 시작하여 알브레히트 리츨((Albrecht Ritschl, 1822-1889), 아돌프 하르낙(Adolf von Harnack, 1851-1930) 등 독일 신학계를 지배해 온 신학 전통을 말한다. 이 자유주의 신학 전통의 흐름은 슐라이어마허로 대변되는 감정의 신학과 칸트 철학에 기반을 둔 리츨의 문화개신교신학 그리고 리츨과 더불어 기독교의 윤리적 의미와 사회적 의미를 강조하는 신학의 흐름이 리츨 학파를 형성하여 빌헬름 헤르만(Wihelm Hermann, 1846-1922), 아돌프 하르낙 등에 의해 계승된다. 미국의 자유주의 신학파로는 유니테리언주의(Unitarianism)와 사회복음주의신학을 들 수 있다. 유니테리언주의는 자유주의 신학의 극단적인 형태로서 합리적 해석에 근거해 삼위일체론과 원죄를 거부하고 유일한 신격을 주장하는 것이 특징이다. 윌리엄 엘러리 채닝(William Ellery Channing 1780-1842)이 대표적인 인물이다. 채닝은 청교도 사회에서 성장한 보스턴의 칼빈주의 교회 목사였으나 유니테리언주의로 급변하였다. 사회복음주의신학은 낙관적 도덕주의에 기초한 것으로 복음의 사회적 의미를 강조하여 사회윤리와 사회구원을 주장하는 것이 특징이다. 월터 라우션부시(Walter Rauschenbusch, 1861-1918)에 의해 미국의 전형적인 종교형태로 발전되었다. 이러한 여러 갈래로 전개된 자유주의 신학의 특징은 다음과 같다. 첫째, 신학의 토대를 인간의 경험에 두었다. 성경이나 신조를 신학의 출발점이나 궁극적 규범으로 삼지 않았다. 따라서 인간중심적이며 주관주의적인 경향을 띠게 되었다. 둘째, 예수의 인간성을 강조했다. 공관복음서의 자료에 근거하여 역사상의 예수를 신앙의 그리스도와 구분하려 했다. 따라서 자유주의 신학은 그리스도의 선재성, 동정녀 탄생, 부활, 승천에 관한 전통적인 교리를 거부했다. 셋째, 정통주의 신학은 무한하고 완전한 하나님과 유한하고 불완전한 세계 사이의 근본적인 분리를 주장했으나 자유주의 신학은 세계 내에서의 하나님의 임재와 활동을 강조함으로써 하나님과 인간, 하나님과 세계, 신앙과 이성 사이의 연속성을 강조했다. 뿐만 아니라 기독교와 타종교간에 연속성이 있다하여 종교적 관용의 태도를 취했다. 넷째, 낙관주의적 인간관을 주장하여, 타락과 원죄 교리를 거부했다. 다섯째, 기독교의 사회적, 윤리적 의미를 강조했다.

앞에서 설명한 것처럼 종교철학은 말 그대로 느슨하게 이야기하면 종교를 철학적으로 탐구하는 것이다. 이에 반해 종교적 철학은 개별 종교에 의해서 영감을 받고 가르침을 받은 철학적 사고이다. 종교적 철학은 객관적으로 실천될 수 있고, 각 종교를 믿는 신자들이 설득하는 도구로 사용할 수도 있다. 즉, 종교철학은 특별한 믿음의 체계를 세우기 위하여 문제를 탐구하기 보다는 전체적으로 종교의 본질에 관련된 문제들을 논의하는데 중점을 두지만, 종교적 철학은 각 종교를 철학적으로 탐구하여 그 종교를 체계화하고 변호하는 학문적 활동이라는 점에서 차이가 있다. 그러기에 종교철학은 신앙인이나 불신자에 의해서도 이성적으로 조사될 수 있도록 목표를 갖는다. 종교적 철학은 어떤 철학적 문제에 대한 대답을 종교적인 특정한 종교의 전통 안에서 추구하는 철학이다. 그 종교를 다루는 철학이 아니고, 종교를 배경으로 하는 철학은 종교적 철학이다. 기독교를 배경으로 철학문제에 접근하는 것, 또 각 종교의 경전을 배경으로 철학문제에 접근하는 것 그건 종교적 철학이다. 즉 개인이 믿고 있거나 호의를 가지고 있는 신앙의 처지에서 종교에 대한 철학의 관계를 연구하는 학문이 종교적 철학이다.

철학은 대상을 비판적으로 접근하는 이성적인 작업이고, 종교는 계시라는 비이성적인 요소를 지니고 있다. 이성에만 전제한다면 계시 같은 건 있을 수 없다. 그러면 계시는 이성으로 설명될 수 없는 거니까 계시를 없애버리면 종교철학의 대상이 되는 종교 자체를 부정해버리는 셈이 된다. 이렇게 되면 종교철학의 대상이 없어져버리는 것이 된다. 그렇다고 해서 계시를 인정해버리면 이성으로 접근할 수 없는 계시가 종교의 본질이 되어 종교철학이 존립하기 힘들어진다. 그래서 여기에 딜레마가 존재한다. 왜냐하면 종교철학은 '종교'와 '철학'이라는 전혀 다른 이질적인 것을 결합하는 작업이기 때문이다. 종교를 계시로서 인정해버리면 종교에 대한 철학적 접근이 어려워지고, 그렇다고 계시를 부정해버리면 대상 자체가 없어지는 어려움이 있다. 그래서 종교와 철학 또는 계시와 이성이 대립적인 관계인가 아니면 상호보완적으로 설명가능한가 혹은 조화시킬 수 있는 것인가 하는 것이 항상 고민거리이고, 이러한 갈등은 중세전체를 통해서 항상 이어져왔다. 예를 들면, 수사학자이며 라틴신학의 아버지라 불리는 터툴리아누스(Tertullianus, 155-240 경)는 '불가능하기에 확실하며 불합리하게 믿는다'고 하면서 종교와 철학, 계시와 이성을 완전히 떼어 놓고 대립적인 것으로 보았다. 그에게 불가능하다는 것은 이성적으로 인식할 수 없는 것이고, 불합리하다는 것은 이성에 접근할 수 없다는 것이다. 그러므로 불가능하기 때문에 확실하고 종교적으로는 불합리하기 때문에 믿는다고 주장한다. 따라서 계시와 이성은 서로 대립적인 것이고, 종교철학이라는 것은 성립할 수 없다고 보았다. 반면에 스콜라 철학의 창시자인 안셀름(Anselm, 1033-1109)는 '알기 위해 믿는다'고 피력하며 이성과 계시를 결합시키려 한다. 기독교 신학은 물론 서양 철학사에도 지대한 영향을 미친 교부신학자 아우구스티누스(Sanctus Aurelius Augustinus, 354-430) 는 '알기 위해서는 믿고, 믿기 위해서는 알아야 한다'고 주장하면서 계시와 이성을 결합시키고자 했다. 터툴리아누스의 입장에서 보면 종교와 철학, 신앙과 이성은 대립될 수밖에 없는 것이고, 그런 전통에 선다면 사실 종교철학이란 것은 성립하기 힘든 분야가 된다. 그러나 그렇게 비관적으로만 볼 수 없는 것은 신앙과 이성이 연결될 수 있음을 주장하는 아우구스티누스나 안셀름 같은 학자가 있기 때문이다. 가능하면 최대한으로 신앙과 이성을 연결시키고자 한 입장이 종교 내에도 있기 때문에 종교철학의 입장이 불가능하지는 않다는 생각을 할 수 있다.

종교에 대해서 객관적이고 반성적인 비판적인 작업을 종교 안에 들어 있으면서 과연 할 수 있을까? 어떤 종교의 독자성(identity)을 나의 독자성으로 고백하면서 동시에 대상을 객관화시켜서 종교에 대한 객관적인 접근을 과연 할 수 있을까? 종교체험 안에 있다는 것은 종교를 받아들이는 일종의 신학적 입장인데 그 안에서 그 종교에 대해서 객관적인 반성과 분석이 가능한가? 그리고 종교 체험 밖에 있으면 종교를 체험 못하고 종교를 잘 모르는 것인데, 종교체험 밖에 있으면서 종교에 대해서 문제를 삼을 수 있는가? 이러한 것이 계시와 이성 사이의 딜레마에 빠지게 만든다는 사실이다. 종교 밖에 있으면 종교를 제대로 이해를 못하니까 반성, 비판자체가 불가능한 것이고, 종교 안에 들어가 버리면 그 종교를 믿는 종교인 입장에 매몰되어 있으니까 객관적인 반성과 비판이 힘들어지는 것이다. 기독교적인 전통을 받아들이면 기독교라는 대상에 대해서 객관적이고 비판적이고 반성적으로 다가가기가 쉽지 않고, 기독교 밖으로 나와 버리면 그 자체의 본질에 접근하기가 쉽지 않다. 그런 딜레마가 종교철학에는 존재한다는 것이다.

더군다나 종교철학의 불가능성, 무의미성을 이야기하는 주장들이 두 가지가 있다. 첫째, 종교는 무조건 믿는 것이고, 따라서 신앙은 논리를 초월하는 반논리적인 것이기 때문에 결국 종교와 신앙에 대해서 논리적이고 철학적인 접근을 하는 것은 아예 불가능하다. 종교라는 대상 자체는 철학의 그물로는 담을 수 없는 대상이다. 종교는 무조건 믿는 거니까 거기에 개념적인 철학적 접근을 하는 건 불가능하다. 둘째, 종교와 신앙은 논리와 철학보다 우위에 있다. 종교와 신앙은 논리와 철학을 초월하는 것이기 때문에, 종교 안에 일부가 논리적이고 철학적인 부분이 있는 것이지 논리 철학적인 부분으로 종교 전체를 이해할 수는 없다.

그러나 종교철학의 입장에서는 종교에는 철학적으로 접근 가능한 내용이 있고, 그것이 종교의 핵심이 아니더라도 철학적으로 도달할 수 있는 부분에 주목하는 것이 종교철학의 중요한 임무가 될 수 있다. 그리고 한 걸음 더 나아가서 종교에 대한 믿음도 자기 스스로 비판적이고 반성적으로 검토를 해봐야만 종교적인 믿음이 건전성이 유지가 될 수 있다고 본다. 그런 점에서 종교 자체에 대해서 지식을 갖고 비판적이고 반성적으로 접근하려는 종교철학이 종교적인 믿음의 건전성을 유지하기 위한 보완적인 작업으로써 충분히 의미가 있다고 보는 것이 더 설득력이 있다.

정리하면 다음과 같다. 신학이란 이론적으로는 종교의 범위 내에서 이루어지는 활동이다. 그래서 신학자는 종교적 전통의 지지자나 대표자로서 그 범위 내에서 종교적 신념들을 추구한다. 반면에 종교적인 문제들이나 신념들을 비판적으로 반성해 보는 종교철학은 종교적인 사상가들뿐만 아니라 스스로 전혀 종교적이라고 생각하지 않는 사상가들에 의해서도 연구될 수 있다. 신학이 종교적인 신앙에 대한 일종의 조직적인 공식화를 의미한다면, 종교철학은 신학의 일부분이라기보다는 철학의 일부분이다. 즉 종교에 대한 철학적 분석 및 반성을 의미한다. 요약하면 종교철학은 철학적 방법과 신학적 역사 그리고 종교적 내용을 정립해 나가는 학문이다. 종교철학은 신학 그 자체는 아니나 그 한 분야가 될 수 있다. 신학을 위한 하나의 기초 학문이다. 종교철학은 종교학이나 철학이 아니나 그 한 분야는 될 수 있다. 아울러 종교철학과 기독교철학은 다르다. 나중에 설명하겠지만 기독교철학은 기독교를 변증, 철학적으로 옹호하는 것이다

종교란 원래 논리와 이성을 초월하기 때문에 종교의 철학적 연구나 철학의 종교적 고찰이란 있을 수 없다는 주장은 일부 계시 종교인들의 독단이라 말할 수 있다. 종교가 만일 의식적으로나 무의식적으로 인간의 삶에 어떤 일상성을 초월한 어떤 가치를 부여할 수 있고, 인간의 삶에 없어서는 안 될 윤리성에 어떤 정당성을 줄 수 있다면, 종교는 철학적으로 뿐만 아니라 심리학적으로, 사회학적으로 연구될 수 있는 것이다. 예술에 대한 철학적인 사고가 예술철학이고, 과학에 대한 철학적인 사고가 과학철학이듯이 종교철학은 종교에 대한 철학적인 사고이다. 간략히 정의하자면 종교철학은 철학적 방법과 신학적 역사 그리고 종교적 내용을 정립해 나가는 학문이다. 신앙을 보다 철저히 하기 위해 이성의 기초가 필요한데, 이것을 다지기 위해 종교철학이 필요하다고 본다.

4. 종교에 대한 사유가 중립적일 수 있는가?

우리는 앞에서 종교철학을 신학과 종교적 철학으로부터 구별했다. 신학이나 종교적 철학과 비교해볼 때, 종교철학은 중립적인 입장을 견지하기 위해서 나타나고 있음을 살펴보았다. 그러나 종교적인 문제들에 대해 중립을 지킨다는 것이 가능한가? 종교에 대한 사유가 중립적일 수 있는가? 어떤 종교사상가들은 인간은 하나님에 대해 중립적일 수 없다고 주장함으로서 종교에 대한 중립적 사고는 불가능하다고 본다. 그들은 '우리와 함께하지 않는 자는 우리를 반대하는 자다'라고 하며, 하나님께 순복하지 않는 자는 반역자라고 주장한다.

우리는 이러한 문제들을 제기함으로써 이성에 대한 신앙의 문제에 들어갈 수 있다. 신앙과 이성에 대한 견해는 철학과 종교를 서로 피할 수 없는 적대관계로 보느냐, 아니면 평화적으로 공존하면서도 독립적인 존재, 즉 동맹관계로 보느냐에 달려있다. 철학사를 살펴보면 종교와 철학의 무관함을 내세우면서도 어떤 사람은 신앙과 이성의 불일치(inconsistency)를 주장하기도 하고, 어떤 사람은 신앙과 이성의 상호모순(mutual contradictory)을 주장하기도 한다. 넓은 의미에서 아우구스티누스(Sanctus Aurelius Augustinus, 354-430)는 신앙과 이성의 불일치를 주장한다. 그러나 터툴리아누스(Tertullianus, 155-240 경)나 실존주의 철학의 선구자 죄렌 키르케고어(Søren Kierkegaard, 1813-1855)는 신앙과 이성의 상호모순을 주장하며, 무조건적인 믿음을 내세우는 신앙우선주의(Fideism)를 고집하는 데는 의견을 같이한다. 이들은 철학적으로 굳이 따지지 않아도 종교적 믿음의 대상이 실제로 존재한다는 것은 확실하고 그 대상이 영원불변하다는 것은 당연하다고 주장한다. 그러면 신앙우선주의에 대해 살펴보기로 하자.

1) 신앙우선주의(Fideism)

신앙우선주의는 종교적 진리는 이성이 아니라 믿음에 의해서만 파악된다는 입장이다. 즉 진리의 궁극적 기준을 신앙으로 보고 종교적 진리를 파악하여 이성의 힘을 극소화하려는 신학적, 철학적 입장이다. 아우구스티누스 같은 신학자들은 인간은 본래 종교적 존재라고 주장했다. 만약 인간이 하나님을 섬기지 않는다면 자기 자신이나, 자기가 만든 것을 섬기게 된다는 말이다. 이런 견해로 보면 인간은 결코 종교적으로 중립적일 수 없고, 창조주를 믿는 종이거나 그에 대항하는 반역자이거나 둘 중의 하나에 속한다. 비록 하나님을 반역하는 사람들의 이해가 중립적인 체 하지만 사실 이 중립성은 환상일 뿐이다. 스스로 자율적으로 하나님에 대해 생각해 보려는 인간의 시도는 인간의 사상과 이성을 하나님보다 우위에 두려는 시도이다.

불신자가 믿지 않는 태도로 종교적 신념의 합리성을 반성해 보고 그렇게 함으로써 신자가 된다는 것은 가능한가? 불가능하다. 이러한 관점은 이성적 반성의 결과로는 참된 종교적 신념에 도달할 수 없음을 암시해 주는 것이다. 신앙우선주의는 종교에 대한 올바른 성격을 갖기 위해서는 신앙이 전제 조건이 되어야 한다고 주장한다. 종교에 대해서 올바른 생각을 할 수 있는 출발지는 순수한 신앙, 즉 개인적인 위임(commitment)이라고 본다.

신앙과 이성의 불일치를 주장하는 아우구스티누스는 기독교 신앙과 그리스 철학을 서로 연결시켜 자신만의 독특한 사유의 틀을 확립한 사람이다. 아우구스티누스는 알기 위해서 믿고, 또 믿기 위해서 이해(understanding)를 해야 된다고 언급하면서 신앙은 이해로 가는 첫 단계라는 사실을 분명히 했다. 믿음 없이는 아무것도 이해할 수 없다는 말이다. 이런 의미에서 아우구스티누스는 신의 계시에 대한 신앙이 인간 이성에 앞선다고 믿었다.

신앙과 이성의 불일치를 주장한 터툴리아누스도 철저히 이성의 산물인 철학을 배격하고 신앙을 우선시 하는 신앙우선주의를 주장한다.[4] 예루살렘과 아덴이 무슨 상관이 있느냐? 철학자와 기독교인이 무슨 공통점이 있느냐?는 말은 이러한 그의 입장을 함축적으로 매우 잘 표현하는 말이다. 터툴리아누스는 '부활은 불가능하기 때문에 확실한 것이다'라고 하는 역설(paradox)을 주장했다. '불합리하기 때문에 나는 믿는다'는 그의 유명한 명제 역시 이런 입장에서 나온 것이다. 따라서 터툴리아누스는 철학적 사상을 교회의 전통보다 우위에 두는 것 같은 모습에 극렬히 반박하고 나섰다.[5]

러시아의 실존주의 철학자 레프 셰스토프(Lev Shestov, 1866-1938)는 신앙은 이성을 뛰어넘는, '그럼에도 불구하고'의 믿음이라고 강조한다. 이런 그의 사상은 「키르케고어와 실존철학」(Kierkegaard and the Existential Philosophy, 1933-34)과 「아덴과 예루살렘」(Athens and Jerusalem, 1930-37)에 잘 드러나 있다.

키르케고어(Søren Kierkegaard 1813-1855)는 덴마크가 낳은 가장 독창적인 사상가인 동시에 19세기 최대의 기독교사상가였다. 그의 사상은 그가

---

[4] 터툴리아누스(Quintus Septimius Florens Tertullianus)는 주후 155년 북아프리카 카르타고의 비그리스도인 가정에서 태어났다. 법률가가 되어 변호사로 일하다가 죽음 앞에서도 신앙을 굽히지 않는 그리스도인들의 순교를 목도하고 그리스도인이 되었다고 전해진다. 개종 후 그는 이단들이 교회를 혼란스럽게 하는 것을 보고 그의 법률적 지식으로 교회의 신학을 체계화 하는 것에 일생을 바쳤다. 그에 의해 당시 교회의 가장 큰 이단이었던 영지주의가 물리쳐졌다. 또한 아직 헬라어에서 라틴어로 정립되지 않았던 많은 신학적 용어들이 그에 의해 라틴어로 정립되었고, 이 후 서방교회 신학의 초석을 마련했다고 평가받는다. 그는 평생에 걸쳐 라틴어로 된 30여권의 책을 썼다.
[5] 신재식, 「신앙과 이성 사이에서 아우구스티누스&아퀴나스」 (파주: 김영사, 2020), 45.

대적했던 헤겔과 여타 주지주의자들의 이성, 로고스의 철학과 전혀 상반되는 파토스의 철학이었으며, 과거 기독교 사상가들이 오랫동안 주창해 왔던 초합리론과도 대비되는 극단적인 비합리론이였다. 그는 객관적 이성적 사유로는 어떤 인생의 문제를 파악하기도 어렵고 해결은 더 어렵다고 단정했다. 가장 중대한 인생의 문제와 관련해서 객관적 진리에 연연한다는 것은 곧 비진리를 뜻하므로 객관적 진리가 아닌 주체적 진리를 추구해야만 한다는 것이다. 그의 사상은 20세기 들어 실존주의 철학을 형성하게 되었으며 변증법적 신학의 사상적 토대가 되었다. 실존주의 철학의 선구자 키르케고어는 지식은 신앙을 전제로 할뿐만 아니라, 우리가 살고 있는 현상계와는 별도로 존재하는 실재계에 관한 한 우리는 알지 못하면서 믿을 수밖에 없기 때문에 믿음의 종교는 이성의 철학을 초월하며, 이와 같은 사실은 이성은 신앙에 대하여 아무런 이야기도 할 수 없음을 증명한다고 주장한다. 즉, 신학의 주제는 인간이 아니라 전지전능한 하나님이기 때문에 이성으로 연구할 수 없다. 왜냐하면 첫째, 모든 학문은 자명한 원칙들(self-evident principle)로부터 출발하지만, 신학은 원칙이 아니라 신념들(articles of faith)로부터 출발하기 때문이다. 둘째, 모든 학문은 개별적이 아니라 일반적이어야 하지만, 신학은 개별적인 사실을 취급하므로 학문이 될 수 없다. 키르케고어가 이성의 역할이나 철학적인 사고를 무시하고 신앙의 초월성을 주장한 것은 사실이나 그가 여기서 신앙의 우월성을 내세운 종교적인 단계(religious stage)는 미적인 단계(aesthetic stage)와 윤리적인 단계(ethical stage)를 거친 마지막 단계임을 기억해야 한다.

키르케고어의 대표적인 작품들은 「철학 단편」(Philosophical Fragments, 1844), 「생의 여로의 단계」(Stages on Life's Way, 1845), 「비학문적 후기를 마감하며」(Concluding Unscientific Postscript, 1846) 등이다. 이러한 저서들

의 대부분은 기독교인이 된다는 것, 신앙을 갖는다는 것, 하나님과 경험을 갖는다는 것이 무엇인가라는 문제에 관심을 기울인 것이었다. 실존철학(Existenzphilosophie)이란 말은 무엇보다 병든 사회, 병든 인간의 의식에서 우러나온 것이라 생각된다. 사회가, 인간이, 그리고 나 자신이 병들었다고 절실히 느끼고 그러한 병든 상태에 반항하여 발버둥 치면서 빠져나와 그 전의 건강한 신체와 정신을 되찾으려는 가운데서 생긴 사색이다. 19세기는 인류 역사상 물질문명이 급속도로 발전한 시기였다. 그러나 어디에든지 인간의 정신을 좀 먹이는 것이 도사리고 있었다. 키르케고어는 이것을 꿰뚫어 보았다. 르네상스, 산업혁명 등 거센 풍파를 거친 유럽 천지에서는 물질적 진보와 부르주아의 진출이 현저해졌다. 그러나 이 시대 속에서의 대중의 사고방식은 너무나 피상적이고 안이한 것이며, 진정한 인간의 모습이기에는 거리가 먼 것이었다. 여기서 키르케고어는 진실한 나를 찾고 거기 충실하려는 피눈물 나는 정신적 분투를 하였다. 그가 추구한 주된 목표는 진정한 기독교의 모습이 어떠한 것인가를 그려내는 일이었다. 그의 생각으로는 유한하고 죄 많은 인간이 절대자이신 하나님 앞에서 자기를 살펴보며, 자기의 생존을 성실하게 들여다 보려하면 할수록 인간은 하나님과의 관계에서 유한성 속에서 헤매는 자일 수밖에 없었다. 이것은 하나의 불안이요, 결국은 절망이었다. 그리고 절망에서 드러나는 무(無)에서만 절대자이신 하나님에의 신앙으로 비약할 수 있다고 키르케고어는 생각했다.

　키르케고어는 헤겔 철학에 대한 비판을 사상의 출발점으로 삼았으며 이를 위한 효과적인 도구로 '실존' 개념을 사용했다. 헤겔 철학은 추상만 강조할 뿐 현실(reality)을 소홀히 했다. 헤겔은 존재라는 말을 사유와 같이 보편적이고 관념적인 것으로 이해했던 반면, 키르케고어는 존재를 이 세계에 실제로 생존하고 있는 구체적이고 개별적인 존재로 이해했다. 그는 진실한 인간 존재, 즉 실존의 세 단계를 구분하였다. 심미적, 윤리적, 종교적 단계는 인격적이고 개인적인 발전을 설명하는 것이라기보다는, 인생에 관한 세 가지의 특징적인 관점 혹은 태도와 관계되는 것으로 볼 수 있다. 이 세 단계에 대한 전체적인 진술을 통하여 얻고자 하는 제일의 목적은 인간에게 있어서 그가 그리스도인이 된다는 것의 의미가 무엇인지를 가능한 한 세심하게 결정해 보는 것이다. 그가 구분하는 실존의 세 단계는 다음과 같다. 첫째, 심미적 단계–미적 실존(aesthetische Existenz)은 천박한 쾌락주의자의 특징이 나타난다. 전적으로 가시적이고 세속적이며, 일시적인 목표들만을 추구함과 동시에 인생을 미적인 관점에서 판단하는 사람을 의미한다. 둘째, 윤리적 단계–윤리적 실존(esthische Existenz)이다. 윤리적 단계는 인간에게 양자택일을 맞게 하는, 양심에 대한 절대적인 요구로 이루어져 있다. 그는 자신의 인생에 대한 하나님의 뜻을 성취할 수도 있고 놓쳐버릴 수도 있다. 윤리적 요구는 인간으로 하여금 선택이라는 영원한 중압감에서 비롯된 진지함을 가지고 자기 인생에 대하여 깊이 생각하게끔 한다. 결국 인간은 윤리적 결단 아래서 하나님을 의식하게 되어 종교적 단계로 이어진다. 셋째, 종교적 단계–종교적 실존(religiöse Existenz)이다. 키르케고어는 일반적인 신앙의 태도와 진정한 그리스도인의 단계를 구분하였다. 그리스도인의 단계는 그리스도를 통한 계시와 죄에 대한 의식 그리고 그리스도 구속 능력 안에서 죄를 용서해 주심에 대한 믿음 등으로 이루어져 있다. 그리스도인의 단계 내에서는 심미적 단계로부터 비약하여 하나님 앞에서 아무것도 아닌 존재가 되며, 영원한 윤리적 요구 앞에서 자기 자신의 무가치성을 깨닫는 동시에 믿음 가운데 임재 해 계시는 그리스도를 깨달아 실존 가운데서 살아가는 것임을 의미한다. 다른 실존의 단계는 인간 스스로 도달할 수 있으나 종교적 실존은 하나님의 능력으로만 가능하다고 본다. 그러므로 키르케고어가 표현한 종교적인 단계는 절대자 앞에 벌거벗은 나체로 서있는 인간의 실존적인 모습이다.

키르케고어는 역설의 개념을 신학에 도입했다. 역설이란 말은 진리가 인간에게 하나의 통일체로서 이해되지 아니하고 반대물의 긴장에서 항상 변증법적으로 이해될 수 있다는 것을 의미한다. 역설의 개념은 하나님과 인간, 무한자와 유한자, 영원과 시간 사이에는 무한한 질적 차이가 있다는 그의 이원론적 신념으로부터 유래한 것이다. 그래서 그는 기독교를 역설의 종교로 간주했다. 첫째, 영원한 하나님은 그 본성과는 정반대의 존재, 즉 시간의 존재로서 나타났다. 하나님이 인간의 형태로 오셨다. 둘째, 시간적인 인간은 역설에 대한 신앙으로 말미암아 영원한 존재가 될 수 있다. 기독교의 핵심은 예수 그리스도 안에서 시간과 영원의 교차, 즉 신인(神人)의 오심을 인식하는데 있다. 이것은 우리의 이해와 설명 능력을 초월한다.

그러나 사람이 자신의 믿음을 두어야 할 곳을 비판적으로 반성해 보지도 않고 무조건적으로 믿는다는 것은 다원론적인 문화 시대에서는 거의 불가능하다. 그리고 비판적인 반성 없이 위임하는 것이 가능할지라도, 위임을 요구받았을 때 비판적인 판단을 하지 않는 것은 책임 없는 행동이다. 진실을 알고 싶어 하는 진지한 사람에게 '신앙우선주의'는 아무런 도움을 주지 못한다. 신앙우선주의자들이 주장하는 무조건적인 믿음이 가능한가? 불가능하다. 그 이유는 첫째, 인간이 무엇을 믿는다는 것은 일종의 지향성(intentionality)을 가지고 있다는 뜻이다. 믿음은 언제나 '......에 대한 믿음'이기 때문이다. 그리고 여기서 말하는 믿음의 대상(object)이 반드시 실제로 존재해야 되는 것은 아니다. 지향적인 대상은 존재할 수도 있고 존재하지 않을 수도 있기 때문에 그것 자체가 문제시 될 수 없다. 고대 그리스의 전기 작가 디오게네스(Diogenes B.C. 412-323 경)가 대낮에 등불을 켜고 아테네 거리를 돌아다녔던 이유는 그가 확실히 정직한 사람이 존재한다고 믿었기 때문이 아니다. 둘째, 종교적인 믿음의 대상이 실제로 이 세상이나 이 세상밖에 존재한다 하더라도 그것이 영원불변해야 할 이유는 없다. 영원하지 않고 상변하는 대상을 믿는 종교는 이 세상에 얼마든지 있다. 과정신학자, 실용주의 신학자들에 의하면 기독교의 하나님도 시간에 따라 변하고, 변하지 않는 하나님은 진정한 하나님이 아니라고 주장한다.

철학은 신앙의 도움을 무시하지 않는다. 그러나 철학만이 종교를 이해할 수 있는 길이라고 주장하지도 않는다. 바람직한 종교 이해는 모든 종교를 다원적으로 연구해야 된다는 것이 철학의 처지이다. 종교와 철학은 다같이 '인간을 위한 행위'라는 점에서 연결되어 있다. 신앙이 이성을 초월하고 종교가 철학을 초월한다고 주장하는 사람은 먼저 이성이 무엇인지, 철학이 무엇인지를 알아야 한다. 종교적 문제들에 대한 비판적 반성이 주제넘은 것인지 아닌지 하는 것은 주로 두 가지 요소에 의거한다. 첫째, 만일 하나님이 실재하신다면, 하나님은 인간이 종교적 진리에 대해 반성하기를 원하는가 하는 문제이다. 만일 인간이 종교적 질문들에 대해 비판적으로 생각하는 것을 하나님이 금한다면, 또 만일 사람이 그 금지령에 대해 알 수 있는 방법을 가지고 있다면 그렇게 행하는 것은 잘못된 것이다. 그러나 하나님이 인간의 비판적인 능력들을 스스로 억누르기를 원한다고 생각할 하등의 이유가 없다. 결국 생각하는 능력은 하나님이 주신 은사이므로 적절히 사용한다면 하나님이 수여하신 다른 은사들과 같이 이 선물도 사용되도록 계획되었다고 주장하는 것이 옳다. 많은 진리의 외침들과 경쟁하게 되었을 때 종교적 신념만큼이나 중요한 문제들을 반성해 보기 위해서 이성을 적절히 사용할 수 있다고 여겨진다. 둘째, 종교에 대한 비판적인 생각이 적합한지를 판단하게 해 줄 요소는 그 사고를 계속하는 방식에 있다. 하나님이나 다른 어떤 것에 대해 건방지고 주제넘은 태도로 생각해 보는 것은 분명 가능하다. 그러나 어떤 사람이 하나님이 실재하는지를 진지하게 알고 싶어 하며, 하나님보다 자기가 낮은 존재임을 인정하고, 자기 생각이 오류에 빠지기 쉽고, 편견이 있을 가능성이 있다고 인정하며, 자신이 하나님을 완전히 이해할 가망이 있을 것 같지 않다는 것을 이해하고, 또 자신의 생각이 성공적인 것이 되기 위해서는 하나님의 도움을 받아야 될지도 모른다는 가능성을 인정하며 그럼으로써 계시의 가능성을 배제하지 않는다면, 그러한 사람이 하나님께 대해 하는 생각은 주제넘은 떼까지 나아가지는 않을 것이다.

지금까지 신앙우선주의에 대해 살펴보았다. 이제 합리주의에 대해 간략히 알아보기로 하자.

2) 합리주의 또는 이성주의(Rationalism)

합리주의는 거의 대부분의 철학자의 궁극적인 입장이다. 비합리적이고 우연적인 것을 배제하고 이성적이며 필연적인 것들을 중요하게 생각하는 경향이다. 이는 이성을 지식의 제일의 근원으로 보는 견해를 말한다. 합리주의에서의 진리의 기준은 이성적이고 연역적인 방법론이나 이론으로 정의된다. 신앙우선주의자와 반대의 생각을 가진 사람은 종교문제에 관한 우리의 생각에 전제가 없어야 한다고 생각하는 철학자이다. 그렇다면 인간이 순수하게 중립적이고 공평하게 생각할 수 있을까? 애석하게도 인간의 생각은 모든 종류의 비이성적인 요소에 의해 많은 영향을 받는 것이 확실하다. 우리의 생각은 우리의 경험뿐만 아니라 우리의 감정, 훈육과 교육, 친구들의 생각과 태도, 역사적인 상황 그리고 많은 다른 요소들로 채색되어 진다. 합리주의가 옳은가? 즉 이성은 인간이 모든 선입관적인 우선적 위임들을 버릴 것을 요구하는가? 합리적 사유는 전제가 없어야 한다는 주장이 옳은 것인가? 이 문제가 취급되려면 지식 이론 내의 중심적인 문제인 기초주의(Foundationalism)를 상세히 검토해야 한다. 기초주의는 정당화된 믿음이나 건전한 전제로부터 추론된 결론과 같이 확실한 기초에 의존하는 인식론이다. 그러므로 합리주의는 이성적 반성을 하기에는 불가능한 요인을 가진다는 것이 아쉽다.

3) 비판적 대화(Critical Dialog)

그러면 이제 어떤 선택이 남아 있는가? 사람은 각각의 개인이므로 '사물이 그에게 나타나는 방식'에 대한 최종적인 판단은 각 사람이 내려야 한다. 이성을 아무 전제도 없는 생각으로 보지 말고, 자진해서 우리의 위임을 테스트하는 존재로 가정해 보자. 한 개인이 다른 사람들과 비판적인 대화를 하려고 애쓴 만큼 그 사람은 자신의 위임들이 단순한 편견이 아니라 비판적인 테스트의 과정을 견딘 만큼 이성적이라 할 수 있지 않을까? 비판적인 대화의 과정에서 개인은 자신의 견해에 대한 대안들과 그 대안들이 주장하는 반대 의견들을 통해서 생각하고자 시도한다. 그러한 과정을 통해 한 개인의 견해는 수정되거나 포기될 수도 있다. 의심스럽게 보이는 것을 계속해서 기꺼이 테스트하고자 한다면 끝까지 살아남는 것은 편견이나 선입관이 아니라 논리적으로 생각된 확신이다. 그러한 비판적인 대화는 모험적인 것이다. 자기 신앙에 대해 반대되는 것을 심사숙고하기에 거절한다 해서 사람이 전심으로 하나님을 믿을 수 있으며, 동시에 끝까지 계속해서 믿을 수 있다고 주장할 수 있을까? 만약 하나님이 실재한다고 순수하게 믿는다면 그런 대안들을 테스트하고 타인에 의해 제기된 문제들과 반대들을 경청할 필요가 있다.

철학을 연구하는 것은 어떤 특정한 사람들에게만 주어진 임무가 아니다. 우리 모두가 끈기와 통찰력을 가지고 노력할 때 많은 문제점들이 해소되리라 믿는다. 철학의 임무는 지붕에 올라간 다음에 사다리가 필요 없게 된다는 비트겐슈타인(Ludwig Wittgenstein, 1899-1951)의 말처럼 종교인은 철학을 버리기 위해 철학을 찾고, 초월하기 위해 철학을 배운다는 것을 인지해야 한다.

5. 기독교철학(Christian Philosophy)의 개념

   기독교철학이란 기독교적 논리, 원리, 그리고 방법을 갖는 철학이라고 할 수 있다. 즉, 기독교철학은 기독교적인 관점에서 세상의 다양한 사물과 존재의 본질에 대해 합리적이며 계시 의존적으로 사고하는 학문이다. 이러한 기독교철학의 정의는 상당 부분 전통적인 기독교신학의 범위와 겹치지 않는가 하는 인상을 준다. 전통적으로 서양의 신학(theology)은 7가지 분과로 나누어진다. 계시(Revelation), 신론(Doctrine of God), 인간론(Anthropology), 기독론(Christology), 구원론(Soteriology), 교회론(Ecclesiology), 종말론(Eschatology)으로 나뉜다. 18세기 경 서양에서 전통적인 신학과 구별되는 성경자체에 대한 연구인 성서학(Biblical Studies)이 발흥한 후에는 전통적으로 다루어 왔던 기독교신학의 내용을 조직신학(Systematic Theology)이라고 부르게 되었다. 서양 사상사를 살펴보면 철학과 신학은 긴밀하게 영향을 주고받아 왔다. 서양 철학의 역사는 소크라테스 이전의 고대 그리스로 거슬러 올라간다. 그리스 철학은 밀레토스 학파의 탈레스(Thales, B.C. 640-546), 아낙시만드로스(Anaximandros B.C. 610-546), 아낙시메네스(Anaximenes, B.C. 585-525 경) 등과 소크라테스(Socrates, B.C. 470-399 경), 플라톤(Plato, B.C. 424-348 경), 아리스토텔레스(Aristotle, B.C. 385-323 경) 그리고 스토아학파(Stoicism)와 에피쿠로스학파(Epicurianism) 등 다양한 학파들의 영향 가운데서 지속되어 왔다. 이러한 그리스 철학과 기독교의 만남이 본격적으로 이루어진 것은 기독교가 지중해 전역에 본격적으로 전파되어 성장하기 시작한 2세기경부터라고 할 수 있다. 이때부터 기독교의 변증가들 중에는 당대를 주도하던 헬라 철학과 기독교의 관계를 어떻게 정의할 것인가에 대해 관심을 갖는 사람들이 생겨났다. 대표적으로 유스티누스(Justinus, 100-165 경), 알렉산드리아의 클레멘트(Clement of Alexandria, 150-215 경), 오리게네스(Origen, 185-254 경) 등이 있다. 터툴리아누스의 경우에는 '아테네와 예루살렘이 무슨 관계가 있는가'라고 말하며, 그리스 철학과 기독교가 무슨 관계가 있는가 하는 입장을 취한 것으로 유명하다. 이러한 초대 기독교의 사상가들을 우리는 교부(Church Fathers)라고 부른다. 그중에서도 가장 대표적인 인물이 바로 아우구스티누스(Sanctus Aurelius Augustinus, 354-430)이다. 그는 심오하고 방대한 학문적 사상과 독실한 기독교 신앙을 가지고, 이성과 신앙을 종합해 보고자 시도했던 인물이다.

중세에는 스콜라신학이 발전하게 된다. 스콜라신학은 서구 역사에서 중세라고 명명한 시대의 특징적 신학 사조 또는 신학 방법론을 지칭하는 말로써, 주로 '이성과 신앙의 조화'를 주제로 다루었다. 스콜라(scholar)는 중세에 신학과 철학을 가르치던 장소가 수도원의 학교(scholar)였기 때문에 붙여진 이름이다. 스콜라신학에서 성취하고자 했던 과업은 두 가지였다. 하나는 교리와 이성을 조화시키는 것이었고, 다른 하나는 교회의 교리를 '신학대전'이라 부르는 질서정연한 체계로 배열하는 것이었다. 스콜라신학의 젖줄은 교리적 원리를 제공한 아우구스티누스와 변증 방법을 제공한 아리스토텔레스의 저서였다. 즉 스콜라신학은 아리스토텔레스의 형이상학 체계를 기독교신학에 도입한 것으로, 12세기경 아리스토텔레스의 저작들이 서방 교회로 밀려들어오면서 발흥하게 되었다. 아리스토텔레스의 철학을 기독교신학에 받아들여 완성한 대표적인 인물이 바로 토마스 아퀴나스(Thomas Aquinas, 1225-1274)이다.

종교개혁 이후 계몽주의 시기에도 신학은 철학에 많은 영향을 받았다. 계몽철학의 선구자 임마누엘 칸트(Immanuel Kant, 1724-1804)의 「순수이성비판」은 그 이후의 신학에 엄청난 영향을 끼쳤다. 자유주의 신학의 아버지로 평가받는 프리드리히 슐라이어마허(Friedrich Daniel Ernst Schleiermacher, 1768-1834)는 낭만주의 철학의 영향을 받았으며, 독일의 관념론 철학자 헤겔(Georg Wilhelm Friedrich Hegel, 1770-1831)도 신학에 깊은 영향을 끼쳤다. 심지어 '신은 죽었다'고 선언한 독일의 철학자 니체(Friedrich Wilhelm Nietzsche, 1844-1900)도 사신 신학(Death of god theology)과 포스트모던 신학의 발흥에 영향을 주었으며, 실존주의 철학자 죄렌 키르케고어(Søren Kierkegaard, 1813-1855)도 칼 바르트(Karl Barth, 1886-1968)를 비롯한 20세기 여러 신학자들에게 영향을 주었다.

이제까지 우리는 서양 철학과 신학이 서로 영향을 끼친 역사를 간략하게 살펴보았다. 다시 우리의 질문으로 돌아가면, 기독교철학과 신학은 어떤 관계인가 하는 것이다. 이 질문은 답하기 쉬운 것은 아니다. 이 질문에 답을 하기 위해서는 기독교철학이라는 이름으로 실질적으로 수행되고 있는 학문의 내용을 알아야 한다. 간단히 생각해 볼 수 있는 것은 사물이나 문제를 접근하는 관점이나 방법론의 차이가 신학과 기독교철학을 구별하는 뚜렷한 특징 중 하나라고 말할 수 있을 것이다.

필자는 기독교철학이 필요한 이유 중 하나는 성경을 기초로 하여 기독교 세계관을 형성하고 그것을 발전시켜 완성시킨 후에 철학적인 방법으로 접근하여 대화하고 설득하는 것이라고 주장한다. 하나님을 모르는 철학자들은 이교철학이나 세속철학을 발전시켜 왔다. 그러나 신앙인들은 성경을 통해서 기독교 세계관을 형성하고 그것을 바탕으로 기독교철학을 형성하게 된다. 기독교철학은 성경을 기준으로 그 바탕 위에 철학을 세우는 작업이다. 혹자는 기독교철학이 가능한가 하고 묻는다. 기독교철학은 신학과 다르다. 신학은 계시의 이해와 체계화가 중요 임무이다. 그러나 기독교철학은 신앙이나 계시로 대치할 수 없고, 성경을 근거로 계속 반성하고 비판하는 작업을 한다. 따라서 기독교철학과 신학은 상호협조 가운데 양자의 건전한 발전을 도모할 수 있다. 이런 의미에서 기독교철학은 가능하다.

　필자는 기독교철학을 하기 위한 전제는 다음과 같다고 본다. 물론 이 전제가 절대적이거나 객관적인 표준이라고 생각하지는 않는다. 비판과 수정의 여지를 충분히 남겨 놓은 하나의 잠정적인 것임을 인정한다. 첫째, 기독교철학은 하나님의 창조를 전제해야 할 것이다. 창조의 전제는 또한 하나님의 절대적 주권을 의미한다. 따라서 우주의 만물과 만사는 하나님께 의지하고 그의 통치를 받으며, 어느 한 구석도 하나님을 떠나서 있을 수 없다는 것을 말한다. 둘째, 기독교철학은 인간의 타락과 죄를 전제한다. 이 전제도 기독교철학을 세속철학과 근본적으로 다르게 만드는 것이다. 셋째, 기독교철학은 그리스도의 구원을 전제한다. 오직 예수 그리스도를 통한 구원이다. 넷째, 기독교철학은 성경의 계속적인 역사를 인정해야 한다. 그것은 하나님께서 성령으로 임재하시고 역사하시는 중요한 세계라는 것을 가르친다.

　위와 같은 전제를 가지고 기독교철학은 기독교신앙이 우리 삶과 사회, 우주 전체에 대해 지니는 의미를 구체적으로 밝혀주는 작업을 하는 것이라고 본다. 그러므로 기독교철학은 단순히 사변적인 이론체계에 머무는 것이 아니라 변증적이고, 복음적인 성격을 지닌다고 본다. 기독교철학자는 철학자들이 관심을 두는 주제를 공유하지만, 기독교철학자의 대답은 전제와 방법을 '성경'에 기초를 두기 때문에 철학자들의 대답과는 달라야 한다. 성경에 따르면 인간 이성과 경험은 제한되어 있다. 기독교철학은 하나님의 창조를 믿기 때문에 인간 이성과 경험을 제한적 의미에서는 인정하고 존중한다. 동시에 기독교철학자는 하나님께서 인간을 하나님의 형상으로 창조하셨음을 믿으며 인간 이성의 능력도 하나님의 선물임을 믿기에 일상경험에 대한 비판적 반성작업을 기독교철학의 방법으로 인정하며 사용한다. 성경에 의존하는 기독교철학도 철학의 전통적인 분류에 따라 기독교 존재론과 기독교 인식론, 기독교 윤리학으로 분류될 수 있다. 기독교 존재론은 모든 존재자가 창조주 하나님의 창조물임을 선언함으로써 모든 피조물의 의미가 궁극적으로 하나님께 의존하고 있음을 밝히는 일을 수행한다. 기독교 인식론에 따르면 하나님의 지식이 절대적이고 완전하며 자기 충족적이며 인간의 지식은 하나님의 지식에 의존하며 하나님의 지식에 의해 언제나 평가받아야 한다. 그러하기에 창조 세계를 향한 인간의 해석 작업은 언제나 하나님의 해석을 듣고 그 해석을 처절하게 고민하며 자신의 것으로 적용하는 작업이 되어야 한다. 기독교 윤리학은 성경이 우리에게 제공하는 관점의 조명을 통해서 도덕적 행위와 윤리적 반성을 함으로 하나님의 자녀로서 이 땅에서 규범을 지키며 살아가는 방향을 제시한다. 성경을 출발점으로 삼는 기독교철학자는 비판적 작업을 통해 신학의 오염된 부분을 정화시켜주는 역할을 할 수 있다. 아우구스티누스는 '참된 철학자는 하나님을 사랑하는 사람이다'라고 말했다. 바꿔 말하면, 하나님을 사랑하는 사람이야말로 참된 철학자라는 이야기이다. 이러한 최근의 기독교철학자들은 아브라함 카이퍼(Abraham Kuyper, 1837-1920), 헤르만 도이베르트(Herman Dooyeweerd, 1894-1977), 고든 클라크(Gordon H. Clark, 1902-1985), 코넬리우스 반틸(Cornelius Van Til, 1895-1987), 앨빈 플랜팅가(Alvin Plantinga, 1932-)를 들 수 있다.

필자는 성경을 기초로 하는 기독교철학은 지성이 물론 중요하지만 영성 역시 간과해서는 안된다고 본다. 철학은 먼저 알아야 하기에 일단은 머리로 하는 게 사실이다. 하지만 앎이 모든 걸 지배하진 않는다. 알고난 다음에는 그것을 행동으로 옮겨야 하는데, 이를 위해서는 의지가 필요하다. 우리들로 하여금 의지를 불러일으키게 하는 것은 머리가 아닌 가슴이라는 사실이다. 그러므로 진정한 철학은 단순히 지성에만 머물지 않고 가슴을 통해 손과 발을 움직이게 해야 한다. 터툴리아누스, 오리게네스, 아우구스티누스 등과 같은 기독교 초기 변증가들은 기독교 신앙이야말로 참된 철학이라고 주장했다. 여기서 말하는 철학은 단순히 지성이나 지식이 아닌, 삶의 체계와 방식을 말한다. 그러므로 기독교철학은 영성과도 분리해서 생각할 수 없다. 왜냐하면 제대로 알지 못하고 영성이 있을 수 없으며, 영성 없이는 지식도 온전해질 수 없기 때문이다. 오늘날 사회를 다원주의 사회라고 이야기한다. 절대적 진리는 없고 상대적 진리만을 수용하는 사회 속에서 기독교인들은 어떻게 살아야 할까? 우리가 해야 할 것은, 그리스도를 주로 삼아 거룩한 삶을 살아가는 것이다. "너희 마음에 그리스도를 주로 삼아 거룩하게 하고 너희 속에 있는 소망에 관한 이유를 묻는 자에게는 대답할 것을 항상 준비하되 온유와 두려움으로 하고"(벧전 3:15). 다원적인 사회에서 기독교인들이 믿는 진리가 무엇인지, 그리고 그것이 왜 진리인지를 묻는 이들에게 대답해야 한다. 이렇게 하려면 우리가 믿는 믿음을 논리적으로 설명할 수 있어야한다. 논리로 기독교의 진리를 다 이해하지 못한다 해도 우리는 가능한 한 합리적이고 논리적으로 전하고 설득할 수 있어야 한다. 기독교철학이란 바로 이러한 대답을 준비하는 작업이라는 사실이다.

참고문헌

서양근대철학회편. 「서양근대종교철학」. 서울: 창비, 2015.

생명의말씀사 편. 「기독교철학 및 문화관」. 서울: 생명의말씀사, 2009.

이경직. 「기독교철학의 모색」. 서울: 기독교연합신문, 2006.

정승태. 「합리적인 신앙을 위한 종교철학담론」. 대전: 침례신학대학교출판부, 2016.

존 H. 힉. 「종교철학」. 김희수 역. 서울: 동문선, 2000.

최성훈. 「성경으로 본 철학이야기」. 서울: 기독교문서선교회, 2018.

최신한. 「현대의 종교 담론과 종교철학의 변형」. 서울: 서광사, 2018.

켈리 제임스 클락 엮음. 「기독교철학자들의 고백」. 양성만 역. 서울: 살림출판사, 2006.

프란츠 비트만. 「종교와 철학」. 박찬영 역. 서울: CIR, 2018.

황필호. 「종교철학 11강좌」. 서울: 철학과 현실사, 2006.

C. 스티븐 에반스, R. 잭커리 매니스. 「종교철학」. 정승태 옮김. 서울: 기독교문서선교회, 2016.

J. M. 스피어. 「기독교철학개론」. 문석호 역. 서울: 크리스천다이제스트, 2001.

J. P. 모어랜드, W. L. 크레이그. 「기독교철학」. 이경직, 이성흠 역. 서울: 기독교문서선교회, 2013.

Andrew Wommack. *Christian Philosophy*. Littleton: Harrison House Inc, 2012.

Brian Davies. *An Introduction to the Philosophy of Religion*. Cambridge: Oxford University Press, 2004.

C. Stephen Evans, R. Zachary Manis. *Philosophy of Religion: Thinking About Faith*. Downers Grove: IVP Academic, 2009.

Étienne Gilson. *History of Christian Philosophy in the Middle Ages*. Washington, D.C: The Catholic University of America Press, 2019.

John M. Frame. *A History of Western Philosophy and Theology*. Phillipsburg: P

& R Publishing, 2015.

J. P. Moreland, *William Lane Craig. Philosophical Foundations for a Christian Worldview.* Old Saybrook: Tantor Audio, 2019.

Mark W. Foreman. *Prelude to Philosophy: An Introduction for Christians.* Downers Grove: IVP Academic, 2013.

Michael L. Peterson, Raymond J. VanArragon. *Contemporary Debates in Philosophy of Religion.* Hoboken: Wiley-Blackwell, 2019.

Nancey Murphy. *A Philosophy of the Christian Religion.* Louisville: Westminster John Knox Press, 2018.

Oliver D. Crisp. *A Reader in Contemporary Philosophical Theology.* London: T & T Clark International, 2009.

Stephen T. Davis. *Christian Philosophical Theology.* Cambridge: Oxford University Press, 2016.

Steve Wilkens, Alan G. Padgett. *Introduction to Philosophy: Christianity and the Big Questions.* Waco: Baylor University Press, 2018.

2부

신 개념에 대한 이해: 신이란 무엇인가?

2부
신 개념에 대한 이해: 신이란 무엇인가?

 종교철학의 중요한 과제 중 하나는 특히 신과 연관해서 신이 있다고 믿는 것이 합리적인가 아닌가를 판단하는 것이다. 신의 존재에 논의를 하려면 먼저 신의 본질, 대체 신이라는 게 어떤 존재인가 하는 얘기가 먼저 얘기가 되어야 그런 신이 과연 있느냐 없느냐라는 게 의미 있게 된다. 신의 본질에 대한 물음하고, 신의 존재에 대한 물음 중에서 대체로 논의 방식은 신의 본질에 대한 물음이 신의 존재에 대한 물음보다 선행하는 것이 합리적인 접근이다. 왜냐하면 신 개념이 명료해야 그런 신이 존재하는지 아닌지 논의가 가능해지기 때문이다. 그래서 우선 신이 뭔가 하는 신의 본질 쪽에 초점을 맞추어 이야기하는 것이 필요하다.
 일단 서양의 신 개념은 크게 보면 히브리 전통과 그리스 전통의 신 개념으로 구분된다. 그리스 전통의 신 개념은 제우스한테서 잘 드러나고 있다. 제우스는 우선 물질적인 존재이다. 물질적이라는 것은 시간과 공간 속에 존재하고 그래서 육체를 가지고 있는 존재이다. 그래서 올림푸스 산 꼭대기에 거주하는 존재이고, 그 다음에 신은 하나가 아니라 다수다. 그래서 제우스도 자기 아버지를 타도하고 권좌에 오르는 존재로 그려지고 있다. 아울러 신이 지혜나 힘이 무한하지는 않은 한계가 있는 신으로 묘사가 되고 있고, 그렇기 때문에 항상 공평무사한 것은 아니고 나쁜 짓도 저지르는 것으로 기술된다. 예를 들면 제우스도 젊은 처녀를 유혹해서 욕도 보이기도 하는 등 아주 인간적인 면모를 보이고 있다. 그러나 히브리 전통의 신 개념은 그리스적인 신 개념과 완전히 극점에 있다. 극점에 있으니까 물질적인 존재가 아니다. 히브리적인 신 개념은 시간, 공간 중에 없고 육체도 갖고 있지 않고, 또 다수가 아니라 유일한 하나이다. 그 다음에 지혜나 힘이 무한하지 않은 게 아니라 무한한 존재로, 전지하며 전능하다. 그렇기 때문에 항상 완전하고 완벽한 존재이기 때문에 공평무사함의 기본을 이룬다. 그런 면에서 완전히 그리스 전통의 신과는 극점을 이루고 있다. 그래서 히브리 전통의 신 개념은 그런 점에서 이제 완전히 완벽한 모습을 보이는데 그런 점에서 오류를 저지르지 않는 존재이다. 그러다 보니까 제약을 제거하려면 대체로 사람한테는 육체가 제약의 토대이기 때문에 신은 당연히 육체가 없는 존재로서 설정될 수밖에 없다. 이 전지전능은 항상 문제가 되는데, 신이 전지전능하다는 것과 세상의 악이 있는 것은 딱 반대이기 때문이다. 전지하다는 건 최선의 것이 무엇인지를 아는 거고, 전능하다는 건 그걸 실현할 수 있는 힘을 가지고 있는 것이다. 그럼 신이 전지전능하다면 당연히 최선의 것을 만들어야 되는데, 그렇다면 세상에 왜 악이 있느냐? 악이 없는 것보다는 있는 게 최선의 것인가? 악이 존재하는 거는 신이 전지하고 전능이 아니라, 전지 혹은 전능이라고 보여 질 수밖에 없다는 것이다. 그래서 전지하긴 하는데 전능하진 않거나, 전능하긴 하는데 전지하진 않은 것을 말한다는 것이다. 그러니까 최선의 것이 뭔지는 아는데 힘이 모자라기 때문에 아는 걸 다 실현 못하니까 그만큼 악이 있거나, 혹은 전능하긴 한데 최선의 것이 뭔지를 모르니까 지적인 결함이 악으로 반영되거나 하지 않느냐하는 문제가 생기게 된다. 신이 전지하다면 우리가 앞으로 무엇을 할 건지도 다 아는 것이고, 그러면 우리는 결국 자유로운 존재의 자유로운 선택이란 것이 불가능한 존재가 되어버리니까 인간의 자유의지가 존립하기 힘든 문제가 당연히 생기게 되는 것이다. 이러한 신의 전지와 전능과 관련해서는 중세 신학에서 아주 중요한 문제로 취급하게 된다. 중세신학과 근대 철학에서도 많이 다룬 신명령론(God Command's Theory)의 핵심은 '어떤 행위가 옳은 것은 신이 그것을 명령하기 때문인가, 아니면 그것이 옳기 때문에 신이 명령하는가?'이다. 옳기 때문에 그것에 근거해서 신이 명령하는 것인가, 아니면 신이 명령하기 때문에 그것이 옳아지는 것인가? 어느 쪽이냐, 그것을 따지는 것이다. 여기에 대해서는 역사적으로 두 가지 접근법이 있다. 하나는 주의주의(voluntarism)고, 또 다른 하나는 주지주의(intellectualism)이다. 주의주의는 의지, 신의 전능성을 강조하는 입장이고, 주지주의는 신의 전지성을 강조하는 입장이다. 신명령론은 주의주의이다. 신이 의지하기 때문에 옳은 것이다. 그러니까 옳음 보다는 신 쪽에 더 우위를 두는 것이다. 이것이 의지에 기초를 두는 주의주의고, 주지주의는 그것이 옳은 것이기 때문에 신이 전지하니까 그것을 파악해서 명령하는 것이다. 예를 들어 살인을 금지하는 것이 왜 옳으냐? 신명령론 입장에서는 신이 살인하지 말라고 명령 했으니까 살인금지가 옳은 것이라는 것이고, 주지주의 입장에서는 살인 하는 것이 나쁜 것이고 살인을 금지하는 것이 옳은 것이니까 신이 그것을 명령하는 것이라고 보는 것이다. 이 때 의지를 앞세우는 주의주의가 히브리적인 전통이다. 반면에 주지주의는 그리스적이고 지적인 전지를 더 앞세우는 것이다. 그런데 이 둘은 다 문제가 있다. 주지주의는 전지성을 앞세우다 보니까 신의 전능성에 타격이 간다. 무엇이 옳고 그른지는 객관적으로 이미 정해지니까 신도 옳고 그른 것을 마음대로 못하고 그것에 복종해야 하니까 신의 전능성에 타격이 가고 약화되는 측면이 있다. 반면에 주의주의는 옳기 때문에 명령한다고 하면 만일에 신이 살인하라고 명령한다면 그것이 옳아지는 것이다. 사람들이 '아니야, 살인하는 것은 나쁜 것이니까 신이 명령하지 않아'라고 한다면 이미 주지주의 입장에 서 있는 것이다. 살인하는 것은 나쁘다는 가치를 이미 인정하는 것이 된다는 말이다. 그러니까 주의주의 입장이 되면 신이 변덕스럽게 오늘은 살인을 해라해도 옳고 내일은 살인을 하지 말라고 해도 옳은 것이니까 신의 명령이 자의적이 될 수 있는데, 그렇다면 신의 선함이라는 것이 문제가 된다고 볼 수 있다. 그러니까 신의 전능성을 포기할 것인가 아니면 신의 선함에 훼손을 가져올 것이냐를 놓고 갈등과 고민을 낳게 되는 것이다.

그리스 전통과 히브리 전통을 좀 더 다른 방식으로 비교해 보자. 그리스에서 생성되어서 로마에서 체계화된 헬레니즘, 그리스적인 것하고, 그 다음에 히브리적인 것, 헤브라이즘은 몇 가지 문화에서 볼 때 뚜렷한 차이들을 보여주고 있다. 우선 문화적 예술의 차원에서 보면, 그리스의 유명한 예술 장르는 건축하고 조각이 중요한 예술 장르이다. 그런데 건축, 조각, 희극이라는 것은 전부 우리 감각과 관련된 분야일 수밖에 없는데, 시각적인 장르이다. 이것은 보는 것이다. 그런 점에서 그리스는 시각 중심의 예술이다.

반면에 히브리 전통에서는 건축, 조각 등 실제로는 예술 작품이 거의 없다. 히브리에 나와 있는 예술은 구약 성서에 보면 주로 시편 같은 건데, 그거는 음악이다. 실제로 시편은 성전에서 공연되던 찬송가의 가사이고, 그것은 청각적인 것이다. 그러니까 묘하게 신 개념에서도 이 시각, 청각이라는 것이 그대로 이어지고 있다. 그리스 신은 우리가 다 아는 것처럼 모양을 다 갖고 있는 신이고, 시각적인 신이다. 이미지 중심의 신이 등장하게 된다. 반면에 히브리의 신 야훼는 청각적인 신으로 묘사된다. 모습을 본 사람이 없다. 그래서 자기를 드러 낼 때 항상 대용품을 통해서 드러내고 있다. 구름기둥으로 드러내기도, 불기둥으로 드러내기도 한다. 실제로 신을 본 사람이 없다. 모습을 알 수가 없다. 야훼가 모세를 부를 때에도 불붙지만 타지 않는 가시덤불 뒤에서 음성으로 얘기할 따름임을 성경은 기록하고 있다. "여호와의 사자가 떨기나무 가운데로부터 나오는 불꽃 안에서 그에게 나타나시니라 그가 보니 떨기나무에 불이 붙었으나 그 떨기나무가 사라지지 아니하는지라"(출 3:2). 그러니까 야훼는 청각적인 신으로 드러나고 있다. 그러면 인간과 신이 어떻게 만나느냐? 인간이 부르짖으면 신이 응답하고, 신이 부르면 인간이 응답하는 관계이다. 시각적인 것이 아니라 청각적인 이미지로 대화하는 신이다. 그리스 전통은 시각적이니까 항상 인간 더 가까이에 있는 것 같고, 히브리 전통은 청각적이니까 보이지는 않는 존재로서 뭔가 신비감이 더 드러나는 이런 요소가 끼어드는데, 그런 의미에서 그리스 전통과 히브리 전통의 신 개념은 상당히 차이가 있다.

    예술, 종교만이 아니라 학문에서도 그리스, 히브리의 차이가 있다. 예를 들면 역사를 보는 관점이 전혀 다르다. 그리스의 역사관은 순환적인 역사관이다. 일종의 원(circular)이다. 반면에 히브리의 역사관은 직선이다. 그것도 시작과 끝이 있는 직선이다. 창조에서 종말에 이르는 구조를 지니고 있다. 그리스인들은 결국 순환적이니까 주기를 따지게 된다. 몇 년마다 한 번씩 도느냐, 주기를 따질 수밖에 없다. 그들의 역사관은 1년에 일어난 일은 1001년에 또 일어나고, 2001년에 또 일어나고, 이런 식이다.

천 년이 주기라는 것을 원형과 반복(archetype & repetition)이란 말로 표현하기도 한다. 반면에 히브리 역사관은 창조에서 종말에 이르는 직선적인 거니까 전혀 다른 느낌이다. 그러다보니까 그리스 전통과 히브리 전통에서의 현재라는 개념이 갖고 있는 의미가 전혀 달라질 수밖에 없게 된다. 그리스는 현재라는 것은 일회적인 게 아니고, 수없이 반복되는 것 중에 하나이기 때문에 현재가 상당히 상대적인 의미가 되는데, 히브리는 현재라는 건 딱 한 번 밖에 없는 거니까 굉장히 절대적인 의미를 가지게 되는 것이다.

히브리의 전통의 신 개념의 내용은 그리스 신 개념의 제우스와는 달리 신은 비물질적인 존재이다. 그래서 당연히 신체가 없고, 또 특정한 장소에 있지도 않다. 즉, 무소부재의 신으로 묘사된다. 어떤 특정한 장소에 있는 것도 아니고, 그렇다고 해서 없는 것도 아니고, 모든 곳에 있다는 표현을 쓰고 있다. 그러니까 존재하지 않는 곳이 없다는 것이다. 신은 언제 어디에나 있지 않는 곳이 없다는 말을 쓰지만, 실제로는 모든 곳에 있다는 개념보다 시간 공간 자체를 초월해서 있는 존재의 개념이다. 그러니까 '특정한 장소에 있지 않다'는 표현은 '공간을 초월해 있다,' '시간 공간을 초월해 있다'는 뜻으로 이해를 하는 편이 좋다. 비물질적인 존재 문제는 히브리 전통의 기독교 신학 내부에서도 성육신, 육화 문제와 충돌이 된다. 육화라는 것은 결국 신이 그 비물질적인 존재인 것만이 아니라 물질적인 존재로 이 세상 속에 들어오는 것인데, 물질적인 존재로 몸을 가지고 세상 속에 들어온 예수 그리스도는 신인가? 신을 만약에 비물질적이라고만 규정하게 되면 육화된 그리스도는 물질적인 존재이니까 신이 아니라고 얘기해야 되는데 어려움이 생기는 것이고, 그래서 이 부분이 비물질성과 연관해서 문젯거리로 남아 있는 부분이다.

간략히 서양의 신 개념을 살펴보았지만, 일반적으로 신 개념에 대한 접근은 여러 가지가 있다. 대다수의 세계 종교인들에게 가장 중요한 것은 하나님 혹은 이러 저러한 신들에 대한 믿음이다. 비록 세세한 점들에 있어서는 수많은 신에 대해 다양한 견해들이 있지만 대부분은 몇 가지 유형으로 압축될 수 있다. 학자들마다 신 인식의 방식이 다르겠지만, 필자는 신을 인식하는 견해로 유신론, 자연신론, 범신론, 만유재신론, 유한신론의 다섯 가지로 분류하고, 신을 거절하는 견해는 무신론, 불가지론, 자연주의 세 가지로 분류하고자 한다.

1. 신을 인식하는 다섯 가지 방식

1) 유신론(有神論, Theism)

유신론은 세계 저 편에 있으면서 세계 안에 있는 신을 고수하는데 그 신은 '초월적'(transcendent)이며 '내재적'(immanent)이다. 기독교철학을 이해하기 위해서는 초월적이라는 말과 선험적이라는 말의 정확한 의미를 파악하지 않으면 안 된다. '초월적,' '선험적'이란 단어는 '위로 걷다'(overstep), '오르다'(clime over), '넘다'(cross over)를 의미하는 라틴어에서 유래된 것으로 오랜 세기에 걸쳐 초월적이란 말은 신학에서 사용된 용어이다. 초월성은 하나님이 자신의 피조물 속에 포섭되지 아니하고, 그 위(above)에 존재한다는 사실을 의미한다. 우주적 시간 경계선의 다른 쪽에 위치한 모든 것, 즉 우주적 시간의 시간적 한계와 지속을 넘어서는 모든 것을 가리키는데 쓴다. 시간적 세계 질서의 조성자로서 하나님은 절대적인 의미에서 초월적이다. 그리스도가 비록 인간적 본성에 따라 인간성에 관계되고, 시간적 실재에 관계된다 해도 그 분은 초월자이시다. 더 이상 시간성(temporality)에 종속되지 아니한다. 내재성은 "내가 주의 영을 떠나 어디로 가며 주의 앞에서 어디로 피하리이까"(시 139:7)하는 말씀처럼 하나님의 전능(omnipotence)적 능력이 전 피조물에 미치는 것을 의미한다.

선험적이라는 용어는 철학적 개념을 표시하기 위해 사용된 말이다. 선험적은 구체적 실재를 가능하게 만드는, 시간적 존재의 필수조건이라는 의미로 이해한다. 선험적 사물은 구체적 사물을 가리키지 않고 일반적인 것, 그리고 가변적인 사물의 개체성을 넘어서는 것에 속한다. 선험적이라는 것은 구체적 사물들 안(in) 과 배후(beyond)에 있는 것을 가리킨다. 그것은 시간적 존재의 필수조건으로서 실재의 기반이 되는 것이다. 좀 더 부연하여 설명하면 다음과 같다. 첫째, 우주적 시간은 선험적이다. 그것은 모든 우주적 실재의 필수조건이자 기반이다. 우주 속에 있는 모든 실재는 예외 없이 시간의 범주 속에 포함된다. 둘째, 우주적 국면들로서 시간적 법 영역들 또한 선험적이다. 그것들은 구체적 실재의 존재가능성을 위한 필수조건들이다. 셋째, 사물의 개체성과 관계의 구조들 역시 선험적인 것에 속한다.

유신론적인 신관은 유대교, 기독교 전통에 공통적인 성경의 하나님을 묘사하고 있다. 이런 견해를 밝힌 고전적인 사상가로는 아우구스티누스(Augustinus, 354-430), 이탈리아의 기독교신학자인 캔터베리의 대주교 안셀름(Anselm, 1033-1109), 로마 가톨릭교회의 저명한 신학자 토마스 아퀴나스(Thomas Aquinas, 1224-1274)를 들 수 있다. 유신론의 기본 요소들을 살펴보면 다음과 같이 정리할 수 있다. 첫째, 신을 세계를 초월하면서 세계 속에 내재한다. 유신론에 따르면 신은 세계가 아니며, 세계를 초월해 있거나 그 이상의 것이다. 즉 신은 초월적이다, 우주는 유한하거나 제약 받고 있는 반면에, 신은 무한하거나 무제약적이고 더욱이 우주 속에 있다. 즉 신은 우주를 견지하는 원인으로서 내재적으로 현존한다. 초월성이란 종교에서 물질적 우주와 독립되며 모든 물리적 법칙들을 넘어선 신의 본질과 힘에 대한 관점을 언급하는 것이다. 이것은 신이 물질세계에 충만하게 내재하여 여러 방법으로 피조물과 접근할 수 있는 내재성과 대조적인 개념이다. 초월성은 사람과 신 사이의 떨어져 있는 거리를 강조한다. 그러나 내재성은 신과의 가까움을 가리킨다. 만일 신의 초월성을 무시한다면, 신은 우리와 가장 가까운 친구를 확대한 인물이 되어 버린다. 만일 반대로, 신의 내재성을 무시한다면, 신은 우리가 도저히 개인적인 관계를 가질 수 없는 알려 질 수도 없고 알 수도 없이 먼 거리에 있는 존재가 된다. 둘째, '무로부터의 창조'(creatio ex nihilo)다. 유신론은 세계가 그 실존을 위해서 신에게 의존한다고 주장한다. 만약 신의 창조적인 지속이 없다면 세계는 존재하지 못할 것이다. 전통적으로 이 교의는 '무로부터의 창조'(creation out of nothing)라고 불리어 왔다. '무로부터'란 말은 신이 어떤 것을 만들지 않았다면 아무 것도 없었을 것이라는 뜻이다. 무로부터의 창조는 말 그대로 우주의 기원이 무(無)에서 출발한다는 의견이다. 다시 이야기 하자면 신 이외의 어떠한 존재도 창조 전에 존재하지 않았다고 주장하는 의견이다. "태초에 하나님이 천지를 창조하시니라 땅이 혼돈하고 공허하며 흑암이 깊음 위에 있고 하나님의 영은 수면 위에 운행하시니라"(창 1:1-2). 무로부터 창조라는 교의는 신 이외의 다른 모든 것의 철저한 우연성(radical contingency)을 강조한다. 신만이 필연적인 존재이다. 즉 신은 존재하지 않을 수 없는 존재이다. 우주 안의 그 밖의 모든 것은 우연적이다. 근대에 들어 현대신학과 과학의 맹렬한 공격으로 '무로부터의 창조'는 위기를 맞고 있다. 현대의 구약학자 중 상당수는 '무로부터의 창조'는 성경적 근거가 없는 신학적 도그마라고 비판한다. 일부 현대 학자들은 '무로부터의 창조'는 2세기 무렵 교부신학자들이 영지주의 같은 이단이나 플라톤주의 철학사조와 대립하면서 후대에 정립한 교리이기에 비성경적이라고 주장한다. 그러나 기독교의 교부이자 변증가로서 초기 기독교신학을 발전시키는 데 지대한 공헌을 한 이레니우스(Irenaeus, 130-202 경), 중세 기독신학의 뼈대를 세운 아우구스티누스(Augustinus, 354-430) 같은 교부들과 하이델베르크 교리문답, 웨스트민스터 신앙고백 같은 정통 신앙고백서들은 하나 같이 '무로부터의 창조'를 인정하고 있다. 만약 하나님의 형상으로 인간이 지어졌다는 창조론이 무너지고 우연과 적자생존을 내세우는 유물론이 득세하면 인간의 존엄성, 남녀평등 등을 주장할 근거가 사라진다는 사실을 간과해서는 안된다. 셋째, 신은 세계 속에서 초자연적으로 행동할 수 있다. 초자연주의는 유신론의 세 번째 함축된 의미이다. 신을 믿지 않는 자연주의자는 우주를 전체 무대로 간주한다. 반면에 유신론자는 그 이상의 초자연적인 영역이 있다고 믿는다. 유신론은 실체론적 존재론에 기초하여 '초자연주의적'(supernaturalistic)인 신 존재를 표방한다. '초자연주의적' 신이란 현실 세계의 자연 법칙 혹은 인과적 질서를 신이 마음만 먹는다면 깨트릴 수 있다고 보는 이해를 의미한다. 유신론자는 세계가 신에게 철저하게 의존하고 있다고 믿는다. 그러한 신은 논리상 세계 안에 간섭할 수 있게 된다. 세계 속에서의 이러한 특별한 간섭을 기적들이라고 부른다. 기적은 신이 세계 속에서 사역하는 비정규적이거나 특별한 방식을 나타내고 있는 사건들이다.

그럼 기독교에서 말하는 유일신에 대한 개념을 살펴보기로 하자. 히브리 전통의 '신은 유일하다'는 유일신 사상은 특히 기독교 신앙이 형성되는 기독교 초기, 그러니까 로마가 지배하는 시기에는 신이 '유일하다'라는 것은 그 당시의 상황으로 본다면 굉장히 이단적이고 비전통적인 생각이다. 로마가 지배하던 시기에 신이라는 건 신체를 가지고 있고 그래서 볼 수 있고 숭배할 수 있고 신체를 가진 여러 신이라는 생각이 지배적이었는데 대신에 단 하나의 신을 믿는 다는 것은 사실은 신을 믿지 않는 것과 마찬가지라고 생각할 수 있다. 그래서 기독교신앙을 주장한다는 것은 로마 입장에서 볼 때 신을 믿지 않는 일종의 이교도, 배교도로 보이는 것이고 탄압을 할 수 밖에 없는 것이었다. 그럼에도 불구하고 성경에서 이야기하는 기독교의 하나님은 한 분이심을 말하고 있다. "이스라엘아 들으라 우리 하나님 여호와는 오직 유일한 여호와이시니"(신 6:4). "나는 여호와라 나외에 다른 이가 없나니 나 밖에 신이 없느니라"(사 45:5). "하나님은 한 분이시요 또 하나님과 사람 사이에 중보자도 한 분이시니 곧 사람이신 그리스도 예수라"(딤전 2:5). "그 중보자는 한 편만 위한 자가 아니나 하나님은 한 분이시니라"(갈 3:20). 이는 숫자적으로 한 분 이시라는 뜻이 아니고, 다른 신은 없고 하나님만이 유일하신 신이라는 뜻이다. 그런데 그 하나님은 가장 이해하기 힘들고 어려운 삼위일체 하나님이다. 삼위일체 하나님께서는 각각 구별되게 홀로 온전하시며, 완전하시며, 부족함이 없으시다. 성부 하나님, 성자 하나님, 성령 하나님은 동등하게 권위가 있으시며, 영광이 충만하시고, 영원하시며, 전능하시며, 사랑이시고, 거룩하시다. 삼위일체 하나님은 세 인격체이시고, 그 본질에 있어 우열의 개념이 없다. 또한 창조와 구속의 사역은 성부 하나님께서 계획하시고, 성자 하나님께서는 이 구원사역을 실천하시고, 성령 하나님께서는 적용하시고 완성하신다. 하나님에 대한 이해가 용이하지 않은 것은 인간의 이해를 넘어서는 신비이기 때문이다.

성부, 성자, 성령의 하나님을 좀 더 이해하기 위해 도식화하면 다음과 같다.

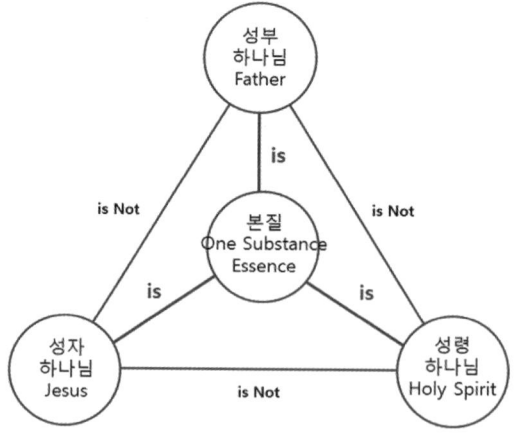

이에 대한 성경의 증거들은 다음과 같다. "하나님이 가라사대 우리의 형상을 따라 우리의 모양대로 우리가 사람을 만들고 그로 바다의 고기와 공중의 새와 육축과 온 땅과 땅에 기는 모든 것을 다스리게 하자 하시고"(창 1:26). "여호와 하나님이 가라사대 보라 이 사람이 선악을 아는 일에 우리 중 하나 같이 되었으니 그가 그 손을 들어 생명나무 실과도 따먹고 영생할까 하노라 하시고"(창 3:22). "우리가 내려가서 거기서 그들의 언어를 혼잡케 하여 그들로 서로 알아듣지 못하게 하자 하시고"(창 11:7). "내가 또 주의 목소리를 들은즉 이르시되 내가 누구를 보내며 누가 우리를 위하여 갈꼬 그 때에 내가 가로되 내가 여기 있나이다 나를 보내소서"(사 6:8). "예수께서 침례를 받으시고 곧 물에서 올라오실 쌔 하늘이 열리고 하나님의 성령이 비둘기 같이 내려 자기 위에 임하심을 보시더니 하늘로서 소리가 있어 말씀하시되 이는 내 사랑하는 아들이요 내 기뻐하는 자라 하시니라"(마 3:16-17). "그러므로 너희는 가서 모든 족속으로 제자를 삼아 아버지와 아들과 성령의 이름으로 침례를 주고"(마 28:19). "주 예수 그리스도의 은혜와 하나님의 사랑과 성령의 교통하심이 너희 무리와 함께 있을찌어다"(고후 13:13).

하나님은 영원하고 자존하는 영이시며, 그의 기본적인 특성들과 목적들은 변화될 수 없으며 필연적으로 존재한다. 그는 전지전능하고 도덕적으로 완전한 인격적인 존재이다. 하나님은 자신을 제외하고 만물의 창조주이며, 형체는 없지만 만물 안에 어디든 계시는 무소부재하신 분이시다. 세부적으로 정리하면 다음과 같다.

첫째, 무한(無限)하고 스스로 존재(存在)하시는 하나님이다. 무한(infinite or unlimited)한 존재라는 사상은 하나님에 대한 가장 근본적인 이념이다. 철학적 신학의 선구자인 폴 틸리히(Paul Tillich, 1886-1965)는 '존재한다'라고 조차 말 할 수 없는 실재가 하나님이라고 주장한다. 하나님이 존재한다고 말할 때 우리는 이미 제한적인 명제(limiting statement)를 발표하는 것이기 때문이다. 하나님의 존재를 묻는 것은 본질적으로 존재를 초월한 분에게 묻는 것이기 때문에 그 질문에 대한 답변은 부정적이거나 긍정적이거나 하나님의 속성을 은연중에 부인하는 것이다. 하나님은 하나의 존재(a being)가 아니라 '존재 자체'(Being Itself)이다. '존재한다'는 표현은 피조물에 국한시키고 하나님에게는 사용할 수 없다고 주장한다. 하나님의 속성 가운데 하나가 '스스로의 존재' 혹은 '자존하는 존재'를 들 수 있는데, 신학자들은 하나님의 자존성(自存性)을 두 가지로 설명한다. 1) 하나님은 존재나 특성에 있어 그 자신 이외의 어떤 실재에도 의존하지 않는다. 그는 단순히 존재할 뿐이며(He just is), 바로 존재하는 분(He is what he is)이다. 그는 궁극적(ultimate)이고 무조건적(unconditioned)이고 모든 것을 조절(all-conditioning)하는 실재로서 무한히 풍부하고 충분한 존재이다. 2) 하나님은 영원하기 때문에 시작도 끝도 없다. 자존자(Aseity)는 자기 스스로부터(from-oneself-being) 나오는 자이고, 아직 있지 않은 존재(not-yet-being)이다.

둘째, 창조주로서의 하나님이다. 하나님은 그 자신 이외의 모든 존재를 창조한 무한한 하나님이다. 주어진 재료를 지니고 새로운 형태를 만드는 뜻이 아니고 '없음(無)로부터의 창조(creatio ex nihilo)이다. 창조주는 디자이너가 아니다. 창조주로서의 하나님이라는 속성은 두 가지 결론을 수반한다. 1) 하나님과 피조물 사이는 절대적인 차이가 있으며, 피조물이 창조주가 된다는 것은 논리적으로 불가능하다. 2) 인간은 하나님에게 절대적으로 의존한다. 인간이 우주의 일부분을 차지하고 있는 것은 자연적인 권리가 아니라 하나님의 은혜이다.

셋째, 인격적인 하나님이다. "나는 너의 조상의 하나님 곧 아브라함과 이삭과 야곱의 하나님"(출 3:6)이라고 말씀하신다. 다시 말해 '그것'(it)이 아니라 인간은 하나님의 형상대로 창조되었고, 인간의 자유와 책임을 강조하는 '그'(He) 라는 신념이다. 성경은 하나님을 살아 행동하시는 '인격적인 하나님'으로 계시해 주고 있다. '살아 계신 하나님'(마 26:63; 행 14:15)이라는 뜻은 바로 하나님의 '인격성'을 강조한 고백이다. 그리고 그 인격적이신 하나님은 자신의 거룩하신 뜻을 결정하시고, 섭리하시며, 이루어 나가신다. 하나님의 인격성에 대한 성경의 증언을 보면 다음과 같다. 우리는 인격의 요소를 '감정, 지성, 의지'로 보는데, 성경은 그와 같은 세 요소를 하나님께서 지니고 계심을 보여 준다. 예민한 '감수성'을 지니시고(창 6:6; 시 103:8-13), 그 '감수성' 중에 가장 뛰어난 특징을 '사랑'(요 3:16)이라고 증언해 주고 있다. 또 완전하신 '지성'을 소유하고 계시며(창 18:19; 출 3:7), 거룩하신 '의지'를 소유하고 계시다(창 3:15; 시 115:3). 그리스도인에게 있어 하나님과의 인격적인 교제란 아브라함이나, 모세 등과 같은 성경의 인물들처럼 하나님을 인격적으로 직접 체험하고 대화하고 인도함을 받는 것이다.

넷째, 사랑과 선의 하나님이다. 성경 66권 형성에 가장 핵심적인 모티브(motive) 제공해 주는 것이 사랑이다. 이 사랑은 아가페적인 사랑으로 주는 사랑, 무조건적이고 보편적인 사랑, 상대방의 행복을 돕기 위해 사랑해 주는 사랑이다. "예수께서 이르시되 네 마음을 다하고 목숨을 다하고 뜻을 다하여 주 너의 하나님을 사랑하라 하셨으니 이것이 크고 첫째 되는 계명이요 둘째도 그와 같으니 네 이웃을 네 자신과 같이 사랑하라 하셨으니 이 두 계명이 온 율법과 선지자의 강령이니라"(마 22:37-40). 이 '아가페 사랑'을 소유한 자들은 반드시 이웃을 자신의 몸과 같이 사랑해야 한다.

이것이 바로 십자가의 도이며, 위로 하나님을 사랑하여 거듭나고 아래로 이웃을 내 몸같이 사랑하여 생명을 주는 하나님의 뜻인 것이다. 성경은 이웃개념을 확장하여 원수까지 사랑하라고 선언하고 있다. "원수를 갚지 말며 동포를 원망하지 말며 네 이웃 사랑하기를 네 자신과 같이 사랑하라 나는 여호와이니라"(레 19:18).

신은 언제나 선하다. '선하다'라는 것은 자비와 정의가 함께 있다는 것이다. 이 개념은 어려움을 준다. 왜냐하면 자비를 발휘하면 정의는 죄를 지은 사람한테는 벌을 주고, 잘한 사람한테는 상을 줘야 정의가 실현되는데 자비라는 건 죄를 지은 사람을 용서해줘야 자비니까 사실 자비와 정의가 동시에 성립한다는 것은 논리적으로는 상당히 모순되는 것이다. 그러나 히브리 신 개념인 '신이 언제나 선하다'고 할 때는 자비와 정의가 어떻게든 동시에 성립되어서 함께 있는 것을 말한다. 피조된 인간은 타락하였으므로 선한 것을 평가하기 위한 기준을 마련할 수 없다. 인간의 타락으로 세상에 들어온 죄는 창조의 질서와 조화를 모두 파괴했으며 피조물들은 원래의 모습을 잃고 전혀 다른 모습으로 변화되어 왔다. 하지만 하나님께서는 어제도 오늘도, 그리고 내일도 변하지 않는 존재이시다. 따라서 그분만이 절대적인 선의 기준이 될 수밖에 없다는 사실이다. 성경은 하나님의 선하심을 증거하고 있다. "주는 선하사 선을 행하시오니 주의 율례들로 나를 가르치소서"(시 119:68). "여호와께 감사하라 그는 선하시며 그 인자하심이 영원함이로다"(시 136:1). 오직 선하신 분은 하나님 한 분뿐이시다. 예수님께서도 "선한 이는 오직 한 분이시니라"(마 19:17)고 하셨다. 하나님은 본래부터 선하시며, 모든 선의 원천이요, 하나님 자신의 존재와 속성이 선하신 분이다. 하나님이 창조하신 모든 만물을 보실 때에 "하나님이 보시기에 좋았더라"라고 했는데, 히브리어에서 '좋다'는 말이나 '선하다'는 말은 다 같은 말(토브)이다. "하나님께서 지으신 모든 것이 선하매" (딤전 4:4). 하나님이 지으신 모든 것들을 볼 때에 그것들을 지으신 하나님이 참으로 선하고 아름다우신 하나님이신 것을 알 수 있다. 미가 선지자는 선에 대해 다음과 같이 이야기하고 있다. "사람아 주께서 선한 것이 무엇임을 네게 보이셨나니 여호와께서 네게 구하시는 것은 오직 정의를 행하며 인자를 사랑하며 겸손하게 네 하나님과 함께 행하는 것이 아니냐"(미 6:8). 하나님은 선과 사랑의 본체라는 사실을 간과해서는 안된다.

다섯째, 성스러운 하나님이다. 성(聖)스러움은 종교학에서 가장 중요한 개념이다. 인간이 신에 대하여 느끼는 가장 원초적인 것이 성이다. 성스러움의 의미는 떼어놓는다는 것으로서 일상적인 것, 속으로부터 떼어놓는다는 것을 말한다. 엘리아데(Mircea Eliade, 1907-1986)는 성은 속의 반대고, 속은 성의 반대라고 말하면서 인간들은 신을 대할 때 거룩함과 두려움을 느낀다고 했다. 성스러움은 두려운 그리고 매혹적인 신비이다. "주여 나를 떠나소서"(눅 5:8). 신 앞에 설 때에 직면하는 두려움, 매혹적인 신비가 성이다. 하나님의 모든 속성들 가운데 '거룩'(holiness)은 하나님을 가장 독특하게 묘사하는 것이며, 실제로 다른 모든 속성들의 핵심이라고 할 수 있다. '거룩'(holiness)이라는 단어는 그분의 구별되심, 유일무이하심 즉 다른 모든 피조물들과 다르다는 사실을 말해준다. 거룩은 하나님이 완전하고 온전하신 분이시라는 사실을 시사하는 것이다. "여호와여 신 중에 주와 같은 자가 누구니이까 주와 같이 거룩함으로 영광스러우며 찬송할 만한 위엄이 있으며 기이한 일을 행하는 자가 누구니이까"(출 15:11). 이는 거룩하신 하나님과 비길 존재가 아무도 없다는 것이다. 거룩은 너무나 독특하고 유일무이한 하나님의 속성이다. 시편기자는 "그의 이름이 거룩하고 지존하시도다"(시 11:9)라고 표현하고 있다. 이것은 단지 하나님의 이름이 신성하고 거룩하다는 뜻이 아니다. 이것은 거룩이 하나님의 근본적인 속성이어서 하나님을 가리키는 이름들 중의 하나라는 의미이다.

이러한 유신론에 대해 유신론을 반박하는 무신론자들의 논증을 살펴보면 다음과 같이 그들은 주장한다. 신에 대한 유신론적인 개념이 모순을 내포하기에 신은 불가능하다고 주장한다. 첫째, 만일 신이 전지전능하다면 신은 어떤 돌을 자신이 들 수 없을 정도로 무겁게 만들 수 있다. 그러나 만일 그것을 신이 들 수 없다면 그는 전능하지 않을 것이다. 따라서 그러한 신은 존재할 수 없다는 것이다. 이에 대해 유신론자들은 정의 내릴 수 없는 것을 신이 할 수 없다는 사실에 주목하며 응답했다. 어떤 원을 사각으로 만들거나 또 하나의 창조되지 않은 신을 창조할 수 없듯이 신은 자신이 들 수 없는 돌을 만들 수 없다고 설명한다. 이런 방식으로 표현되면 그러한 서술들은 신의 권능에 대해 어떤 제약도 제시하지 않는다는 것이다. 왜냐하면 개념 자체가 논리적인 모순이고 따라서 그렇게 하는 것은 아무 의미가 없기 때문이다. 신의 전능성이라는 개념은 질적인 의미에서 이해해야 한다. 예를 들면 하나님은 도덕적으로 완전하므로 무분별하고 잔인한 행동은 할 리가 없다. 그러므로 하나님의 전능성은 자신의 본질적인 특성들과 일치하는 것이면 무엇이든지 할 수 있는 능력으로 이해되어야 한다. 둘째, 무신론적인 반대는 신은 본성상 자기원인적이어야 하는데 그것이 불가능하다는 것이다. 그러나 유신론에 따르면 모든 것은 신을 제외하고 야기되어 지는데, 신은 어떤 것에 의해서도 야기되지 않는다. 신은 자기 원인적인 존재가 아니다. 항상 반드시 존재했던 필연적인 존재임을 이야기하고 있다. 셋째, 무신론자들은 악은 신과 양립할 수 없다는 것이다. 유신론에 대한 또 다른 중요한 반박을 악의 문제에 근거해 논거하고 있다. 만일 신이 전능하다면 신은 악을 파멸시킬 수 있을 것이다. 만일

신이 참으로 선하다면 신은 악을 파멸시킬 것이다. 그러나 악은 실존한다. 따라서 그러한 신은 존재하지 않는다고 주장한다. 그러나 이에 대해 유신론자는 사실상 신은 아직까지는 악을 쳐부수기 위한 어떤 일도 하지 않았기 때문에, 신이 절대로 존재하지 않는다고 확신할 수 없다고 말한다. 이것은 어떠한 유한한 정신으로는 알 수 없으며, 장래에 신이 악을 쳐부술 수 있다고 설명한다. 이것은 사실상 기독교인이 믿고 있는데 그 이유는 그것이 성경 요한계시록 20장-22장에 예언되어 있기 때문이다. 유신론자의 논거를 요약하면 다음과 같다. 신은 자유를 파괴하지 않고서는 악을 멸망시킬 수 없다. 도덕적인 세계가 없으면 악에 대한 도덕적 문제도 없다. 유신론자들은 신을 본성을 인정한다면 자동적으로 악의 문제에 대한 해답을 지닌다. 이를 도식화하면 1) 신은 절대적으로 선하므로 신은 악을 쳐부술 의지를 가진다. 2) 신은 전능하므로 악을 쳐부술 권능을 가진다. 3) 악은 쳐부수어지지 않았다. 4) 따라서 악은 언젠가 쳐부수어질 것이다.

2) 자연신론(自然神論) 혹은 이신론(理神論, Deism)

자연신론은 세계를 창조한 하나의 신을 인정하되, 그 신은 세계와 별도로 존재하며 세상을 창조한 뒤에는 세상, 물리법칙을 바꾸거나 인간에게 접촉하는 인격적 주재자로 보지 않는다. 그에 따라 계시, 기적 등이 없다고 보는 철학, 종교관이다. 신을 세계의 창조자로 인정하나 계시나 기적을 부인하는 이성적 종교관이다. 신이 세계 저 편에 있지만 세계 안에는 없다고 믿는데, 그 신은 초월적이며 적어도 초자연적인 방식으로 내재적이지 못하다. 태초에는 직접 우주를 관할했으나 그 후 창조물에 관여하지 않는다. 이는 '부재신'(不在神, an absent God) 개념으로 우주는 자체의 법칙에 의해 운행한다고 본다. 역사는 스스로 돌아가는 것이라고 주장하며 신의 초월성을 내세워 역사에 간섭하지 않고 방관자로 있다고 본다. 계시를 인정하지 않고 경험주의적 사고의 자연 종교의 합리성의 입장을 취한다. 즉, 신의 초자연적 초월성을 부정한다. 신은 초월적이면서도 초자연적인 방식으로 내재적이지 못하다고 주장한다.

자연신론은 자연화된 형태의 유신론이다. 기적을 제외한 신에 대한 성경적인 견해이기도 하다. 자연신론의 두 가지 중요한 요소는 신의 본성에 대한 시각과 세계의 본성에 대한 시각이다. 첫째, 신은 세계를 초월해 있다. 자연신론자는 세계의 초월을 믿는다. 신은 우주 이상이다. 신은 세계의 창조주이다. 자연신론자에게는 세계의 실존은 신에 의존하는 것이지 신과 독립적이지 않다. 자연론은 세계와 신을 두개의 공존하는 영원한 실체로 간주하는 이원론을 반대함에 있어 유신론과 견해를 같이한다. 둘째, 세계는 자연적으로 작동한다. 모든 자연신론자는 세계가 자연법칙에 따라 작동한다고 믿고 있으나 자신들의 자연주의에 대한 근거에는 견해를 달리한다. 하나는 견고한 자연신론자들이다. 이들은 자연법칙의 불멸성에 대한 믿음을 받아들인다. 그들은 신이 자신이 창조한 것에 의해서 '두 손이 묶여 있다'고 말한다. 이들은 신이 초자연적으로 세계를 중재할 수 없다고 주장한다. 또 다른 하나는 온건한 자연신론자들이다. 이들은 신이 세계를 중재하지 않는다고 주장한다. 신이 중재하지 않는 것은, 신이 우리의 삶을 방해하기를 원하지 않는다는 사실 때문이다. 신이 '기적'이라는 중재를 통해 자신의 창조물을 고쳐야 한다면, 그것은 영원한 창조주로서 신의 성격을 손상시키는 것이라고 믿는다.

이러한 자연신론을 비판해 보면 신에 대한 다른 견해들과의 대치 속에서 보여 지는 자연신론의 외부의 비평 이외에도 몇 가지 내부 문제들이 있다. 첫째, 기적에 대한 문제이다. 자연신론에 있어서 제일 난처한 점은 창조는 긍정하면서 기적은 부정한다는 사실이다. 왜냐하면 실제적인 의미에서 창조는 모든 것 중에서 가장 큰 기적이기 때문이다. 왜 무에서 세계를 창조하신 신이 어떤 것에서 어떤 것을 만들지 못한다고 주장하는가? 예를 들면 물이 변하여 포도주 된 사건(요 2:1-11)에 대한 기적을 인정하지 못하는 이러한 비일관성은 특별한 변명이 없이는 쉽게 답해지지 않는다. 둘째, 세계와 신의 관계의 문제이다. 자연신론은 신이 세계를 만드는 자이고 세계는 기계라고 주장하는 기계론적인 모형 위에 세워진다. 그러나 유신론자는 어떤 개인을 위한 기계론적인 모형을 부정한다. 유신론에서의 하나님은 어떤 아버지가 자기자식에게 관련되어 있는 것 이상으로 우리에게 관련되어 있다. "영접하는 자 곧 그 이름을 믿는 자들에게는 하나님의 자녀가 되는 권세를 주셨으니"(요 1:12).

자연신론은 결국 성경을 비판적으로 연구하고 계시를 부정하거나 그 역할을 현저히 후퇴시켜 기독교의 신앙 내용을 오로지 이성적인 진리에 한정시킨 합리주의 신학의 종교관이다. 자연주의, 계몽주의, 이성주의에 입각한 이신론은 현대 무신론 사상으로 발전하였다.

3) 범신론(汎神論, Pantheism)

신이 모든 게 신이다 이런 개념일 수도 있고, 모든 것이 신의 표현이라는 개념일 수도 있다. 대표적인 학자 중 하나가 스피노자(Baruch Spinoza, 1632-1677)다. 스피노자가 '신이 곧 자연이다'라고 할 때, 자연으로 드러나는 모든 사물들을 말하는 것이다. 그 일상적인 사물들이 다 신의 양태, 즉

'신이 드러난 것이다'라고 얘기하는 거니까 세계 전체의 모든 사물 안에 신적인 요소가 들어있다고 생각하는 것이다. 범신론은 신이 세계 안에 있지 세계 저 편에는 없다고 믿는다. 여기서 신은 세계이다. 즉 신은 우주 속에 내재하고 있지 우주를 초월해 있지는 못하다. 신을 궁극적으로 자연이나 전 우주와 동일시되는 존재로 이해한다. 자연과 신이 동일하며 자연은 신이며, 신이 자연이라 생각하는 이론이다. 즉, 범신론은 세계 밖에 별개로 존재하는 인격신이 아닌 우주, 세계, 자연의 모든 것과 자연법칙을 신이라 하거나, 또는 그 세계 안(신과 세계는 하나)에 하나의 신이 내재되어 있다는 철학, 종교관이자 예술적 세계관이다. 모든 것은 신의 발현이며 그 속에 신을 포함한다고 한다. 무신론이라는 것은 신이라는 존재 자체가 없다고 하는 쪽이고, 범신론은 사람에 따라 이 세상 만물 자체를 '신'으로 보기 때문에 다른 개념이다. 세계를 신의 변형(變形)으로 보는데, 인도의 우파니샤드(Upanishad) 사상이나 그리스 사상, 근대의 스피노자 사상 등에서 볼 수 있다. 한국, 일본을 포함한 아시아 전반에 걸친 민속종교나 샤머니즘도 범신론이라고 볼 수 있다. 한국의 동학(東學)에서도 사람이 곧 하느님(인내천, 人乃天)이라는 말을 했는데, 사람뿐만 아니라 모든 것이 다 하느님이라는 말이기 때문에 범신론의 성격을 갖고 있다고 볼 수 있다. 범신론은 '모든 것이 신이다'(everything is god).

범신론의 유형을 보면 다음과 같다. 첫째, 절대적인 범신론이다. 이런 유형의 범신론은 오직 하나의 유일한 실재만이 있다고 가르친다. 고대 그리스 철학자 파르메니데스(Parmenides, B.C. 510-450년 경)는 이런 견해의 한 실례이다. 오직 하나의 실재만이 있고 그 나머지는 환상이다. 만일 둘 이상의 실재가 존재한다면 그 존재들은 각각 달라야 한다고 주장한다. 둘째, 유출적인 범신론이다. 플로티노스(Plotinus, 204-270)는 우주 속에는 다양성이 있다는 것을 인정했으나 모든 다양성은 유일한 신의 절대적인 단순성에서 펼쳐진다고 주장했다. 우주는 신으로부터 창조된다. 세계는 신의 유출(流出)이다. 다양성은 단순성으로부터 흘러나온다. 신은 모든 존재, 지각, 의식을 초월한다. 사물은 모든 것 중에서 가장 복잡한 것이며 또한 절대적이 무나 비존재에 가장 가까운 것이다. 플로티노스는 一者(the One)는 모든 존재와 다양성의 근원으로 신은 절대적으로 하나(다수는 일자 안에 있다)이다. 그리고 모든 존재들이 최대로 통일된 것을 플로티노스는 정신(nous)이라고 불렀다. 일자의 절대적 필연성이 마치 꽃으로 방사되듯 정신을 발산하고, 정신 아래 영혼(soul)이 있고, 그 아래 질료(물질, 가장 나쁜 것)가 있다. 물질은 다수이고, 절대적으로 무이고, 영혼의 방해물이라고 주장한다. 셋째, 다차원적인 범신론이다. 힌두교에 있어서 상카라(Sankara)의 범신론은 다차원적이다. 가장 높은 차원의 실재인 브라만(Brahman)은 모든 물질과 다양성을 초월한다. 그러나 브라만은 다른 차원에서 현현된다. 최고의 절대적인 차원 아래의 다음 차원은 창조적인 정신(Isvara)이고, 그 다음 차원은 세계정신(Hiranya-garbha)이다. 플로티노스의 유출론과는 달리 세 개의 하강하는 차원으로 개개는 궁극적인 실재이다. 세계는 총체적인 환상이 아니라 브라만에 근거를 둔 가장 낮은 단계의 실재이다. 넷째, 양태적인 범신론이다. 근대 성서비판의 토대를 놓은 유럽 17세기 철학의 합리주의자인 스피노자(Baruch Spinoza, 1632-1677)는 양태적인 형태의 범신론을 전개했다. 그는 우주 속에서 하나의 절대적인 본질을 전제하고, 그 밖의 모든 것은 하나의 양태로 전제했다. 즉, 실재는 근본적으로 본질적으로 하나이지만 형식적으로 다수이다. 사실상 실재를 꼭대기에서부터 아래로 내려다보면 단지 하나의 무한하고 필연적인 존재가 있다. 개별성이나 다양성이라는 외형은 감각적인 지각의 현혹에 의한 것이다. 다섯째, 발전적인 범신론이다. 플로티노스와 상카라 모두는 수직적인 범신론(수직적인 범신론은 유일한 존재로부터 다수에게로의 움직임은 '위에서부터 아래로 이루어진다)을 고수했는데, 반면에 관념철학을 대표하는 독일의 게오르크 프리드리히 헤겔(Georg Wilhelm Friedrich Hegel, 1770-1831)은 수평적인 범신론을 전개한다. 수평적인 범신론에 있어서는 '절대정신'(Absolute Spirit)이 역사 속에서 발전적으로 전개되었다. 헤겔은 역사가 어떤 목적이나 목표를 향하여 어디론가 가고 있다고 믿었다. 역사의 현상이나 발생하는 일들은 절대정신의 현현이다.

범신론적인 견해의 근본 요소를 살펴보면 다음과 같다. 첫째, 신의 본성으로 신은 비인격적이다. 인격성, 의식, 지식 등은 현현의 보다 낮은 단계이다. 최고 높은 차원의 실재는 인격성을 초월한다. 둘째, 창조의 본성으로 창조는 유신론에서처럼 무로부터의 창조이다. 그것은 신으로부터 (ex Deo) 나온다. 우주 속에는 하나의 본질만이 있으며, 모든 것은 그것의 유출이다. 셋째, 신과 세계의 관계는 신이 우주를 초월하면서 우주와는 별개라고 주장하는 유신론과는 대조적으로, 범신론자는 신과 우주가 하나라고 믿는다. 신은 모든 것이며 모든 것은 신이다. 우주 속에 실재하는 모든 것은 신의 실재이다. 넷째, 악은 단순한 환상이며 언젠가 죽어야 할 정신의 실수이다. 악은 진정한 것처럼 보이기는 하나 그렇지 않다. 그것은 우리 감각의 현혹에 의한 것이다. 전체적인 것은 실제로 선하다. 전체로부터 분리된 부분만을 보았을 때 악한 것처럼 보인다.

이러한 범신론을 비판해 보면 신에 대한 다른 견해들과의 대치 속에서 보여 지는 범신론의 외부의 비평 이외에도 몇 가지 내부 문제들이 있다. 첫째, 감각지각에 대한 문제이다. 절대적인 범신론은 우리의 감각이 우리를 속인다고 가정한다. 그러나 많은 철학자들은 실재에 대한 일상적인 접근 방법으로 반박하고 있다. 예를 들면 범신론자들은 모든 다른 사람들과 마찬가지로 매일 매일의 실제에 있어서 자신의 감각을 신뢰함에 틀림없다고 본다. 그러기에 범신론자들은 기차를 보거나 기차 소리를 들을 때 철길에서 비켜야 한다. 그렇지 않으면 그들은 죽을 것이라는 사실이다. 감각지각이 속인다는 범신론의 주장은 허상이다. 둘째, 하나의 환상으로서 바라보는 악에 대한 문제이다. 범신론자는 고통, 고난, 악의 실재를 부정함으로서 어려움을 겪고 있다. 만일 악이 진정한 것이 아니라면 환상은 어디에서부터 오는가? 왜 악은 보편적이고, 왜 악은 그처럼 진정한 것처럼 보이는가? 셋째, 신으로부터의 창조에 대한 이해이다. 신이 필연적인 존재라면 창조는 어떻게 신으로부터 생기며, 또 신의 일부 일 수 있는가? 이것은 용어상의 모순이 아닌가?

4) 만유재신론(萬有在神論, Panentheism)

만유재신론은 영혼이 육체 속에 있는 방식으로서 신이 우주 속에 있다고 주장한다. 즉 우주는 신의 몸이며, 신은 우주의 영혼이다. 신은 우주와 같은 존재가 아니라 우주를 포함하는 존재로 보고, 어떤 의미에서는 우주는 신이나 신은 우주 그 이상의 존재이다. 신은 세계를 초월함과 동시에 세계 안에 있다는 입장이다. 그러므로 존재하는 모든 것은 신 안에 있으며, 신은 세계 안에 있으면서 동시에 그 세계보다 크고 위대하다는 이론이다.

만유재신론은 범신론과 유신론을 종합하여 절충한 이론이라 할 수 있다. 만유재신론에서 신은 인격적 존재로서 우주 만물을 포괄하고 있으며 또한 만물에 내재하고 있다. 그와 동시에 우주 만물에 초월해 있는 존재이기도 하다. 신은 세계에 내재하면서도 세계보다 더 크고 위에 있는 존재라는 것인데, 이렇듯 만유재신론은 범신론과 유신론의 모순되는 특성에도 불구하고 그것을 한꺼번에 종합하려고 한 이론이다. 만유재신론은 '신은 모든 것 안에 있다'(god is in everything)이다. 다시 말해서 만유재신론은 초월적인 신을 인정하는 동시에 이 신이 동시에 온 세상 만물에 내재하고 있다고 본다. 즉, 범신론이 신의 초월성을 부인하고 내재성만을 중시하고, 초월적 유신론이 신의 초월성만 중시하고 내재성은 인정하지 않을 때, 이 두 가지 속성을 모두 인정하는 개념이 바로 만유재신론이다.

만유재신론의 근본 특징은 다음과 같다. 첫째, 양극적인 유신론(bipolar theism)이다. 만유재신론자는 신과 세계가 한 전체적인 실재의 두 극(Pole)이라고 믿는다. 이런 면에서 볼 때 만유재신론은 일종의 유신론과 범신론 사이의 '중간에 있는 집'이다. 유신론자는 신이 세계를 초월한다고 믿는다. 범신론자는 신이 세계라고 믿는다. 만유재신론자는 신이 세계 속에 있다고 주장한다. 영국의 대표적인 철학자인 알프레드 화이트헤드(Alfred North Whitehead, 1861-1947)와 미국의 종교철학자 찰스 하츠혼(Charles Hartshorne, 1897-2000)은 양극적인 견해의 현대 주창자이다. 이들에 따르면 신은 세계가 아닌 잠재적인 극을 갖고 있으면서 또한 세계의 현실적인 극도 갖고 있다. 잠재적인 극은 영원하며 무한하다. 현실적인 극은 유한하며 일시적이다. 신의 현실적인 극(신의 몸)은 꾸준히 변화한다. 따라서 그 신학은 종종 '과정신학'(process theology)으로 불리 운다. 둘째, 세계와 신의 관계로서 유신론은 세계가 신에 의존하지만 신은 세계에 의존하지 않는다고 주장한다. 그러나 만유재신론자는 세계가 신에 의존하듯이 신도 세계에 의존한다고 주장한다. 즉, 신과 세계는 상호의존적이다. 세계란 신의 순수한 잠재적인 극의 실현이라고 그들은 말한다. 이런 순수한 잠재력은 공간과 시간의 영역 속으로 들어가서 세계라는 유기적인 전체 속에서 실현된다. 셋째, 물질로부터의 창조를 주장한다. 만유재신론은 고대 그리스의 이원론과 공통점이 많다. 이원론에서처럼 만유재신론자들은 양극이 영원하다고 주장한다. 신체적인 극(신의 몸)은 무에서 창조되지 않는다. 그것은 항상 존재했다. 창조는 그것을 물질로부터 형성하는 꾸준한 과정이다. 신은 세계의 창조주가 아니라 세계 과정의 지휘자이다.

이러한 만유재신론을 비판해 보면 신에 대한 다른 견해들과의 대치 속에서 보여 지는 만유재신론의 외부의 비평 이외에도 몇 가지 내부 문제들이 있다. 첫째, 양극적인 모순의 문제이다. 양극적인 유신론자는 신의 세계에 대한 무관련성을 반대한다. 그는 무한한 영원한 존재가 일시적인 존재와 의미 깊게 상호작용 할 수 없다고 주장한다. 유신론자는 무한한 영원한 존재와 유한한 일시적인 존재를 신의 본성 속에 일치시킴으로서 문제가 심화됨을 지적한다. 유신론자들에게 있어 무한한 것이 유한한 것에 관련될 수 있다고 말하는 것과 신은 무한한 유한자라는 말은 별개이다. 어떻게 신이 영원하며 동시에 일시적 일 수 있는가? 둘째, 희생적인 신의 지고성에 대한 문제가 있다. 만유재신론에 있어서 신은 세계의 창조주로부터 우주의 통제자로, 세계를 초월하는 존재로부터 세계에 의존하는 존재로 강등되어 왔다. 그러나 어떻게 세계와 신 모두가 자신들의 실존을 위해 상호의존하고 있을 수 있는가? 이것은 맨 위의 벽돌이 맨 밑의 벽돌을 지탱하고 있다는 주장하는 것처럼 모순되는 것이 아닌가? 만유재신론은 여기에 대해 모호한 견해를 지니고 있다.

이제 양극적인 견해의 현대 주창자인 알프레드 노스 화이트헤드(Alfred North Whitehead, 1861-1947)에 대해 간략히 살펴보기로 하자. 그의 신학은 '과정신학'(process theology)으로 불리 운다. 현대신학 형성에 영향을 미쳤던 두 가지 요인은 전쟁과 과학이다. 제1차 세계 대전은 19세기 자유주의 신학의 사상적 토대였던 낙관주의적 세계관을 무너뜨린 반면 환멸과 염세, 절망적인 분위기를 만들어 비관주의적 세계관이 널리 확산하게 했다. 이런 분위기로부터 실존주의 철학에 기반을 둔 신정통주의 신학이 일어났다. 이것은 인간의 죄성과 인간 존재의 비극적 성격을 강조하는 것이 특징으로 20세기 초반 유럽과 미국의 신학적 흐름을 주도했다. 한편 찰스 다윈(Charles Robert Darwin, 1809-1882)의 진화론과 알베르트 아인슈타인(Albert Einstein, 1879-1955)의 상대성 이론으로 과학적 세계관에 일대 혁명이 일어났다. 그것은 정적인 세계관으로부터 동적인 세계관으로의 전환을 의미했다. 20세기에 들어와서 이런 과학적 세계관이 또 다른 신학적 흐름의 형성에 영향을 미쳤다. 화이트헤드의 형이상학에 토대를 둔 과정신학과 샤르댕(Teilhard de Chardin, 1881-1955)의 진화론에 기초한 신학이 그것이다. 특히 과정신학은 미국에서 일어난 독특한 신학 운동이다. 이것은 1930년대 초 시카고 대학교의 신학부 교수를 중심으로 시카고학파를 형성하여 전개되었다. 과정신학은 현대신학의 한 지류로서 그것의 근거는 성경적 계시에 있지 않고 철학적 사고에 있다. 오늘 여기에 살고 있는 사람들과 하나님의 관계는 무엇이며 그것의 의미는 어떤 것인가? 여기서 해답을 주고자 나온 것이 과정신학이다. 과정신학은 실재는 정지상태가 아니라 계속 변하고 있다는 만물유전의 법칙에 기초하여 진정한 실재는 생동적이고 과정에 있는 만큼 하나님도 그러하신 하나님이며, 그러하신 하나님의 사역은 어느 것도 완성이란 없고 끝없이 과정 중에 있다는 주장의 신학이다. 전통신학이 존재의 철학에 기초했다면, 과정신학은 화이트헤드의 과정 혹은 생성(生成)의 사상을 모델로 하여 현대 정황에 맞는 신학을 형성한 것이다. 화이트헤드가 과정 사상을 처음 제시한 것은 아니다. 이미 고대 헬라 시대에 존재와 생성의 두 철학 흐름이 있었다. 고대 그리스 철학자 파르메니데스(Parmenides, B.C. 515-450 경)는 참으로 있는 것은 존재뿐이며, 존재는 생성도 소멸도 하지 않으며 영원히 있는 것이라고 주장했다. 반면 헤라크레이토스(Heraclitus, B.C. 535-475 경)는 모든 것은 영원한 흐름, 즉 끊임없는 운동과 변화 속에 있다고 주장했다. 서구 사상의 대부분은 생성, 과정, 진화 등의 역동적인 개념보다는 존재, 실체, 본질 등의 정적인 개념에서 유래했다. 그럼에도 불구하고 존재와 생성 사이의 긴장은 서구사상을 통해 지속되었으며, 19세기 이후 생성, 과정 및 관계의 문제가 헤겔, 마르크스 등에 의해 철학적 논의의 주요한 주제가 되었다. 과정사상은 실용주의 철학을 확립한 윌리엄 제임스(William James, 1842-1910), 미국의 철학자이며 심리학자인 존 듀이(John Dewey, 1859-1952), 영국의 철학자 알프레드 화이트헤드(Alfred North Whitehead, 1861-1947), 미국의 철학자 찰스 하츠혼(Charles Hartshorne, 1897-2000), 프랑스의 철학자 앙리 베르그송(Henri Bergson, 1859-1941)에 의해 발전되었다.

미국의 과정신학은 화이트헤드와 하츠혼의 철학사상을 기독교신앙에 도입하여 그것을 현대 세계의 정황에 맞게 재해석한 것이다. 시카고 대학 교수로 과정신학의 기초를 놓았던 제1세대 과정신학자들은 헨리 넬슨 위맨(Henry Nelson Wieman, 1884-1975), 다니얼 데이 윌리엄스(Daniel D. Williams, 1910-1973), 버나드 루머(Bernard Loomer, 1912-1985), 버나드 멜란드(Bernard Eugene Meland, 1899-1993) 등이 있고, 계속 과정신학을 발전시킨 제2세대 과정신학자들은 슈베르트 오그덴(Schubert M. Ogden, 1928-2019), 존 캅(John B. Cobb, 1925-), 윌리엄 피텐저(William Norman Pittenger, 1905-1997) 등이 있다. 과정신학을 지지하는 대표적인 학자로는 클레어몬트 신학교(Claremont School of Theology)의 연구 센터인 프로세스 연구 센터 (Process Center for

Process Studies)를 설립한 데이비드 그리핀(David Ray. Griffin, 1939-), 애쉬버리대학교(Asbury University)에서 구약 및 신학 교수로 재직했던 빅터 해밀턴(Victor P. Hamilton, 1941-), 세계적으로 유명한 신학자이자 종교 간 대화의 개척자인 쿠씽(Ewert Cousins, 1927-2009) 등이 있다.

화이트헤드는 1861년 영국 켄트(Kent) 주에 위치한 램스게이트(Ramsgate)에서 영국 성공회 사제의 아들로 탄생하여 종교적인 가정환경에서 성장하였다. 그러나 그의 철저한 합리주의 정신은 어떠한 종교적 교리에도 귀의하도록 하지 않았다. 그는 심미적인 것, 윤리적인 것을 중시하였고, 서민적인 것에 대한 애착과 관심은 평생을 두고 변하지 않았다. 그의 사상적 발전은 흔히 전기, 중기, 후기 시기로 구분하여 설명한다. 전기 시기는 버트란트 러셀(Bertrand Russell, 1872-1970)과 공동 연구로 수학의 논리적 기초를 다루던 1910년까지의 케임브리지 시대이다. 그는 1880년 케임브리지 대학의 자연과학의 명문인 트리니티 칼리지에 입학하면서 1910년에 이르기까지 케임브리지 시대의 30년은 오로지 수학과 기호논리학에 열정을 쏟았다. 1885년 트리니티 칼리지의 펠로우 자격을 얻어 수학 강의를 담당하게 되었고, 독창적인 연구 결과 7년 만에 여러 대수학 체계를 통일적 관점에서 재구성한 '보편 대수학론'(1898년)이라는 처녀작을 내놓았다. 1900년부터 1910년에 이르는 동안 그의 제자인 버트란트 러셀과 함께 '수학원리'(Principia Mathematica)를 저술했다. 중기 시기는 1910년부터 1924년까지의 런던대학에서의 과학철학을 형성시켰던 시기이다. '수학원리' 제 1권이 출간되던 1910년에 화이트헤드는 30년 동안의 긴 케임브리지 대학 생활에 종지부를 찍고 런던대학으로 옮겨 과학철학에 몰두한다. 1914년까지 런던대학 강사로서 수학과 물리학을 가르쳤고, 1914년 런던대학교 공과대학 응용 수학 교수가 되었다. 런던대학 시절의 14년간은 독특한 과학철학을 집중적으로 연구했던 시기이다. 후기 시기는 하버드 시대의 형이상학자로서의 시기로 구분한다. 1924년 화이트헤드는 하버드 대학교 로웰(Rowell) 총장의 초청을 받아들여 그 대학의 철학 교수로 취임하기 위해 미국으로 건너갔다. 남들은 은퇴하는 나이인 63세 때였다. 도미 후에 발표한 첫 작품은 '과학과 근대 세계'(Science and the Modern World, 1925)였다. 이 책은 수리 논리학과 과학철학을 기반으로 하여 발전시킨 후기 철학 체계의 기점인 동시에 핵심을 이루는 저작 중의 하나이다. 이 시기는 유기체의 철학, 즉 실재를 존재가 아닌 생성으로 보는 새로운 형이상학을 발전시켰으며 이는 과정신학 발전의 토대가 되었다. 그의 대표적인 형이상학 작품들은 다음과 같다. 「과학과 근대 세계」(Science and the Modern World, 1925), 「형성도상의 종교」(Religion in the Making, 1926), 「상징작용:그 의미와 효능」(Symbolism: It's Meaning and Effect, 1927), 「과정과 실재」(Process and Reality, 1929), 「이성의 기능」(The Function of Reason, 1929), 「교육의 목적」(The Aims of Education, 1932), 「관념의 모험」(The Adventures of Ideas, 1933), 「사상의 양태」(Modes of Thought, 1938) 등이다.

이러한 그의 줄기찬 일련의 철학적 목표는 대체 어디에 있었을까? 첫째, 제2차 세계 대전의 비극을 배경으로 팽배하던 과학 만능의 사상에 대한 반성과 서구 문화가 직면하고 있는 위기에 대하여 새로운 지표를 제시하려는 데 있었다. 둘째, 데카르트 이후의 물질과 정신의 이원론적 분열 사상에 반대하고 지금까지 무시당한 감성적 경험을 어디까지나 존중하는 가운데서 새로운 통일적 세계관을 세우려는데 있었다. 특히 새로운 형이상학의 체계를 세우는데 있어서 과학과 철학과의 관계, 더욱이 지식과 가치 판단의 관계에 대한 연구를 등한히 하고서는 철학자는 그 존재 이유를 발견할 수 없다고 하였다. 1960년대부터 서구에 유행하던 세속화신학, 신의 죽음의 신학, 여성신학, 흑인신학, 해방신학 등이 모두 다 정통신학에 대한 비판에서 나온 것이 특징이라면, 과정신학도 위의 신학 사조들과 마찬가지로 정통신학에 대한 도전과 비판에서 나온 점에서 같다고 말 할 수 있다. 그러나 해방신학 등 최근의 신학들이 60년대와 70년대에 들어와 바깥 사회 운동을 통해 형성되어 신학교 강의실 안으로 들어온데 반하여, 과정신학은 1930년대부터 하버드나 시카고 대학 등의 대학 강의실 안에서 철학 강의를 진행시키다가 신학자들의 손에 넘겨져 발전되었기 때문에 그 출발점에 있어서는 다르다고 볼 수 있다.

화이트헤드의 철학은 유기체의 철학이다. 서양철학은 그리이스의 자연철학 이래로 변함없이 '있음'(being)을 추구해 왔다. 서양철학은 있음의 철학, 즉 유(有)의 철학이라고 해도 좋다. 자연철학자들은 물, 불, 공기, 흙 같은 자연의 물질들을 유라 했고, 아테네 철학부터는 플라톤의 '이데아,' 아리스토텔레스의 '부동의 동자' 같은 것이 궁극적 유이다. 그리고 중세기에는 이들 유가 신(God)으로 바뀌었으며, 데카르트나 칸트의 경우에는 '자아'(self)와 '물자체'(Ding an sich) 같은 것이 유를 대신 말하는 것이 되었다. 이와 같이 서양철학사는 유에 대한 집착을 버린 적이 없었다. 서양철학의 유 개념은 몇 가지 특징을 지니고 있다. 즉 유는 제1원인(the first cause)이며 다른 존재들을 가능하게 만드나 자기 자신은 어느 것에 의해서도 원인되어지지 않는 자기 충족 이유(sufficient cause)를 가지고 있다. 그래서 충족 이유로서의 유는 다른 존재들과 따로 별개의 존재(separated)로 있으며, 다른 존재들을 밑바닥에서 밑받침하고(underlying) 있으며, 그리고 다른 존재들과 관계되어지지 않는 독립된(individual) 상태로 있다. 이러한 'underlying(밑받침), separated(별개), individual(독립)'로서의 유를 서양철학은 실체(實体, substance)라고 했다. 이러한 실체는 중세기에 와서 신으로 바뀌었고, 절대, 필연 그리고 불변(absolute, necessary, unchanging)의 속성을 지니게 된다. 이러한 유의 개념은 동양사상 특히 불교 사상과는 전혀 반대되는 사상이다. 불교는 철저하게 충족 이유 같은 모든 존재들에 독립하여 개체별로 존재하는 어떤 유도 있다는 것을 부정한다. 대신 모든 존재는 위, 아래 어느 곳에서 독립 자존하는 별개의 존재로서 따로 있을 수가 없고 반대로 티끌 하나도 빠짐없이 이것이 저것을, 저것이 이것을 잇따라 일어나 연관되어 얽혀져 있다고 본다. 그래서 불교는 모든 존재들 밖에서 가능하게 만드는 충족 이유 같은 것이 있다는 사상을 배격한다. 불교에서는 이것이 저것에 잇따라 일어나는 연계 사상을 '연기'(緣起, dependent co-orgination)라고 한다. 즉 모든 존재는 연기되어 잇따라 일어나고 있다. 이를 불교는 또한 무(無, emptiness)라고 한다. 화이트헤드는 자신의 형이상학을 유기체의 철학 또는 과정철학이라고 불렀다. 이것은 실체를 과정 또는 생성의 범주로 이해한 데 근거한 것이다. 서양철학사 가운데 20세기에 들어와 나타난 화이트헤드의 과정철학은 '있음'을 이해함에 있어서 서양철학적이라기 보다는 불교적이다. 과정철학은 '실체'라는 말을 거부하고 '과정'(process)이라는 말을 사용한다. 과정이라는 말은 '따로 개별적 존재'로 있는 실체를 부정하고 모든 존재는 유기적으로 관계되어 있는 유기체(organic)라는 말로 대신 사용한다. 그래서 유기체라는 말의 뜻은 '비실체적'(non-substantial) 혹은 '비개체적'(non-individualistic)이라는 말과 같다. 이러한 유개념의 변화는 서양철학사에서 볼 때 충격적이다. 서양의 전통철학은 "무엇이 궁극적으로 존재한다. 그리고 이 궁극적 존재는 다른 모든 존재들과는 분리되어 따로 존재하여 다른 존재들의 영향을 받지 않으면서도 자기 자신은 그 다른 존재들에게 바깥에서 영향을 줄 수 있다고 여겨져 왔다" 여기에 필연적으로 전통철학은 절대에 대한 상대, 필연에 대한 우연, 불변에 대한 가변적 이원론에 빠지게 된다. 이러한 이원론에 편승한 전통철학을 그대로 응용한 전통신학은 신을 절대, 필연, 불변적 존재로 규정하게 되었다.

그러나 과정철학 혹은 유기체의 철학은 어떤 궁극적 존재가 바깥의 세계로부터 영향을 받지 않으면서 자기는 세계에 영향을 주는 관계를 외인적 관계(external relation)라 하며 이런 관계를 전면 부인한다. 어떤 궁극적 존재도 자기 충족의 이유로 독립해 있을 수 없고, 모든 경험되는 구체적인 존재들과 유기적 관계 속에서만 존재할 수 있다. 초월과 내재 사이의 구분도 있을 수 없고, 그 사이의 위계적 계급도 있을 수 없다. 화이트헤드는 「과정과 실재」에서 이 우주가 무수한 사건 또는 계기로 구성된 유기체라고 주장했다. 그리고 이 우주를 구성하고 있는 그런 기본적인 요소들을 '사실체'(actual entity) 또는 '경험사례'(actual occasion)로 불렀다. 플라톤의 이데아(idea)이든 칸트의 물자체(Ding an Sich)이든 화이트헤드는 이 모든 것이 경험사례에 불과했다. 신마저도 사실체에 지나지 않는다. 모든 사실체는 계기와 사건으로서의 성격을 지닌다. 사실체는 시간과 공간의 모든 영역에 편재해 있고 내적으로 연결되어 있으며 상호 의존적이다. 따라서 서로를 반영한다.

여기서 전통신학은 과정신학의 과감한 신의 구체화에 당황하지 않을 수 없었다. 초월적 존재는 위에 따로 존재할 수 없고 돌, 나무 같은 유기체이든 무기체이든 모든 존재와 유기적으로 연계되어 질 수 밖에 없다. 그래서 과정철학을 유기체의 철학이라고 특별히 강조해 부르게 된다. 화이트헤드는 만물의 이러한 유기적 관계를 '파지'(把持, prehension)라고 명명했다. 파지란 '얽어 붙잡음'(taking hold of)을 의미하며, 또한 이는 '퍼져 나간 잇따름'(extensive continuum)이다. 새로운 파지가 계속적으로 일어나는 이 성장과정을 '합생'(concrescence)이라고 한다. 따라서 모든 사실체들은 그 자체를 과정으로 나타낸다. 그것은 생성과 흐름이다. 그러므로 사건으로서의 모든 사실체는 물질적인 것이 아니고 유기적(organic)이다. 과정철학은 신과 세계, 궁극자와 사물들과의 관계를 외인적 관계로 보지 않고 '내인적 관계'(internal relation)로 본다. 즉 내인적 관계란 신이 세계에 영향을 주면서 동시에 신이 세계로부터 영향을 받는 관계를 두고 하는 말이다. 그래서 화이트헤드는 아리스토텔레스의 자기충족 이유(sufficient cause)를 부인하면서, 존재자 즉 사실체들의 자인적 이유(自因的 理由)를 대신해서 말한다. 모든 사실체들은 어떤 것에 원인을 입어 연쇄적 고리에 의해 작용받는 것이 아니라 다른 사실체들과 유기적 관계 속에 있으면서도 모두 자기 원인에 의해 자유를 갖게 된다.

과정신학은 인간과 세계의 진화적 성격을 강조하여 신도 변화해가는 세계와의 영적인 교류를 통하여 발전과정에 있다는 것을 주장하는 신학으로, 초자연적 존재론에 사상적 기반을 두고 있는 전통신학의 교리들은 폐기되거나 재 진술되어야 한다고 주장한다. 뿐만 아니라 과정신학자들은 신약성서에 대한 역사 비평적인 연구 방법을 수용하여 성경의 기록을 문자적으로 참된 것으로 간주하지 않는다. 성서의 역사성을 신뢰하지 않고 오히려 초기 기독교 공동체의 필요에 의해 예수의 생애와 교훈에 관한 본래의 자료들이 변경되거나 초자연적 교훈과 기적 이야기들이 첨부되었다고 본다. 과정신학은 고전적 유신론(Theism)-하나님을 정적인 존재로 이해하여 불변적이며 고정적인 존재로 설명하는 아우구스티누스, 안셀름, 아퀴나스 등으로 이어지는 신관-을 성서적인 개념과 헬라사상의 혼합물로 간주했다. 고전적인 유신론은 이교적인 헬라철학으로부터 빌려온 개념들에 지나치게 의존할 뿐만 아니라 성경이 증거하고 있는 살아계신 하나님의 개념과 일치하지 않기 때문이다. 과정신학자들은 전통신학의 문제점을 해결할 수 있는 방법을 화이트헤드의 양극적인 신 개념에서 찾았다. 화이트헤드에 따르면, 신은 부동의 동자, 지고의 존재, 천지의 창조자가 아니다. 위로하고 사랑하며 이해하는 신이요, 세계 안에 구체적으로 살아 활동하는 신이다. 과정신학은 일반적으로 하나님의 본성에 대해서는 양극적인(bipolar) 본성을 주장하는 것이 특징이다. 하나님은 지극히 절대적인 동시에 지극히 상대적이다. 하나님은 영원하고 불변적인 동시에 시간적이며 변화한다. 과정신학은 하나님과 세계와의 관계에 대하여 형이상학적인 일원론에 근거하여 만유재신론(Panentheism)을 주장하는 것이 특징이다. 만유재신론은 하나님은 세계 안에 있으며 세계는 하나님 안에 있다고 한다. 유신론과 만유재신론은 하나님과 세계를 동일시하지 않는다는 점에서 동일하다. 그러나 유신론은 하나님이 모든 면에서 절대적으로 완전하며 세계에 대해 필요한 존재이나 자신은 세계를 필요로 하지 않는다고 한다. 즉 세계에 의존하거나 영향받지 않는다는 것이다. 반면 만유재신론은 하나님과 세계는 서로를 필요로 하는 내적 의존 관계에 있으며 하나님과 세계는 상호의존적이라는 것이다. 그리스도에 관한 가장 고전적인 신조는 칼케돈(Chalcedon) 신조로서, 예수 그리스도는 완전한 하나님인 동시에 완전한 사람이며 그 안에 신성과 인성이 연합되어 있다는 양성의 교리를 명시하고 있다. 그러나 과정신학자들은 이러한 고전적인 신조는 더 이상 현대인에게 의미가 없다고 주장한다. 그것은 세계, 역사 및 인간의 경험을 현대인과 전적으로 다른 방식으로 이해한 고대 세계관에 근거해 만들어진 것이기 때문이다. 하나님이 이 세상에 내려와 인간처럼 행동한다는 것은 고대 헬라인들의 개념이며, 현대인들은 그것을 신뢰할 수 없는 것으로 취급한다. 따라서 예수는 1세기에 살았으며 그 시대의 사고방식으로 생각하고 행동한 진정한 인간이었다. 예수의 모든 것은 인간적이었다. 과정신학은 그리스도의 동정녀 탄생, 선재성과 신성, 성육신과 같은 전통적인 기독론의 핵심 교리를 부정했다. 그것을 신화적이며 비역사적인 것으로 보기 때문이다. 단지 예수를 팔레스타인 유대인으로 취급했다. 과정신학은 창조론에 대한 견해가 다르다. 전통신학에 따르면 전능한 하나님이 말씀에 의해 무로부터 이 세계를 존재하게 했다. 하나님은 모든 존재의 근원이요 창조자이며, 세계는 그가 창조한 피조물이다. 이것이 성경적 창조론의 핵심이다. 과정신학은 전통신학의 창조론을 받아들이지 않고, 화이트헤드의 견해에 근거하여 성서적 창조 교리를 재해석했다. 과정신학은 무로부터의 창조는 물론 하나님이 우주의 창조주라는 사실도 부인했다. 과정신학은 하나님의 세계 창조를 선재하는 재료의 단순한 재형성을 의미하는 것으로 해석했다. 이 세계는 어느 시점부터 존재하게 된 것이 아니라 항상 존재해 온 것이다. 끊임없이 과정 속에서 존재했다 소멸하고 다시 존재한다. 이러한 과정신학의 창조론에 따르면, 세계는 존재론적으로 하나님으로부터 구별되지 않으며 오히려 세계는 하나님의 존재의 일부이다. 하나님은 세계 없이 존재할 수 없다. 하나님과 세계는 상호 의존 관계에 있으며, 하나님은 세계의 지배자가 아니라 협력자요 동반자이다.

이러한 과정신학을 유신론적인 입장에서 비판하면 첫째, 창조의 하나님이 아닌 진화와 변화의 하나님을 주장하므로 하나님의 주권을 약화시킨다. 둘째, 인격적이라는 존재로서의 하나님을 말소한다. 셋째, 하나님을 모든 실재의 한 국면으로 보고, 하나님의 초월성을 부인한다. 넷째, 하나님을 우주의 공동 창조자라고 언급한다. 다섯째, 하나님은 영원불변하며 우주의 창조주임을 부정한다. 여섯째, 예수 그리스도는 진정한 하나님이자 진정한 인간임을 부정한다. 일곱째, 그리스도의 성육신, 죽음 및 부활

을 부정한다. 여덟째, 그리스도에 대한 신앙이 속죄의 유일한 근거임을
부정한다.

5) 유한신론(finite godism)

유한신론은 유신론과는 반대로, 신이 우주 밖에 있으면서 우주를 통치하지는 않고 있다고 믿는다. 유한신론은 세 가지로 나눌 수 있다. 첫째, 유한유일신론(finite monotheism)으로 단지 하나의 유한한 신이 있다고 믿는다. 둘째, 단일신론(henotheism)은 무수한 유한한 신들 가운데 하나의 유고한 지고신이 있다고 믿는 것이다. 여러 신이 존재하지만 그 중에 가장 힘 있고 능력 있는 하나의 신에게만 숭배가 집중되는 형태이다. 여러 신을 인정하면서도, 상황에 따라 그중 하나를 주신(主神)으로 섬기는 것을 말한다. 다신론(polytheism) 일신론(monotheism)이 있는데 그 사이에 단일신론(henotheism)이 있다. 여러 신들이 있음을 인정하나 한 신을 섬기는 것으로 자기 종족이나 민족의 신을 들 수 있다. 셋째, 다신론(polytheism)은 자신의 활동 영역을 갖고 무수한 유한한 신들이 있다고 믿는다. 신은 여러 개다. 신이나 초월자(신앙, 의례, 경외의 대상)가 다수 존재한다고 본다. 원시사회에서 흔히 볼 수 있으며 인도, 고대의 희랍과 로마시대에 절정이었다.

유한한 신 개념은 결국 신을 피조물로 강등시킨다. 유한신론의 특징을 보면 다음과 같다. 첫째, 신의 본성은 제한되어 있다. 유신론은 신이 힘과 선함에 있어서 무한하다고 선언한다. 유한신론은 세계 속의 지속적이며 확산적인 악의 관점에서 볼 때 유신론은 믿을 수 없다고 생각한다. 신이 전능하면 악을 멸망시킬 수 있다. 전능하며 완전한 신에 대한 믿음은 수

많은 불합리한 악을(인간의 인간에 대한 비인간성) 신이 중재하지 못하는 것은 말할 수도 없고, 자연세계 내의 낭비, 잔인함, 부조리를 설명하지 못하기 때문이라고 역설한다. 둘째, 악과의 투쟁으로 설명한다. 유한신론에 따르면 신을 유한한 존재로 이해하는 것이 유익한 효과가 있다. 그것은 우리에게 악과 싸울 동기를 부여한다. 왜냐하면 만일 신이 전능하며 결과가 미리 보장된다면 왜 우리는 악과 대항하여 싸워야 하는가? 어떤 절대적인 신이 혼자서 돌볼 수 있을 것이라고 주장한다.

이러한 유한신론을 비판해 보면 몇 가지 내부 문제들이 있다. 첫째, 유한한 신은 원인을 필요로 한다. 어떤 사람들은 유한한 신은 전혀 신일 수 없다고 한다. 인과원리는 모든 유한하고 변화하는 존재가 원인을 갖는다고 서술한다. 예를 들면 목재가 스스로 집이 되는 것은 아니다. 그렇다면 유한한 신은 그 자신이 어떤 무한한 창조주를 필요로 하는 거대한 피조물에 불과하다. 유한한 존재의 실현자가 궁극적으로 필요하다. 둘째, 유한한 신은 악의 문제를 해결할 수 없다. 유한한 신은 악에 대한 승리를 보장할 수 없다. 오직 절대적으로 선하며 전능한 신만이 선을 위한 수고가 헛되지 않다는 것을 보장할 수 있다는 것이다. 셋째, 악은 신이 유한하다는 것을 증명하지 못한다. 신은 우리에게 알려졌거나, 우리에게 알려지지 않고 신 자신에게만 알려진 악을 위한 어떤 좋은 목적을 가지고 있을 것이다. 악을 허용하는 것은 가장 큰 선을 달성하는 선결 조건이 될 수 있다는 사실이다.

이상과 같이 신을 인식하는 방식을 다섯 가지 유형으로 압축하여 살펴보았다. 그러면 신을 거절하는 견해는 어떤 것이 있는지 알아보기로 하자.

2. 신을 거절하는 견해

신을 거절하는 견해는 무신론, 불가지론 그리고 자연주의 세 가지로 나누어 생각해 볼 수 있다.

1) 무신론(無神論, Atheism)

무신론은 넓은 의미에서 신의 존재에 대한 믿음의 부재이다. 하나님이 존재하지 않는다고 보는 견해를 말하는 것이다. 다윗에 의해 기록된 시편 14편 1절에도 무신론에 대해 언급하고 있다. "어리석은 자는 그의 마음에 이르기를 하나님이 없다 하는도다." 다시 설명하면 무신론은 신이란 도대체 존재하지 않는다(no-Godism)는 신념이다. 즉, 무신론은 신의 존재에 대한 신앙을 부정하거나, 신의 존재 자체를 인정하지 않는 사상이다. 따라서 무신론은 모든 신적 존재와 영적 존재, 초자연적 존재, 초월적 존재를 부정하는 것을 골자로 한다. 무신론을 뜻하는 단어 'Atheism'은 '신이 없는'을 의미하는 고대 그리스어 ἄθεος(atheos)에서 유래하였다. 고대 그리스에는 탈격 ἁ(a)와 신을 뜻하는 단어 θεός(theos)가 합쳐져 '신이 없는'이란 의미의 부사 ἄθεος(atheos)가 존재했다. 이는 불경하거나 신앙심이 없는 행동을 비난하는 의미로 사용되었으나 기원전 5세기경부터 무신론적 의미, 즉 '신을 거부함' 또는 '신과의 관계를 단절한'이란 의미를 나타내기 시작했다. 무신론은 크게 두 가지 범위로 나뉘어 질수 있다. 암시적 무신론과 명시적 무신론이다. 암시적 무신론은 유신론을 알지 못해도 무신론자가 될 수 있다는 입장이다. 갓난아이들은 자연을 유신론적 관점으로 바라보거나 신의 존재에 대한 생각을 가지고 있지 않기에 암시적 무신론자이다. 이와 반대로 유신론을 이해하고 신의 존재를 부정하는 것을 명시적 무신론이라고 한다.

2) 불가지론(不可知論, Agnosticism)

불가지론은 글자 그대로 '알 수 없다는 주의'(not-knowism)로서 신의 존재를 인정하거나 부정할 수 없는 충분한 증거가 없다는 신념이다. 즉, 신의 존재에 대한 신학적 명제의 진위 여부를 알 수 없다고 보는 철학적 관점, 또는 사물의 본질은 인간에게 있어서 인식 불가능하다는 철학적 관점이다. 영지주의(Gnosticism)는 고대에 존재하였던 혼합주의 종교 운동 중 하나로 인간은 참된 지식인 그노시스(Gnosis)를 얻음으로써 구원을 얻을 수 있다는 구조를 지닌다. 부언하면 지적이고 신비적인 사상의 한 경향으로 구원은 앎을 통해 가능하다는 것이다. 유신론과 무신론의 중간에 있는 불가지론(Agnosticism)은 영지주의(Gnosticism)에 부정관사 a를 붙인 것으로 신의 존재에 대해 알 수 없다는 개념이다. 이 관점은 철학적 의심이 바탕이 되어 성립되었다. 절대적 진실은 부정확하다는 관점을 취한다. 불가지론의 원래의 의미는 절대적이며 완벽한 진실이 존재한다는 관점을 갖고 있는 교조주의(敎條主義)의 반대 개념이다. 이 용어는 영국의 생물학자인 토머스 헉슬리(Thomas Henry Huxley, 1825-1895)가 자신의 저서 「Agnosticism and Christianity」(1889)에 처음으로 사용하면서 유명해졌다.

불가지론은 다음과 같이 분류해 볼 수 있다. 첫째, 신의 존재 여부 혹은 초자연 현상을 알 수 있는지, 없는지를 모른다. 둘째, 계시에 의해 그것을 알 수 있을지라도, 그것을 증명하는 것과 자신의 행동으로 확인하는 것은 불가능하다. 셋째, 어떤 사람이 신의 존재 여부를 아는 것도 불가능하고 인식조차 불가능하다. 불가지론을 따르는 데에는 종교의 유무, 종교의 종류는 상관이 없다. 불가지론은 '믿음'에 확신을 가질 수 없다는 것을 말하는 것이다.

계몽철학의 선구자 임마누엘 칸트(I. Kant, 1724-1804)는 Noumena(物自體, 비가시계), Phenomena(現象, 가시계)를 구분했다. 그는 물자체에 대해서 인간은 절대로 알 수 없고, 현상만 알 수 있다고 주장했다. 칸트는 순수이성비판이 아는 것은 현상까지라고 이야기하고, 이것을 넘어서서는 안다고 말 할 수 없다고 보았다. 우리 인식의 한계 내에서만 알 수 있다는 말이다. 칸트는 고도의 철학적 불가지론자로서 알 수 있는 한계를 확실히 그어 주었다.

미국의 기독교철학자이며 복음주의 운동가인 프란시스 쉐퍼(Francis Schaeffer, 1912-1984)는 칸트가 이 둘을 나눔으로서 철학과 신학을 망쳤다고 비판하였다. 프란시스 쉐퍼는 신학적 모더니즘을 반대하고, 그 시대의 질문에 대답할 기독교 변증학을 발전시켰다. 그는 삶과 사상으로 영성을 실천하였고, 불신앙적인 현대인들에게 영성의 존재를 증거 한 위대한 변증가였다. 아울러 성경을 통해서 철학과 문학 그리고 사회와 정치를 분석하고 예언적 방향을 제시한 그의 방식은 기독교인들에게 큰 영향을 주었다.

요약하면, '불가지'라는 말은 근본적으로 '지식이 없다'는 뜻으로, 불가지론은 하나님의 존재는 알 수도 없고 입증할 수도 없다는 견해이다. 불가지론은 지적으로 좀 더 정직한 형태의 무신론이라고 볼 수 있다. 무신론은 하나님은 존재하지 않는다고 주장하지만, 불가지론은 하나님의 존재는 입증될 수도 입증되지 않을 수도 없다고 주장하는데, 이는 하나님의 존재 여부를 아는 것이 불가능하다고 주장하는 것이다. 불가지론자들은 하나님의 존재의 여부에 대해 어느 쪽으로도 결정 내리기를 꺼려한다. 이것은 궁극적으로 양다리를 걸친 자세이다. 유신론자들은 하나님의 존재를 믿는다. 무신론자들은 하나님은 존재하지 않는다고 믿는다. 불가지론자들은 어느 쪽이든 아는 것은 불가능하기 때문에 하나님의 존재를 믿어서도 안되고 부정해서도 안된다고 주장한다.

3) 자연주의(自然主義, Naturalism)

자연주의는 가설을 세우고, 예측하고, 실험하고, 그 과정을 다시 반복하는 식의 과학적 방법만이 진실을 규명하는 효율적인 방식이라는 관점이다. 자연주의는 형이상학적 이론의 하나이다. 모든 현상이 자연 속에 숨은 원인이나 법칙으로부터 기계론적으로 설명가능하다고 한다. 자연주의에서는 우주를 거대한 기계 혹은 유기체로 가정하며, 그 일반적인 목적이 없으며 인간의 욕구나 원망과는 무관한 존재라고 가정하고 있다. 자연주의는 신을 초월적(transcendent) 존재로도 내재적(immanent) 존재로도 규정하지 않는다. 자연주의는 신을 불필요한 가정이라 하고, 또 과학연구에서는 본질적으로 쓸데없는 것으로 보고 있다. 과학적 설명에서는 도덕이나 신의 목적이 들어갈 자리가 없다. 그러므로 자연주의자는 실제의 사물과 현상을 자연 세계의 범위 안에 있다고 보고, 초자연적인 존재나 힘을 신뢰할 수 없는 가설이라고 생각한다. 요약하면 자연주의는 도덕적인 삶이나 종교적인 삶을 포함하는 모든 인간 경험을 물질적인 환경에 유기적으로 연결되어 있으면서도 지성을 가진 동물로서의 인간 생존으로 충분히 설명할 수 있기 때문에 초자연적인 하나님이 필요 없다는 신념이다.

참고문헌

박형룡.「박형룡 박사 조직 신학 2 신론」. 서울: 개혁주의출판사, 2017.
빌럼 뢰이뻰, 헨리 코렌.「현대 무신론 비판」. 류의근 역. 서울: 기독교문서선교회, 2005.
이정순.「신을 묻는다」. 서울: 대한기독교서회, 2019.
존 C. 레녹스.「현대 무신론자들의 헛발질」. 노동래 역. 서울: 새물결플러스, 2020.
존 M. 프레임.「신론」. 김재성 역. 서울: 개혁주의신학사, 2014.
피터 왓슨.「무신론자의 시대」. 정지인 역. 서울: 책과 함께, 2016.
필립 존슨.「유신론과 무신론이 만나다」. 홍병룡 역. 서울: 복있는 사람, 2011.
한국조직신학회.「신론」. 서울: 대한기독교서회, 2012.

Alain de Botton. *Religion for Atheists*. London: Hamish Hamilton, 2011.

Graham Oppy. Atheism and Agnosticism. Cambridge: Cambridge University Press, 2018.

J. P. Moreland. *Does God Exist?: The Debate Between Theists and Atheists*. New York: Prometheus, 1993.

Paul Harrison. *Elements of Pantheism*. Plantation: Llumina Press, 2011.

Peter Watson. *Age of Nothing*. London: Orion Publishing Group, 2016.

Rebecca Newberger Goldstein. *36 Arguments for the Existence of God*. New York: Pantheon, 2010.

Thomas Paine. *The Age of Reason*. San Diego: The Truth Seeker, 2009.

3부

신의 존재를 논증하는 이론

3부
신의 존재를 논증하는 이론

　신 존재 증명을 설명하기 전에 논증들이 성공적으로 판단 될 것인가에 대해 말하는 것이 필요하다. 대개 철학자들은 다른 설명이 사실인지를 보여주거나 사실일 가능성을 더해주는 일련의 설명이나 가정으로써의 논증에 대하여 생각한다. 논증이라는 것은 연역적(deductive)일 수도 있고, 귀납적(inductive)일 수도 있다. 훌륭한 연역적 논증은 전제들이 결론을 수반하고 있는 논증이다. 따라서 전제들이 사실이라면 결론은 거짓일 수가 없다. 훌륭한 귀납법적 논증은 전제들이 그 논증을 통해 참이라고 생각되는 결론을 만드는 것이다. 비록 몇몇 중요한 20세기 철학자들이 귀납법적 논증을 제안했지만 신 존재를 위한 철학자들이 취한 대부분의 논증들은 연역적법인 것들이었다. 논리학에서 타당한 논증이란 추론이 논리법칙에 맞서서 참인 전제로부터 거짓인 결론이 도출되지 않는다는 뜻이다. 그러한 성질을 '타당성'(validity)이라 한다. '타당성'(validity)은 논증의 형식적인 구조를 파악하는데 사용된 논리학자들의 용어이다. 전제들이 참이라면 결론은 참임에 틀림이 없을 때 그 논증은 타당하다고 할 수 있다. 예를 들어 보자. ① 경상도 출신의 사람들은 모두 경상도 방언을 쓴다. ② 홍길동도 경상도 출신이다. ③ 그러므로 홍길동은 항상 경상도 방언을 쓴다. 이 논증은 '타당'하지만 '거짓'이다. 왜냐하면 홍길동은 거의 경상도 방언을 안쓰기 때문이다. 전제가 참이라면 결론도 참일 것이기에 그 논증은 타당하겠지만 이 경우는 전제 ①이 거짓이다. 한 논증이 합리적으로 수긍이 가고 건전하려면 '타당'해야 할 뿐만 아니라 그 논증의 모든 전제들이 '참'이어야 한다. 우리가 하나님의 존재에 관한 증명을 모든 정상적이고 이성적인 사람에게 합리적인 수긍이 가는 건전한 논증으로 정의한다면 하나님의 존재에 관한 증명은 전혀 주어질 수 없을 것이다. 그럼에도 신 개념에 대해 여러 가지 철학적인 질문을 제기할 수 있다. 그 중에 가장 중요한 질문은 '신이 실제로 존재한다고 믿는 이유'가 무엇인지를 묻지 않을 수 없다. 그래서 우리는 수많은 종교인들이 신의 존재를 지적으로 안다고 주장하는 근거를 고찰해야 한다. 신의 존재를 믿는 것이 정당하다는 사실을 증명하기 위해 내세워진 여러 가지 철학적 논증들을 검토하는 것이 필요하다.

우리는 우리 자신을 둘러싼 여러 환경에 대해 자기 보호 차원에서 끊임없이 관찰하고 분석하고 접근한다. 이 때 인간의 두뇌가 작동하는 사고방식 가운데 대표적인 것이 연역적 접근 및 결론 내리기와 귀납적 접근 및 결론 내리기다. 연역적 접근은 '한 사물이나 사람이 일반적으로 어떠어떠한 성향 또는 성질을 갖고 있다'라는 명제를 먼저 세운 다음 여기에 맞는 구체적인 사실과 정보 획득을 통해 기본 명제를 더욱 강화해 나가는 방식이다. 즉 이미 증명된 명제를 전제로 하여 새로운 명제를 결론으로 이끌어 내는 논법을 연역법이라 한다. 귀납적 접근은 '관찰한 사실과 획득한 정보를 통해 이 사람은 어떠어떠한 사람이다 또는 이 사물은 이러이러한 성질을 갖고 있다'라는 결론을 내리는 방식이다. 즉 개별적인 특수한 사실이나 원리로부터 그러한 사례들이 포함되는 일반적 명제를 이끌어내는 것을 귀납이라 하고, 이러한 귀납적 추리의 절차를 논리적으로 체계화 한 것을 귀납법이라 한다. 연역과 귀납은 인간이 올바른 판단을 하도록 도와주는 두 개의 도구이다. 어느 하나에만 의존할 경우 올바른 판단을 내리지 못할 가능성이 높다. 실제 생활에서 우리는 무의식적으로 연역과 귀납을 모두 사용하고 있다. 범죄수사의 예를 들어보자. 미국의 범죄수사 드라마 크리미널 마인드(Criminal Minds)는 귀납적 수사를 생각하게 한다. 관찰한 사실과 정보를 통해 범인을 추적한다. 연역적 수사는 프로파일링(Profiling)이라고 할 수 있다. 범인을 잡기 위해 구체적으로 범죄 현장을 분석하여 범인의 습관, 나이, 성격, 범행 수법 등을 추론하고 범인을 찾아내는 것이다. 이처럼 프로파일러 역시 범죄현장을 치밀하게 분석해야 하고, 크리미널 마인드 팀 역시 범죄자 데이터베이스를 의존하지 않을 수 없다. 어떤 한 지역에서 살인사건이 일어났다고 가정해 보자. 경찰은 우선 이 살인사건이 어떤 방식으로 이뤄졌는지를 면밀히 분석하고, 이 살인이 밀실살인, 강간살인, 폭행살인 등 어디에 해당하는지 살펴본다. 피해자가 누구냐에 따라 접근방식은 달라지므로, 경찰은 유사한 범죄를 저지른 범죄자들의 데이터베이스를 통해서 유력한 용의자를 추려낸다. 범죄 방식과 범죄 현장을 분석하고 증거를 수집하는 것은 귀납적인 방식이다. 이를 통해 용의자를 추려내는 것은 연역적인 방식이다. 범죄 수사는 증거 수집과 데이터 분석, 프로파일링이 끊임없이 연속되는 지루한 과정이다. 연역법과 귀납법을 좀 더 쉽게 설명하기 위해 도식화하면 다음과 같다.

연역법과 귀납법

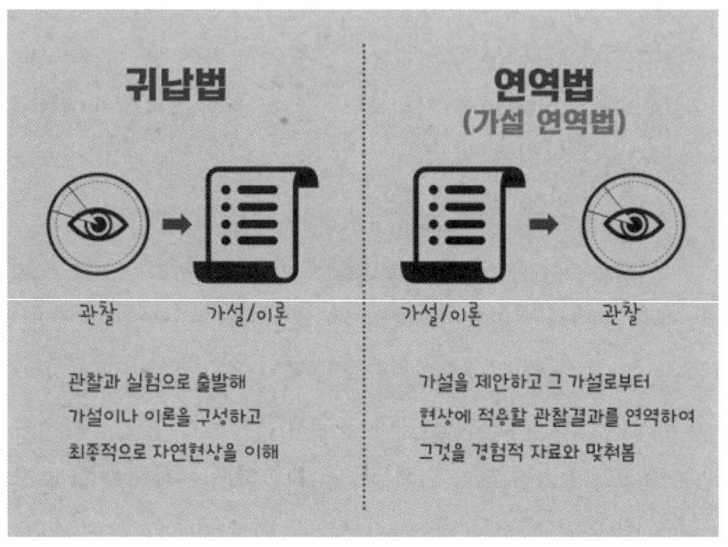

주변 사람들과의 관계에서도 연역과 귀납의 방식을 사용할 수 있다. 나에게 관심을 갖는 이성을 판별하는 방식은 다분히 귀납적이다. 내가 재미있게 이야기하면 상대방이 다른 이성들과는 달리 매우 예민하게 반응하는가? 나와 마주치는 상대방의 시선이 유달리 달라 보이는가? 나와 단둘이 있을 때 내가 보내는 사인에 의미를 지닌 반응을 하고 있는가? 이 모든 것을 취합하여, '상대방은 나한테 호감이 있어'라는 결론을 내리고 단 둘이 분위기 좋은 곳으로 데리고 가서 '나 좋아하는 것 같은데, 우리 사귀자'고 이야기한다. 그러나 상대방은 일언지하에 거절한다. 귀납적 방법인 치밀한 관찰과 정보의 취합이라는 결론을 무기로 확신을 갖고 대시해 보지만, 실패하고 만다. 여기서 귀납적 방식의 가장 큰 약점이 나타나는데, 그것은 조작되거나 거짓으로 제시되는 증거, 말, 행동들이다. 누군가가 마음먹고 증거, 자료, 정보를 조작 또는 왜곡할 경우 귀납적 접근 방식은 그 성공을 보장하기 어렵다는 것이다. 그래서 연역의 도움을 필요로 한다. 이성관계로 비유하자면, 귀납적 방식은 치밀한 관찰과 정보 분석을 통해 결론을 내려서 나한테 가장 관심 있어 보이는 이성에게 대시하는 방식이다. 연역적 방식은 처음부터 상대방의 마음이 나에게로 정해진 것으로 작정하고 접근하는 방식이다. 그러므로 연역적으로 접근하여 성공확률을 높이는 가장 좋은 방법은 접근 횟수를 늘리는 것이고, 귀납적으로 접근하여 성공확률을 높이기 위해서는 올바른 정보를 걸러낼 수 있는 능력을 길러야 한다.

전통적으로 연역법과 귀납법을 통한 신 존재를 위한 다양한 논증들이 전개되어왔다.[1] 필자는 여기서 역사적으로 전개해 온 신 존재 증명인 존재론적 논증, 우주론적 논증, 목적론적 논증, 도덕적 논증 등에 대해 살펴보고자 한다.

---

1) 스티븐 에반스, 잭커리 매니스, 「종교철학: 기독교 신앙의 철학적 조명」, 정승태 옮김 (서울: 기독교문서선교회, 2016), 86.

1. 존재론적 논증(Ontological Argument)

신 존재 증명 중 가장 중심을 이루는 것이 존재론적 논증이다. 철학적으로 신 존재를 증명하려는 시도는 교부나 스콜라 학파에 의해 진행되었으며, 그 증명 방법 중 몇 가지는 이미 그리스 철학에서 시작되었다. 존재론적 논증을 다루기에 앞서 철학사에 등장한 고전적 존재론을 살펴보기로 하자. 고대 그리스 철학자인 아리스토텔레스(Aristotle, B.C. 385-323)에서 시작하여 스콜라 철학에 이르기까지 지배적이었던 존재론의 최초의 형태는 아리스토텔레스의 제1철학에서 찾을 수 있다. 아리스토텔레스의 존재론은 '존재자 자체'를 탐구하는 것이다. '존재자 자체'는 곧 실체이며, 무엇을 연구한다는 것은 곧 그의 원인을 탐구하는 것이다. 그리고 모든 존재자의 마지막 원인은 '영원한 어떤 실체,' 즉 '신'이 된다. 이것이 나중에 형이상학(metaphysics)이라는 이름으로 불리게 된다. 형이상학은 일반 형이상학과 특수 형이상학으로 나뉜다. 후에 일반 형이상학은 존재론(Ontology)이라 일컫고, 특수 형이상학을 존재자의 종류에 따라 '신학,' '우주론,' '정신론'이라 불렀다. 존재론은 존재학, 본체론, 실체론으로 불리기도 한다. 존재론적 논증이란 신에 대한 정의로부터 신이 존재한다는 결론을 이끌어내는 논증방식이다.[2] 즉, 존재론적 논증은 신에 대한 개념이나 사상 자체가 그의 실재를 의미한다는 것을 보여주려 한다. 부언하면 존재론적인 논증은 존재(Being)에 대한 연구에 근거하며 신의 존재를 오로지 선험적인 직관과 이성을 통해 증명하려는 것이다. 한 개인이 신을 명확히 생각할 수 있다면 신이 존재해야 한다는 것을 이해할 수도 있어야 한다. 이 논증은 11세기 캔터베리의 대주교 안셀름(Anselm, 1033-1109)에 의하여 처음으로 시작되

---

2) 김용덕, "존재론적 신 증명에 대한 분석철학적 해석," 「철학논총」, 53집 (2008, 7): 79.

었다. 그 후 근대철학의 선구자인 르네 데카르트(René Descartes, 1596-1650)나 빌헬름 라이프니츠(Gottfried Wilhelm Leibniz, 1646-1716) 같은 유명한 철학자들에 의해 이 논증의 여러 견해들이 수호되었으며, 20세기에는 미국의 종교철학자 찰스 하츠혼(Charles Hartshorne, 1897-2000), 미국의 철학자 노만 말콤(Norman Malcolm, 1911-1990) 그리고 분석철학자 앨빈 플랜팅가(Alvin Plantinga, 1932-) 같은 사상가에 의해 커다란 관심을 끌게 되었다.

존재론적 논증의 시대적인 배경으로는 스콜라철학이 있다. 서양 중세시대는 신과 교회가 중심이었던 시기로서, 교회의 권위가 인간의 이성을 속박하는 폐쇄적인 암흑시대라 불렸다. 하지만 중세시대는 1,000년이라는 긴 시간동안 지속되었고, 이 기간에는 인구가 급증하고 도시로 몰려든 노동력은 수공업과 상업을 발달시키게 된다. 그리고 교육에 대한 수요가 급증하면서 학교가 번성하는 시대가 되었다. 암흑시대라고 부르는 이 때에 교육의 중심지는 수도원들이었다. 암흑시대가 끝나는 때인 유럽은 종교적으로는 기독교화 되어 있었고, 정치적으로 안정되어 있었던 시기였다. 이러한 상황은 신학에 대한 연구가 되살아나는 무대를 제공하였다. 그것은 교회의 권위가 아니라 다시금 철학의 영향 아래서, 즉 이성이나 논리의 영향 아래서 되살아나는 것이었다. 그 결과 중세의 신학은 어떻게 하면 기독교가 '합리적으로 보일까?' 하는 신앙과 이성간의 관계에 초점을 맞추었다. 그러기에 학교에서는 인간이 지녀야 할 최고의 가치에 대해 그 어느 시대보다 치열하게 사유되면서 자연스럽게 스콜라철학이 꽃을 피우게 되었다. 스콜라철학이라고 하는 용어는 15세기 까지 유행하였던 신학에 대한 철학적인 접근에 적용되는 용어다. 스콜라철학은 기독교 신앙을 체계적으로 정리하고 이를 이성을 통하여 입증하고 이해하려했던 중세철학으로 서방 기독교 철학체계를 가리키며 다음과 같이 나눌 수 있다.

① 초기 스콜라철학(11-12세기)은 교부철학 시대를 통해 마련된 기독교 근본 교리에 대해 스콜라 철학적 탐구가 시작된 시기를 말한다. 이때는 교부철학을 발전시킨 플라톤적 경향의 신학과 철학이 성행했다. 암흑시대를 끝장내고 스콜라신학을 발진시킨 한 사람을 들라고 한다면 캔터베리의 대주교 안셀름(Anselm, 1033-1109)이다. 그는 '알기 위해 믿는다'고 함으로써 신앙이 지식의 전제 조건임을 주장하면서 스콜라주의의 길을 열었다.
② 중기 스콜라철학(13세기)은 아리스토텔레스의 저작인 '자연학'(Physics)이 유입됨으로써 종래의 신학으로부터는 독립된 지적(知的) 연구가 일어났고, 이에 스콜라주의의 전성시대를 맞았다. 이때 주지주의(intellectualism)적 사상가들이 많이 배출되었는데, 그 대표자는 신앙의 권위를 인정하면서도 이성을 중요시한 토마스 아퀴나스(Thomas Aquinas, 1224-1274년)다. 그는 스콜라주의를 종합하고, 집대성하고 완성시킨 것으로 유명하다.
③ 후기 스콜라철학(14-15세기)은 이성과 권위가 분리되면서 스콜라주의가 쇠퇴하게 된 시기로서 종교개혁 시대로 끝이 난다. 그 후 스콜라주의는 사라져버린 듯하다가 19세기에 다시 활기를 되찾게 된다. 이를 '신스콜라주의'라 칭한다.

스콜라철학은 중세 수도원학교 교사나 학생을 지칭하는 라틴어 '스콜라티쿠스'(Scholasticus)에서 유래된 말이다. '스콜라'(schola)라는 말은 원래 성직자를 양성하는 교회의 부설 학교(school)를 의미하는데, 스콜라철학은 주로 이 스콜라의 교사들의 활동에 의해 발전되었기 때문에 붙여진 이름이다. 스콜라철학에서는 학교 수업에 사용되는 교수학적인 방법들, 즉 단편적인 것을 '이해'하고(lectio), '논쟁'하고(disputatio) 그리고 '증명'(argumentatio)하는 방법과 쌍방의 이견을 서로 '조정'하는 방법 등에 대한 것을 중시하며 가르쳤다. 스콜라 철학자들이 당면한 문제는 스콜라철학의 가장 핵심적인 문제인 신앙과 이성을 어떻게 조화시키느냐 하는 것이었다. 스콜라철학은 기독교신학에 바탕을 두기 때문에 일반 철학이 추구하는 진리 탐구와 인식의 문제를 신앙과 결부시켜 생각하였고, 인간이 지닌 이성 역시 신의 계시 아래에서 이해했다. 스콜라 철학에서는 특히 신의 존재 문제를 단순히 물질적 혹은 추상적인 방법론으로 연구하지 않고 언제나 기독교의 신앙에 따라 해결하고자 노력하였다. 즉 이미 확정된 교리에 대한 논리적 근거를 마련하는 것이다. 교부철학이 믿는 원리를 정립하여 신앙의 기준을 정한 것이었다면, 스콜라철학은 교회가 믿는 신앙을 이성에 의해서 이해하려는 것으로서 이것을 통해 신앙이 이성에 의해서도 이해될 수 있음을 보이고자 했다. 11세기 서유럽이 외세의 침공으로부터 벗어난 기독교는 유럽 전역에 지대한 영향력을 끼치게 된다. 그 시기는 교권과 왕권의 대립, 기독교와 이교도의 마찰 등으로 유럽 사회에 갈등과 반목이 기승을 부리던 때였다. 그러므로 기독교 신앙에 대한 확고한 인식을 위해 이성적이고 합리적인 설명이 필요하게 되었고, 스콜라 철학은 이러한 신앙에 대한 합리적인 요청을 잘 규명해 보려는 시도에서 시작됐다. 스콜라 학파의 목표는 철저한 논리와 이성을 기초로 하는 기독교의 신학 체계를 새로 정립하는 일이었다.

하나님에 대한 인간의 모든 지식을 이성적, 체계적으로 정리해 세상으로 하여금 분명한 진리의 체계 속으로 들어오게 하기 위해 몸과 마음을 헌신한 사람이 스콜라철학의 아버지라 불리는 캔터베리 대주교 안셀름이다. 그는 인간이 무조건적인 신앙의 권위로부터 해방될 수 있게 하였고, 인간 이성이 재평가되는 기회가 되게 한 대표적인 학자이다. 이러한 인간 이성의 해방은 결과적으로 철학과 신학을 학문으로써 더 발전하게 하는 계기를 제공하게 되었다.

안셀름의 사상은 아우구스티누스의 전통에 속해 있다. 그는 신학과 철학의 영역에 대한 명확한 구분을 하지 않았다. 그는 기독교인이 인간 정신의 가능한 한에서는 자기가 믿고 있는 바를 모두 이해하여 이성적으로 파악하도록 해야 한다고 믿었다. 즉 진리를 이해하는데 이성을 적용해야 한다는 것이다. 그러기 위해 안셀름은 열정적으로 아리스토텔레스의 논리학과 문법학에 관심을 쏟았고, 이 두 문학의 도움으로 신앙을 이해하기 위해 노력했다. 안셀름은 '자신이 알지 못하는 것을, 신중하게 생각하며 탐구하는' 사람의 입장에서 저술 했으며 그는 깊은 철학적 통찰을 통해 진정한 진리와 선함을 계시하는 말씀을 선포하고자 노력했다. 그는 「모놀로기온」(Monologion, 고백): 신앙에 근거를 둔 명상의 일례(An Example of Meditation based on Faith)과 「프로슬로기온」(Proslogion, 훈시): 이해를 추구하는 신앙(Faith Seeking Understanding)에서 하나님의 존재를 증명하고자 했다. 「모놀로기온」은 동료 수사들이 성서의 권위에 조금도 의존하지 않고, 이성으로 모든 것을 증명하는 신에 관한 모범적인 명상록을 써 달라는 요청을 받아들인 결과물이다. 그는 성서 및 전통, 교부들의 학설을 배제하고 합리적인 방식만으로 기독교 진리를 증명하고자 노력했고, 이것이 「모놀로기온」이라는 작품으로 등장했다. 「프로슬로기온」은 신에게 기도를 바치는 방식으로 서술되었다. 이 책 2-4장에 실린 유명한 존재론적(본체론적) 증명은 경험적인 사실을 전혀 전제하지 않은 채 순수하게 연역적 방식으로만 신 존재 증명을 시도한 것이다.

「모놀로기온」은 총 80장으로 이루어진 저술이다. 그 중 신 존재 증명을 내용의 중심으로 하고 있는 곳은 1장에서 4장까지이다. 나머지 5장부터 80장까지는 신 존재 증명을 통해 확정된 사실을 바탕으로 신의 본성에 대한 탐구를 수행한다. 「모놀로기온」에서 안셀름은 매우 간결한 형태로 아우구스티누스의 방대한 저작에 나오는 핵심 사상들을 요약해 놓았다. 그러나 그 기술 형식에서는 두 사상가 사이에 뚜렷한 차이가 존재한다. 우선 신앙과 이성의 조화에 대해 확신하는 안셀름은 '이성'만으로 논증하려고 시도하며 일체의 성서 인용을 배제하고 있다.[3] 또 다른 특징은 이론적으로 가능한 모든 것을 나열한 후에 틀린 것을 하나씩 제거하며, 그 과정을 통해 진리에 가장 가까운 것을 찾아가는 방식으로 자신의 논증을 전개한다. 「모놀로기온」에서 안셀름은 피조물 가운데서 발견되는 완전성의 여러 단계로부터 하나님의 존재 증명을 전개시키고 있다. 이 증명은 선의 여러 단계에 대한 경험적인 고찰에서 시작하고 있기 때문에 경험적인 증명이다. 그는 관찰되는 선의 여러 단계에서 절대적인 선의 존재로, 예지의 여러 단계에서 절대적인 예지(豫知)의 존재로 나아가도 있으며, 이 절대적인 선과 예지(豫知)가 바로 하나님과 같은 것으로 간주하고 있다. 예를 들어 금으로 있는 것은 금으로 있지 않은 것보다 오직 상대적으로 더 좋을 뿐이며, 그리고 유형적인 것은 비유형적인 것 보다 단지 상대적으로 더 좋을 뿐이다. 그러나 예지가 있는 것은 예지가 없는 것 보다는 절대적으로 더 좋으며, 생명이 있는 것은 생명이 없는 것 보다 그리고 옳은 것은 옳지 않은 것 보다 절대적으로 더욱 좋다. 그러므로 우리는 예지(豫知), 생명, 정의를 최고 존재자의 속성으로 단정하지 않으면 안된다. 최고 존재자는 자신의 속성을 분유에 의해서가 아니라 자신의 본질에 의해서 소유하고 있으므로 하나님은 바로 예지(豫知), 생명, 정의이다. 더군다나 최고 존재자는 여러 요소들로 합성될 수 없기 때문에 그 속성들은 하나님

---

[3] 그 당시 그리스도교에서는 성서가 항상 신앙과 신학을 위한 첫째 원천으로 받아들여졌다. 그렇다면 안셀무스는 왜 계시의 원천인 성서를 배제하려고 했는가? 이것은 결코 성서를 무시하기 위해서가 아니라, 오히려 성서가 우리에게 가르치고 있는 것이 이성에 부합한다는 사실을 증명하고 싶었기 때문이다. 안셀무스는 모놀로기온에서 이성을 통한 신앙의 근거를 마련하고자 했던 것이다.

의 본질과 동등하다. 그리고 또 하나님은 자신의 순일성과 영성에 의해서 반드시 공간을 초월하고 자신의 영원성에 의해서 시간을 초월하지 않을 수 없다.「모놀로기온」의 특징을 살펴보면 다음과 같다. 첫째, 안셀름은 성경의 권위 없이 하나님의 존재를 증명한다. 그 당시에 성경을 인용하지 않는다는 것은 매우 기발하고 위험한 것이었다. 자칫하면 무신론자나 범신론자로 오해 받을 수 있기 때문이다. 둘째, '이성'만으로 하나님을 증명하려 했다. 성경의 권위 없이 하나님을 증명하는 것은 '이성'만을 사용한다는 말이다. 당시는 존재하는 모든 것이 합리적 이유와 근거를 가지고 있다고 당연히 믿었다. 그렇기 때문에 굳이 증명할 필요도 없고, 증명하려는 시도조차 하지 않았다. 안셀름은 당연하다는 것을 당연하지 않은 것으로 여기고 순수이성만을 통해 하나님의 존재를 증명한 것이다. 셋째, '이성'만으로 하나님을 증명한다면 먼저 하나님을 믿지 않는다는 가정에서 시작한다. 바로 이 점이 안셀름의 '위험스러움'이다. 스콜라 철학의 아버지라는 이름에 걸맞게 안셀름은 철저히 하나님을 배제한 상태에서 하나님을 증명해 나간다. 이것은 이성만을 통해 하나님을 증명하려는 순수한 시도이다.

안셀름은 자신의 독창적인 견해를 그의 저서「프로슬로기온」(Proslogion)-마음속에 이르기를 하나님은 없다하는 어리석은 자들에 대한 일련의 반성을 담은 글-에서 발전시켰다.「프로슬로기온」은 시편 53장 1절의 "어리석은 자는 그 마음에 이르기를 하나님이 없다하도다"의 '어리석은 자'(바보)에 대한 언급이다.「프로슬로기온」의 본래 제목은 '이해를 추구하는 신앙'(Fides Quaerens Intellectum)이다. 안셀름은 믿기 위해서 이해하려 노력하는 것이 아니라 '이해하기 위해서 믿는다'는 이 말을 통해 자신의 신앙의 출발점이 어디인지를 분명히 하고 있다. 이 책은 하나님의 실존과 본질을 설명하기 위해 유일한 논증을 찾기 위한 안셀름의 고민의 결과이며, 세 가지의 저술 기준을 가지고 있다. 첫째, 복잡하지 않고 단순해야 한다. 둘째, 논리적으로 자족적이어야 한다. 셋째, 하나님의 실존뿐만 아니라 기독교 신앙이 하나님께 부여하는 다른 규정들에 대해서도 증명해야 한다. 「프로슬로기온」에서의 하나님의 존재 증명은 본체론적 증명이다. 하나님에 대한 개념은 무엇인가? 안셀름은 기독교적인 하나님의 개념을 '그 이상의 위대한 분을 상상할 수 없는 실재, 즉 가장 커다란 가능성을 지닌 존재'라는 형태로 표현함으로써 그의 논증을 전개한다. 신은 그보다 더 위대한 것이 생각도 될 수 없을 만큼 완전한 존재라는 뜻이다. 이 전제에 대해서 의견을 달리할 수도 있겠으나, 기독교의 신은 우리가 상상할 수 있는 가장 위대한 존재라는 점을 이해한다면 동의할 수 있을 것이라고 본다. 안셀름은 하나님은 가장 커다란 가능성을 지닌 존재이기 때문에 어리석은 자들의 이해 내에서만 존재한다는 것은 불가능하다고 말한다. 여기서는 '존재하는 것이 존재하지 않는 것보다 더 위대하다'라는 전제가 숨어 있다. 그 전제를 받아드린다면, 같은 존재를 만족시키면서 실제로도 존재하는 존재는 그보다 더 위대한 것이 사유 될 수 없으면서 존재하지 않는 존재보다 더욱 위대하다는 결론이 나온다. 안셀름 자신은 이 증명을 하나님에게 말하는 형식으로 전개하고 있다. 안셀름의 논증 방법은 전형적인 귀류법 형식을 지닌다.[4] 그는 '신'을 '최고 존재자'라고 정의하고 진행한다.

---

4) 귀류법(Proof by contradiction)이란 전통적 형식 논리학에서 어떤 명제가 거짓이라고 가정한 후, 모순을 이끌어내 가정이 거짓임을, 즉 처음의 명제가 참임을 증명하는 방법이다. 간접환원법 또는 배리법(背理法)이라고도 한다. 귀류법은 반대의 경우를 가정하고 흑백논리로 모순임을 보이는 것이고, 귀납법은 도미노 관계를 이용해 다 성립함을 보이는 것이다.

이 논증을 형식화 한 귀류법은 다음과 같다.
1) 신은 최고 존재자이다(정의).
2) 최고의 존재자는 이보다 더 위대한 것이 생각될 수 없는 존재자이다(정의).
    (a) 최고의 존재자는 생각 속에서만 존재한다(귀류법의 가정).
    (b) 최고의 존재자가 실제로 존재한다는 것이 생각될 수 있다(전제).
    (c) 실제로 존재하는 최고 존재자는 생각 속에 존재하는 최고 존재자보다 위대하다(전제).
    (d) 만일 최고 존재자가 생각 속에서만 존재한다면, 최고 존재자보다 더 위대한 최고 존재자가 생각 될 수 있다(전제).
    (e) (d)는 불가능하다(중간 결론).
    (f) (a)는 거짓이다.
    (g) 그러므로 최고 존재자는 실제로 존재한다(최종 결론).

이 논증을 요약하면 다음과 같다.
1) 신은 가장 위대한 가능한 존재이다.
2) 신은 적어도 생각 속에 존재한다.
3) 생각 속에서만 있는 어떤 존재는 생각 속에 있는 다른 존재와 마찬가지로 현실 속에 있는 존재보다 더 위대하지 않다.
4) 만일 생각 속에서만 존재한다면, 그는 가장 위대한 가능한 존재가 되지 않을 것이다.
5) 따라서 신은 생각 속에서 존재하는 것과 마찬가지로 현실 속에서도 존재하여야 한다.[5]

---

5) C. 스티븐 에반스, R. 잭커리 매니스, 「종교철학: 기독교 신앙의 철학적 조명」, 정승태

신은 '가장 위대한 가능한 존재'라는 전제는 단순히 하나님에 관한 관념, 즉 비록 하나님의 존재를 부정한다 할지라도 인간이 하나님에 대해서 지니고 있는 관념을 전제하고 있다. 다른 전제는 만일 그 이상으로 큰 것이 생각될 수 없는 그것이 정신 안에만 존재한다면 그것은 그 이상으로 큰 것이 생각될 수 없는 그러한 것은 못되기 때문이다. 말하자면 그 이상으로 큰 것, 즉 관념 안에만 아니라 정신 밖의 실재에서도 존재하는 하나의 존재가 생각될 수 있기 때문이다. 안셀름은 우리가 두 가지 종류의 존재를 생각할 수 있다고 하였다. 첫째, 이해 속에만 존재하는 것이 있다. 예를 들면 화가가 생각 속에 상상한 그림이 그것이다. 둘째, 이해 속에도 있고 실제로도 존재하는 것이 있다. 즉, 화가가 실제로 그린 그림은 화가의 이해 속에도 있고 실제로도 있다. 이 증명은 그 이상으로 큰 것이 생각될 수 없는 것인 하나님의 관념, 즉 절대적으로 완전한 것으로서의 하나님의 관념에서 출발하고 있다. 만일 이러한 존재가 관념적인 존재만을 지니고 있다면 즉 우리의 주관적인 관념에만 있다고 한다면 우리는 아직도 그 이상으로 큰 존재, 즉 단지 우리의 관념에만 아니라 객관적으로도 존재하는 존재를 생각할 수 있을 것이다. 그러므로 결국 절대적인 완전성으로서의 하나님의 관념은 필연적으로 존재하는 관념이다.

예측할 수 있듯이 이 논증은 많은 문제에 봉착했다. 안셀름에 대한 최초의 비판은 동시대의 사람인 베네딕트회 수도승 고닐롱(Gaunilon, 994-1083)이 자신의 작품「어리석은 자를 위하여」에서 시도했다. 그의 대표적인 저서「어리석은 자를 위하여」는 8장으로 나누어져 있다. 1-7장은 고닐롱이 합리적인 비기독교인의 입장을 상정하고 안셀름을 비판하는 내용이며, 마지막 8장은 안셀름의「프로슬로기온」을 칭찬하는 내용으로 이루어져

옮김 (서울: CLC, 2016), 88-9.

있다. 책 제목에서의 '어리석은 자'는 신을 믿지 않는 합리적인 비기독교인을 지칭하고 있다. 고닐롱은 안셀름이 주장한 '더 이상 크다고 생각될 수 없는 것'의 존재의 증명은 외부의 객관적인 검증이나 추론을 통해서 이루어지는 것이 아니라고 주장한다. 고닐롱은 '생각할 수 있는 것'과 '이해되는 것'을 차별화함으로서 신 존재 증명의 논증을 부당한 것으로 판정한다. 무엇을 생각한다는 것은 특수개념이나 일반개념을 동원해서 얼마든지 가능하지만, 이 때 상상의 산물로서의 '신'은 어떤 본성을 가진 것으로 생각되어지는 실재로서 그 다음에 존재하는 것이다. 그 본성은 '더 이상 크다고 생각할 수 없는 무엇'이다. 생각할 수 있는 최고류(最高類) 개념으로 존재하는 신은 생각할 수 있는 최고류 개념이 아닐 수도 있다는 가정 하에서 '신'도 '더 이상 크다고 생각되는 것'의 관념도 그 존재의 기반을 상실한다. 고닐롱의 「어리석은 자를 위하여」 6장에 나타난 '잃어버린 섬' 논증은 '가장 완전한 섬'이라는 개념이 있다고 전제한다. 안셀름의 원칙에 의하면 이러한 섬이 실제로 존재하지 않는다면, 그것은 '가장 완전하게 상상될 수 있는 섬'이 아니라는 결론이 나오며, 이러한 결론은 모순이 아닐 수 없다. 왜냐하면 가장 완전한 섬이 이 세상에 없더라도 우리는 그러한 섬을 상상할 수 있기 때문이다.

고닐롱의 논증을 형식화하면 다음과 같다.
1) 고닐롱의 섬은 그보다 더 완벽한 섬을 상상할 수 없는 섬이다.
2) 그 섬의 개념 자체는 상상 속에 존재한다.
3) 고닐롱의 섬이 실재가 아닌 상상 속에만 존재한다고 가정하자.
4) 고닐롱의 섬과 같은 조건을 만족시키며, 동시에 실제로 존재한다는 조건까지 만족시키는 또 다른 섬을 상상하라

5) 이 섬은 고닐롱의 섬보다 더 크기에 정의로부터 모순이 일어난다.
6) 따라서 고닐롱의 섬은 실제로 존재한다.

안셀름은 고닐롱의 이러한 비판에 반응하여 본질적으로 하나님에 대한 개념은 독특한 것이라고 했다. 하나님은 섬이나 다른 유한한 대상들과는 달리 '필연적인 존재'(necessary existence)라는 것이다. 안셀름은 「프로슬로기온」 3장에서 '필연적인 존재자'에 대한 논증을 전개한다. 그것은 '존재하지 않는다고 생각할 수 없는 존재'를 생각할 수 있기 때문이다. 그리고 이것은 존재하지 않는다고 생각할 수 있는 것보다 더 위대하다. 그보다 더 위대한 것을 생각할 수 없는 어떤 그런 것이 존재하지 않는다고 생각될 수 있다면, 그것은 그 보다 더 위대한 것을 생각할 수 없는 어떤 그런 존재가 아니다. 그러나 그것은 모순이다. 그보다 더 위대한 것을 생각할 수 없는 어떤 그러한 것이 진실로 존재하므로 그것은 존재하지 않는다고 생각될 수 없다. 그리고 바로 이 존재가 우리의 하나님이다. 섬이나 지상의 모든 물체는 어쩔 수 없이 우연적인 세계(contingent world)의 일부분이다. 가장 완전한 섬은 그것이 섬인 이상 바다에 둘러싸인 육지이며 지구의 일부분에 불과하다. 그리고 그러한 섬은 존재하지 않는다고 생각해도 아무런 모순이 없는 의존하는 실재(dependent reality)이다. 필연적인 존재만이 가장 커다란 가능성을 지닌 존재가 될 수 있다. 안셀름은 우연적이고 의존적인 것을 가지고 논하는 것이 아니라, 독립적 존재, 필수적인 존재를 가지고 논의하고 있는 것이다.

이 논증을 형식화하면 다음과 같다.
1) 신은 필연적인 존재자다(전제).

2) 필연적인 존재자가 존재하지 않는다면 그것은 필연적인 존재자가 아니다.
3) 고로 필연적인 존재자는 존재한다(결론)

존재론적 논증은 우리가 하나님에 대한 개념을 생각할 수 있는 가장 위대한 존재로 정하게 되면, 하나님은 반드시 존재해야 한다는 것이 분명하게 된다는 것을 보여주려고 한다. 안셀름의 '완전한 존재자'와 '필연적인 존재자'에 대한 논증의 구조적 공통점은 모두 신에 대한 정의로부터 그 존재를 이끌어내고자 하는데 있다.6) 우리는 이 논증을 어떻게 평가할 것인가? 존재론적 증명에 대한 현대적 견해의 옹호자인 분석철학자 앨빈 플랜팅가(Alvin Plantinga, 1932-)는 비록 이 논쟁은 증명은 될 수는 없지만 하나님을 믿는 것이 이성적임을 보여주고 있다고 했다. 스위스의 대표적인 신학자 칼 바르트(Karl Barth, 1886-1968)는 안셀름의 논증을 증명이라기보다는 신앙에 의해 받아들여진 사실을 더 깊이 이해하려는 시도라고 해석한다. 어찌됐든 존재론적 논증의 가치에 대해 반성해 보는 것은 하나님을 필연적 존재로 생각하는 우리의 인식을 깊게 해준다고 본다.

---

6) 김용덕, "존재론적 신 증명에 대한 분석철학적 해석," 79-107.

2. 우주론적 논증(Cosmological Argument)

우주론적인 논증은 하나님의 존재를 증명하는 이론인 유신논증 가운데 가장 단순하면서도 오래된 논증이다. 우주론적 논증은 그 이름이 함축하고 있듯이 하나님의 존재를 우주나 만물의 존재로부터 추론하려는 시도이다. 이 논증은 '원인 없는 결과는 없다'고 하는 인과론적 접근 방법이다. 인과논증(The Cause Argument)은 만물이 존재한다는 것은 만물을 존재하게 한 '제일원인'(The First Cause)이 반드시 있을 수밖에 없다는 것이다. 그 이유는 세계가 하나의 원인자에 의한 결과라고 생각하고 그 원인자를 하나님의 존재로 추적하는 논증이기 때문이다. 우주론적 논증은 세계에 대한 하나의 경험적 사실인 아포스테리오리 상황에서 출발한다.[7]

이 논증을 역사적으로 거슬러 올라가면 그리스의 철학자 플라톤과 아리스토텔레스에게서 그 뿌리를 찾을 수 있지만 더욱 완전하게 발전된 것은 가톨릭교회의 신학자이자 스콜라 철학자인 토마스 아퀴나스(Thomas Aquinas, 1225-1274)와 영국의 스콜라 철학자 둔스 스코투스(Duns Scotus, 1266-1308)에 의해서이다. 하나님에 대한 자연적인 인식은 분명하지 아니하고 어렴풋하여 이를 명확하게 하기 위해서는 설명이 필요하다. 인간은 하나님의 본성에 대한 선험적인 인식을 가지고 있지 않고, 다만 하나님의 존재를 알게 된 뒤에 비로써 하나님의 본질이 하나님의 존재라는 사실을 인식하게 되기 때문에 하나님이 존재한다는 그 명제는 비록 그 자체에 있어서

---

[7] '아 포스테리오리'(a posteriori)는 인식이나 개념이 경험에 의존하거나 경험으로부터 유래하는 것, 경험에 의해 제약되고 규정되는 것, 즉 인식의 형식과 구별되는 인식의 경험 내용에 적용되는 술어이다. 눈으로 보고 듣고 따져서 아는 것을 말한다. '아 프리오리'(a priori)는 '먼저 이루어진 것,' '아 포스테리오리'(a posteriori)는 '뒤에 이루어진 것'이라는 라틴어에서 유래한 말이다. 우리말로는 '선험적'(先驗的), '후험적'(後驗的)이라고 번역된다.

자명할지라도 우리에게 있어서 자명한 것은 아니다. 따라서 신 존재 증명이 필요하다. 만일 하나님의 존재가 하나님의 관념, 즉 하나님의 본질로부터 선험적으로 증명될 수 없다고 한다면, 결국 하나님의 결과를 검토함으로써 경험적으로 증명돼야만 한다. 아퀴나스는 하나님이라는 개념에 초점을 두고 그 개념의 내적인 의미를 추구해 나가는 존재론적 논증과는 반대로, 우리가 살고 있는 이 세상의 일반적인 특징으로부터 출발하여 우리가 하나님이라고 부르는 궁극적 실재(ultimate reality)가 없었다면 이러한 일반적인 특징을 지닌 세계가 존재하지 않았을 것이라고 주장한다.

아퀴나스는 안셀름의 존재론적 증명이 증명을 위한 출발을 가정하고 있기 때문에 타당하지 않다고 본다. 그는 아리스토텔레스적인 전통을 따라 신의 존재를 후천적인 경험으로 증명하고자 시도했다. 아퀴나스는 두 가지 원리로 증명을 시도했다. 그 두 가지 원리는 첫째, 우리의 모든 지식이 감각적 경험들로부터 기인된다는 것과 둘째, 자연 속에서 경험하는 결과들을 그 원인들에 연결시키는 것이 인간 정신의 자연적 기능이라는 사실이다. 부언하면 아퀴나스의 증명은 다른 중세 철학자들의 논증과 다른 경험적인 세계 속에 드러나는 자연현상이나 세계 현상에 대한 법칙들을 통해서, 이성적인 추론과 논리적인 사유를 통해서 신의 존재를 증명하고 있다. 그는 신 존재를 증명하기 위한 다섯 가지 길을 제시하였다. 이 다섯 가지 증명은 물질적 세계 안에서 가지게 되는 어떤 감각적 경험을 그 출발점으로 삼고 있다.[8] 다섯 가지 증명 가운데 자연에서 볼 수 있는 질서와 조화에 근거하는 증명은 목적론적 논증으로 우주론적 논증 이후에 구체적으로 설명하고자 한다. 여기서는 토마스 아퀴나스가 설명하고 있는

---

[8] 안셀름은 플라톤주의 방식을 수행한 반면, 토마스 아퀴나스는 플라톤 보다 아리스토텔레스를 통해 더 적절하게 표현될 수 있다고 보았다.

4가지 논증을 살펴보고자 한다.

1) 운동과 변화로부터의 논증

이 논증은 운동(motion)이라는 사실로부터 제일 운동자(Prime Mover)를 증명하는 것이다. 예를 들면 움직이는 기차의 각 차량은 그 직전에 있는 다른 차량에 의해서 움직인다. 그러나 맨 앞에 있는 차량에는 그 뒤에 있는 모든 차량들을 끌어당기는 동력장치가 있어야 한다. 첫 번째 차량이라고 부를 수 있는 동력장치가 없다면 그 다음 차량도 있을 수 없다. 우리는 감각적인 지각을 통해서 이 세상에 있는 것들은 움직여지고 있으며, 운동은 하나의 사실이라는 것을 알고 있다. 이 우주 안에 모든 존재는 변화한다. 그리고 변화하는 모든 존재는 그 변화에 대한 충족한 원인을 갖고 있다. 그런데 이 우주 자체도 시시각각으로 변화하고 있으므로 그 변화에 대한 원인이 되는 어떤 존재, 즉 자체는 변화하지 않으나 타(他)를 변화시키고 그렇게 하기 위해서 자체는 부동자이지만 타(他)를 동(動)하게 하는 영원한 원인, 곧 '부동의 동자'(Unmoved Mover)가 있어야 한다. 여기서 운동은 가능태로부터 현실태로의 이행이라는 아리스토텔레스적인 넓은 의미로 이해되고 있다. 아퀴나스는 이미 현실태에 있는 어떤 것에 의하지 아니하면 사물은 가능태에서 현실태로 이행될 수 없다고 한다. 이러한 의미에서 움직이는 모든 것은 다른 것에 의해서 움직여지고 있다. 만일 그 다른 것마저도 움직여지고 있다면 그것은 다른 동인에 의하여 움직여지고 있다고 말하지 않을 수 없다. 그러나 이렇게 소급하는 계열이 무한할 수는 없으므로 결국 우리는 그 자신은 움직여지지 않으면서 다른 모든 것을 움직이는 '부동의 동자,' 즉 하나의 최초의 동력자에 이르게 된다. 그리고 모든 사람들은 이것을 하나님이라고 이해한다. '부동의 동자'는 신 존재를 위한 하나의 모티브가 된다. 모든 것에는 원인, 작용인, 운동인이 있는데, 궁극적 원인을 계속 따져 올라가면 제일 원인(The first cause)이 있다. 최초의 원인은 어디서 왔는가? 최초는 어디서 온 것이 아니라 최초일 따름이다. 동자의 개념은 작용을 준다, 운동을 준다는 것이다. 다른 것을 움직이게 한다는 개념이다. 최초의 원인은 움직여줄 것이 없기 때문에 다른 모든 것을 움직여 주지만 자신은 절대로 움직이지 않는다. 아퀴나스는 아리스토텔레스가 진술한 우주론적 논증을 '부동의 동자'라는 개념을 도입하여 삼단논법으로 자신의 이론을 정립하였다. 그 이론은 이 우주 안의 모든 존재는 변화한다. 그리고 변화하는 모든 존재는 그 변화에 대한 충분한 원인을 가지고 있다. 우주는 변화에 대하여 원인이 되는 어떤 존재가 있을 것인데, 이 존재는 자신을 변화하지 않는 부동자이면서 다른 존재를 변화시키는 영원한 원인인 '부동의 동자'가 있다고 설명한다.

요약하면, 우리는 움직이고 있는 사물을 볼 때 그 물체가 스스로 자의적으로 움직이는 것은 아니라는 것을 알고 있다. 즉 움직이는 모든 것은 그 자신이 아닌 다른 무엇에 의하여 움직여진다. 그 자신은 움직이지 않으면서 다른 것들을 운동시키는 제일의 운동자(Prime mover)인 '부동의 동자'가 있어야 한다. 그 '부동의 동자'가 바로 신이다.

이 논증의 핵심 요소를 다음과 같이 도식화 할 수 있다.
1) 이 세계에 운동(변화)이 있다는 것은 명백하다(현상)
2) 그런데 움직여지는 것은 모두 다 다른 것에 의해서 움직여지는 것이다(의존성)
3) 그 다른 것의 계열은 무한히 소급될 수 없다(원리)

4) 그러므로 어떤 부동의 원자가 있어야 하며 이런 동자를 신이라 부른다(결론)

이 운동과 변화로부터의 논증은 어떤 최초의 움직여지지 않은 동자(부동자)의 실존은 입증하지만, 어떤 인격적이고 지성적인 부동자의 실존을 입증하지는 못한 것이 아쉬움으로 남는다.

2) 인과법칙(因果法則)에 따른 능동인(能動因)으로부터의 논증

이 논증은 인과법칙으로부터 제일원인(The First Cause)을 증명해 가는 것으로 알려져 있다. 본래부터 능동적인 것은 아무 것도 알려진 바가 없다. 어떤 사물이 그 자체가 원인이 되려면, 자신보다 먼저 능동적 자신이 존재해야 되는데 그것은 논리상 불가능하다. 왜냐하면 자기 자신의 원인이기 위해서는 그것은 자기 자신보다 앞서서 존재하지 않으면 안되기 때문이다. 본질에 있어 알려져 있는 모든 원인은 동시에 다른 원인의 결과이다. 그러나 이런 관찰 가능한 유한한 원인에 대해서는 설명해 줄 수 없기 때문에 원인들이 무한정 계속될 수는 없다. 그러므로 하나의 최초의 작용인이 존재하지 않을 수 없다. 따라서 인과법칙으로서의 제일 원인(The First Cause)을 필요로 하며, 이것이 바로 신이다.

이 논증의 핵심 요소를 다음과 같이 도식화 할 수 있다.
 1) 세계에는 능동인의 질서가 있다(현상)
 2) 그런데 종속 능동인은 우연적이고 의존적이다(의존성)
 3) 능동인의 무한 소급은 불가하므로, 필시 원인을 갖지 않은 제일원

인이 있어야 한다(원리)
4) 그러므로 원인이 없는 제일 능동인이 신이다(결론)

　　인과법칙으로부터 제일원인(The First Cause)을 증명해 가는 것에 대해 문제를 제기하는 사람들은 다음과 같은 질문을 던진다. 우연한 것은 야기되어야 하는가? 원인의 끝없는 연속이 불가능한가? 모든 개별적인 우연한 존재가 야기될 것일지라도 존재들의 전체 구성이 야기된 것이어야 하나? 우연한 존재의 원인은 또 다른 우연한 존재일 수 없는가? 이 증명 또한 운동을 통한 증명과 같이 최초의 원인 받지 않은 원인이 인격적이고 지성적인 창조주임을 입증하지는 못한다.

3) **우연적 존재들(contingent beings)로부터 필연적 존재(Necessary Being)를 따지는 논증**

　　어떤 존재자는 생성하고 소멸한다는 사실에서 출발한다. 생성소멸은 그 존재자들이 필연적인 것이 아니라 우연적인 것으로서 존재하지 않을 수도 있고 존재할 수도 있음을 보여주는 것이다. 왜냐하면 그 존재자들이 필연적이라고 한다면 항상 존재했을 것이며 생성하거나 소멸하지도 않았을 것이기 때문이다. 만일 어떠한 필연적인 존재도 없다고 한다면 어떠한 것도 전혀 존재하지 않을 것이다. 그러므로 관찰된 대상은 본질에 있어 우연적이다. '우연적 존재들'(contingent beings)이라 함은 대상이 자신의 존재를 다른 사물에 의존함을 의미하는 것이다. 달리 말하면 대상들의 존재는 그들이 존재해 있지 않았을 수도 있기 때문에 필연성이 아닌 가능성이다. 우리 모두가 우연한 존재라고 한다면 이 모든 것이 없었던 시대를 상상할 수 있다. 이것이 가능하다면, 아무 것도 없는데서 어떻게 있게 되었는가? 이와 같은 존재의 가능성은 그 이외의 것에 의존하지 않는 '필연적인 존재'(Necessary Being)가 있음을 시사해주는 것이다. 바로 이 필연적 존재가 신이라고 보는 것이다.

이 논증의 핵심 요소를 다음과 같이 도식화 할 수 있다.
1) 우리는 세계 속에서 사물들이 존재할 수도 있고 존재하지 않을 수도 있다는 것을 경험한다(현상)
2) 존재를 일시적으로 소유하는 것의 우연성이 있다(의존성)
3) 본질의 질서에서의 무한계열을 가정하는 것은 부당하다(원리)
4) 그러므로 필연적 존재자가 존재해야 한다(결론)

그러나 우연적 존재들(contingent beings)로부터 필연적 존재(Necessary Being)를 따지는 논증은 다음과 같은 약점을 지니고 있다. 왜 원인의 끝없는 연속이 불가능하며 왜 모든 일에는 시작이 있어야 하는지 정확히 설명하지 못하고 있다. 또한 세계가 영원으로부터 창조되었다고 가정한다면 하나의 무한한 수평의 계열 또는 역사의 계열이 있게 될 것이라는 것이다. 경험계의 운동과 우연성은 어떤 궁극적인 충분한 존재론적 설명 없이도 존재할 수 있다는 것을 부정한다. 자연주의(Naturalism)는 자연의 질서는 스스로 존재한다는 견해이기 때문이다. 만약 우리가 '도대체 어떤 존재들이 왜 존재하는가?'하고 묻는다면 자연주의자는 거기엔 아무 이유가 없다고 대답하거나 의미 없는 질문이라고 대답할 것이다. 적어도 어떤 무엇이 존재한다고 한다면 거기에는 하나의 필연적인 존재가 있지 않을 수 없다. 그러나 그 필연적인 존재가 우리가 하나님이라고 부르는 그 위격적인 존재이어야 한다는 점은 분명하지 않다.

4) 가치의 여러 정도(degree of value)로부터 절대가치(Absolute Value)를 증명

이 논증은 자연에는 상대적 가치가 존재하므로 이에 따른 절대적 가치가 있다고 보는 논증이다. 이 논증은 이 세상에 있는 것들 가운데 있는 완전성, 신성, 진리 같은 단계에서 출발하고 있다. 모든 사물들은 나름대로의 등급이 있고, 존재의 지위가 있다. 이러한 완전성의 단계가 있다는 것은 반드시 하나의 최고의 선, 최고 진리의 존재가 있다는 것을 암시하고 있다. 최고의 선은 모든 것 안에 있는 선의 원인일 수밖에 없으며, 선과 진리 그리고 존재는 서로 바꾸어 놓을 수 있기 때문에 다른 모든 존재자 가운데 있는 존재, 선, 진리 그리고 모든 완전성의 원인인 하나의 최고 존재가 있어야 한다. 그리고 우리는 이를 신이라고 부른다. 요약하면 다음과 같다. 우리는 어떤 사물이 다른 사물 보다 더 좋거나 더 나쁘다고 말한다. 즉 가치의 등급을 매기는데, 이런 가치의 상대적 비교는 필연적으로 판단의 규정과 일치하는 절대 가치(Absolute value)의 기준이 있음을 의미하는 것이다. 선함과 질서, 조화, 아름다움, 완전함 등 절대적 가치의 기준을 제공한 존재를 바로 신이라 여기는 것이다.

이 논증의 핵심 요소를 다음과 같이 도식화 할 수 있다.
  1) 사물들 가운데에는 완전성의 다양한 등급이 있음을 본다(현상)
  2) 크거나 작은 등급은 어떤 최고 또는 절대에의 가까운 정도에 따라 여러 사물들에게 배분 되는데 어느 특정 류의 최고인 것은 그 류에

속하는 모든 것들의 원인이다(의존성).
3) 모든 존재자들에게 있어 존재, 선, 그리고 완전성의 원인인 어떤 것이 있다(원리).
4) 우리는 이것을 신이라 부른다(결론).

자연에는 상대적 가치가 존재하므로 이에 따른 절대적 가치가 있다고 보는 논증을 거부하는 자들은 절대적이며 자존하는 하나의 존재가 현실적으로 존재한다는 것을 증명하기 이전에 실제로 완전성의 객관적인 단계가 있다는 것을 제시해야 하므로 이 논증은 부당하다고 본다.

우주론적 논증에 대한 평가를 내린다면 다음과 같다. 첫째, 기독교가 믿는 영원하시고 자존자이신 하나님의 존재를 물질적 우주에 대한 인간의 경험을 근거로 해서 증명하고자 함은 어리석고 무모한 일이다. 이는 하나님의 초월성과 절대적 주권에 대한 도전으로 인식될 수 있다. 둘째, 하나님의 존재를 불신자 또는 비기독교인에게 믿도록 설득시켜야 하는 기독교인이 처해 있는 현실적인 상황 속에서 볼 때, 우주론적 논증은 그 나름대로의 의의와 효과를 기대할 수 있다. 그러나 중요한 것은 성경이 하나님의 존재(시 19:1, 14:1, 사 45:6-7, 롬 1:20)를 말할 때 우주론적 논증과 비슷한 이론을 사용한다고 여겨져도 그것은 어디까지나 하나님의 존재에 대해서 확신을 가지는 하나님의 백성들의 신앙고백을 전제로 하는 이론이라는 사실을 잊지 말아야 한다. 셋째, 우주론적 논증은 우주의 원인이 되는 필연적인 존재가 있음에 틀림없다고는 하지만 그 원인이 인격적이어야 한다고 하지는 않는다.

3. 목적론적인 논증(Teleological Argument)

목적론적인 논증은 자연에 존재하는 지적 목적성으로부터 신적 설계자를 논증하는 방법이다. 넓은 의미에서 목적론적 논증은 우주론적 증명이기도 하다. 왜냐하면 이것 역시 우주의 존재로부터 시작하기 때문이다. 하지만 그것은 우주의 존재뿐만 아니라 천지만물, 즉 질서정연한 우주의 특성으로부터 시작한다. 최근에는 목적론적 증명의 친근감을 나타내기 위해 희랍어 '텔로스'(telos, 목적) 대신 보다 친숙한 용어인 '디자인'(design)을 차용해서 목적론적 증명을 '디자인 논증'(Design Argument)이라고 부르는 것이 더욱 보편화되어 있다. 한 마디로 말해 우주와 만물의 오묘한 질서는 설계와 기획을 의미하는 디자인이라는 단어로 요약될 수 있고, 나아가 이러한 디자인을 계획하고 실행하는 주체인 디자이너, 설계사가 존재할 수밖에 없다는 것이 목적론적 증명의 핵심이다.[9] 이 논증은 플라톤(Plato, B.C. 427-347)의 티마이오스(Timaeus) 대화편 이후의 고대철학에 자주 나타났고, 중세시대에는 아퀴나스가 시도한 신 존재 증명의 다섯 번째 방법 "자연 속에 존재하는 목적성: 신적 설계자(Devine Designer)"로 제시되었다. 근대에 들어와서는 윌리엄 페일리(William Paley 1743-1805)가 그의 저서인 「자연신학: 자연 현상에 나타난 신의 존재와 속성에 대한 연구」에서 이 논증을 발전 시켰으며 특히 오늘날에는 보수적인 신학자들이 즐겨 다루고 있다.

이 논증은 자연계가 의도적인 질서나 설계를 진열하고 있는 것처럼 보인다는 사실로부터 시작하여, 그 때문에 어떤 지적인 설계자가 그 원인으

---

9) 배국원, 「현대종교철학의 프리즘」 (대전: 대장간, 2013), 70-75; 배국원, "목적론적 증명에 관한 새로운 이론적 접근과 비판," 「복음과 실천」 제 43권 1호 (2009): 167-197.

로 존재함에 틀림없다고 추론한다. 이 논증에 의하면 우주의 질서는 선한 의지를 지닌 신의 계획을 나타낸다고 한다. 예를 들면 인간의 눈은 이지적인 창조주의 설계를 나타낸다. 눈의 형성을 순수한 우연으로 돌리는 것은 황무지에 떨어져 있는 시계가 바다 바람의 자연에 의해 우연적으로 만들어졌다고 주장하는 것과 같이 불합리하기 때문이다. 아퀴나스는 자연의 많은 실체들이 목적(Telos)을 위해 움직인다고 강조한다. 예를 들어 동물은 자신의 존재를 유지하고 종족을 번식시키기 위해 자기 통제가 가능한 유기체이다. 그들 신체의 많은 부분이 전체의 목적에 기여한다. 허파는 산소와 이산화탄소를 교환하는데 쓰이고, 심장은 몸 전체로 피를 뿜어낸다. 그는 유익한 결과를 이룩하는 규칙적이고 질서 정연한 과정은 누군가가 지성적으로 고안된 설계를 다루고 있는 증거라고 생각한다. 그는 유익한 질서는 우연히 일어나지 않는다고 말하고, 우주에 있는 모든 것을 볼 때 그것을 만든 누군가가 있어야 한다고 주장한다. 그는 대우주와 소우주는 합목적적이라고 생각하고, 이것들을 연구하다 보면 절묘하게 만들어졌음을 깨닫게 된다. 그러므로 자연계를 그 목적에 맞게 지시하는 지성적인 존재가 있는데 그가 곧 신이라고 주장한다.

근대에 들어와 목적론적 논증을 발전시킨 윌리엄 페일리(William Paley, 1743-1805)에 대해 알아보기로 하자. 페일리는 18세기 영국 성공회 부주교이자 공리주의철학자, 변증론자였다. 그는 자신의 저서인 「자연신학(Natural Theology): 자연 현상에 나타난 신의 존재와 속성에 대한 연구」에서 이 논증을 발전시켰다. 페일리는 '시계 논증'으로 목적론적 논증을 설명하였다. 우리가 살고 있는 세계를 돌과 같은 단순한 '자연물체'(natural objects)가 아니라 시계와 같은 복잡한 '인공물체'(artificial objects)와 비교함으로 이 세계가 자연적으로 생겨난 것이 아니라 의도적으로 만들어졌음을 역설하는 유비의 논리로 설명한다. 그는 '시계'와 '시계공'으로부터 우주와 창조자의 관계를 유추해 내었다. 즉 시계에 관한 유추로 신 존재를 증명한다. 시계의 존재 원인을 설계자로 보아 인간 창조의 근원을 신에게 두면서 설명한 것이다. 우주는 여러 개의 톱니바퀴가 잘 물려서 돌아가는 시계와 같다. 해변에서 시계를 주웠을 때, 이렇게 복잡한 시계가 바람이나 비와 같은 자연에 의해서 만들어졌다고 생각하는 것은 극히 어리석은 일이다. 누구든지 복잡한 시계를 보면 그것이 저절로 만들어진 것이 아니라 탁월한 누군가가 목적을 가지고 만들었음을 추측하게 된다. 우리가 어느 정도의 이성이 있다면 이 경우에 이 모든 현상을 일으키도록 시계를 만든 어떤 이지적인 심성이 있었다고 가정하는 것이 훨씬 더 현명한 일이다. 마찬가지로 복잡한 우주도 저절로 만들어진 것이 아니라 탁월한 누군가가 어떤 목적을 가지고 만들었음을 상상하게 되는데, 그 지적인 존재를 신으로 보는 것이다. 페일리는 목적론적 증명을 논하기 위해 '고안'(contrivance)이라는 단어를 즐겨 사용했다. '고안되었다'는 표현은 '심중에 분명한 목적을 가지고 만들어졌다'는 의미이기 때문에, 고안하는 존재인 설계자 혹은 창조자를 상정할 수밖에 없는 것이다.

  우리가 시계를 한 번도 본 일이 없고 시계가 인간 지성의 산물이라는 사실을 직접적인 경험으로 알지 못했다고 해도 시계와 세계의 유추는 그대로 성립할 수 있다. 시계가 정확히 돌아가지 않을지라도 만든 사람이 있다고 말할 수밖에 없다. 시계의 어떤 부분에 대해서 아직은 모른다 하더라도 그렇게 이야기 할 수밖에 없다. 그러므로 우리가 우주에 대해서 모르고 또 제대로 우주가 돌아가지 않는다 하더라도, 우주의 어떤 부분에 대해서 잘 모른다 해도 우리는 우주를 만든 사람이 있다는 것을 알 수밖에 없다. 그러므로 모든 만물에는 목적이 있고, 이 목적의 창시자가 바로 신이라고 보는 것이 목적론적 신 논증이다. 이 논증에 따르면 우주의 부분들은 존재와 운동에 있어서 서로 관련되어 어떤 공통의 목적을 향해 나아가며 질서를 이루고 있다. 우주 속에서 발견되는 법칙과 그리고 자연 속에서 발견되는 질서, 적응, 상호의존 등은 목적이 있는 지적설계를 생각나게 하는데, 이 지적설계를 한 존재가 바로 신이라고 보는 것이다.

이 논증의 견해들을 공식화하면 다음과 같다.
1) 자연에는 많은 유익한 질서의 실례들이 존재한다(현상)
2) 유익한 질서는 어떤 지성적인 설계자의 결과라고 함으로써 가장 잘 설명된다(원리)
3) 그러므로 자연은 필시 지성적인 설계자의 결과이다(결론)

목적론적 논증에 관한 고전적인 비판으로는 스코틀랜드의 계몽철학자인 흄(David Hume, 1711-1766)의 반증에 의해서 반박된다. 흄은 그의 저서 「자연 종교에 관한 대화」(1779)에서 이 논증을 비판했다. 첫째, 질서가 반드시 의식적인 계획에 의한 질서라고 장담할 수 없다. 세계의 질서를 초자연적인 하나님에 의존하지 않고 순수하게 자연론적으로 설명할 수 있다. 예를 들면 오존층은 신이 동물을 보호하기 위해 만든 것이 아니라 오존층이 먼저 있었고 이것을 통과하는 동물만이 살아남는다. 둘째, 이 세계가 거의 완전할 정도로 인조물과 동일하다는 것이 증명되었을 때에만 인조물과 같은 세계로부터 지적인 설계자를 유출해 낼 수 있다. 세계를 시계나 집과 같은 인조물과 비교할 수 없다. 우리가 살고 있는 세계는 하나의 거대한 기계가 아니기 때문이다. 셋째, 우리가 비록 세계의 설계자를 추론해 낼 수 있다고 가정하더라도 그 설계자가 바로 기독교의 전통에서 말하는 지혜롭고 선하고 능력이 있는 하나님이라고 단정할 수는 없다. 주어진 결과로부터 추론할 수 있는 것은 그 결과를 낳은 원인일 뿐이다. 그러므로 우리는 유한한 세계로부터 무한한 창조주를 추론해 낼 수 없다. 비록 자연 속에 어떤 질서가 있다 해도 여기서 오직 하나의 하나님이 있다고 추론할 수 없다. 이러한 흄의 비판으로 오늘날 대부분의 철학자들은 목적론적 논증이 신의 존재를 증명할 수 있는 확고한 논증이 아니라고 믿는다.

목적론적인 논증을 거부하는 자들은 꼭 만들었다고 생각할 필요가 있느냐? 진짜 만들었다는 증거가 어디 있느냐? 이 지구가 진짜 만들어진 것인지 또 저절로 된 것인지를 판별할 수 있는 기준이 없다고 본다. 그들은 지구는 유일한 것이기 때문에 비교 기준이 없으므로 목적론적 논증은 하나의 주관적인 판단은 될 수 있으나 객관적인 판단은 될 수 없다고 주장한다. 그리고 목적론적 논증은 우주의 원인이 지성적이어서 인격적임에 분명하다는 것을 보여 주려 하지만, 이 존재가 반드시 필연적인 존재라고 말하지는 않는다. 목적론적 논증이 지닌 가장 결정적인 결함은 악의 문제와 연관되어 있다. 무엇보다 완전한 우주로 단언하기에는 무엇인가 꺼림칙하다. 페일리의 주장대로 한다면 세계의 질서와 아름다움 그리고 법칙들은 지성적인 창조주의 계획을 모순 없이 드러내는 우주여야 하지만, 악의 존재는 모순적인 우주로 인식이 가능하기 때문이다. 그리고 우주의 법칙이 어떤 목적에 의해서 움직인다는 것은 부정적인 측면에서 악의 행위를 묵인하는 결과를 야기할 수 있다는 것이다. 아울러 목적론적 논증에 의해서 해명된 그 신이 반드시 기독교 유신론의 하나님을 가정하지 않는다는 것이다.

요약하면 목적론적 증명은 우주론적 증명의 한 형태로서 이에 따르면 이 세계는 신적인 조화와 질서를 가진 세계이다. 모든 것은 보다 높고 숭고한 목적을 위해 봉사하고 있다. 이 조화와 질서는 신이 만든 것이다. 모든 것은 신에 의하여 최고의 목적을 향해 배열되어 있다. 그러므로 세계의 모든 것은 그에게 주어진 위치와 상황 속에 머물러 있어야 한다는 것이다. 결과적으로 신 존재 증명으로는 신이 존재 한다는 것 까지 말 할 수 있으나 그 신이 하나님이신 것을 증명 할 수는 없다. 그럼에도 불구하고 유신론의 입장에서 신존재 증명은 중요한 과제이며 지속적인 연구를 통해 발전시켜야할 변증이다.

4. 도덕적 논증(Moral Argument)

도덕적 신 존재 논증은 동료 인간들에게 양도할 수 없는 인간의 책무감이 있는데, 이 책무의 원천이자 터전이 바로 하나님의 실재를 요청한다는 주장이다. 이 논증은 인간이 천부적으로 가지고 있는 도덕적인 경험에서 시작한다. 도덕적 경험이 신의 실재를 전제로 한다는 주장은 우리의 양심 속에 있는 윤리적인 의무감과 양심의 소리에 귀 기울이는 것이 선험적으로 존재하는 신에 의해서 주어졌다는 것이다. 도덕적 증명의 뿌리는 철학적으로 거슬러 올라가면 모든 실재와 진리의 원천은 '신의 형상'이라고 주장한 플라톤에 까지 이르고, 종교적으로 볼 때에는 인간의 모든 도덕적 책임은 신의 명령으로 이해되어야 한다는 성경의 가르침으로 거슬러 올라간다. 비록 철학자들 사이에는 크게 인정받고 있지는 않지만 이 논증은 누구보다도 일반 대중들에게 훨씬 납득이 가고 있다. 아직도 많은 사람들은 양심을 하나님의 목소리로 간주하고 있다.

도덕적 논증은 두 가지로 설명할 수 있다. 첫째, 도덕적인 논증은 인간에게는 어떤 도덕적인 경험, 특히 천부로부터 물려받은 의무감을 가지고 있으며, 이러한 도덕적인 경험의 근원과 근거는 하나님의 실재를 전제로 하고 있다는 주장이다. 도덕적 논증은 객관적인 도덕률로부터 '전능한 입법자'(a divine Law Giver), 도덕적인 가치나 일반적인 가치관으로부터 '초월적인 가치의 근거'(a transcendent Ground of Values), 인간의 양심으로부터 양심의 소리를 가질 수 있는 하나님(God whose voice is conscience)을 논리적으로 추론해 낼 수 있다고 주장하는 것이다. 영국의 신학자이자 시인인 뉴먼(John Henry Newman, 1801-1890) 추기경은 만일 우리가 양심의 소리를 거역했을 때 책임감을 느끼고 부끄러워하고 두려워한다면, 우리가 책임감을 느끼고 두려워하는 분이 존재하며 그 분의 요구를 두려워한 다는 것을 의미한다고 말한다. 그리고 이러한 두려움과 책임감의 대상이 이 세상에 속해있지 않다면 양심적인 사람의 지각이 지향하는 객체는 초자연적이고 신성한 것이라고 주장하고 있다. 총 7권으로 구성된 판타지 아동문학 시리즈「나니아 연대기」(The Chronicles of Narnia)를 출간한 영국의 소설가인 클라이브 스테이플스 루이스(Clive Staples Lewis, 1898-1963)는 보편적 도덕률을 가지고 설명한다. 루이스는 보편적이지 못한 개별적 법칙들은 논쟁의 주제가 될 수 없기에 누구나 인정해야할 하나의 법칙은 존재한다는 전제를 가지고 출발한다. 그리고 개인이 좌지우지할 수 있는 성질이 아닌 외부의 것으로 인간 마음의 특징을 나타내는 것으로서 외부의 절대자가 존재할 수밖에 없다고 보고 있다.

루이스의 견해를 공식화하면 다음과 같다.
1) 신이라는 존재가 없다면 객관적으로 의무적인 도덕적 책임들이 있을 수 없다.
2) 객관적으로 의무적인 도덕적 책임들이 존재한다.
3) 그러므로 필경 신은 존재한다.

이것을 풀어서 설명하면 다음과 같다. 첫째, 하나의 도덕률은 꼭 있어야 한다고 주장한다. 만일 도덕률이 개별적이라면 그것에 대해 논쟁하는 것은 아무 의미가 없다. 보편적인 기준도 마련하지 않은 채 하는 논쟁은 무의미할 것이기 때문이다. 둘째, 도덕률은 또 자연법칙과도 동일시 될 수 없다. 도덕률은 '~이어야 한다.'는 규범 언어인데 비해 자연법칙은 '~이다'로 사실 언어이기 때문이다. 셋째, 도덕률은 어떤 면에서는 단순히 공상일 수도 없다. 왜냐하면 우리가 각각 그것을 제거하고 싶더라도 제거할 수가 없기 때문이다. 넷째, 도덕률을 이해하는 데는 인간이 중심이 된다. 그러나 도덕률로부터 하나님을 유추해 나가는 이러한 도덕적인 논증은 인간의 가치를 욕망, 욕구, 이익, 인간성, 사회와 같은 초자연적인 힘을 필요로 하지 않는 것들에 의해서는 설명할 수 없다는 가정에 기초를 둔 오류이다. 예를 들어 모든 사람의 행복, 공동의 선, 공동의 이익을 최고의 선으로 보는 주장인 공리주의(Utilitarianism)는 자연론적으로 충분히 설명될 수 있다고 생각하기 때문이다.

둘째, 어떤 도덕적 가치가 인간의 삶에 절대적인 요구를 행사할 수 있다고 믿는 사람은 이미 그 가치가 종교에서 '하나님'이라고 부르는 초인간적인 근거와 근원을 가지고 있다고 믿는 사람이다. 예를 들어 칸트는 「실천이성비판」(1788)에서 인간은 누구나 자신의 양심 안에서 인간이면 마땅히 따라야 할 도덕법칙을 의식하고 있다고 본다. 하늘에 수많은 별들이 반짝이듯 인간의 가슴에는 양심과 도덕률이 빛나고 있다고 보고 있다. 「실천이성비판」은 인간의 가슴속에 도덕법칙이 존재한다는 것을 이미 전제하고난 후, 그와 같은 보편타당성의 도덕법칙이 과연 어떻게 해서 가능한 것인가, 그러한 도덕성의 진정한 근거가 무엇인가를 밝히고자 한 것이다. 칸트는 도덕법칙이 가능하려면 모든 것이 그 자체로 선한 것이 존재해야만 한다고 생각한다. 그렇다면 그 자체로 선한 것은 무엇인가? 궁극적인 선악의 자리는 바로 인간의 의지이며, 칸트는 그 자체로 선하다고 말할 수 있는 것은 오직 '선 의지'라고 주장한다. 칸트는 도덕적인 의지가 궁극적으로 지향하는 것은 도덕성의 완성과 더불어 그에 상응하는 행복을 얻는 것인데 이와 같은 도덕성의 종합을 칸트는 '최고선'(summum bonum)이라고 칭하고 있다. 그는 인간의 욕구인 '행복'과 의무인 '도덕'이 통일을 이룰 때 소위 '최고선'을 이룰 수 있다고 해석한다. 그러나 최고선이 실현되기 위해서는 도덕의 완전성이 요구된다. 그렇다면 '도덕'과 '행복'의 일치는 과연 어떤 차원에서 찾아지고 실현될 수 있는 것인가? 칸트에 따르면 인간에게 있어 신성한 의지는 도덕의 궁극 지향점이기는 하지만 그러나 이 세상 삶에서 실현가능한 것이 아니라고 본다. 칸트에 있어 도덕적 의지가 지향하는 궁극목적인 덕복일치의 '최고선'은 인간 자신의 힘으로 성취될 수 없는 것이다. 인간은 자신의 자유의지를 갖고 도덕이 되고자 노력할 수는 있지만, 이 생애에서 자신의 경향성을 자신의 선한의지와 완전히 일치하도록 바꿔 놓을 수가 없다. 이는 인간의 의지가 유한하기 때문이다. 그러므로 칸트는 인간의 도덕적 의지가 지향하는 대상인 최고선이 실현가능하기 위해서는 인간의 영혼이 무한히 존속하며 그 인격적 동일성이 유지되어야 한다고 주장한다. 최고선이 실현될 수 있는 조건이 '영혼불멸'이다. 인간이 도덕적 의지의 대상인 최고선을 지향한다면, 그 인간은 그 가능 근거로서의 영혼불멸을 요청할 수밖에 없다는 것이다. 그런데 그 도덕법은 다시 우리를 행복의 가능성으로 인도해야 한다. 이것은 인간이 유한성을 가지고 있기 때문에 인간의 '행복'과 '도덕성'을 정확하고 조화롭게 만드는 절대자를 필요로 한다는 것이다. 이는 곧 칸트가 주장하는 신에 대한 요청(postulate)이다. 최고선은 지고의 선으로 한정된 시간 속에 살고 있는 유한한 인간은 이루기 불가능하다. 그렇기에 칸트는 우리는 최고선을 이루는 과정가운데 영혼의 불멸을 느끼게 되어 결국에는 우리에게 최고선으로 도달할 수 있게 해주는 신의 존재를 요청할 수밖에 없다는 것이다.

우리가 살펴본 다른 논증과 마찬가지로 도덕적 논증도 합리적으로 납득이 가지 않는다. 그러나 이 논증은 최소한 윤리학에 대해 어떤 견해들을 가진 사람들에게는 상당히 영향을 미치는 것 같다. 이 논증에 대해서 다음과 같이 문제를 제기할 수 있다. 첫째, 도덕적이 의무감이 과연 인간에게 최고의 권위를 가지고 있느냐 하는 문제는 논의의 대상이 될 수 있다. 둘째, 인간의 도덕적 가치가 어떤 초월적 존재를 지적한다고 인정하더라도 그것이 바로 성경적인 신앙이 주장하는 무한하고 전능하고 스스로 존재하는 인격적인 창조주를 지적한다고 말할 수 있느냐는 것이다.

지금까지 전통적인 신 존재 논증인 존재론적 논증, 우주론적 논증, 목적론증 논증, 도덕적 논증을 살펴보았다. 신 존재 논증이 쉬운 일은 아니지만 그렇다고 전혀 불가능하지도 않다. 성경은 보이지 않는 하나님 존재의 영원한 능력과 신성에 대한 핑계치 못할 분명한 증거를 그 만물 안에 분명히 보여 알게 하셨다고 말한다. "창세로부터 그의 보이지 아니하는 것들 곧 그의 영원하신 능력과 신성이 그가 만드신 만물에 분명히 보여 알려졌나니 그러므로 그들이 핑계하지 못할지니라"(롬 1:20). 성경은 또한 "너희 마음에 그리스도를 주로 삼아 거룩하게 하고 너희 속에 있는 소망에 관한 이유를 묻는 자에게는 대답할 것을 항상 준비하되 온유와 두려움으로 하라"(벧전 3:15)고 권면한다. 한국교회와 그리스도인은 이런 부분에서 너무 부족한 부분이 많다고 여겨지기에 어떤 방식이 성경적으로 바른 대답인가를 기독교인들은 항상 고민하고 생각하고, 제시해야 한다. 단순한 자연신학 논증이 아니라, 복음주의 창조신앙의 논증과 확산에 대한 종합적인 생각을 할 때 기독교의 지성은 좀 더 확산되어 이 사회에 영향력을 줄 수 있다고 본다.

참고문헌

더그 파웰. 「기독교변증」. 이용중 역. 서울: 부흥과 개혁사, 2007.
데이비드 바게트, 제리 L 월즈. 「선하신 하나님, 도덕적 유신론의 근거」. 정승태 역. 서울: CLC, 2013.
리처드 스윈번. 「신은 존재하는가」. 강영안, 신주영 역. 서울: 복있는 사람, 2020.
마이클 피터슨 외. 「종교의 철학적 의미」. 하종호 옮김. 서울: 이화여자대학교 출판부, 2005.
박승찬. 「중세의 재발견」. 서울: 길, 2017.
박찬국. 「내재적 목적론」. 서울: 세창출판사, 2012
배국원. 「현대종교철학의 프리즘」. 대전: 대장간, 2013.
전성용. 「신 존재 증명에 관하여」. 부천: 서울신학대학 출판부. 2004.
조영엽. 「신론, 인죄론」. 서울: 기독교문서선교회, 2000.
스티븐 에반스, 잭커리 매니스, 「종교철학: 기독교 신앙의 철학적 조명」. 정승태 옮김. 서울: 기독교문서선교회, 2016.
안셀름. 「프로슬로기온: 신존재 증명」. 공성철 역. 서울: 한들출판사, 2000.
안셀무스. 「모놀로기온 프로슬로기온」. 박승찬 역. 서울: 아카넷, 2012.
카를 바르트. 「이해를 추구하는 믿음」. 김장생 역. 서울: 한국문화사, 2013.
한자경. 「칸트철학에의 초대」. 서울: 서광사, 2005.
C.S. 루이스. 「순전한 기독교」. 장경철, 이종태 역. 서울: 홍성사, 2005.
J. P. 모어랜드, W. L. 크레이그. 「기독교철학」. 서울: 기독교문서선교회, 2013.
David Baggett, Jerry Walls. *The Moral Argument: A History*. Cambridge: Cambridge University Press, 2019.
Elliott Sober. *The Design Argument*. Cambridge: Cambridge University Press, 2018.
Graham Oppy. *Ontological Arguments*. Cambridge: Cambridge University Press, 2018.
Grayling, A. C. *The God Argument*. London: Bloomsbury, 2013.
Neil A. Manson. *God and Design*. London: Routledge, 2013.

4부

신의 존재를 거부하는 논증:
무신론과 불가지론

4부

신의 존재를 거부하는 논증: 무신론과 불가지론

19세기 서구의 지성사는 어떤 사람들에게는 하나님을 쓰러뜨린 이야기이다. 과학의 대두는 신의 제거를 의미했고, 과학을 신봉하는 자들은 그 당시의 신본주의자들이 공언하는 사실들에 무지를 심어주기 위해 노력했다. 이 당시 유럽의 문화는 혁명, 전쟁과 분열에 의해 변화되었던 시기이다. 이전 세기의 사회적이고 문화적인 가로 측의 기둥들이 뽑혀나가면서, 경제와 정치는 극적인 변화가 이루어졌다. 마찬가지로 철학도 이러한 변화들을 주시하면서 반영하거나 그러한 변화에 참여하여 새로운 변화를 이끌어야 했다. 그리하여 감각 경험과 실증적 검증에 기반을 둔 것만이 확실한 지식이라고 보는 인식론적 관점이자 과학 철학으로 19세기 오귀스트 콩트(Auguste Comte, 1798-1857)에 의해 발전된 실증주의(positivism), 19세기 후반 이후 미국을 중심으로 하여 일어난 반형이상학적인 철학 사상으로 찰스 샌더스 퍼스(Charles Sanders Peirce, 1839-1914), 윌리엄 제임스(William James, 1842-1910), 존 듀이(John Dewey, 1859-1952) 등이 중심이 된 실용주의(pragmatism), 인간 행위의 윤리적 기초를 개인의 이익과 쾌락의 추구에 두고, 무엇이 이익인가를 결정하는 것은 개인의 행복이라고 하며, '도덕은 최대 다수의 최대 행복을 목적으로 한다'고 주장하는 제러미 벤담(Jeremy Bentham, 1748-1832), 존 스튜어트 밀(John Stuart Mill, 1806-1873), 헨리 시즈윅(Henry Sidgwick, 1838-1900)이 중심이 된 공리주의(Utilitarianism) 등은 신의 자리를 차지한 철학자들의 계속적인 탐구의 이야기로 되어버렸다. 성경이 말하는 전체를 믿음으로 수납하고 그 말씀대로 따르려는 신본주의는 철저히 무너져 내리고, 그 자리에 무신론과 불가지론이 대신하는 시대가 되었다. 무신론(Atheism)은 신의 존재에 대한 불신과 거부를 의미한다. 즉 무신론은 신의 존재에 대한 신앙을 부정하거나, 신의 존재 자체를 인정하지 않는 사상이다. 불가지론(Agnosticism)은 사물의 본질 혹은 실재 그 자체를 인식하는 행위가 불가능하다는 입장으로, 하나님의 존재가 있는지 없는지 알 수 없다는 이론이다.

불가지론의 기원은 고대 그리스의 소피스트(Sophists)나 회의론자로까지 올라가 찾을 수도 있다. 그러나 대개는 신의 본체는 알 수 없다는 중세의 신학사상에서 찾고 있다. 일종의 신비적 직관인 영지(靈知)를 뜻하는 그노시스(Gnosis)에 대해 부정하는 것이 불가지론이다. 즉, 불가지론은 신의 본체를 직접적으로 알 수 있다는 그노시스파나 본체론자의 주장에 대하여 반대하는 입장이다. 로마 가톨릭은 그노시스를 부정하였다. 인간은 태어나면서부터 이성에 갖추게 되는 '자연의 빛'에 의하여 신의 존재를 알게 되지만, 신의 본체 자체는 알 수 없다는 것이다. 현세에 사는 사람은 신의 모습이 거울에 비치는 모습처럼 뚜렷하게 보이지 않을뿐더러 신과 직접 대면할 수 있는 것은 다른 세상에서나 가능하다고 보았다.

불가지론은 찰스 다윈(Charles Darwin, 1809-1882)의 친구로서 빅토리아 시대의 과학자인 토머스 헉슬리(Thomas Huxley, 1825-1895)에게서 유래되었다. 헉슬리는 영국의 일링(Ealing)에서 1825년 태어났다. 그는 영국의 생물학자이며, 지식을 경험 가능한 사실로만 한정시킨 실증론자이다. 일찍 아버지를 여읜 헉슬리는 정규적인 초등교육을 받지 못했지만, 혼자서 과학, 역사학, 고전문학, 철학 등에 지적 관심을 갖고 광범위한 독서를 통해 독학했다. 그는 15세 때부터 의사 견습생으로 일하다가, 1841년 가을 시드넘 대학(Sydenham College)에 등록하여 의학공부를 시작했고, 1845년 채링 크로스병원 의학교(Charing Cross Hospital Medical School)에서 두각을 나타내기 시작했다. 1846년부터 약 4년간 해군 순양함 래틀스네이크(Rattle-snake) 호의 보조 외과의사 자격으로 오스트레일리아 및 뉴기니(New Guinea) 인근 해역을 돌며 해양 표본들을 수집하고 연구했다. 그동안 바다 동물에 흥미를 느껴, 논문 "대양산의 히드로 충류"(1854)를 발표하였다. 이 공로로 26세라는 젊은 나이에 왕립학회 회원으로 선출되었으며, 그 결과 연구와 강의에 전념할 수 있게 되었다. 그는 1859년 찰스 다윈의 「종의 기원」이 발표되자 열렬한 지지자가 되었고, 적극적인 진화론의 기수로 활동하면서 과학을 신학으로부터 독립시킬 것을 촉구했다. 그는 다윈이 간접적으로 시사했을 뿐인 인류의 진화에 대해 구체적으로 언명하기도 했고, 사회적 계몽운동과 과학교육 발전에도 기여했다. 그리고 철학과 신학에도 상당한 관심을 가지고 있었으나, 경험현상을 넘어서는 것을 이성으로써는 알 수 없다는 불가지론을 표명했다. 헉슬리는 국가 간 경쟁 상황에서는 집단의 이익을 위해 개인의 이익을 희생할 수 있는 '윤리'의 필요성을 절감했다. 그는 다윈의 진화론이 이런 점에서 인간 사회에 적용되기에는 일정한 한계를 갖고 있다고 보았다. 그런 이유로 자신의 저서 「진화와 윤리」(1893)에서 인간의 윤리가 진화의 산물이며 인간은 진화가 이끄는 운명을 피할 수 없다고 주장한다. 헉슬리는 사회의 윤리적 진보는 우주 과정을 모방하거나 우주 과정으로부터 도피함으로써 얻어지는 것은 아니고, 우주 과정과 싸워가면서 얻어내는 것임을 역설한다. 인간이 동물과 여러 면에서 연속성을 갖는 것이 사실이지만, 동물과 분명히 구별될 수 있는 이유는 도덕으로 무장하고 이를 극복할 수 있기 때문이라고 주장한다.

 필자는 여기서 신의 존재를 거부하는 무신론적 철학과 불가지론적 철학을 고찰하고자 한다. 중점적으로 살펴보고자 하는 대표적인 학자들은 오귀스트 콩트(Auguste Comte), 루트비히 포이어바흐(Ludwig Feuerbach), 찰스 다윈(Charles Darwin), 칼 마르크스(Karl Marx), 프리드리히 니체(Friedrich Nietzsche), 에밀 뒤르켐(Emile Durkheim) 등이다.

1. 오귀스트 콩트(Auguste Comte, 1798-1857)

1) 콩트의 생애와 배경

콩트는 프랑스의 철학자이자, 사회학과 실증주의의 창시자이다. 콩트는 1798년 프랑스 남부 도시 몽펠리에(Montpellier)에서 태어났다. 이 시기는 프랑스 제1제국의 황제였던 나폴레옹(Napoleon Bonaparte, 1769-1821)의 등장으로 프랑스 대혁명의 성격이 변질되어가던 때였다. 그는 1814년에 파리 이공과 대학에 입학한다. 이 학교는 혁명이 한창이던 1794년 엘리트 교육의 필요성에 의해 파리 고등사범학교와 함께 설립되었으며, 지금까지도 프랑스 엘리트 교육의 중요한 축이 되고 있는 명문학교이다. 하지만 그는 1816년 학생 시위에 적극적으로 가담했다가 퇴학 처분을 당한다. 파리 이공과 대학에서 지낸 짧은 시절은 콩트의 생애에서 아주 중요한 의미를 지닌다. 이 시기는 자유주의 혁명인 프랑스 혁명(1789-1799)의 기운이 나름 그대로 유지되고 있었으며 프랑스 내에서는 다양한 정치 집단인 공상적 사회주의, 무정부주의, 보수주의 등이 존재하고 있었다. 프랑스 혁명 전의 프랑스는 봉건 영주와 성직자를 중심으로 위계화 되어있는 기사, 농노, 노예의 봉건적 신분 질서가 강하게 존재 했다. 그러나 프랑스 혁명이 벌어지자 신흥 상공업자들이 급부상하기 시작했고, 그에 따른 봉건적 질서를 타파하고자 하는 사회질서의 재정립이 혁명의 기운을 타고 단행되었다. 그 결과 사회는 이전에 맛보지 못한 자유를 획득한 다양한 구성원들의 욕구를 분출하는 공간이 되었으며, 그러는 가운데 개인 간의 갈등이 증폭될 수밖에 없었다. 이렇게 사회가 급변하는 과정 속에서 각 계층 간의 갈등을 해소하는 과정은 상당히 역동적일 수밖에 없으며, 하나의 정치, 경제 체계로 확립되지 않았기 때문에 사회가 무질서해 보일 수도 있었다. 콩트는 프랑스 혁명으로 말미암아 온갖 제도들과 확신들이 사라져버린 무질서 상태에 처해 있던 당시 사회를 목격하면서 새로운 사회질서를 회복하고, 사회를 재조직하려는 꿈을 키웠다. 그 결과 콩트는 감각 경험과 실증적 검증에 기반을 둔 것만이 확실한 지식이라고 보는 인식론적 관점의 실증주의(Positivism)라는 철학적 체계를 이론화 하게 된다. 그는 1817년에 초기 공상적 사회주의자로 알려져 있는 생시몽(Saint-Simon, 1760-1825)을 만나게 되고, 1824년 생시몽과의 관계를 단절하기까지 생시몽은 콩트의 실증주의 사상 형성에 많은 영향을 미친다. 그는 1830년부터 1842년까지 「실증철학강의」라는 자신의 대표적인 저서를 모두 여섯 권으로 출간한다. 각 권의 제목은 다음과 같다. 제1권(1830): '일반적 예비 고찰과 수학,' 제2권(1835): '천문학과 물리학,' 제3권(1838): '화학과 생물학,' 제4권(1839): '사회철학의 교의적 분야,' 제5권(1841): '사회철학의 역사적 분야, 특히 신학적 단계와 형이상학적 단계에 대하여,' 제6권(1842): '사회철학의 역사적 분야의 보충 및 일반적 결론'이다. 여기서 그는 자신의 실증철학의 핵심을 체계적으로 논하고 있고, 실증철학의 구체적인 모습으로서의 '사회학'을 제창한다. 그 뒤에 이 책을 보완하기 위해 「실증주의 정신에 관한 강론」(1844)을 출판했고, 1851년부터 1854년 사이에 「실증정치체계」를 출판하면서, 동시에 「실증주의 교리문답」도 출판했다. 이 때 그의 주된 관심사는 자신의 사상을 과학적 측면과 종교적 측면에서 결합해 보려는 것이었다. 1856년 그는 이러한 노력의 성과인 「인간성의 정신상태에 있어 고유한 개념의 주관적 종합 및 보편적 체계」의 제1권을 출판했다. 그러나 이처럼 과학과 정상적인 인간의 욕구와의 관계에서 모든 과학을 종합해보려는 시도는 결국 완성되지 못했다. 특히 매우 강하고 직선적인 성격의 소유자로 당시의 학자들에게 가차 없는 비판을 가했던 그는 사회에서 어떠한 공식적인 자리도 얻지 못한 채 1867년 59세의 나이로 사망함으로써 그의 마지막 계획은 중단될 수밖에 없었다.

2) 실증주의(positivism)의 기본 정신

실증주의의 기본 정신은 주어진 현상의 관찰과 분류에 만족하는 것으로 과학적 탐구를 강조하는 것이다. 형이상학처럼 추상적인 이유나 원인을 묻지 않으며, 신학처럼 초월 의지를 통해 드러나는 절대 진리를 추구하려 하지도 않는다. 실증주의는 과거의 신학적 허구와 형이상학적 추상을 받아들이지 않는다. 과학의 유일하고도 진정한 과제는 검증할 수 있는 사상들 간의 관계를 밝히고 그것을 지배하는 법칙들을 규정하는 것이다. 그러므로 실증주의는 사물의 본질에 관한 논의를 추구하지 않는다. 있는 그대로의 사물에 대한 관찰과 이러한 사실들 사이에 존재하는 법칙들에 대한 논의를 추구하는 것이 실증주의다. 즉, 추상적이고 뜬구름 잡는 식의 인식을 반대한다는 말이다. 실증주의는 모든 인식의 원천을 주어진 것, 즉 관찰을 통하여 얻어진 지각 가능한 '실증적 사실'로 환원시킨다. 따라서 실증주의는 불확실하고 절대적인 어떤 것에 대한 추상적 탐구에 몰입하기보다는 확실하고 상대적인 사실을 관찰하고자 한다. 실증주의는 실제로 경험할 수 있는 사실에 대해서만 과학적 탐구를 하는 것이다. 실증주의는 하나의 체계를 찾아내고자 하지만, 그 체계는 신학체제에서 중시되었던 초월적인 것도 아니며, 형이상학에서 말하는 추상적인 것도 아니다. 실증주의가 구축하고자 하는 질서는 현실적이고 구체적인 이 세상의 질서이다.

실증주의라는 말을 맨 처음 사용한 사람은 프랑스의 공상적 사회주의 사상가였던 생시몽(Saint-Simon, 1760-1825)으로 알려져 있다.[1] 하지만 실증주의를 철학의 한 경향으로 자리 잡게 한 것은 콩트이다. 콩트는 자신의 저작「실증철학강의」를 통해 자신의 사상인 실증주의의 핵심 내용들을 제시하였다. 콩트 사상의 가장 커다란 특징은 과학에 대한 신뢰이다. 그는 자연과학에서 사용되는 실증적 연구 방법이 인간과 사회 현상에 대한 탐구에도 적용될 수 있다고 생각했다. 그는 실증적 과학이 철학을 대신해야 한다고 여겼고, 과학의 방법을 인간 지식의 원천으로 인정하는 태도를 실증주의라고 주장했다. 콩트가 처음 사용한 실증주의라는 명칭은 형이상학에 대한 거부의 의미를 지니고 있다. 그렇다면 우리에게 '실증적 사실'로 주어지는 것은 무엇인가? 그것은 바로 '현상'이다. 그러기에 실증주의는 철학을 비롯한 모든 학문을 '현상'의 영역으로 제한시킨다. 따라서 우리가 할 수 있는 것은 다음과 같다. 첫째, 현상의 형식으로 주어진 사실들을 그 자체로 받아들인다. 둘째, 이 사실들을 특정한 법칙에 따라 정리한다. 셋째, 인식된 법칙들에 의해 미래 현상을 예견하고 대처한다. 그러므로 어떤 사실의 '본질'이나 그 실제적 '원인'에 관해 묻는 것은 아무 의미가 없다고 보고, 사실을 받아들이고 이 사실이 다른 사실과 맺는 관계에

---

1) 콩트의 사상은 생시몽과의 만남을 통해서 더욱 깊이 뿌리를 내리게 되었다. 콩트가 생시몽을 처음 만났을 때 60세였던 생시몽과 40세라는 나이차이가 났음에도 불구하고 그는 생시몽에게 매력을 느껴 무보수 비서로 일할 정도였다. 결국 콩트의 후기 사상의 핵심에는 생시몽과의 만남이 있었다. 생시몽은 당장 개혁해야한다고 말했고, 이에 반해 콩트는 개혁적인 행동에 앞서서 이론적 작업이 선행되어야 한다는 것을 주장했는데 생시몽과의 만남이 없었다면 콩트의 사상이 발전하기 어려웠을 것이다.

관해서 알아보는 것이 중요하다고 주장한다.

실증주의는 '구실증주의'와 '신실증주의'로 구분할 수 있다. '구실증주의'는 자연과학적 지식을 강조하는 것으로 콩트가 중심이 되었다. '신실증주의'는 1,2차 세계대전 사이 소위 빈(Wien) 학파의 활동을 통해 제국주의 철학의 영향력 있는 조류 중의 하나가 된다. 이것을 논리경험주의(Logical Empiricism) 혹은 논리실증주의(Logical Positivism)라 한다. 실증적인 것을 강조하면서 동시에 언어의 논리적 추구를 주장하는 것이다. 이들은 형이상학을 거부하고 과학을 주창한 콩트의 입장을 계승하여 철학에서의 엄밀한 과학적 태도를 강조한다. 이들의 사상은 분석철학(analytic philosophy)의 발달에 영향을 끼쳤다. '신실증주의'는 빈(Wien) 대학의 모리츠(Schlick Moritz, 1882-1936)가 1922년에 창시했다. 그 후 오스트리아 철학자 오토 노이라트(O. Neurath, 1882-1945), 언어철학에 업적을 남긴 오스트리아 철학자 루트비히 비트겐슈타인(Ludwig Wittgenstein, 1889-1951), 오스트리아 물리학자이며 철학자인 프리드리히 와이즈만(Friedrich Waismann, 1896-1959), 독일과 미국에서 활동한 루돌프 카르나프(Rudolf Carnap, 1891-1970), 영국의 철학자 에이어(A. J. Ayer, 1910-1989), 오스트리아 철학자 헤르베르트 파이글(Herbert Feigl, 1902-1988) 등에 의해 연구되었다. 결국 실증주의란 일종의 과학주의(scientism)라고 볼 수 있다.

3) 인간 정신 진보의 3단계

콩트는 주어진 것의 본질과 원인에 대한 질문은 비생산적이라 하여 철학에서 추방할 것을 주장했다. 그러면서 그는 주어진 것, 사실적인 것 즉 그가 현상이라고 파악했던 '실증적인 것'으로부터 출발할 것을 요구했다.

실증주의의 철학적 견해는, 인간은 무엇보다도 나타나 보이는 물리적 세계에 대한 지식만을 가질 뿐이고, 인간이 소유한 물리적 지식이란 절대적이 아닌 상대적인 것임을 강조하는 일종의 삶의 태도를 의미한다. 실증철학의 궁극적인 목표는 과거의 경험과 현재의 사실들에 입각하여, 이들 사이에 존재하는 필연 관계들을 통해 미래를 예견하는 것이다. 프랑스 혁명 이후의 무질서 상태에서 벗어나 다가올 사회에 질서를 회복하며, 합당한 조직화를 어떻게 해낼 수 있을까 하는 문제의식을 지니고 이것을 해결하고자 하는 것이 콩트의 실증철학이다. 즉, 어떻게 대립과 갈등을 해소하고 인간사회의 정신적 통합을 이룩할 수 있을까 하는 문제이다.

콩트의 실증철학의 주요 개념들 가운데 가장 널리 알려져 있으며, 가장 많은 논의의 대상이 되었던 것은 아마도 인간 정신의 진보가 거쳐야 할 3단계 이론이다. 콩트는 프랑스의 정치가이자 경제학자인 튀르고(Anne Robert Jacques Turgot, 1727-1781), 프랑스의 경제학자이며 공상적 사회주의자인 생시몽(Saint-Simon, 1760-1825)으로부터 이러한 3단계 법칙을 이어받았는데, 인간이 추구하는 사고의 역사(history of idea)는 세 단계의 발전과정을 거친다고 보았다. 즉, 인간 정신은 그 발전과정에서 세 가지 단계를 연속으로 거치면서 사물과 현상을 이해해 왔는데, 그것은 각각 신학적 단계(신화적 단계), 형이상학적 단계, 실증적 단계(과학적 단계)이다. 신학적 단계(신화적 단계)는 인간 이성의 출발점이고, 실증적 단계(과학적 단계)는 인간 지성의 궁극적인 지향점이며, 형이상학적 단계는 이 둘 사이의 과도기이다. 콩트에 의하면, 인간 정신의 역사는 신학적이고 형이상학적인 정신의 자발적 축소의 역사이자 실증정신의 점진적 부상의 역사이다.

신학적 단계(신화적 단계)에서 인간의 정신은 제1원인을 기대하고 초자연적 존재의 직접행위에 의해 현상이 일어나는 것으로 가정한다. 다시 말하면 사람들이 모든 현상의 원인을 초자연적인 절대자의 의지와 섭리 속에서 찾고자 하는 것이다. 이 단계는 인간은 개별대상 자체를 살아있거나 혼을 지닌 것으로 간주하는 물신숭배의 시기에서 모든 종류의 사물과 사건을 각기 그 배후에 있는 초자연적 힘과 결부시킨다. 즉, 인간은 개개의 현상 영역마다 고유한 신(바다의 신, 불의 신, 바람의 신, 수확의 신 등등)이 있다고 믿는 다신교의 시기로 넘어간다. 그리고 인간은 다수의 개별적 신 대신에 유일한 최고 존재를 설정하는 일신교의 시기에 와서 완성된다. 이 단계에서 인간 정신은 자연적이고 사회적인 현상을 인식의 한계를 넘어서는 어떤 존재나 힘에 귀속시킨다. 신학적 단계(신화적 단계)를 정리하면 다음과 같다. 1) 인간의 힘이 아닌 초 자연력에 의지하는 단계이다. 2) 이 단계에서 인간 정신은 초월적 존재에 의해 주어진 사회현상을 설명하려고 한다. 3) 모든 현상은 신에 의한 것이라고 생각한다.

그러나 신학적 단계(신화적 단계)가 끝나고 형이상학적 단계로 넘어감에 따라, 초자연적 절대자라는 관념은 어떤 추상적 본질이라는 관념으로 바뀌게 된다. 여기서는 온갖 현상들을 지배하는 근원적 본질이 무엇인가에 대한 추상적 탐구가 등장하게 된다. 이 단계는 초자연적 힘을 추상적 힘으로 바꿔놓은 것일 뿐, 본질적으로 신학적 단계의 변형에 지나지 않는다. 형이상학적 단계를 정리하면 다음과 같다. 1) 이 단계는 여러 현상은 본질이나 본성이라는 추상적 개념에 의해 설명된다고 믿는 단계이다. 2) 사물에는 그 속에 담긴 어떤 본질이 있고 그것을 밝히기 위한 연구를 통해 지적 발전이 이루어지는 단계이다. 3) 이 단계에서는 이성이 신앙을 대신한다. 그러나 증명할 수 없는 법칙, 허구적인 논리가 세상을 지배할 뿐 진정한 과학은 아직 출현하지 않았다.

인간정신 발달의 궁극적 지향점인 실증적 단계(과학적 단계)가 오면, 형이상학적 단계의 특징을 이루고 있던 추상적이고 관념적인 사고는 거부된다. 그리고 사람들은 구체적인 현상들에 대한 정확한 관찰을 통해 사실들 사이의 일반 법칙을 발견하고자 한다. 실증적 단계(과학적 단계)를 정리하면 다음과 같다. 1) 콩트가 말하는 진정으로 참다운 지식의 단계이다. 2) 이 단계에서는 사물이나 현상에 대해 관찰하고 가설을 세우고 그에 따라 실험을 하는 과정을 통해 가설을 검증하는 근대과학의 방법에 의해 참된 지식을 획득하는 단계이다.

이해를 돕기 위해 인간 정신 진보의 3 단계를 도식화하면 다음과 같다.

구 분	지적단계	지배자유형	사회단위
1단계	신학적 단계(신화적 단계)	사제와 군인	가족
2단계	형이상학적 단계	성직자와 법률가	국가
3단계	실증적 단계(과학적 단계)	산업경영자와 과학자	전인류

콩트는 세상의 모든 것은 실증적 단계(과학적 단계)에 이르러서만 제대로 설명된다고 여겼다. 즉, 실증적 단계(과학적 단계)에 이르러 인간은 비로소 사실만을 원리로 삼는 과학적이고 실증적인 지식을 얻게 된다고 생각한 것이다. 실증주의가 구축하고자 하는 질서는 현실적이고 구체적인 이 세상의 질서이다. 여기서 우리가 할 수 있는 것은 다음과 같다. 첫째, 현상의 형식으로 우리에게 주어진 사실들을 그 자체로 받아들인다. 둘째, 이 사실들을 특정한 법칙에 따라 정리한다. 셋째, 인식된 법칙들에 의해 미래 현상을 예견하고 그에 대처한다.

4) 인류교(人類敎) 창시

콩트는 경험적이고 과학적인 검증을 거친 객관적이고 합리적인 것을 최고의 가치로 여겼지만, 그가 의도한 모든 과학의 통합은 지나치게 큰 야망으로 생각되어 많은 비판과 비난을 받아야 했다. 결국 학계에서 고립된 콩트는 1851년에서 1854년에 걸친 저술「실증정치체계」에서 과학보다는 종교적인 주장을 하기 시작한다. 아이러니 하게도 콩트는 지속적으로 강조했던 과학이 아닌 사랑, 가족애 등을 말년에 가서 최고의 가치로 여기게 된다. 이 배경에는 콩트가 1844년 이후 1년 남짓 사귄 젊은 미망인 클로틸드 드 보(Clothilde de Vaux, 1815-1846)와의 열렬한 사랑이 사상적 전기(轉機)를 경험하게 했다. 클로틸드 드 보와의 사랑과 그녀의 죽음은 콩트의 사상을 결정적으로 바꾸어 버렸다.[2] 콩트는 인간의 삶에서 과학적 분석보다 더 중요한 것이 바로 '감정'이라는 사실을 깨닫게 된다. 단순한 지적 통일만 가지고는 불충분하다는 것을 깨닫고, 콩트는 보다 폭넓은 심정의 통일로서의 실증종교를 언급한다. 실증종교는 초월적 신에 대한 예배가 아니라 인간이라는 위대한 존재를 예배하는 인류교(人類敎)이다. 그래서 그는 평생 강조했던 과학적 분석방법에서 멀어져 추상적이고 신비적인 모습으로 변해갔고, 스스로 인류교(人類敎)의 사제가 되었다. 과거에는 교회와 종교적 믿음이 유럽 사회를 통합하는 원리였으나 과학이 발전하면서 교회의 권위는 흔들렸고, 기존 종교는 더 이상 사회를 통합하는 원리가 될 수 없다고 주장했다. 그리고 그는 하나님의 자리를 '인류'로

---

2) 콩트는 46세 되던 해에 클로틸드 드 보라는 젊은 미망인 여성과 플라토닉 사랑에 빠진 이후 자신이 강조해왔던 사회에 대한 과학적 분석방법을 극복하고 인간생활에서 무엇보다도 중요한 것으로서 '감정'을 이야기하였다. 그의 대표저서「실증주의 서설」에서 나타나듯이 참된 예술의 능력의 출발점 중 하나가 여성의 공감능력과 감성이라는 것은 이러한 만남이 있었기 때문에 탄생하게 되었다.

대신했다고 말한다. 그리고 '실증적 신앙'을 강조하여, 사회는 과학에 의해 설계되고 이끌어져야 한다고 주장했다. 사회가 발전할수록 개인들은 인류 공영이라는 큰 가치를 지향하며, 인류가 추구하는 가장 높은 가치는 사랑과 봉사라고 생각했다. 앞에서 설명한 것처럼 콩트는 처음에는 종교나 형이상학 같은 눈에 보이지 않는 세계의 일만을 생각하는 것을 배척했으나, 아이러니하게도 말년에는 종교와 도덕 등을 생각하게 되어 실증주의와는 모순을 보이게 되었다. 이로 말미암아 프랑스의 작가이자 철학자인 에밀 리트레(Emile Littré, 1801-1881), 영국의 사회학자이자 철학자인 존 스튜어트 밀(John Stuart Mill, 1806-1873) 등의 유능한 제자를 잃게 되었다. 인류교(人類敎)는 내세와 초월이 없는 철저히 현세적인 종교이지만, 일정한 의식과 사제, 성자, 축일 등 여느 종교와 다름없는 외적 형식을 갖춘 인류 숭배의 종교이다. 인류교(人類敎)의 교리는 '사랑을 원리로, 질서를 근본으로, 진보를 목표로'였다. 하지만 우리도 예상할 수 있듯 인류교는 뜨거운 반응을 이끌어내지 못했다.

5) 콩트에 관한 비판적 고찰

콩트가 주장하는 대로 실증주의 철학의 이론적 방법만으로 지식의 습득 방법을 모두 설명할 수 있을까? 그것은 불가능하다. 왜냐하면 인간은 모든 것을 과학적 근거로만 지식을 습득하는 것은 아니기 때문이다. 인간은 발견되지 않은 것을 추리하고 상상할 수 있는 능력이 있으며, 그러한 능력은 새로운 것을 도전하게 하고 발견하여 경험하게 한다. 이는 콩트의 실증주의와 반대되는 개념으로 알고자 하는 상상과 노력에 의해 결과를 알게 되는 것이다. 그의 마지막 생애를 보면 자신의 실증주의 정신에 어굿남에도 불구하고 '감정'을 무시해버리지 못하고, 자신의 학문적 영역으로 가져간 것을 알 수 있다. 결국 콩트는 스스로가 그 이성과 논리에 의해 모든 것을 실증주의로 환원시키는 것이 허구적인 것임을 깨닫고, 다시 정신의 영역으로 회귀(回歸)하게 되었다. 이는 객관적이고 과학주의를 내세웠던 콩트가 인간성을 숭배하고 신비주의를 쫓는 '인류교'를 창시하고 교주가 되었다는 것은 이성과 과학으로만 살 수 없다는 것을 스스로가 증명하는 것이다.

2. 루트비히 포이어바흐(Ludwig Feuerbach, 1804-1872)

1) 포이어바흐의 생애와 배경

포이어바흐는 독일 바이에른(Bayern)의 란트슈트(Landshut)에서 1804년에 태어났다. 포이어바흐(Feuer: 불, Bach: 시냇물)라는 문자적 의미는 양립할 수 없는 상극의 대립을 나타낸다. 그의 아버지는 저명한 형법학자이며, 바이에른의 법무장관을 지낸 폴 리터 포이어바흐(Paul Ritter von Feuerbach, 1775-1833)이다. 포이어바흐는 1823년에 하이델베르크 대학교(Heidelberg University) 신학과에 입학하였으나 맹목적인 신앙의 강조나 궤변으로 흥미를 느끼지 못했다. 그래도 그곳에서 헤겔의 영향을 받은 학자로써 기독교 교리를 철학으로 해명하려고 노력한 독일 개신교 신학자 칼 다우프(Karl Daub, 1765-1836) 교수의 영향으로 당시의 유력했던 헤겔의 철학에 심취했다. 이에 포이어바흐는 헤겔이 주도하던 베를린 대학교(Berlin University)로 옮겨가게 된다. 그 당시 베를린을 중심으로 독일의 모든 학교에서는 나폴레옹의 지배에서 벗어나자는 운동이 전개되고 있었다. 이 운동으로 그의 형 카를(Karl)은 경찰에 체포되어 감옥에서 두 번이나 자살을 시도했고 결국 정신이 쇠약해진 카를은 34세의 나이로 죽었다. 이 사건을 계기로 포이어바흐의 마음속에 군주가 중심이 되는 보수들에 대한 적개심을 일생 동안 갖게 하는 계기를 가진다. 베를린 대학교에서 헤겔의 강의를 들으면서 포이어바흐는 신학을 벗어나 철학에 관심을 갖게 된다. 그는 1828년에 "이성의 무한성, 통일성, 보편성"이라는 논문으로 박사학위를 받고, 에어랑겐(Erlangen)대학 철학부문 사강사로 임명되었다. 그는 저술활동을 1830년 저자의 이름도 없이 「죽음과 불멸성에 대한 고찰」로 시작했다. 이로 인해 그는 학문적으로 출세의 길이 막혔다. 이 책의 내용은 개인의 혼이 사후(死後)에도 존속한다는 종교 주장을 반박하는 내용이었다. 기독교를 자기중심적이고 비인간적인 종교라고 해석함으로써 물의를 일으키게 되었고, 그가 이 책의 저자라고 알려진 후 교직에서 추방당하게 된다. 1837년 이후에는 거의 농촌에서 기거하면서 사회에 참여하지 않았다. 그 후로는 재야(在野) 철학자로서 저술활동을 계속한다. 그는 이론적이고 사변적인 신학자와 철학자에게 진리에 접근하려 한다면 종래의 사변철학과 편견에서 벗어나는 수밖에 다른 도리가 없다고 권면한다. 그는 헤겔과 마르크스를 이어 주는 헤겔 좌파에 속하며, 독일 관념론을 벗어나 새로운 철학을 제시하려 하였다. 그의 저서들은 대부분 종래의 철학체계를 무시하는 산문적인 서술형식을 취하고 있다. 말년에 부인이 운영하던 도자기 공장이 문을 닫으면서 경제적으로 어렵게 보내게 되었고 정신병적 증세를 보이다가 1872년 9월 13일에 세상을 떠나 요하니스 공동묘지에 묻혔다. 필자는 먼저 포이어바흐의 무신론의 개념에 대해 살펴보기로 한다.[3]

2) 포이어바흐의 무신론

포이어바흐는 근세 무신론의 원조라고 할 수 있다. 그의 사상은 마르크스와 니체처럼 철저한 '세계성'(Weltlichkeit)의 정신을 구현한다. 그는 사

---

[3] 철학사에서 유물론자라면 마르크스와 엥겔스를, 무신론자라면 니체를 가장 먼저 떠올린다. 그렇기 때문에 유물론자이면서 무신론자인 포이어바흐라는 이름은 생소할 수 있다. 포이어바흐는 많은 책을 저술하지도 않았고, 니체처럼 강렬한 명언을 남긴 것은 아니었지만, 마르크스와 엥겔스, 니체, 그리고 이후에 등장할 포스트모더니즘 사상가들의 정신적 토대를 제공한 인물이었다.

후(死後)세계보다는 현실세계의 삶이 중요하다고 주장하며 모든 종교에 대한 비판을 드러내었다. 특히 그는 헤겔의 관념론에 비판을 가한다. 널리 알려져 있는 것처럼 당시 헤겔학파는 헤겔 사상에 대한 해석의 견해차이로 인하여 우파와 좌파로 갈라져 있었다. 우파는 '현실적인 것'만이 '이성적인 것'이라고 주장했고, 좌파는 '이성적인 것'이 '현실적인 것'이라고 주장했다. 헤겔의 관념론적인 철학을 전복시키려는 포이어바흐의 시도는 그의 물질주의적인 인식론에 근거하여 이루어졌다. 그의 유물론적인 인식론은 일종의 유물론적 세계관, 즉 자연을 포함하여 인간을 대상으로 삼는 인간학적인 유물론에 의거한다. 그는 인간학적 유물론의 입장에서 인간을 이해하고 파악하여 추상적인 이성을 인간의 본질에서 추방시킨다. 철학과 신학은 인간을 제대로 파악하지 못하고 허구적으로 이해한다고 보며 관념론 일반과 종교에 대한 비판을 가했다. 신학은 추상개념들을 사용해 인간과 세계를 설명하기에, 인간이해에 있어서도 그 틀 안에 인간을 가둬 놓으므로 인간을 제대로 설명하지 못하고 있다고 본다. 이와 같은 의미에서 포이어바흐는 신학에 반대한다. 그는 신학을 철학에서 풀어서 없애려한다. 결과적으로 포이어바흐는 신학에서 시작하여 사변적인 관념론을 거쳐 감각주의적, 자연주의적인 인간학으로 귀착한 셈이다. 새로운 철학은 전체적 인간의 진리인 신에 의거한다. 인간적인 것만이 참된 것이고 현실적인 것이다. 왜냐하면 인간적인 것만이 이성적인 것이고, 인간이 이성의 척도이기 때문이다. 그러기에 포이어바흐에게 새로운 철학은 인간의, 인간을 위한 것이고 종교를 대신하는 것이다. 이렇게 해서 그의 인간학에서는 헤겔의 '절대자'(das Absolute)의 자리를 '인간'이 차지하게 된다.

그는 헤겔의 '사유는 존재이다'라는 방식의 주객구조를 '존재는 사유이다'라는 방식으로 뒤바꾸어 버렸다. 즉, 데카르트가 말 했듯이 "나는 생각한다, 고로 나는 존재한다"가 아닌 "나는 존재한다, 고로 나는 생각한다"가 그의 사상의 핵심이다. 신으로서의 신, 곧 유한하지도 않고, 인간적이지도 않고, 물질적으로 규정되지도 않고, 감성적이지도 않는, 본질로서의 신은 사유의 대상일 뿐이다. 그에게 관념적 사고란 현실을 떠난 공상에 불과했다. 그러기에 신도 현실을 떠나 있는 환상으로 보았다. 기독교에서 말하는 유신론적 하나님 개념은 인간에 관한 특정한 개념, 즉 인간의 독립된 실존 개념 이외에 다른 것이 아니라는 것이다. 다시 말해서 신(神)은 인간이 자기 본성을 관상하여 드러난 것을 마치 외부에 무엇이 있는 것처럼 생각하여 밖으로 '투사(Projection)'한 것이다. 곧 자기 자신이 곧 신이라고 주장한다.

3) 포이어바흐의 종교비판

포이어바흐의 종교비판은 스스로의 철학을 내세우기 위한 하나의 과정이다. 그의 본래적인 목표는 헤겔의 관념론 철학을 철저하게 비판한 후에 스스로의 '미래철학'을 제시하는 일이었다. 그는 「죽음과 불멸성에 대한 고찰」(1830)에서 죽음 이후의 불멸성에 대한 논의를 통해서 전통종교의 핵심적인 주장들이 지닌 문제점들을 제시한다. 그리고 이를 바탕으로 「기독교의 본질」(1841), 「종교의 본질」(1845), 「종교본질에 대한 강의」(1848-49)에서 종교의 기원과 본질에 대한 인간학적인 해석을 전개하며 종교비판을 이야기 하고 있다. 그는 모든 종교현상 뒤에 인간의 욕구와 유한성에 대한 자기반성이 드러나는데, 인간의 자기투사에서 종교의 기원을 확인할 수 있다고 주장한다. 또한 인간은 유한한 자신의 존재를 위협하는 자연의 힘들로부터 벗어나기 위해서 종교를 만들어낸다고 본다.

그는 당시에 영향을 미쳤던 프랑스 계몽주의의 종교비판을 넘어 종교는 지극히 자연적인 현상이라는 입장을 표명한다. 그리고 종교가 인간의 간접적인 자기인식이며 개인과 인류역사에서 철학에 앞선다고 주장한다. 그에 의하면 인간의 의존감정이 종교의 토대이다. 그런데 인간이 의존해 있고 의존해 있다고 느끼는 이러한 의존감정의 대상은 본질적으로는 '자연'이외의 다른 어떤 것이 아니다. '자연'은 모든 종교의 역사가 충분히 증명하는 것처럼 종교의 첫째이며 근원적인 대상이라고 콩트는 보고 있다. 그는 종교가 어떻게, 어디에서 기원하는가를 물음으로써 종교가 무엇인가를 밝히려고 한다. 먼저 종교는 동물과는 다른 인간의 본질에 의거한다고 생각한다. 동물은 종교를 갖고 있지 않지만, 인간은 특유의 의식을 갖고 있는 점에서 동물과 구별된다는 것이다. 엄밀한 의미에서 의식은 어떤 '본질'(Wesen)에 '유'(Gattung), '본성'(Wesenheit)이 대상인 경우에만 있다. 그런데 동물은 개체로서 존재하지, '유'로서 대상이 아니다. 때문에 동물에게는 의식이 없다. 따라서 동물과 달리 인간의 본질은 종교의 근거일뿐만 아니라 대상이기도 하다. 그런데 종교는 무한자에 대한 의식이다. 그러므로 종교는 인간자신의 무한한 본질에 대한 인간의 의식 이외에 어떤 다른 것일 수 없다고 콩트는 주장한다. 이러한 인간의 의식은 동물의 본능과는 달리 다른 사물들, 특히 자신의 본질을 대상으로 삼는 특징을 갖고 있다. 종교는 의식의 무한성을 갖는 인간의 본성에 그 근거를 둔다고 설명한다. 콩트는 종교의 기원문제와 관련하여 기독교의 본질이 인간자신의 측면을 강조한다고 보고 있고, 종교의 본질은 자연의 측면을 부각시킨다고 생각한다. 물론 이 두 측면은 서로 보완하고 있는 것이다. 포이어바흐는 인간은 비로소 종교가 깊은 자기인식의 과정임을 깨달아야 한다고 본다. 그러므로 우리의 과제는 신적인 것과 인간적인 것의 반대관계가 사실이 아닌 착각이라는 것, 즉 그것은 인간본질과 개인 사이의 반대 관계일 뿐이라고 주장한다. 이러한 포이어바흐의 종교이해는 유물론철학에서 출발하는 것이며 결국 무신론을 피력하고 있다고 본다.

(1) 원의(願意, Wunsch)의 투사와 모상(模像)으로서의 신

포이어바흐는 종교의 내용을 인간학적 및 심리학적 유래에서 설명하고 있다. 다시 말하면 종교와 신 관념은 인간의 원의(願意)와 인간의 본질이 투사됨으로써 성립한다는 것이다.[4] 그는 인간을 객관화 하고 투사한다. 그래서 신은 '인간이 생각하는'대로의 신이다. 신의 본질은 원의의 본질과 다른 어떤 것이 아니다. 이와 같은 의미에서 신에 대한 의식은 인간의 자기의식이고 신에 대한 인식은 인간의 자기인식이다. 즉, 신은 인간의 내면이 드러난 것이고 자신이 진술된 것이다. 그러므로 그는 기독교는 인간의 산물이며 투사의 산물이라고 주장한다. 그래서 종교는 자체에서 인간적인 본질을 반사하는 것이다. 신은 인간의 거울이다. 그에 의하면 종교뿐만 아니라 예술, 철학, 학문도 진정한 인간본질이 드러나는 것에 지나지 않는다. 그러므로 '신학은 인간학이다'라는 결론을 도출 해낸다. 그는 하나님에 관한 지식은 인간에 관한 지식일 뿐이라고 주장한다. 인간화된 철학만이 실증적 철학이라고 그는 외친다. 과거의 철학이 이성적인 것만을 참되고 현실적이라 말했다면 이에 반해 그는 오직 인간만을 참되고 현실적이라고 말한다. 왜냐하면 인간적인 것만이 이성적이기 때문이다.

---

4) 신은 인간의 한계 때문에 생겨난 소망들을 투사한 응집체라고 설명한다. 즉, 인간은 유한하고 불완전하며 죄스럽고 일관적이지 않으며 절대적 선이 없고 무능하다. 이러한 인간의 한계 때문에 생겨난 소망들, 예를 들어 무한한 생명, 절대 선, 전지전능 등과 같은 것들을 신에게 응축시켜서 신을 탄생시켰다는 것이다.

(2) 인간소외와 무신론

포이어바흐에 있어서 무신론적인 주장의 화살은 특히 기독교를 겨냥한다. 왜냐하면 기독교가 가장 인간을 철저히 소외하기 때문이라고 주장한다. 그래서 그는 신들과 신의 거짓된 정체를 폭로하고 비신화화 하고자 했다. 그의 무신론은 종교, 특히 기독교 신학이 인간에게서 빼앗아 간 것을 인간에게 다시 돌려주려고 하고 있다. 그에 의하면 종교는 인간의 자기 자신과의 분열이다. 인간은 신을 그에 대립된 본질로 설정하고 있다. 신과 인간의 이러한 반대관계는 인간의 고유한 본질과의 분열이다. 마찬가지로 그는 신앙이 자기 자신과 분열하게 하여 마침내는 내면에서도 그렇게 만든다고 주장한다. 그는 신의 존재를 인간의 원리와 본질이 투사되어 만들어진 상상의 산물이라고 주장하고 있다. 여기서 신은 감각적으로 인식할 수 있는 '초월적' 대상이 될 수 없다. 그러므로 무신론은 필연적인 것일 수밖에 없다는 것이 포이어바흐의 주장이다. 세계는 물리학의 대상이므로 규정되어 있지 않고, 비물질적인 활동이라는 상상에는 모순된다고 본다. 결국 이러한 모순은 신이 세계를 창조했다는 기본적인 상상을 부정하게 되는 것이고, 신이 어떻게 이 세계를 창조했을까 하는 질문을 할 경우 인간은 무신론, 유물론, 자연주의에 귀착하게 된다고 주장한다. 무신론은 인간으로부터 추상된 신의 자리에 인간의 현실적이고 참된 본질을 대치시키는 것이다.

(3) 포이어바흐의 기독교의 본질

「기독교의 본질」(1841)은 서론(1-2장)과 본문, 즉 제1부(3-19장) 및 제2부(20-28장)로 구성되었다. 서론 제1장에서는 '인간 일반의 본질'을 서술하고, 제2장은 '종교 일반의 본질'을 도출해 내고 있다. 여기서 그가 종교와 인간과의 관계를 설정하는데 있어서 소위 코페르니쿠스적인 전회(転回)를 시도하는 데, 논리를 전개하기 위한 결정적인 명제는 다음과 같다. "종교는 무한성의 의식이다. 따라서 종교는 인간의 자기의식, 다시 말해서 유한하고 제한된 존재로서가 아니라 무한한 존재로서의 자기의식이며 그것 이외의 어떤 것일 수도 없다." 그의 본문 중 제1부(3-19장)는 종교의 진리로 인도하고, 제2부(20-28장)는 다른 주장에 대해 잘못된 점을 논리적으로 지적하는 논박(論駁)이다. 따라서 제1부(3-19장)는 신학이 인간학이라는 직접적인 증명이고, 제2부(20-28장)는 간접적인 증명이다. 그러므로 제2부(20-28장)는 전혀 독립된 의의를 가지고 있지 않고, 필연적으로 제1부(3-19장)로 환원된다. 간단히 말하면, 제1부(3-19장)에서는 주로 종교를 취급하고, 제2부(20-28장)에서는 신학을 취급하고 있다. 그리고 이 책의 마지막 장에서 포이어바흐는 종교의 내용과 대상이 철저히 인간적이라는 사실을 증명했으며, 신학의 비밀이 인간학이고 신적 본질의 비밀이 인간적인 본질임을 증명했다.

포이어바흐의 이러한 사상은 칼 마르크스(Karl Marx, 1818-1883)와 프리드리히 엥겔스(Friedrich Engels, 1820-1895)에게 큰 영향을 미쳤으며, 덴마크의 철학자이자 신학자인 키르케고르(Søren Kierkegaard, 1813-1855), 독일의 철학자 프리드리히 니체(Friedrich W. Nietzsche, 1844-1900), 독일의 자유주의 신학자 에른스트 트뢸치(Ernst Troeltsch, 1865-1923), 독일 철학자 막스 셸러((Max Scheler, 1874-1918), 오스트리아 정신과 의사이자 정신분석학의 창시자인 지그문트 프로이트 (Sigmund Freud, 1856-1939), 러시아의 철학자 니콜라이 베르자예프(Nikolai Berdyaev, 1874-1948), 독일의 대표적인 실존주의 철학자 마르틴 하이데거(Martin Heidegger, 1889-1976), 프랑스의 실존주의 사상을 대표하는 철학자 장폴 사르트르(Jean-Paul Sartre,

1905-1980), 스위스의 신정통주의 신학자 칼 바르트(Karl Barth, 1886-1968), 오스트리아 출신의 유대교 종교철학자 마르틴 부버(Martin Buber, 1878-1965), 미국의 사회심리학자 에리히 프롬(Erich Fromm, 1900-1980) 등에 영향을 미쳤다.

4) 포이어바흐에 관한 비판적 고찰

이미 살펴본바와 같이 포이어바흐의 종교비판은 그 근거를 인간학에 두고 있다. 그에 의하면, 신이 모든 것이라면 인간은 아무것도 아니다. 신이 전부이기 위해서는 인간은 가능한대로 아무것도 아니어야 한다. 그러나 이러한 신에 대한 이해는 기독교 신앙의 기본 교리와 맞지 않는다. 신은 인간의 경쟁자와 적대자가 아니고, 인간을 자유롭게 하는 창조자이기 때문이다. 아울러 그의 신 관념에 대한 심리학적인 설명은 객관적 실재에 대한 확증을 제시한 것도 아니다. 포이어바흐는 그의 종교비판의 방법이 경험적이고 객관적이라고 믿고 있으나, 실제적으로는 종교의 본질과 가치를 사변적으로 규정하는 것이라고 보아야 할 것이다. 결국 포이어바흐의 종교비판은 사변철학에 대한 반동으로 세운 새로운 철학 확립의 결과였다. 포이어바흐는 헤겔의 '절대 정신'으로서의 신 개념을 철저히 인간 이념의 '투사'로 확정지었다. 즉 그는 인간을 초월하여 인격적으로 살아 계신 하나님을 부인하고, 신을 인간 이념의 투사(Projection)로 해석하였다. 그래서 그에게 있어서는 인간이 곧 신이 되었다. 그는 신이 되고자 하는 인간의 욕망을 철저히 관철시킨 무신론적 인간학을 정립하였다. 이러한 점에서 그의 인간학적 무신론은 정통적인 신학에 반대하는 '반신학'(Anti-Theology)이라고 말할 수 있다.

그럼에도 불구하고 그의 종교비판을 반성의 계기로 삼을 수도 있다면 다음과 같은 질의를 던지고 싶다. 첫째, 교회와 신학이 대체로 인간을 희생으로 삼아 저승을 강조하지는 않았는가? 둘째, 이원론적인 영향을 받아 자연과 신체를 경시하는 풍조가 있어오지 않았는가? 셋째, 신과 그의 행적을 인간의 현실에 더 맞게끔 형상화하고 형식화하지 않았는가? 이와 같은 질문은 기독교인들이 스스로 던지면서 신과 인간의 문제를 신학적으로 깊이 통찰하고 논구해야 할 것이다.

3. 찰스 다윈(Charles Robert Darwin, 1809-1882)

1) 다윈의 생애와 배경

찰스 다윈은 1809년 영국의 서부 슈루즈베리(Shrewsbury)에서 2남 4녀 중 다섯째로 태어났다. 아버지는 의사인 로버트 워링 다윈(Robert Waring Darwin, 1766-1848)이었고, 조부 에라스무스 다윈(Erasmus Darwin, 1731-1802)은 박물학자이며 진화론자였다. 찰스 다윈의 할아버지는 프랑스 계몽사상의 박물학자 뷔퐁 백작 조르주루이 르클레르(Georges-Louis Leclerc, Comte de Buffon, 1707-1788)의 영향을 받게 된다. 조르주루이는 생물에 관하여 자연발생설을 주장한 진화론의 선구자이다. 그리고 다윈은 할아버지로부터 영향을 받게 된다. 다윈은 에딘버러 의대(Edinburgh Medical School)에서 과학 수업을 들으며 해양생물 전문가 로버트 에드먼드 그랜트(Robert Edmond Grant, 1793-1874)의 영향을 받게 된다. 그랜트는 장바티스트 라마르크(Jean-Baptiste Lamarck, 1744-1829)의 진화론을 지지한 진화론자였다. 다윈은 당시의 이러한 사상들에 영향을 받았고, 보다 과학적인 진화론을 탄생시켰다. 다윈은 의대에서 엄청난 고통을 겪는 환자들의 모습을 보고 의사가 될 생각을 접고 2년 후 자퇴한다. 그리고 신학공부를 위해 케임브리지대학교(University of Cambridge)에 입학하지만, 다윈은 신학보다 식물학에 심취하여 1831년 대학을 졸업하고 근대 지질학의 선구자인 애덤 세지윅(Adam Sedgwick, 1785-1873)과 함께 북부 웨일스(Wales) 지방의 지질을 조사했다. 그 해 여름 해군성에서 2년 예정으로 남아메리카,

태평양, 동인도제도의 수로를 조사하고, 전 세계 여러 곳의 경도를 측정하기 위해 왕립해군 군함 비글(HMS Beagle)호에 탑승할 사람을 모집하자 자연과학자로서 참여하게 된다. 그는 약 5년(1831-1836) 동안 탐사여행을 하는 동안 대부분의 시간을 지질학 조사와 자연사 수집물을 수집하면서 보냈다. 특히 갈라파고스(Galapagos) 제도의 각 섬, 그리고 섬의 해변과 내지에 사는 거북과 새들이 동일한 과에 속하는 종임에도 환경에 따라 약간씩의 차이점을 보이는 것에 대해 그는 매우 깊이 관찰하고 감동을 받았다. 갈라파고스 제도는 에콰도르(Ecuador) 도서 지역에 위치한 주로서 남아메리카 대륙에서 1,000km 정도 떨어진 태평양에 있으며, 19개의 섬과 주변의 해양자원 보호 구역은 '살아 있는 박물관과 진화의 전시장'이라고 할 정도로 매우 독특한 해양 생태계를 이루는 지역이다. 해류 세 개가 만나는 지점이기 때문에 해양생물들의 보고(寶庫)로도 알려져 있다. 왕립해군 군함 비글호에는 세 명의 파타고니아(Patagonia) 원주민이 탑승하고 있었는데, 첫 번째 비글호의 항해에서 인질로 사로잡혔던 이들이었다. 다윈은 자신들과는 달리 매우 거칠고, 저급한 야만인들처럼 보이는 것은 이들의 전통이 다른 것뿐이지, 우열한 인종 때문이라고 보지 않았다.

    남아메리카에서 많은 화석을 발견한 다윈은 분석하고 관찰하는 가운데 다음의 사실을 발견한다. 첫째, 과거에 멸종한 생물이 현재 살아있는 종과 유사하다. 둘째, 갈라파고스 제도에 서식하는 동식물이 기후조건이 비슷한 남아메리카 대륙에 존재하는 동식물과 크게 다르다. 그러면서 다윈은 생물이 지역에 따라 서로 다르게 변할 수 있다고 생각한다. 탐사여행을 마치고 런던으로 돌아온 다윈은 표본에 대한 깊은 고찰과 지속적인 연구를 통해 진화가 일어났다는 사실을 이론으로 정립한다. 이러한 변화는 서서히 일어났고, 오랜 세월이 필요했으며, 현존하는 모든 종은 결국 하나의 생명체에서 기원했다는 이론이다. 다윈은 종(種) 내의 변이(變異, variation)가 무작위하게 일어났고, 이렇게 다양한 변이를 갖춘 개체들은 환경의 적응능력에 따라 선택되거나 소멸된다고 했다. 다윈은 진화론을 체계적으로 정리한 후에 그의 이론을 공식적으로「종의 기원」(1859)에 담아 출판했다. 그는 진화 요인을 과학적으로 설명해냄으로서 진화론의 완전체를 만들었다. 그러나 그 시기는 지구상의 모든 생물은 신의 뜻에 의해 창조되고 지배된다는 신중심주의(Theocentricism) 창조론을 믿던 때였다. 그 시절에 인간과 원숭이가 같은 조상을 갖는다는 학설은 유럽사회에 큰 충격을 주었을 뿐만 아니라 창조론과 진화론에 대한 논쟁을 촉발시켰다. 탐사여행 이후 그는 탐사 관련하여 보고서를 출판하고, 지질학회에서 활발한 학문적 활동을 하게 된다.「종의 기원」(1859)의 원명은「자연선택에 의한 종의 기원 또는 생명을 위한 투쟁에 있어서 좋은 종의 보존에 관해」이다.「종의 기원」이 발표되고, 이러한 이론들은「제일원리」(1862),「생물학원리」(1867) 등을 통해 지속적으로 발표했다. 다윈의 이론은 일부 학자들에게는 열렬한 지지를 받았지만, 종교계에 엄청난 파문을 던졌고 많은 사람에게 맹렬한 비난을 받기도 했다. 다윈 자신은 신학과 사회학에 관한 언급을 극도로 꺼려했지만, 많은 학자가 자신들의 이론을 지지하는 수단으로 다윈의 이론을 이용하면서 과학계뿐만 아니라 사회 전반에 걸쳐 큰 영향을 미치게 된다. 이 진화론이 맞든 맞지 않던 그의 진화론은 인류의 정신문명에 많은 발전을 가져오게 되는 계기가 되었다. 다윈은 1882년 4월 19일 73세로 타계해 웨스트민스터 사원(Westminster Abbey)에 안장됐다.

2) 진화론의 역사

진화론이란 생물은 생활환경에 적응하면서 단순한 것으로부터 복잡한 것으로 진화하며, 생존경쟁에 적합한 것은 살아남고 그렇지 못한 것은 도태된다는 학설이다. 일반적으로 진화를 사실로 확신시킨 것은 다윈의 진화론이다. 다윈의 진화론을 살펴보기에 앞서 진화론의 역사를 간략히 살펴보기로 하자.

(1) 고대 그리스의 진화론

아낙시만드로스(Anaximandros, B.C 610-546)는 고대 그리스 철학자이며 최초의 철학자인 탈레스(Thales, B.C 625-547년 경), 아낙시메네스(Anaximenes, B.C 585-526)와 함께 밀레토스 학파의 철학자이다. 그는 그리스인들 중 최초로 자연에 관한 논문을 집필한 철학자이고, 특히 천문학 분야에서 중요한 위치를 차지하고 있다. 인류 최초의 과학혁명은 아낙시만드로스와 함께 시작되었다고 보는 견해가 지배적이다.[5] 아낙시만드로스는 신비주의적, 종교적 세계관이 지배하던 시대에 자연주의적 관점으로 세계를 설명했다. 그는 스승인 탈레스의 생각에 의문을 제기하고 비판적으로 접근한

---

[5] 카를로 로벨리, 「첫번째 과학자, 아낙시만드로스」, 이희정 옮김 (서울: 푸른지기, 2017)을 참고할 것. 양자 중력 이론의 선구자인 카를로 로벨리(Carlo Rovelli)는 블랙홀을 새롭게 규명하여 '제2의 스티븐 호킹'으로 평가받는 이탈리아 출신의 세계적인 물리학자다. 로벨리에 대한 찬사는 학계에만 머물지 않는다. 그는 현대 과학을 대중의 눈높이에서 풀어내는 감각이 뛰어난 베스트셀러 작가다. 그가 물리학의 최신 흐름을 압축적으로 풀어낸 「모든 순간의 물리학」은 유럽에서만 100만부 이상이 팔리고 가디언, 이코노미스트 등의 세계 언론이 '2015년 올해의 책'으로 꼽으며 탁월함을 인정받았다. 그는 「첫번째 과학자, 아낙시만드로스」에서 과학적 사고의 근원지를 추적한다. 바로 '인류 최초의 과학자는 누구인가?'를 묻는 일이다. 로벨리는 의심 없이 고대 그리스의 자연철학자 아낙시만드로스를 역사상 최초의 과학자로 명명한다.

끝에 과학사에서 어마어마한 개념 혁명을 이뤄낼 수 있었다. 아낙시만드로스는 대기 현상의 발생, 관계, 원인을 이해할 수 있었다. 그는 최초로 우주론을 설계하고 제시한 사람으로 여겨진다. '지구는 편평하다'는 세계관에서 '유한한 물체인 지구가 허공에 떠 있다'는 세계관으로 전환하는 도약을 처음으로 해낸 학자이다. 그는 아페이론(Apeiron)을 갖고 만물의 근원을 설명한다. 그는 아페이론을 여러 가지 물건의 아르케(arche), 세상의 근본 원리라고 했다. 아페이론은 아낙시만드로스가 제창한 우주론의 중심적인 개념이다. 아낙시만드로스는 만물은 실체가 정해져 있지 않으며, 사라지지 않고 무한히 운동하는 물질인 아페이론에 의해 생긴다고 생각했다. 먼저 따뜻한 것과 차가운 것이 대립하고, 여기서 물, 불, 흙, 바람이 생긴다고 여겼다. 이러한 아낙시만드로스의 철학적 주장이 철학의 발전에 미친 가장 큰 영향은 우주 전체의 질서, 즉 코스모스라는 개념을 철학적으로 도입한데에 있다. 아낙시만드로스 이전 및 동시대 그리스인들의 세계관은 변덕스러운 신들의 기분에 바탕을 둔 것이었다. 그러나 아낙시만드로스는 인간의 이성으로 이해 할 수 있는 우주관을 확립했고, 이는 이후의 자연철학자들의 우주관에 필수적인 요소가 되었다. 그의 이론을 살펴보면, 물고기 같은 생명체에서 인간이 유래하였다고 설명하고 있다. 모든 생명체가 물을 머금은 습지에서 기원했다고 가정했을 때 완전한 독립체로 성장하기 위해서는 인간은 다른 생명체의 보살핌을 받아야 한다. 그러므로 아낙시만드로스는 유사 태반을 가진 활상어가 인간이 하나의 종(species)으로 서게 할 수 있는 생명체라고 주장한다. 고대 창세신화를 살펴보면 물과 생명의 탄생을 연관 짓는 것이 많이 있었음을 볼 때 인간이 물고기로부터 유래되었다는 주장은 어느 정도 이해할 수 있다.

엠페도클레스(Empedokles, B.C 493-430년 경)는 고대 그리스의 철학자이다. 그는 세상의 모든 만물은 지(地), 수(水), 풍(風), 화(火)의 4개의 원소로 이루어졌다고 주장하였다. 그리고 4개의 원소들이 사랑과 미움의 두 힘에 의해 분리되고 결합하는 것으로 경험세계의 생성과 소멸의 사실을 설명하려 하였다. 그는 생물의 출현은 초자연적인 현상에 의한 것이 아니라고 생각하였으며, 생물의 형태는 적응의 결과라고 주장하였다.

아리스토텔레스(Aristotle, B.C 384-322)는 추상적인 철학적 문제에만 매달렸던 사람으로 인식되고 있지만 그가 다룬 생명과학의 구체적 문제들은 매우 방대했다. 아리스토텔레스는 다윈의 진화론이 등장하기 전 서유럽의 생물학 발전에 기여를 한 가장 뛰어난 생물학자라고 할 만큼 생물학에 기반 한 자연철학자로서 평가되고 있다. 이때 생물학에 기반 한 자연철학은 이 세계를 '목적론적'으로 설명하려는 학문 체계라고 할 수 있다. 자연과학에 대한 아리스토텔레스의 견해는 중세 학문에 깊은 영향을 주었다. 아리스토텔레스는 인간은 자연 내부에서 자연과 더불어 살아가므로 인간을 이해하기 위해서는 자연에 대한 이해가 선행되어야 한다고 주장한다. 이는 '자연'을 운동과 정지의 근원으로 보고, '자연 만물'을 그런 근원을 지닌 존재자들로 보는 아리스토텔레스의 자연관이다. 그는 1837년 옥스퍼드에서 발간한 「자연학」(自然學)에서 우주의 생성, 변화, 운동의 이유, 무생물과 생물의 본성, 자연 개념 등에 대해 논의했다. 이 논의에는 운동이론, 지구중심설, 본성이론, 목적론 등의 이론이 포함된다. 모든 땅 위의 물질은 흙, 물, 공기, 불의 4원소로 되었으며, 이것들은 아리스토텔레스가 말하는 참된 원소인 제1질료가 열, 냉, 건, 습의 4개 기본적인 형상 2개씩을 얻어서 생성된 것이다. 제1질료가 열과 습을 얻어서 기(氣)로, 건과 열은 불(火)로, 건과 냉은 흙(土)으로, 습과 냉은 물(水)이 된다고 설명한다.

아리스토텔레스의 자연철학적 이론의 기반은 목적론적 사고이다. '자연은 헛된 일을 하지 않는다'는 목적론적 사고는 무생물과 생물을 포함한 자연물 일반의 존재가 그 나름대로의 의미를 지닌다는 것으로 해석될 수 있다. 그는 망원경과 현미경이 아니라 맨눈으로 천체와 주변 환경을 관찰했다. 이러한 그의 생물학적 연구는 가공되지 않은 인간의 가장 순수한 사고 능력을 보여준다는 점에서 우선적인 가치가 있다. 또한 그의 자연철학적 이론은 근대와 현대를 거쳐 살아가면서 경시해왔던 자연관에 대해 다시금 고찰할 기회를 제공한다는 것이다. 이러한 자연관은 끊임없이 소외되어온 인간의 가치를 재고할 기회가 될 것이다. 왜냐하면 인간은 자연의 일부이며, 따라서 인간을 올바르게 이해하기 위해서는 자연을 먼저 올바르게 이해해야 하기 때문이다. 아리스토텔레스는 다음과 같이 자신의 생각을 요약한 바 있다. "현존하는 모든 것들은 그것이 생존할 수 있는 방법에 맞는 형태를 갖춘 것들이다. 다른 어떤 것이 그보다 우수한 형질을 보인다면 지금의 것은 멸종할 것이다." 아리스토텔레스는 생물의 여러 부류(部類)가 완전의 정도에 따라 관계적으로 연쇄를 이루어 배열되어 있다는 자연의 단계(scala naturae)를 설명한다. 아리스토텔레스의 진화론은 형상적 의미의 진화론이다.

그가 저술한 「동물지」(History of Animals)에는 500종 이상의 동물이 언급돼 있으며 그것의 형태는 물론이거니와 해부로 드러나는 내장기관의 모습까지도 자세히 기술돼 있다.[6] 그는 서양 사회에서 최초로 체계적이고 방대한 생물 분류를 시도한 사람 중 하나라고 알려져 있다. 그의 생물학적 관찰을 통해 생물체에서 드러나는 모습은 그의 철학의 핵심 중 하나

---

[6] 그의 대표적인 서적 중 「동물지」 이외에, 「동물의 부분에 대하여」(de partibus animalium), 「동물의 발생에 대하여」(de generatione animalium)」, 「동물의 운동에 대하여」(de motu animalium), 「호흡에 대하여」(de respiratione) 등은 직접적으로 동물을 다룬 것들이다.

인 '원인에 대한 탐구'에 매우 잘 부합된다. 그에게 '원인'이란 질료인, 형상인, 작용인, 목적인 등인데 이는 생명체 여러 기관에서 잘 알 수 있다. 예를 들어 새의 날개의 질료인이란 날개가 존재하게 만드는 원료들로서 깃털, 피부, 뼈, 근육 등이 있다. 형상인이란 그 원료들을 적절하게 배열해 만들어진 날개의 형상이다. 작용인이란 그 형상의 형성 과정에서 필요한 물리적 작용들이다. 그리고 목적인은 그렇게 탄생된 날개의 목적으로 '나는 것'이다. 아리스토텔레스에게는 이러한 원인들을 잘 아는 것이 바로 그 생명체와 그것의 각 기관을 잘 이해하는 것이다. 지금도 현대 생물학자들은 '원인'을 아는 것을 중요시하지만, 아리스토텔레스와 같은 방식으로 원인을 탐구하지는 않는다.

(2) 근세의 진화론

피에르 루이 모페르튀이 (Pierre Louis Maupertuis, 1698-1759)는 프랑스의 수학자이자 철학자이다. 그는 생물학에서 '적응도에 따른 종의 발생과 멸종'을 설명해 진화론의 선구자로 여겨진다.[7] 모페르튀이는 1745년에 출판된 「The Earthly Venus」에서 생명이 무엇인가에 대한 독보적인 논의를 보여준다. 이 책의 1부는 '동물의 기원'(Sur l'origine des animaux)을 다루고 있고, 2부는 '인간 종의 다양성'(Variétés dans l'espèce humaine)을 다루고 있다. 즉, 식물과 동물의 종(種)의 변화에 관해 기술한다. 모페르튀이는 맨 처음에 신이 생명을 만들었다거나 생명체의 실체가 모두 조상에 이미 확립되어 있다는 '전성설'(preformation theory)을 비판하고, 생명이 만들어

---

[7] 장회익, 「생명을 어떻게 이해할까?」 (서울: 한울아카데미, 2014)의 책을 참고할 것. 이 책은 생명에 대한 철학적 및 과학적 사유의 역사에서 독보적인 저서로서, 물리학의 눈으로 바라 본 생명의 바른 모습을 상세하게 논의하고 있다. 모페르튀이의 인간 종의 다양성에 대해 비교적 상세히 설명하고 있다.

지는 과정을 중시 여기는 '후성설'(epigenesis)을 강조한다.8) 모페르튀이는 생명체의 탄성을 설명할 때, 어머니의 자궁 속에서 남성의 정수와 여성의 정수의 입자들이 혼합된다는 오래된 주장을 받아들인다. 입자들의 혼합에 변이 또는 다양성이 있으며, 그 중에 환경에 적합한 것이 새로 얻은 속성을 유지하면서 후손에게 그 속성을 전달해 준다고 보고 있다. 배아의 구조를 이루는 패턴이 미리 정해져 있지 않다면, 어떻게 남성 정수와 여성 정수의 입자들이 올바른 질서로 모일 수 있을까? 모페르튀이는 물질이 자연발생적으로 복잡한 구조를 가지는 고유한 경향을 지닌다고 가정한다. 새로운 것이 창조되기 위해서는 필연성에서 벗어나는 복잡성이 있어야 하며, 바로 그것이 자유의지의 가능성으로 연결되는 원자의 중요한 속성이 된다. 모페르튀이의 논의는 쥘리앵 오프루아 드 라메트리(Julien Offray de La Mettrie, 1709-1751)를 통해 계승된다. 그는 프랑스의 의사, 철학자로 계몽주의 시대의 첫 유물론 작가이다. 이 시기의 프랑스 유물론자들이 그러하듯이 신의 존재, 신의 창조 사실, 신학 등을 부정하고, 관념론도 배격한다. 라메트리는 인간을 순전히 물질적인 것으로 보고, 마음이나 영혼은 별개의 존재가 아니라 몸에서 만들어진 부산물이라고 보았다. 즉 마음은 뇌와 신경의 활동에 따라 생겨난다는 것이다.

뷔퐁 백작 조르주루이 르클레르(Georges-Louis Leclerc, Comte de Buffon, 1707-1788)는 프랑스의 수학자, 박물학자, 철학자이며 진화론의 선구자이다. 1723-1726에 걸쳐 예수회대학(Jesuit's College)에서 법학을 공부했지만, 후에 앙제(Angers)대학에서 식물학, 수학, 천문학 등도 배우게 된다. 그는

---

8) 전성설(前成說)은 개체발생에서 완성되어야 할 개체 각 부분의 형태 및 구조가 어떤 형태로 미리 존재하고 있어, 그것이 발생에 즈음하여 전개되어 분명한 형태를 갖게 된다는 것이고, 후성설(後成說)은 미분화세포(未分化細胞)로부터 생체가 발육하며, 수정란에 그 세포가 존재하지 않더라도 계속적으로 기관이나 조직이 형성되고 발생한다는 학설이다.

수학 분야에서의 연구 성과를 인정받아 왕립아카데미에서 활동하게 된다. 그러나 그 후 그의 연구방향은 동식물과 지구의 진화 등으로 바뀐다. 그는 파리 왕립식물원의 원장이 되어 그 자리를 지켰을 뿐만 아니라, 1749년부터 1786년까지 37년에 걸쳐 과학사에서 가장 기념비적이고 영향력 있는 책들 중 하나인 44권에 달하는 방대한 양의 대작 「자연사」(Histoire Naturelle)를 썼다. 그는 「자연사」 제1권(1749)에서 지구의 역사를 다루고, 그 다음의 여러 권에서 생물의 변화문제에 언급했다. 생물은 환경의 영향, 특히 온도와 먹이가 직접 원인이 되어 변한다고 주장하였다. 조르주루이는 18세기 후반 과학에 대한 폭넓은 관심을 일으키는 데 중요한 역할을 했고, 후대 연구자들에게 풍부한 자료를 제공해 주었다. 그가 연구한 내용은 신학을 배척시키게 했으며, 후에 다윈이 진화론을 주장할 때 사용한 기본적인 아이디어를 제공하였다.

드니 디드로(Denis Diderot, 1713-1784)는 1713년 프랑스 북동부에 위치한 샹파뉴(Champagne) 주의 랑그르(Langres)에서 가톨릭 집안의 장남으로 태어났다. 그는 랑그르의 예수회 학교에서 어린 시절을 보낸 후, 파리대학교에서 신학과 철학 등을 공부하다 포기하고, 1745년부터는 철학적인 저서를 쓰기 시작했다. 그는 프랑스의 백과전서파를 대표하는 계몽주의 철학자이자 작가이다. 그는 돌바크(Paul-Henri Baron d'Holbach, 1723-1789)와 함께 무신론을 가장 먼저 말한 철학자이기도 하다. 1745년 신학과 광신을 비판하여 이신론(理神論)에 이르렀으나, 「맹인서간」(1749)에서는 무신론의 경향을 보였다. 이 책은 1749년 촉각을 사용해 장님의 읽기교육을 제안한 책으로 적자생존 진화론의 초기 단계를 보여주는 책이다. 이 책에서 그는 유물론적 무신론을 대담하게 주장했기 때문에 감옥에 갇히게 된다. 그는 철학적 에세이, 소설, 희곡, 미술비평, 연극론 등 다양한 장르의 저서들을 남겼는데, 특히「백과전서」의 편찬에 평생을 바쳤다. 이 「백과전서」는 18세기의 새로운 학문·사상·기술을 집대성하고, 인간적인 지식의 모든 부분을 모아 놓은 책으로 그의 최대의 업적이었다. 디드로는 프랑스의 뛰어난 수학자이며 철학자인 달랑베르(Jean-Baptiste Le Rond d'Alember, 1717-1783)와 공동편집을 맡아 백과사전의 수록영역을 넓히고 급진적이고 혁명적인 견해를 담음으로써 책의 성격을 근본적으로 바꾸었다. 디드로는 헌신적인 문학가와 과학자, 성직자를 모아 같이 일했는데, 이들은 모두 지식을 발전시켜 교회와 정부에 둥지를 틀고 있는 반동세력을 완전히 무너뜨리려는 공동의 열망으로 불타고 있었다. 과학 아카데미의 달랑베르를 감수자로 프랑스 정치사상가 몽테스키외(Montesquieu, 1689-1755), 계몽주의 작가 볼테르(Voltaire, 1694-1778), 계몽주의 철학자 루소(Jean-Jacques Rousseau, 1712-1778) 등 당시의 주요 계몽 사상가들이 모여 1751년 첫 권의 출판에서 1772년 마지막 권에 이르는「백과전서」의 역사는 파란만장했지만 결국 성공을 거두었다.「백과전서」는 종교와 교회, 중세적 편견, 전제정치 등을 비판하는 내용을 담고 있었기에 제작 과정에서 많은 탄압을 받으며 어려움을 겪었다. 그의 철학저서 가운데 가장 중요한 책은「달랑베르와 디드로의 대화」(1769)이다. 작품 속에 실려 있는 논문으로 유물론적인 견해를 피력한「달랑베르의 꿈」(Le rêve de d'Alembert)과「연속되는 대화」(de l'entretien)는 1830년에야 비로소 발표되었다.9) 이 저작들에서 디드로는 다윈의 진화론을 예견하면서 물질의 세포구조에 관한 최초의 근대적 이론을 전개하는 유물론 철학을 발전시켰다.

이 책에서 설명하고 있는 디드로의 진화 이론은 다음과 같다. 첫째, 세계에는 비-조직체의 물질이 존재하는데, 이는 생명을 지니지 않고 원자

---

9) 드니 디드로,「달랑베르의 꿈」(서울: 한길사, 2006)을 참고할 것.

의 상태로 머물러 있다. 둘째, 이러한 원자들이 서로 결합하고 상호 작용함으로써 발전을 추구한다. 셋째, 세계 속에 조직체로서의 물질이 형성되기 시작한다. 이는 생명의 탄생의 순간을 지칭하는 것이다. 뒤이어 탄생한 생명체는 순환되고 성장의 과정을 거쳐, 결국에는 쇠락하여 파멸된다. 요약하면, 디드로는 세계에 존재하는 형태 내지 유형은 삶의 조건의 변화됨으로써 발전되고 변화되며, 사라지는 과정을 거친다고 주장한다. 디드로는 자신의 고유한 진화 이론을 통해서 종교적으로 당연시된 종래의 목적론을 거부하고 있다.

폴 앙리 돌바크(Paul-Henri Baron d'Holbach, 1723-1789)는 18세기 프랑스의 계몽 사상가이며, 진화사상가로서 무신론과 유물론의 대표적 인물이다. 돌바크의 정신적 지주는 고대 그리스철학자 에피쿠로스(Epicurus, B.C 341-270)의 원자론(atomism)을 계승한 고대 로마의 무신론자 루크레티우스(Titus Lucretius Carus, B.C 99-55)였다. 전통적인 원자론은 종교적인 색채를 띠고 있었다. 전통적인 원자론에 따르면, 이 세상은 물질의 단위인 원자들의 형태와 운동에 의한 우연적인 결과일 뿐이다. 인간은 이 세상의 본질인 원자들을 인식함으로써 감각이 불러일으킨 일시적인 착각과 고통에서 벗어날 수 있다고 본다. 돌바크는 원자론에서 이러한 종교적인 색채를 변색시켰다. 돌바크는 초자연적인 신 개념을 끌어들이지 않고 '원자의 운동 보존'을 설명할 수 있다고 주장했다. 즉, '원자의 운동 보존'은 운동의 상태가 변할 때 물체의 저항력인 '관성'(inertia) 개념에 의해 과학적으로 뒷받침될 수 있다고 여겼다. 물론 이러한 돌바크의 생각은 뉴턴 역학을 적절히 수정하지 않고서는 정당화될 수 없는 것이었다. 뉴턴의 관성은 지금처럼 질량의 속성으로 여겨지지 않았다. 그것은 신이 '태초에 물질에 부과한 힘'으로 가정되었기 때문이다. 이와는 달리 돌바크는 뉴턴의 관성을

'신의 개입이 필요한 우주의 상태 유지'가 아니라, '운동 중에 보존되는 에너지'처럼 가정했다. 이렇게 함으로써 돌바크는 '원자의 운동 보존과 신 개념과의 무관성'을 증명할 수 있다고 여겼던 것이다. 그렇게 여기는 것을 정당화하려 할 때, 발생하는 문제가 있다. 신과 같은 것에 호소하지 않고 운동의 합법칙성을 설명해야 한다는 것이다. 돌바크의 고민거리는 '이신론'(Deism)과 관련되어 있다. 이신론의 신은 합법칙적 우주를 창조했지만, 창조 이후 우주에 개입하지 않는다는 것이다. 사후 구원 및 심판 개념마저도 정통 이신론에서는 부정된다. 사후 구원 및 심판은 기독교 세계 이해 방식의 핵심 전제 중 하나이기 때문에 이신론은 기독교 전통에서는 이단으로 간주된다. 이신론 전통에서 신의 섭리는 맹목적인 신앙이 아니라 자연의 질서를 탐구함으로써 파악된다. 이러한 이신론도 다시 두 분파로 나뉜다. 하나는 신의 섭리가 자연물의 형태와 기능 속에 반영되어 있다고 여긴 분파다. 또 다른 하나는 자연을 탐구하기 위한 이성적 능력이 인간 마음에 각인되어 있다고 여긴 분파다. 어느 분파를 따르든 간에 이신론으로 귀결된다면, 돌바크는 자연의 질서를 설명하는 데 무신론의 한계를 인정하는 것이 된다. 그는 대표적인 저서 「자연의 체계」(Système de la nature)(1770)에서는 종교를 신랄하게 비웃고 무신론적, 결정론적 유물론을 지지했다. 이 책에서 그는 인과관계는 단순히 운동의 관계이고, 사람은 자유의지 없는 일종의 기계가 되었으며 종교는 해롭고 거짓된 것으로 묘사하며 통렬히 비난했다. 그러면서 인간을 자연의 역사적 변화의 소산이라고 주장하였다. 그 이전의 저서 「그리스도교 폭로」(1761)에서는 그리스도교를 이성과 자연에 모순되는 것이라고 공격했다. 돌바크는 이외에도 「폭로된 기독교」(1756), 「종교의 관용에 관하여」(1769), 「사회체계」(1773), 「보편적 도덕」(1776) 등의 저술이 있다.

에라스므스 다윈(Erasmus Darwin, 1731-1802)은 당시 열정적인 과학자요 발명가들 중의 한 사람으로 꼽힌다. 그의 수많은 발명품들 가운데에는 발성기, 복사기, 그리고 후대에 자동차에서 이용하는 마차의 방향조정 장치들이 포함되어 있다. 이런 그의 사상이 손자인 찰스 다윈에게 영향을 끼쳤다. 1776년경에 그는 당대의 위대한 과학자, 산업주의자, 그리고 자연주의 철학자들의 사교 클럽인 '루나 소사이어티'(Lunar Society)를 발기했다. 그것은 '산업혁명의 싱크 탱크'라고 불렸으며, '로얄 소사어티'(Royal Society)를 뒤쫓을 만큼 유명한 18세기 영국 과학자들의 모임이었다. 그는 자유사고 예찬자이며, 반기독교인이고, 반노예주의자였다. 에라스무스는 1770년에 처음으로 진화에 관한 관념을 피력했다. 그는 가족의 안전을 기원하는 문양을 세 개의 조가비를 특징으로 그려 넣었다. 이에 에라스무스는 가족 문양에 '모든 것은 조가비(shells)로부터 왔다'는 뜻의 라틴어 'E Conchis omnia'를 기입해 두었다. 그 이후 에라스무스는 자기가 믿는 진화사상을 한층 더 개진했다. 그는 주요 저작인 「식물정원」(The Botanic Garden, 1789/1791)에서 그는 생명이 바다로부터 시작되어 거기서부터 점점 발전하였다고 말했으며, 그리고 「식물의 경제」(The Economy of Vegetation, 1792)에서는 지구가 우주의 폭발에서 형성되었다고 선언했다. 그의 저서 「주노미아」(Zoonomia, 1794/1796)는 의료에 관한 대작으로서 산문체로 쓰였다. 이 책에는 질병과 치료에 대한 종합적인 분류방법이 포함되어 있다. 이 책은 1859년에 출판된 찰스 다윈의 「종의 기원」(On the Origin of Species) 보다 65년 전에 출판된 '최초의 일관된 포괄적 진화 가설'이라고 불려진다.

장 바티스트 라마르크(Jean-Baptiste, chevalier de Lamarck, 1744-1829)는 프랑스의 생물학자다. 그는 진화의 개념을 체계적인 학설로서 최초로 제시한 사람으로 평가된다. 그는 자연의 변화가 종의 경계를 넘어서 이루어 진다는 것을 학문적인 증거로 변론함으로써 진화론이 과학계로 들어올 수 있는 중요한 돌파구를 열은 학자이다. 그는 주요 저작인 「동물철학」 (1809)에서 동물분류학, 생명론, 감각론과 함께 진화사상을 상세하게 기술하고 있다. 그리고 1815년에 발간된 「척추동물지」 제1권 서론에서는 무기물에서 자연발생한 미소한 원시적 생물이 그 구조에 따라 저절로 발달하여 복잡하게 된다는 전진적(前進的) 발달설과 습성에 의해 획득된 형질이 유전함으로써 발달한다는 설을 함께 설명하였다. 라마르크는 식물이나 동물이 주위 환경에 맞추어 스스로를 변화시킨다고 주장했다. 기린이 높은 나뭇가지에 있는 나뭇잎을 먹기 위해 오랜 세월 동안 목을 길게 늘였고, 결국 기린의 목이 길게 변화한 것이라고 생각한 것이다. 주위 환경에 맞추다 보니 몸의 모습이 점점 복잡하게 진보한다고 본 것이다. 그는 "각 개체가 획득한 형질들은 유전되어 후손으로 전달되고, 궁극적으로 종의 영구적인 변화를 가져 온다"는 일명 '용불용설'(用不用說)을 주장했다. 그러나 환경에 맞게 변화한 표현 형질이 유전된다는 라마르크의 생각은 오늘날 생물학자들은 부정하고 있다. 하지만 이런 진화에 대한 생각은 애라스무스 다윈에게 영향을 미쳤고, 결국 찰스 다윈의 진화론에 이르러 환경에 적응한 종만이 살아남는다는 '자연선택설'로 정립되었다.

3) 다윈의 진화론

오늘날 하나님의 존재에 대한 대중적인 신앙을 훼손시키는 가장 강력한 하나의 요인은 다윈의 '진화론'이다. 1858년에 앨프레드 러셀 월리스 (Alfred Russel Wallace, 1823-1913)와 함께 「종의 다양한 형태의 경향성에 관하여」(On the Tendencies of Species to form Varieties)를 출판하고, 1859년에 그의 대표작「종의 기원」(The Origin of Species)을 출판했다. 처음에는 냉담한 반응이었지만 10년이 못가서 진화론은 공인된 정통학설이 되었다.

〈종의 기원, 1859〉

그의 이론은 두 가지 부분으로 나누어져 있다. 하나는 '진화'(evolution)로서 생명은 점차 하나의 공통 조상, 아마 단일한 하나의 원형의 존재로부터 수백 만 년 이상 발전해 왔다는 주장이다. 또 다른 하나는 '자연선택'(natural selection)의 개념인데, 즉 적자생존의 개념이었다. 존재를 위해 식물과 동물은 서로 잡아먹어야 한다. 새로운 능력을 계발하고 가장 빨리 환경에 적응하는 존재가 살아남는 존재들이다. 이 같은 새로운 능력은 새로운 종이 진화되는 것과 같은 방법으로 그와 같은 피조물의 영원한 특징이 되도록 만들었다고 주장된다.

다윈의 궁금증은 '왜 멸종한 동물들과 같은 지역에서 살고 있는 오늘날의 동물들 사이에 연속성이 있는가'였다. 오늘날의 동물들은 결국 화석동물들의 변형된 후손이 아닐까 하는 것이 그의 큰 의문점이었고, 그 이유를 다윈은「종의 기원」에서 생명체가 자연선택을 통해 진화했기 때문이라고 설명했다. 먹이에 대한 생존 경쟁에서 환경 요인에 적합한 선택된 개체만이 살아남고 선택되지 않은 개체는 도태된다는 것이다.「종의 기원」은 이렇게 시작한다. "나는 왕립해군 군함 비글(HMS Beagle)호에 자연과학자로 승선해서 항해하는 동안 남아메리카의 생물분포, 그리고 과거 이 대륙에 서식했던 생물과 현존하는 생물 사이의 지질학적 관계에 대한 여러 사실들을 알고 깊은 감동을 받았다." 이 책은 생물진화론을 확립한 획기적인 고전이며 자연선택설이 내용의 중심을 이룬다. 그는 「종의 기원」저작을 탐사 항해 때 착상하여 1856년에 착수했으나 2년 후에 월리스(Alfred Russel Wallace, 1823-1913)로부터 받은 논문의 내용이 자신의 노트와 거의 같아, 다윈이 새로 원고를 써서 1859년에 출판한 것이 그 초판본이다. 착상부터 출간까지 20년이 넘게 걸려 세상에 나오게 된 것이다. 초판은 총 14장이며, 제6판(1872년)에서는 1장 늘어 15장으로 되어 있다. 그 내용은 인위선택으로부터 시작된다. 예로부터 재배식물이나 가축이 개량되어 왔는데, 육종가(育種家)는 생물의 사소한 변이를 찾아내어, 그것을 근거로 선택과 개량을 했다. 다윈은 1872년 「종의 기원」제6판에서 처음으로 '진화'라는 용어를 사용했다. 자연계에서도 생물의 여러 부분에 미소한 변이가 일어나, 그것이 여러 세대에 걸쳐 축적되는 동안에 진화가 일어난다고 생각했다. 그 원인으로서 자연선택(自然選擇)이라는 개념을 도입했다.10) 즉, 생물의 다산성에 의해 생존경쟁이 일어나는데, 환경에 대해 유리한 변이를 가진 개체가 적자생존(適者生存)하고, 여러 세대를 거치는 사이에 그 변이가 축적되어 진화가 일어난다고 주장했다. 간단히 말하자면 「종의 기원」은 모든 생명체의 기원에 대해 진화의 과정을 과학적으로 설명하고 있다.

자연 환경에 의해 새로운 형질이 계속 선택 될 때 생물은 진화한다고

---

10) 이 이론은 다윈의 진화론의 핵심 매커니즘이다. 자연선택(natural selection)이란 특수한 환경 하에서 생존에 적합한 형질을 지닌 개체군이, 그 환경 하에서 생존에 부적합한 형질을 지닌 개체군에 비해 생존과 번식에서 이익을 본다는 이론이다. '자연도태'라고도 부른다. '자연선택'이란 용어는 '인공선택(artificial selection)'과 비교를 하려고 했던, 찰스 다윈에 의해서 일반화되었다. 인공선택의 주체가 인간의 목적이라면, 자연선택은 개체군의 변이가 주체가 된다. 자연선택의 자연(natural) 의미는 자연환경(environment)이 생존을 선택한다는 의미가 아니라, 자연스럽게 개체군의 변이가 선택된다는 의미이다.

주장하는 다윈의 진화론의 요지는 다음과 같다. ① 모든 생물은 환경에 맞춰 변한다. ② 모든 생물은 자연선택 한다. 자연선택이란 다양하게 진화한 생물 중에서 적응치 못한 것은 멸종하고 잘 적응한 생물만 살아남고 번성한다는 개념이다. 즉 '적자생존의 법칙'이다. 여기서의 적자는 우열의 개념이 아니며 우연적으로 선택된다. 가장 잘난 것이 살아남는 것이 아니라, 살아남는 것이 가장 잘난 것이라 주장했다. 다윈은 생존 경쟁에 있어서 주변 환경 요건에 가장 잘 맞는 특성을 지닌 개체들이 평균적으로 더 높은 번식 성공률을 가진다는 사실을 발견했다. 이들은 생존과 번식에 있어서 강화된 특성들은 유전되어 특정 지역의 개체 집단에 편중적으로 나타나게 된다. 이러한 자연적 선택의 결과로써 보다 우월한 종자의 결합이 세대교차 때마다 누진적으로 나타나며, 후대에 나타나는 개체는 과거의 개체와 유전적으로 매우 큰 격차를 보임으로써 이러한 경향이 오랜 세월을 지나는 동안 특정한 성질을 지닌 별개의 종의 탄생을 이루는 것이다. 즉, 자연선택은 특정 자연환경에 적합한 변이를 일으킨 개체는 살아남고, 부적합한 변이의 개체는 도태되는 것이다.

4) 진화론이 끼친 영향

(1) 교회의 쇠퇴

진화론은 서유럽 교회들을 어렵게 만들었다. 그 이유는 다음과 같다. 첫째, 교회가 성경에 대한 믿음을 파괴하는 진화론적 역사관에 타협하였고, 성경을 변증하기 위한 어떠한 노력도 하지 않았다. 둘째, 교회 지도자들에 대한 좌절감이다. 창조(creation)에 대한 창세기의 설명이 거부되어지고, 하나님이 정하신 한 남자와 한 여자의 결혼도 거부되어질 수 있는 상황인데도 교회 지도자들은 창조신앙을 가르치거나 강조하지도 않고, 창조신앙 자체가 흔들리고 있다는 사실이다. 많은 교회들이 진화론이 학교에서 교육되기 시작하면서부터 성경의 초자연성을 외면하기 시작했다. 다윈의 진화론으로 기독교의 창조, 타락, 그리고 구속이라는 성경의 세계관은 무너지기 시작했다.

(2) 진화론이 창조론에 앞선다

1925년 스콥스 재판(John Scopes Trial)으로 성경의 6일 창조가 세상의 도마 위에 올려졌다. 당시만 해도 미국 국공립학교에서는 기원을 이야기할 때 성경의 창조론만이 용납되었다. 당시 유럽을 휩쓸던 물질주의 진화론은 미국학교에서 금지되었다. 그러나 테네시 주의 고등학교 교사인 존 스콥스(John Scopes, 1901-1970)가 창조론 이외의 진화론을 학급에서 소개하였고, 이에 대한 학교 측의 제소로 스콥스 재판이 시작되었다. 이 재판은 비록 학교 측의 승리로 끝났지만, 이로 인해 기독교인들이 얼마나 비과학적인 것을 믿는 광신자들인지 조롱받는 계기가 되었다. 일명 원숭이 재판(Monkey Trial)으로 알려진 스콥스 재판은 복음적이던 미국을 진화론으로 눈을 돌리게 하는 역사적 전환점이 되었다. 그 후 미국에서는 성경의 권위를 점차 인정하지 않게 되었다. 진화론자들의 끈질긴 노력으로 1962-63년 미국 연방대법원은 공립학교에서 성경을 가르치고 기도하는 것을 금지하였고, 연방대법원은 1980년 십계명을 공립학교에 전시하는 것을 금지하였다.

(3) 유신진화론의 탄생

독일의 성서신학자 율리우스 벨하우젠(Julius Wellhausen, 1844-1918)은

'고등비평'으로 창세기에 대한 파괴 작업을 시도했다. 그는 기독교 신앙에 진화론적 인류역사관을 적용하였다. 벨하우젠은 구약성서의 모세오경이 모세의 단일저작이 아닌, JDPE(야훼, 신명기, 사제, 엘로힘)문서를 사용한 복수 저자들의 저작이라는 학설을 주장하였다. 이는 오늘날 자유주의 신학에서 대표적인 신학이론으로 믿고 있다. 자유주의 신학은 진화론을 그대로 성경 해석에 도입하여 유신진화론을 확립하게 된다. 유신진화론은 말 그대로 하나님이 천지를 진화론적으로 창조하셨다는 주장이다. 유신진화론은 창조주를 믿으면서 진화론도 수용하겠다는 타협이다. 따라서 이들의 이론은 창조의 주체를 하나님으로 설정한 것만 제외한다면 내용적으로는 거의 진화론적이다.11)

(4) 진화론과 창조론의 충돌

진화론은 신의 역할에 대해 의문을 제기했다. 다윈의 자연선택 이론은 생물계에서 신의 설 자리를 빼앗아 버렸다. 그동안 창조론은 스콜라주의 철학에서 설계 논변에 의해 논리적인 근거를 두고 있었다. 인간처럼 복잡한 존재는 우연히 존재하는 것이 아니라 신이 창조해 놓은 것이라는 주장이었는데, 다윈의 진화론은 신이 인간을 창조한 것이 아니라 원시적인 세포가 점점 진화하여 스스로 이런 형태를 갖췄다는 논리이다. 이러한 갈등과 충돌은 160년이 지난 지금까지 계속되고 있다.

(5) 사회진화론

다윈의 진화론은 19세기 유럽의 학계와 종교계, 사회에 영향을 미쳐 '사

---

11) J. P. 모어랜드, 스티븐 마이어 외 23인,「유신진화론 비판」, 소현수 외 3인 옮김 (서울: 부흥과 개혁사, 2019); 켄 햄, 휴 로스, 데보라 하스마,「창조, 진화, 지적 설계에 대한 네 가지 견해」, 소현수 옮김 (서울: 부흥과 개혁사, 2020)을 참조할 것.

회적 다윈주의'라는 이름으로 등장하기 시작했다. 대표적인 사상가들은 프랑스의 실증주의 철학자이고 사회학을 창시한 콩트(A. Comte, 1798-1857), 영국의 사회학자, 철학자 허버트 스펜서(Herbert Spencer, 1820-1903), 독일의 경제학자, 철학자인 칼 마르크스(Karl Marx, 1818-1883)가 있다. 콩트와 스펜서는 사회유기체설을 주장했다. 사회유기체설이란 다윈의 적자생존을 사회에 적용하여 개인의 자유 경쟁, 기업의 무제한 팽창을 옹호하고, 빈민 구제 반대, 혁명을 사회를 파괴하는 행위로 보는 것이다. 즉, 인간사회도 자연계를 연구하는 것처럼 같은 과학적인 방법을 사용해야 한다고 생각하고, 사회를 생물 유기체에 비유한다. 마르크스는 다윈의 적자생존 이론과 자연선택 이론으로부터 영향을 받았다. 그는 자연선택 이론을 '계급투쟁의 과학적 정당성'에 응용하여 자본론(資本論)을 저술했다. 사회를 경제적 사회 구성체로 본 그는 원시공산제 사회-고대노예제 사회-중세봉건제 사회-자본주의 사회-사회주의(공산주의)라는 사회의 발전을 진화개념으로 적용했다.

5) 다윈에 관한 비판적 고찰

진화론과 창조론의 대립은 지난 수 세기동안 계속 되고 있으며, 진화론의 자연주의적, 인본주의적 세계관은 이 시대를 풍류 하는 시대적 정신이 되었다. 즉, 진화론은 하나님을 떠난 인간에게 일종의 종교성을 가지고 이데올로기로서 신봉되고 있으며, 수많은 현대인들의 생각과 삶을 사로잡아 왔다. 오늘날의 많은 사람들이 하나님이 세계를 창조하셨다는 창조론의 주장에 대해서는 비과학적이라고 비난하면서도, 진화론을 믿으라면 진화론의 위험성을 알면서도 그대로 받아들이고 있다는 사실이다. 오늘날 과학을 신봉하는 사람의 수는 워낙 많기 때문에 과학은 유례없는 권위를 누리고 있다. 오늘날 사람들은 과학의 막강한 권위로 인해, 과학이 주장하는 것들에 대한 믿음을 시험해 보지 못하고 있다. 우리는 과거와는 달리 공식적으로, 비공식적으로 과학과 관련된 지식에 접근할 수 있는 전혀 다른 시대에 살고 있다. 사람들이 과학은 탐구의 방식으로 여기는 반면 종교적 권위의 방식은 비과학적인 것이라고 여기고 있다. 그러나 이러한 진화와 창조의 오랜 대립 속에 기독교인들이 과학과 성경 사이의 관계를 이해하려고 노력하고 있다. 그러므로 과학적 자료는 성경이 하나님과 세계에 대해 가르치는 것과 반대일 필요가 없다. 진화론은 가장 간단한 것에서 가장 복잡한 것으로의 진화를 가정한다. 하지만 어떻게 그러한 발전이 가능할 수 있을까 하는 점에 대해서는 분명한 한계가 있다. 다윈의 해답은 오랜 기간에 걸친 우연적인 변이의 축적이라고 주장한다. 그러나 아무리 많은 시간이 주어진다 할지라도 우연의 반복에 의해 발전하는 일이 가능할까? 대부분의 기독교인들은 다윈의 진화 모델을 명백한 무신론과 함께 거부한다. 그럼에도 불구하고 진화론에 대한 과학적 대응을 시도하는 가운데 유신론적 진화의 가능성에 호기심을 가지는 사람들이 있다. 하지만 창조-진화 논쟁에 대한 유신론적 진화론 방식의 해결은 또 다른 문제점을 지닌다는 사실을 잊어서는 안된다. 복음주의자들은 다윈의 진화론과 화해하라는 유례없는 압력을 받고 있으며, 점점 더 많은 사람이 이에 굴복하고 있다. 안타까운 아이러니는 현재 진화론이 어느 때보다도 점점 늘어나는 과학적 도전과 강력한 이의에 직면하여 어려움을 겪고 있다는 것이다. 유신론적 진화론은 중세 기독교의 실수를 반복하여, 유한한 사람들의 말을 절대화하고, 무한한 하나님의 말씀을 상대화한다. 유신론적 진화론자들의 문 앞에 놓인 부담은 그 문 앞이 바로 그들이 과학의 집으로 들어갈 때 그들의 종교적 책무를 내려놓는 곳이라는 점이다. 유신론적 진화론은 이런 상황에서 생긴 일종의 기형으로 이해되어야 한다. 기독교 신앙을 가진 사람에게 던져지는 유신론적 진화론의 충고는, 비록 성경의 인지적 기반을 포기하는 것이 되더라도 조용히 입을 다물고, 기존 과학계를 신뢰하고, 그에 순응하고 적응하라는 것이다. 유신진화론은 자연주의가 가진 위험성을 고스란히 교회 안으로 도입하고 있으며, 성경 및 전통 신앙과 대립하고 있다는 사실이다. 점점 더 많은 기독교인이 유신론적 진화론의 깃발 아래 모여, 하나님이 창조의 방법으로 진화를 사용하셨다고 주장한다. 필자는 이것이 모든 가능성 중 최악이라고 생각한다. 기독교인은 진화론의 한계 및 오류에서 벗어나 창조신앙에 의해 조명되어야 한다. 하나님으로부터 멀어지려는 경향과 그것과는 정반대로 하나님 나라를 향한 움직임이 공존하고 있다. 진화는 분명히 하나님으로부터 멀어지려는 사고이며, 창조만이 하나님 나라를 향한 사고임을 분명히 해야 한다.

4. 칼 마르크스(Karl Marx, 1818-1883)

마르크스는 과학적 사회주의(Scientific Socialism)의 창시자로서, 엥겔스(Friedrich Engels, 1820-1895)와 함께 마르크스주의 철학, 즉 변증법적 유물론과 역사적 유물론을 창조했으며 노동자 계급의 정치 경제학과 과학적 공산주의를 확립했다. 마르크스는 자기 살아있는 당대에 이미 유럽 전체에서 가장 중요한 사상가 중 하나로 이름이 알려지기 시작했고, 그의 사후(死後) 반세기가 지나기도 전에 그가 선포한 공산주의 사상에 의거 성립한 공산국가가 지구면적의 40%를 차지하는 공산주의 국가가 되었다. 마르크스의 사상은 워낙 방대하므로 여기서는 그의 생애를 간략히 살펴보고, 무신론적 사상을 중심으로 알아보고자 한다.

1) 마르크스의 생애

마르크스는 1818년 5월 5일 독일의 서부 도시 트리어(Trier)에서 풍족한 유대인 기독교 가정에서 태어났다. 마르크스의 아버지 히르쉘 마르크스(Hirschel Marx, 1782-1838)는 개신교로 개종한 변호사였고, 어머니 헨리에테(Henriette, 1787-1863)는 네덜란드 귀족가문 출신이다. 그녀는 랍비인 친정아버지 프레스부르크(Isaac Pressburg)가 죽은 다음에 기독교로 개종하였다. 마르크스의 아버지는 프랑스의 사상가로서 계몽주의를 대표하는 볼테르(Voltaire, 1694-1778)나 독일의 극작가이자 계몽사상가 고트홀트 레싱(Lessing Gotthold Ephraim, 1729-1781) 등의 저작을 읽고 계몽주의 사상을 견지하였기 때문에, 세속적이었지만 합리주의를 신봉했다. 트리어

(Trier)는 한때 나폴레옹의 지배로 인해 프랑스혁명의 진보적 영향을 받은 곳이었기 때문에, 프로이센 군주의 지배에 반감을 가진 지방이었다.

마르크스는 1835년 낭만주의 사조의 영향에 젖어있던 본 대학교(Bonn University)에서 법학을 공부하다가 1836년에 베를린 대학교(Berlin University)로 옮긴다. 여기서 마르크스는 베를린 청년들을 사로잡은 헤겔주의 사상에 빠져들게 된다. 이후 좌파성격이 강한 청년헤겔학파에 소속되어 무신론적 급진주의자의 성향을 띠게 된다. 1841년 23세의 나이로 예나 대학교(Jena Unoversity)에서 고대 그리스 유물론자인 에피쿠로스(Epicurus, B.C 341-270)의 철학에 관한 논문으로 철학박사학위를 받았다. 그러나 그는 스승이었던 신학자이자 철학자인 브루노 바우어(Bruno Bauer, 1809-1882)가 교수직에서 해임되고, 그의 급진적인 의식 때문에 대학에서 임용을 거부당한다. 그는 저널리즘 쪽 일을 하기로 결심하고 진보적인 신문인 '라인신문'에 기고하기 시작했다. 하지만 마르크스가 포도 재배업자의 비참한 삶에 대한 비판적인 원고를 싣는 바람에 '라인신문'은 폐간되고 일자리를 잃게 된다. 이 때 마르크스는 베스트팔렌 남작의 딸인 예니(Jenny von Westphalen)와 결혼한다.

독일의 답답한 상황에 실망한 마르크스는 사상의 자유가 보장되는 프랑스 파리로 이주하였다. 파리에서 마르크스는 독불년지(獨佛年誌)에 '대인문제,' '헤겔 법철학비판 서문' 등을 기고하는 등 활발한 저작활동을 벌였고, 이 때 마르크스는 프랑스 혁명과 영국의 고전경제학자들에 대해 연구하기 시작했다. 마르크스는 점점 현실의 역사와 정치경제에 관심을 기울이기 시작했고, 파리 시기의 결실이 미완성작인 「경제학 철학 수고」 (1844)이다. 무엇보다 마르크스는 파리에서 그의 평생후원자인 엥겔스(F. Engels, 1820-1895)를 만나게 되었다. 엥겔스는 부유한 공장주로서 마르크스의 어려운 재정형편을 뒷받침함으로써 마르크스 사상이 세상의 빛을 보는데 지대한 기여를 했다. 1845년 다시 프러시아의 압력에 의한 프랑스 정부의 요구로 브뤼셀(Brussel)로 떠나 엥겔스와 공저로 「독일 이데올로기」 (1845)라는 명저가 탄생하게 된다. 이 책은 역사에 대한 유물론적인 개념을 제시하고 있다. 마르크스는 1847년 엥겔스와 함께 런던에 있는 한 비밀결사인 '공산주의 동맹'에 가입하였다. 그는 프랑스에서 1848년 혁명이 발발하자, 파리의 혁명을 돕기 위해 「공산주의 선언」을 작성하게 된다. 「공산주의 선언」에는 자본가와 노동자 간의 계급갈등으로 역사를 조망하는 관점이 간명하게 제시되고 있다. 처음에 마르크스는 노동자와 진보적인 부르주아가 협력할 것을 당부하다가, 나중에는 노동자들의 독자적인 정치행동을 옹호하게 된다. 마르크스는 프랑스의 혁명이 실패하자 결국 영국으로 망명을 떠나게 되고 런던에서 죽을 때까지 살았다. 영국에서 마르크스는 더 이상의 정치적 활동을 중단하고 1848년 프랑스혁명의 의미를 반추하는 「1848 프랑스 계급투쟁」이라는 책을 출판한 뒤에, 자본주의의 경제적 법칙을 일반화하기 위해 「자본론」 저술에 착수한다.

마르크스는 경제학 이론에 대한 최초의 저서 「경제학 비판」(1859)을 발간하여 변증법적 유물론과 사적 유물론을 경제학에 적용하였다. 이 책의 서언에 유명한 유물사관 공식이 실려 있다. 마르크스는 혁명은 인위적으로 발발하기 보다는, 새로운 자본주의의 위기 시에 발생할 것이라고 생각하게 되었다. 런던에서 생계 난에 시달리던 마르크스는 결국 첫째 아들을 병으로 잃게 되었고, 1864년에 어머니가 돌아가시고 유산을 물려받게 되어 어느 정도 경제력이 회복되었다. 이러한 와중에 마르크스는 세계노동자의 단결을 꾀하는 국제노동자협회, 즉 '제1인터내셔널' 발기인이자 개회 연설자로 참여하였다. 그리하여 그는 소위 마르크스주의자 이외의 영국의 자유주의적 노동조합주의자, 독일의 사회주의자 및 혁명사상가인 페르디난트 라살 (Ferdinand Lassalle, 1825-1864), 프랑스의 철학자이자 무정부주의자인 피에르 조제프 프루동(Pierre-Joseph Proudhon, 1809-1865)과 러시아 출신의 아나키스트 혁명가인 미하일 바쿠닌(Mikhail Bakunin, 1814-1876) 등 각종의 입장에 서는 자들을 참가시켜서 공동투쟁전술을 형성하였다. 이후 마르크스는 8년 동안 인터내셔널 런던 지부에서 주도적인 역할을 하게 된다. 「자본론」의 1권은 1867년에 발간되었다. 그는 자본론의 완성을 위해 연구를 계속하였으나, 그의 생전에 간행되지 못하고 결국 제2, 3권을 미완성의 원고로서 엥겔스에게 물려주게 되었다. 그는 다년간의 망명생활의 고단함과 과로로 인하여 건강이 매우 악화되었으며 1883년 일생을 마쳤다.

2) 마르크스의 사상적 배경

마르크스는 대학시절 급진적인 청년헤겔학파에 속해 있었다. 청년헤겔학파는 헤겔 철학이 지닌 비기독교적인 측면을 강조하고 차츰 헤겔 철학의 테두리를 벗어나게 되었다. 청년헤겔파에는 루트비히 포이어바흐(Ludwig Feuerbach, 1804-1872), 다비드 프리드리히 슈트라우스(David Friedrich Strauss, 1808-1874), 브루노 바우어(Bruno Bauer, 1809-1882) 등이 핵심적인 역할을 했다. 특히 포이어바흐가 헤겔의 이성주의(理性主義)를 철저히 비판한 것은 마르크스-엥겔스의 변증법적 유물론이 등장하는 기초가 되었다. 그렇기 때문에 청년헤겔학파의 사상으로부터 마르크스가 어떻게 영향을 받았는지 살펴보는 것은 매우 중요하다. 왜냐하면 마르크스의 종교에 대한 비판의 사상적 배경을 알 수 있기 때문이다.

(1) 루트비히 포이어바흐(Ludwig Feuerbach, 1804-1872)

포이어바흐는 원래 신학을 공부하였으나 종교비판가가 되었다. 그는 신학을 벗어나 철학으로 넘어가 기독교의 주장을 자기중시적인 종교라고 혹독한 비판을 가하게 된다. 마르크스가 종교에 대한 자신의 견해를 형성하는 데 도움을 받은 것은 포이어바흐가 종교비판을 다룬 저서 「기독교의 본질」(1841)이다. 포이어바흐는 이 책에서 근본 실재는 신이 아니라 인간이라고 주장한다. 그리하여 그는 신학을 인간학의 문제로 바꾸어 놓았다. 인간의 신에 대한 관념을 분석해 보면, 결국 인간의 감정과 요구를 떠나서는 신도 결코 존재할 수 없다는 사실이 나타난다고 포이어바흐는 주장한다. 즉 절대 정신이나 신에 대한 인간의 관념은 인간 실존의 양태들을 반영해 줄 뿐이라고 말한다. 포이어바흐는 이러한 방식으로 헤겔의 관념론을 비판했고, 그의 유물론은 마르크스 철학에 가장 결정적이며 특정적인 요소를 제공해 주었다. 마르크스가 포이어바흐에게서 배운 것은 종교가 인간의 요구를 투사하고 있는 하나의 환상(illusion)이라는 것과 그것에 대한 신앙은 인간을 자신의 깊이와 능력으로부터 소외시킬 것이라는 관념이었다. 포이어바흐의 투사이론을 받아들인 마르크스는 신은 단지 환상에 불과하며 인간 본질의 여러 속성의 투사일 뿐이라고 주장한다. 그러므로 신적인 존재는 인간적인 존재에 불과하다고 말하고 있다. 그러나 마르크스는 포이어바흐의 추상적 인간학을 현실적 인간과 그들의 경제, 사회생활의 실제 조건을 설명해 줄 수 있는 유물론적 인간학으로 대치했다. 그는 종교의 발생을 사회적인 불의에 있다고 주장하였다. 노동의 분화, 착취, 그리고 계급 사회가 발전해 온 수천 년 동안 소외된 자아의식과 상상력에 사로잡힌 인류에 의해 종교적 개념들이 투사될 수 있는 조건들이 생겨났다고 본다.

(2) 다비드 프리드리히 슈트라우스(David Friedrich Strauss, 1808-1874)

헤겔학파의 분열은 1831년 헤겔이 사망하기 전에 이미 기독교에 대한 헤겔의 입장을 둘러싸고 시작되었다. 논쟁은 구체적으로 신의 인격성, 그리스도의 신인성(神人性), 영혼의 불멸성 문제 등을 둘러싸고 진행되었다. 그 중심에 독일의 자유주의 신학자이며 성서비판의 선구자인 슈트라우스가 있다. 슈트라우스의 「예수의 생애」(1835)가 출판되면서 헤겔학파의 분열은 가속화되게 된다. 그는 복음서를 헤겔의 사상으로 분석한 사람이었다. 그 주장의 핵심은 예수의 기적을 부정하고, 복음서의 내용들은 역사적 사실이 아니며 자연법칙에 모순된 것으로서 신화에 불과하다는 것이다. 복음서의 예수를 신화라고 주장한 그는 교회로부터 추방당하게 된다. 슈트라우스가 제기한 문제 핵심은 '역사의 예수'와 '신앙의 그리스도'를 분리시켜야 한다는 것이다. 역사적 예수는 역사적으로 과학적으로 아무 것도 첨가하지 않은 인간 예수이다. 하지만 신앙의 예수는 시적인 표현의 신화 속에서 보는 예수이다. 여기서부터 역사적 사실과 신앙과의 구분이 시작되고, 그러면서 신앙이 좋을수록 역사나 과학과는 거리가 멀어지게 되는 것이다. 슈트라우스는 성경은 절대로 그냥 받을 수 없고, 논리에 맞지 않으면 신화로 보면 된다고 주장한다. 전통적으로 인정하고 믿어 온 예수의 신성을 부인한 그의 책은 기독교에 큰 충격을 주었다. 그의 작품은 신약성서와 초기 기독교, 그리고 고대 종교에 대한 혁명적인 연구를 시도한 튀빙겐 학파(Tübingen School)와 연결되어 있다. 슈트라우스는 '역사비평'을 사용하여 신학을 구축한 자유주의 신학자이다. 마르크스는 헤겔 좌파의 핵심적인 슈트라우스로부터 기독교가 신화에 불과하다는 사상을 받아들이게 된다.

(3) 브루노 바우어(Bruno Bauer, 1809-1882)

바우어는 독일 출신의 신학자이자, 철학자이자, 역사학자이다. 그는 헤겔 좌파의 대표적인 학자이다. 1800년대 독일의 많은 성서학자들은 성경의 기적적인 요소들에 관한 회의적인 저서들을 출간했는데, 바우어는 한 걸음 더 나아가 예수는 실존 인물이 아니었으며 신약성경은 완전히 꾸며진 거짓으로 가득 찬 이야기라고 주장했다. 바우어는 젊은 시절 자신의 신앙에 대해 신랄하게 비평했으며, 그의 회의주의는 지성인들에게 폭넓게 수용되었다. 1800년대 후반의 지식인들은 일반적으로 예수는 실제로 존재하지 않았다고 믿었다. 바우어는 완전한 인간을 지향함에 있어 종교가 방해적인 요소라고 생각했다. 즉 인간이 아직 완전한 인간이 되지 못한 이유는 그들을 구속하고 있는 의식으로부터 해방되지 못했기 때문이라고 하면서 그들을 구속하고 있는 의식의 끈은 종교라고 보았다. 그래서 그 당시 기독교 국가를 비판하면서 반기독교적인 입장을 나타냈다. 그는 기독교 국가에서는 진정한 인간이 될 수 없음을 주장하고, 국가와 종교의 분리를 주장했다. 마르크스는 이러한 바우어의 사상 아래에서 헤겔 철학을 배웠다.

3) 마르크스의 주요이론들

19세기는 사상적으로는 계몽주의가 원숙기에 접어들고, 산업혁명으로 자본주의가 정착되던 시기였다. 이 시대는 과학기술에 대한 낙관과 산업혁명의 놀랄만한 결과에 사람들이 열광하기도 했지만, 반대로 봉건시대의 수많은 농민들이 도시의 빈민 노동자로 전락하고, 급격한 산업화로 서민들은 신음하고 있었던 시기이기도 하다. 당시 유럽의 사상적 지주로서 가장 큰 영향력을 행사하고 있던 헤겔 철학은 이러한 상황에 오히려 당대 기득권 세력과 결탁한 국가를 옹호하는 결과를 만들었다. 이에 마르크스는 이들의 주장이 현실을 제대로 반영하지 못하는 관념론이라고 비판하고, 유물론을 주장한다.

(1) 유물론이란?

마르크스가 주장하는 무신론(Atheism)에 의거한 유물론(Materialism)은 그 중심이 인간이다. 유물론은 만물의 근원을 물질로 보고, 모든 정신 현상도 물질의 작용이나 그 산물이라고 주장하는 이론이다. 즉, 세계의 근본이 되는 실재는 정신이나 관념이 아니라, 의식이 독립하여 존재하는 물질이나 자연이라고 주장하는 이론이다. 그러기에 유물론에서는 일체의 종교나 신은 부정된다.

마르크스 사상의 모든 면을 이해하기 위해서는 그가 생각하고 전개해 가는 유물론에 대한 철저한 이해가 필요하다. 마르크스는 '모든 사유는 물질 혹은 자연의 반영'이라는 것이 가장 기초적인 생각이라고 주장한다. 그의 유물론은 생활조건이 인간에게 주는 영향력에 기반을 두고 전개한다. 그는 상부구조(superstructure)라고 지칭하는 법, 종교, 정치, 미학, 철학 등등이 취하는 형태가 사회의 경제적 구조와 과정에 의하여 결정된다고 주장하였다.[12] 마르크스의 입장은 우리를 둘러싸고 있는 물질세계, 즉 자연

---

12) 사회의 경제적 구조, 즉 사회의 생산 관계의 총체를 마르크스는 하부구조 혹은 토대(土臺)라 불렀다. 이에 비해 상부구조는 하부구조 위에 성립하는 정치적·법률적·종교적·예술적·철학적인 관념이나 그에 조응해서 만들어지는 여러 제도를 말한다. 생산양식이란 생산력과 생산에 참여하는 사람들의 사회관계, 즉 생산관계를 총체적으로 파악하는 개념이며, 모든 사회적 가치나 예술·종교·법률·정치제도 등은 이 생산양식의 반영에 불과하다고 한다. 따라서 사회 변화나 역사 진행의 진정한 동인(動因)은 경제적 요인이며, 이 하부구조의 변화가 다른 모든 사회구조를 변화시키게 된다. 즉, 하부구조가 상부구조를 결정한다는 뜻이다.

이 사회적, 정치적, 종교적, 그리고 철학적 세계들을 결정한다는 것이다. 마르크스는 이 생각을 가지고 경제를 강조하고, 나중에는 그의 전 이론의 기초를 형성하게 된다. 그는 헤겔의 관념론적인 것이 아닌 물질적인 것을 강조하며, 물질적인 것을 정의내리는 데 있어서도 경제적 관계에 역점을 두었다. 이런 입장으로 마르크스를 '경제적 결정론자'로 불려진다. 마르크스는 엥겔스와 함께 마르크스주의 철학, 즉 변증법적 유물론과 역사적 유물론을 창조했다. 여기서 두 가지 유물론을 살펴보기로 하자.

(2) 변증법적 유물론

마르크스는 유물론에 변증법을 추가해 적용하는데, 이것을 변증법적 유물론이라고 한다. 말 그대로 변증법적 유물론은 의식이 물질의 반영이라는 유물론과 우리가 대상을 인식할 때 대상의 고정적인 면을 보는 것이 아니라, 대상의 전체적인 연관과 함께 그 끊임없는 발전을 본다는 변증법이라는 두 축을 중심으로 세계를 해석하는 이론이다.

변증법이라는 용어는 그리스 사상에서부터 연유되었다. 변증법은 질의 응답을 통하여 진리에 도달하려는 수단을 말한다. 본래의 의문에 대한 답을 얻기 위하여 하나의 견해가 진술되면, 질문자들은 반대되는 의견이나 다른 입장이 받아들여질 때까지 질의를 통하여 이에 대해 비판을 가한다. 이러한 과정을 계속해 나감으로써 양쪽 견해의 진정한 부분에 합치하려는 노력을 기울이게 된다. 이는 정답을 찾아내고, 이에 대해 모든 사람이 만족할 때까지 계속된다. 마르크스는 헤겔의 변증법을 차용하여 모든 관념의 발전을 정명제(thesis), 반명제(antithesis), 그리고 합명제(synthesis)의 변증법적 과정으로 설명하였다. 예를 들면 다음과 같다. 정명제(thesis)는 양(量)의 질(質)로의 변형이다. 이것에 따르면 양의 점진적 변화는 질의 혁명적 변화를 일으킨다. 정도가 변화되면 점차 질과 종류도 변하게 된다는 것이다. 물은 고체(얼음)에서 액체로 또 기체로도 변한다. 반명제(antithesis)는 대립물의 통일의 법칙이다. 이것은 구체적 현실의 통일체는 대립물, 혹은 모순의 통일체임을 의미한다. 정명제 속의 모순이 반명제가 된다. 이처럼 반대되는 것은 실제로는 하나이다. 이 위에 정명제와 반명제가 합쳐져서 합명제(synthesis)가 된다. 합명제는 부정의 부정의 법칙이다. 이것은 대립물의 투쟁 속에서 하나의 대립물은 다른 대립물을 부정하며, 다시 그것은 보다 높은 차원의 역사적 발전(正-反-合)에 의해 부정됨을 의미한다. 이것은 부정의 부정이다. 모순은 다른 질적인 변화가 이루어져 합명제가 될 때까지 계속 누적된다. 여기서 합명제나 반대되는 것의 통일은 질적인 변화이지, 새로운 정명제와 반명제의 단순한 결합은 아니다.

(3) 역사적 유물론

역사적 유물론은 마르크스주의 사회 및 역사이론의 핵심 개념이다. 마르크스와 엥겔스가 공동으로 저술한 「독일이데올로기」(1845-46)에서 최초로 확립되었다. 유물론적 역사관은 현실적으로 경험 가능한 사실을 역사 서술의 출발점으로 삼는데, 그것은 고정되거나 죽은 사실이 아니라 '생산 활동을 하는 현실적 인간,' 즉 '발전 과정 속에 있는 실천적 인간'이다.

마르크스와 엥겔스가 내세우는 역사적 유물론의 주요 특징은 다음과 같다. 첫째, 역사적 유물론은 '과학주의' 또는 '실증주의' 경향을 지니고 있다. 마르크스와 엥겔스의 역사적 유물론은 과학적 방법을 채택하고 있다. 여기서 과학적 방법이란 과학주의 또는 실증주의적 방법과 깊이 연관되어 있다. 역사적 유물론이 물질적 생산 활동을 중요하게 보는 이유들 중의 하나도 그것이 경험적으로 관찰 가능한 대상이었기 때문이다. 경험적으로 확인 가능한 사실에서 출발하고, 여기서 얻은 지식을 다른 사실에 관한 지식과 연관시켜서 법칙을 도출한다. 이것은 경험적 사실과 이로부터 이끌어낸 일반 법칙만을 중시하고, 가치판단 같은 그 이외의 다른 지식들은 배제하는 실증주의적 태도이다. 마르크스는 자연과학이 자연을 탐구하는 것과 동일한 방식으로 사회과학이 사회를 탐구해야 한다고 주장한다. 이것은 마르크스와 엥겔스가 역사적 유물론을 체계화시켰던 시기인 19세기에 크게 유행했던 실증주의 또는 과학주의의 영향 때문이라고 할 수 있다. 둘째, 역사적 유물론은 '역사주의' 경향을 지니고 있다. 역사에는 자연에서처럼 인간의 의지로부터 독립된 필연적인 법칙이 있고, 이에 대한 인식을 통해서 미래를 예측할 수 있다고 주장한다. 마르크스와 엥겔스는 실증주의적인 자연과학적 방법을 과학적인 것으로 간주하고, 역사와 사회에 대해서도 이러한 방법을 적용시키려고 노력하였다. 그래서 사회에도 필연적 법칙이 있으며 이에 대한 인식을 통해 미래를 예측할 수 있다는 역사주의 관점을 갖게 되었다. 이것은 마르크스와 엥겔스가 19세기에 많은 영향력을 발휘하고 있었던 자연과학적 방법을 모델로 하여 사회 법칙을 탐구하려고 했던 것과 연관되어 있다고 할 수 있다. 셋째, 역사적 유물론은 '경제적 결정론'(economic determinism)의 경향을 지니고 있다. 경제적 결정론은 물질적인 생산 활동과 같은 경제적 요소가 사회적 삶 전반을 결정하는 요인으로서 작용한다는 이론이다. 그래서 물질적 생산 활동을 사회와 역사를 움직이는 원동력으로서 중시하고 있다. 역사적 유물론이 물질적 생산 활동을 중시하는 이유도 이것이 사회 제도 및 사회적 의식과 같은 상부구조(Superstructure)를 규정하는 토대로서 작용하기 때문이다.

다시 부연하면, 경제적 결정론은 인간의 의식, 사회의 사상, 이념, 정치,

법률 등의 상부구조가 그 사회의 하부구조(토대)인 경제적 기초에 의해 그 특징이 결정된다는 이론이다. 이를 알기 쉽게 도식화하면 다음과 같다.

상부구조	4. 이념형태(이데올로기)	정신(精神)
	3. 법, 정치, 종교, 예술, 철학적 관계 등	
하부구조	2. 생산관계(경제관계)	물질(物質)
	1. 생산력(생산수단 + 노동력)	

마르크스는 사회구성체를 경제영역(토대 혹은 하부구조)과 비경제영역(상부구조)으로 나누고 경제적 토대가 본질적인 것이고 이것이 모든 비경제적 상부구조를 결정한다고 보았다. 사회구성체는 그때그때 일정한 생산양식을 가지며 그것에 의해 규정되는 사회관계의 총체이다. 생산관계에서 인간은 자신들의 의지와 불가결하게 독립적인 생산관계에 들어간다. 토대 또는 하부구조의 핵심인 생산관계는 노동력, 도구, 재료 등의 생산수단과 물질 생산의 방법인 생산양식에 의해서 구성된다. 이 생산관계가 바뀌면 물질과 재화를 생산하는 생산력(Productive force)이 변화한다. 그 결과 경제적 구조인 토대가 변하게 되고, 그로 인하여 정치, 법률, 철학, 문화, 예술, 관습 등의 상부구조(Superstructure)도 변화한다. 이렇게 하여 새로운 사회가 시작되는 것이다. 생산관계의 총체, 경제적 구조는 사회구성체의 실질적 토대(하부구조-생산력과 생산관계)를 구성하고, 실질적인 토대는 상부구조(법적, 정치적, 지적, 사회적 의식 등)를 규정한다. 즉, 마르크스는 헤겔의 변증법처럼 형이상학적인 정신이나 이념 등의 관념론적인 상부구조가 역사를 움직인다고 보지 않았다. 그는 경제적 생산력과 사회계층의 변화를 비롯한 토대 혹은 하부구조가 역사를 움직인다

고 주장했다. 여기서 그렇다고 상부구조는 사라지는 것이 아니라 하부구조가 상부구조를 움직인다는 이론이다. 이는 정신이나 관념 등을 부정하고 오로지 물질적인 것만이 세상을 이루고 결정한다는 종래의 유물론의 주장과도 일치한다. 이것이 바로 경제적 토대가 인간의 존재와 인류의 역사를 결정한다는 역사적 유물론이다.

마르크스는 생산력과 생산관계의 발전에 따라 인류사회는 5단계로 발전된다고 주장했다. 원시공산사회-고대노예사회-중세봉건사회-자본주의사회-공산주의사회 순서이다.

경제적 사회구성체의 단계적 시기를 도식화하면 다음과 같다.

사회형태	생 산 력	생산 관계	주요 계급
원시공산사회	석기, 활, 사냥, 어업	생산수단의 공유	무계급
고대노예사회	금속기, 목축, 농업, 수공업	생산수단과 인간의 사유	노예소유주와 노예
중세봉건사회	철제의 개량, 조직농업, 수공업	생산수단의 사유 인간의 제한된 사유	봉건영주와 농노
자본주의사회	기계시설에 의한 대규모공업	생산수단만의 사유	자본가와 무산계급
사회주의사회	제조업과 공업의 발전	생산수단의 공유	무계급

1단계 원시공산사회는 분업화되지 않은 공공 노동이 존재하는 사회이다. 여기서는 사실상 생산수단들의 집단 소유가 존재한다. 그리고 인간에 의한 인간 착취나, 사회 계급도 존재하지 않는다는 사회이다. 2단계 고대노예사회는 강화된 노동 분할이 수반된 기본적 생산 기술에 의해 특징지어 지는 사회이다. 이러한 노동 분할이 강화되면 될수록, 부의 축적 가능성이 높아진다. 결국 어떤 시점에서 한 사람은 부를 축적하는 반면, 다른 한 사람은 더 이상 어떤 것도 교환하지 못한다는 것을 의미한다. 3단계

중세봉건사회는 생산수단들의 성장을 견인하는 기술적 진보가 나타나는 사회이다. 철제가 개량되고, 농업이 조직화되고 수공업이 발전되는 사회이다. 무수한 생산수단들은 노예주에 의존하지 않고 증가하는 수많은 노동자들에 의해 점유될 가능성이 있는 시설들이 나타나기 시작한다. 4단계 자본주의사회는 기술 진보에 의해 수공업 체제는 지나가고, 수공업자들의 관심과 영주들의 관심 사이에 대립이 존재하는 사회이다. 수공업자들의 권위 아래로 넘어 온 농노들은 자유인이 되고, 노동하는 인간에 대한 소유는 사라진다. 영주의 정치 지배도 더 이상 없다. 그러나 생산자인 인간은 항상 생산수단들을 박탈당한다. 인간은 생존을 위해 소외시킨 자기 노동력의 소유자가 된다. 여기서 우리는 한편에서는 노동자 계급의 조직화를 보고, 다른 한편에서 자본의 성장과 그것이 소수의 손에 집중되는 것을 목격하면서 지속적인 갈등과 대립이 존재하는 사회이다. 5단계 사회주의사회는 인간 소외가 사라지는 사회이다. 사회주의 사회에서 노동은 더 이상 하나의 상품으로 여겨지지 않을 것이고, 생산 도구들을 사적으로 소유한 결과로 나타난 소외는 반드시 사라진다. 이상사회인 사회주의 사회는 결과적으로 착취와 계급투쟁의 종말을 도출할 수 있다.

4) 마르크스의 종교 이해

마르크스는 자신이 살던 사회에서 확인한 것은 다음과 같다. 인간이 물질적 지평에서 뿐 아니라, 종교로 말미암아 정신적 지평에서도 소외되어 있다는 것이다. 따라서 인간이 자신의 경제적 소외에 대한 의식을 가지려면 먼저 종교적으로 소외된 인간을 해방시켜야 하며, 이러한 의식화 작업을 통해 인간은 경제적 소외에서 해방되어야 한다고 생각한다. 종교에 대한 마르크스의 비판들 가운데 하나는 종교가 인간에게 이미 만들어져 있는 삶의 의미를 준다는 것이다. 만일 인간이 이 의미를 백지화하고자 한다면, 깊이 박혀있는 종교적 뿌리와 과거의 정신 안에 뿌리박혀 있는 것을 제거해야 한다고 주장한다. 종교현상에 대한 마르크스의 해석은 통상적인 유물론적 해석이 아니다. 신 존재에 대한 그의 관점은 생물학적 유물론에 토대를 두지 않고, 사회 현실 속에서 종교의 근원적 동기들을 발견하는 일에 관심을 두고 있다. 세계의 현실 상황은 그에게 모든 종교 발전의 열쇠가 된다. 마르크스는 종교를 학문이 자리 잡지 않았던 기간에 인간이 만들었던 세계에 대한 이론이라고 보았다. 이러한 관점에서 종교는 인간이 생존을 위한 긍정적 현상이다. 그러나 다른 한편으로 종교는 망상적이고, 환상적인 어떤 것을 그 안에 지닌 것으로 보았다. 마르크스의 시각으로 보면, 세계의 매정함이 멈추고 영혼을 가진 세계가 되려면 세계를 변혁해야만 한다. 종교가 인간에게 미약한 심성과 위로를 주는 한, 종교는 세계가 불의하고, 매정하고, 영혼이 없다는 것을 줄 뿐이라고 주장한다. 마르크스는 종교는 아편이라며 사유재산과 계급대립의 폐지 이후에 종교가 소멸될 것이라며 기독교에 대하여 정면으로 공격하였다.

　마르크스는 종교를 제거하는 일은 생물학자나 물리학자보다 이편에 진리를 세우고, 그로 말미암아 저편의 망상을 해체하는 역사가와 경제학자에게 해당되는 과업이라고 본다. 그 점에서 인간의 본질을 인간에게 회복시키고 참된 인간으로 되돌리기 위한 사회적 삶의 조건들을 바꿔야 한다고 주장한다. 마르크스는 종교를 반대하는 이유를 다음과 같이 설명한다. 첫째, 종교에 맞서 투쟁해야 하는 이유는 종교가 자본주의의 중요한 한 요소이기 때문이다. 종교는 민중의 혁명의지를 꺾고 인간에게 가상의 행복을 부여하기에, 인간이 망상을 포기하는 것을 요구해야 한다. 둘째, 종교에 맞서 투쟁해야 하는 이유는 종교는 기득권 계급의 지배도구이기 때문이다. 반종교 투쟁은 반지배계급 투쟁이다. 지배계급 구성원들은 종교를 제작하고 사회 전체를 위한 하나의 이데올로기를 만들었다. 이러한 종교의 목적은 피지배계급에 대한 지배계급의 압제를 용이하게 하는 것이다. 그러므로 인간에 대한 착취가 사라지려면 종교 역시 사라져야 한다. 자세히 부언하면 다음과 같다. 1) 사회혁명적 행동에 동기를 주기 위하여 종교를 박멸해야 한다. 2) 마르크스주의는 기독교의 종말론과는 달리 이 현실역사 안에서 목표가 달성된다고 믿는다. 3) 자연과 역사의 법칙을 인식하면 역사의 지배가 가능하다. 그러기에 마르크스주의자에게는 세상의 신비가 존재할 수 없다. 4) 사회를 움직이고, 권력을 유지 보존시키는 기능은 종교의 전통주의와 보수주의가 가지고 있다. 5) 마르크스주의는 사회 목표를 달성하기 위하여 개인을 동원한다. 그러므로 인간은 오직 사회를 위한 노동에만 헌신하면 된다. 종교는 불필요하다. 6) 마르크스주의는 복은 내세적인 것이 아니고, 구체적이고 물질적인 복이어야 한다. 종교적 관념은 환상이며 종교와 형이상학은 현실을 꿈에다 희생시키는 것에 불과하다.

5) 마르크스에 대한 비판적 고찰

마르크스의 종교 비판은 인간에 의한 인간의 착취가 완전히 종식되고, 인간의 총체적인 해방이 성취되는 공동체를 실현시키려는 관심에서 발원되었다. 그는 '종교는 민중의 아편'이라는 외침과 함께 종교 소멸론을 주장했다. 즉, 종교는 우리의 관심을 이 세계로부터 멀어지게 하고, 우리의 희망을 저 세계에 두게 하므로 무익한 것이라고 본 것이다. 그는 환상적인 행복 대신에 인간의 참된 행복을 이 땅에서 찾고, 인간의 해방을 위해서 종교를 거부했다. 아울러 그는 유물론적 무신론에 입각한 공산주의 운동을 전개하며 기독교를 박멸하고자 했다. 그의 사상과 사회운동은 당시 시대적 보편현상이었던 기독교에 대한 회의, 특히 경제, 사회적 측면에서 기독교의 근거를 거세하는데 중요한 이정표가 되었다.

그러나 마르크스의 역사적 유물론을 통해 사회가 발전하여 결국 이상사회에 도달한다는 환상과 예언은 곳곳에서 빗나갔다. 그가 자본주의 사회는 그 스스로 자멸할 수밖에 없다고 공언하며 예측했지만, 오히려 그와는 반대로 자본주의 사회는 그 취약점들을 극복하며 더욱 발전하게 되었다. 그리고 자본주의와 민주주의의 발전에 편승한 기독교는 미국이라는 사회를 중심으로 생존하고 번성할 수 있게 되었다. 그러나 공산주의가 내세운 이상주의적인 공산주의사회 건설은 요원했고, 공산주의 이념을 근거로 세워진 국가들마다 퇴락하게 되었다. 이에 공산주의가 무엇이냐에 강한 의구심을 가지게 되었다. 마르크스는 인간이 만든 환상에 지나지 않는 종교는 미래 사회에서 반드시 소멸될 것이라고 주장하였지만, 정작 역사의 문을 닫고 도태되어져야 하는 운명을 맞이한 것은 공산주의였다. 더욱이 오늘날 공산주의 이념은 같은 공산주의자들에 의해서 설득력을 잃고 퇴출당하고 있다는 사실은 매우 곤혹스럽게 하는 현실이다. 마르크스 공산주의의 최대의 적은 바로 자신이 안고 있는 환상적인 허상이다. 유물론적 무신론에 근거한 마르크스의 공산주의는 스스로에 의해서도 역사의 이단아였다는 것을 반증해 주고 있다. 마르크스는 인간의 본성은 선하다는 인간상에 입각하고 있으나, 기독교는 인간 실존의 유한성에 입각해 부조리와 불평등이 제거되고, 정의가 완전히 실현된 이상사회 도래를 거부하고 있다. 기독교는 진정한 역사의 이상향은 초월적인 하나님의 역사에 의해서만 가능하다는 것을 강조한다. 그리고 이 땅에 하나님의 나라를 실현하는 빛과 소금의 역할을 감당하려는 기독교가 되기 위해서는 공적 영역에서 교회의 책임을 고민해야 한다. 하나님께서 인간을 물질적 요소(흙)와 영적 요소(생기)의 결합으로 지으셨다. "여호와 하나님이 땅의 흙으로 사람을 지으시고 생기를 그 코에 불어넣으시니 사람이 생령이 되니라"(창 2:7). 이 말씀을 제대로 이해하는 기독교인이라면 구조적 측면 혹은 정신적 측면에서만 접근하는 인간성 회복이 아니라 총체적 인간성 회복을 고민하고, 끊임없는 자기반성과 개혁이 필요하다고 본다.

5. 프리드리히 빌헬름 니체(Friedrich Wilhelm Nietzsche, 1844-1900)

신을 거부한 사람으로 누구보다 유명한 사람은 '신은 죽었다'고 선언한 니체이다. 그는 종교에 대한 극단적인 반론을 제기하고, 그 사상이 20세기에 정치적인 목적을 위해 활동되어진 사상가였다.

1) 니체의 생애

프리드리히 빌헬름 니체(Friedrich Wilhelm Nietzsche)는 1844년 10월 15일 라이프치히(Leipzig) 근처인 뢰켄((Röcken)에서 루터파 교회 목사인 칼 루트비히 니체(Karl Ludwig Nietzsche, 1813-1849)의 장남으로 태어났다. 그는 14세에 포르타(Pforta) 고등학교에 입학하였고 문학과 음악에 깊은 관심을 보였다. 그의 학창 시절은 정직과 절제의 성격을 지닌 젊은이로서 높은 지적 수준과 음악적 재능이 있었다. 그는 1864년 본 대학교(Bonn University)에서 신학과 그리스어, 라틴어를 언어학적 입장에서 연구하는 고전문헌학 공부를 시작한다. 이때에 그는 자유주의 신학자인 다비드 프리디리히 슈트라우스(David Friedrich Strauss, 1808-1874)의 「예수의 생애」를 읽고, 그 뒤에 신약성서의 원문을 공부하면서 원전 비판을 시작했다. 그러나 한 학기를 보내면서 신학을 포기하기로 결심하고, 본 대학교에서 만난 저명한 고전문헌학자인 프리드리히 리츨(Friedrich Wilhelm Ritschl, 1806-1876)을 따라 라이프치히대학교(Leipzig University)로 학교를 옮긴다. 그곳에서 리츨의 지도를 받은 후 문헌학 공부와 염세주의 철학자 쇼펜하우어(Arthur Schopenhauer, 1788-1860)의 발견을 시작으로 학자로서의 삶을 시작하게 된다. 쇼펜하우어의 책들을 통해서 니체는 철학의 길로 이끌렸다고 해도 과언이 아니다. 니체가 라이프치히 대학교를 졸업하자 리츨 교수의 추천으로 1867년 24세의 나이로 스위스 바젤 대학교(Basel University)의 교수가 된다. 1868년 라이프치히에서 니체는 독일의 유명한 작곡가 바그너(Richard Wagner, 1813-1883)를 만나 교제를 하게 된다. 젊은 철학자 니체는 바그너에게서 자기의 이상을 발견하게 된다. 니체는 1870년 독·불 전쟁에 지원하여 위생병으로 참전했는데, 그 결과 심한 병에 걸리게 되었다. 니체는 러시아 장군의 딸 21세의 지성적인 여자, 루 살로메(Lou Salome, 1861-1937)를 사랑하게 되었고 결혼을 신청하였으나 거절당한다. 그로 인하여 실연의 괴로움으로 그는 세 번이나 자살을 기도하였다. 니체는 질병으로 인해 고통의 삶을 계속 살았고, 정신 착란증은 그를 계속 괴롭혔다. 결국 1889년 그의 누이의 손에 자신을 의탁하다가, 1900년 8월 25일에 바이마르(Weimar)에서 기구한 생애의 막을 내렸다.

2) 니체의 작품과 배경

니체는 체계적인 사상가로서보다는 오히려 예언자로서 기술되어 왔다. 확실히 그의 대부분의 저작들은 단편적인 것들이었다. 니체는 1872년에 첫 철학적 저술인 「비극의 탄생」을 출판했다. 니체는 쇼펜하우어의 염세주의 철학에 심취해 있었으며, 이 책은 염세주의 사상을 바탕으로 하고 있다. 니체는 여기서 독창적이고도 철학적인 초기 사유를 제시하고 있다. 이 책은 니체의 후기 철학적 사유들로 향하는 통로 역할을 하고 있다. 음악적으로 큰 도전을 준 음악가 리하르트 바그너(Richard Wagner, 1813-1883)의 희망을 지지하던 니체는 기독교인으로 신앙이 깊어진 바그너에게 격노하여 바그너와 헤어지고 비판자로 변신하였다. 1873년에는 논문의 형식을 취한 「반시대적 고찰」이 발간된다. 여기서 니체는 당시 퇴락한 문화적 풍토를 신랄하게 비판하고, 새롭게 탄생할 문화의 기반을 다져야 할 것을 이야기한다. 그는 당시의 역사학이 역사에 대한 객관적인 연구라는 이름 아래 온갖 잡다한 역사적 사실들을 탐구하는 데 몰두함으로써 사실상 생에서 도피하고, 생을 질식시키고 있다고 비판한다. 또한 그는 국가가 국민들을 국력의 신장을 위한 도구로 사용하는 한편, 사람들을 경제적 이익만을 탐하는 저급한 존재로 타락시키고 있다고 비판한다. 이 책에서 니체는 더 이상 바그너의 비판자로서가 아니라, 자율적인 철학 교사로서 등장한다. 1876년 「인간적인 너무나 인간적인」을 집필하기 시작하면서 새로운 독일 문화에 대한 예언가가 아니라, 계몽가와 심리학자로 자신을 이해하기 시작한다. 이 책을 계기로 니체의 사상은 초기의 낭만주의적인 경향을 넘어서 냉철하게 분석하고 해부하는 경향을 띄고, 낭만적-국가적인 문화이념으로부터 완전히 결별한다. 1879년 9월에 「인간적인 너무나 인간적인」 II부가 발간된다. 1881년에는 도덕에 객관적인 기초가 있다는 생각을 비판한 「아침놀」이 발간되었고, 1882년에 처음으로 '신의 죽음'을 선언한 「즐거운 학문」이 출간되었다. 이 책에서 니체는 지금까지의 최고의 도덕적, 종교적 가치를 무효화하고 허무주의의 도래를 선언한다. 니체 자신이 최고의 저술이라고 생각한 「차라투스트라는 이렇게 말했다」는 1885년에 출간된다. 이 책을 통해 니체는 '영원회귀'(永劫回歸) 사상과 '초인'(Übermensch) 사상을 설파한다. 니체는 이 책에서 기존의 사회질서와 그가 천민과 대중의 윤리라고 비웃었던 기독교의 윤리를 거부하면서, 자신의 이상을 상징적으로 표현하였다. 1885년에 니체는 「힘에의 의지」라는 책을 구상하기 시작하고, 1886년에 니체의 철학적 윤곽이 가장 잘 드러나 있는 「선악의 저편」이 출판된다. 이 책에서 니체는 기독교를 노예의 산물로 규정하고, 그 기독교가 귀족적 가치를 교살했다고 선언한다. 니체는 기독교라는 노예의 도덕을 쓸어버리고 귀족의 가치를 되살려내는 것을 자신의 사명으로 스스로에게 부여한다. 1887년 출간된 「도덕적 계보」에서 자신이 전개한 도덕 개념의 종류와 기원을 종합적으로 비판하면서 '힘에의 의지' 철학에 대한 체계를 완성한다. 이 책에서 니체는 기독교 도덕을 비판한다. 기독교의 도덕은 강자를 약자에게 종속시키려는 도덕, '노예도덕'이라고 주장하고 있다. 1888년에 '또는 어떻게 쇠망치로 철학을 하는가'라는 부제가 붙어 있는 「우상의 황혼」을 집필했다. 이 책에서 니체는 서양인들이 숭배해온 우상들에게 황혼이 임박했음을 고지하고 있으며, '쇠망치'로 우상들을 분쇄하는 작업을 통해 이러한 우상의 황혼을 앞당기려 하고 있다. 1895년 출간된 「반 그리스도」에서 니체는 예수의 진정한 복음과 바오로에 의해서 제도화된 기독교를 구별 하면서 제도화된 기독교에 대해 통렬한 비판을 가한다. 이 책은 니체의 책들 중 가장 불경스러운 의도를 가지고 있음을 보여준다.

유럽의 문학과 철학에 대한 니체의 영향은 헤아릴 수 없을 만큼 지대하다. 오스티리아의 시인 릴케(Rainor Maria Rilke, 1875-1926), 독일의 시인 슈테판 게오르게(Stefan George, 1868-1933), 독일의 시인 고트프리트 벤(Gottfried Benn, 1886-1956), 독일의 소설가 토마스 만(Thomas Mann, 1875-1955), 스위스의 시인 헤르만 헤세(Hermann Hesse, 1877-1962), 프랑스의 소설가 앙드레 지드(Andre Gide, 1869-1951), 프랑스의 작가 앙드레 말로(Andre Malraux, 1901-1976), 아일랜드의 소설가이며 극작가인 조지 버나드 쇼(George Bernard

Shaw, 1856-1950), 아일랜드의 시인 윌리엄 버틀러 예이츠(William Butler Yeats, 1865-1939) 등이 있다. 그리고 니체에게 영향을 받은 철학자, 신학자들 중에는 알베르 카뮈(Albert Camus, 1913-1960), 장폴 사르트르(Jean-Paul Sartre, 1905-1980), 막스 셸러(Max Scheler, 1874-1918), 오스발트 슈펭글러(Oswald Spengler, 1880-1936), 폴 틸리히(Paul Tillich, 1886-1965), 마르틴 부버(Martin Buber, 1878-1965) 등이 있다.

3) 니체의 중심 사상

니체는 생(生)철학의 대표자로 실존주의의 선구자 또는 파시즘의 사상적 선구자로 말해지기도 한다. 그는 종래의 합리적 철학과 기독교윤리 등 부르주아 자유주의의 이데올로기를 부정하고 철저한 니힐리즘(nihilism)을 주장하여 생(生)의 영겁회귀(永劫回歸) 속에서 모든 생의 무가치를 주장하고, 선악의 피안에 서서 '초인'(超人, Übermensch)에 의해서 현실의 생을 긍정하고 살아야 함을 설파했다. 니체의 철학적 작업 시기를 구분하면 다음과 같다. 제1기는 1878년까지로서 쇼펜하우어의 염세주의 철학의 영향 하에 있던 시기이다. 제2기는 1878년부터 1882년까지의 기간으로 천재에 대한 숭배와 실증주의, 상대주의, 회의주의 요소를 받아들이는 시기이다. 제3기는 1882년부터 1898년까지의 기간으로 비합리주의가 니체의 사유를 지배하던 시기로서 신화로서의 선회가 특징으로 부각되는 시기이다. 이 시기에 니체는 초인의 신화를 이야기하고, 반동, 폭력, 공격, 야만과 같은 새로운 경향이 뚜렷이 나타나는 시기이다.

니체는 기존의 제도, 관습, 진리를 뒤엎은 '뒤엎음의 철학자'이다. 니체 이전의 철학은 형이상학, 인간을 초월하는 세계가 존재한다는 것을 전제하고 철학을 했지만, 니체는 형이상학적인 질문을 완전히 폐기처분을 하고 패러다임을 완전히 뒤엎은 철학자이다. 그의 주요 사상은 '힘에의 의지,' '초인,' '신의 죽음,' '영원회귀'란 단어로 요약되지만 난해하기 그지없다. 필자는 여기서 이러한 니체의 주요 사상을 간략히 살펴보고자 한다.

(1) 힘에의 의지: 허무주의 극복의 근거

'힘에의 의지'는 니체의 철학에서 유일한 설명 원리이다. 단편적인 '권력에의 의지'의 상위 개념인 '힘에의 의지'는 니체 철학의 전체를 관통하는 핵심개념이다. '힘에의 의지'로 니체는 인간의 모든 행위, 사회적 현상, 정치적 행위, 자연 세계에서 발생하는 물리적 현상까지도 설명하고 있다. 이원론적인 세계관에서는 생성이 존재에 의해서 설명되었지만 존재가 사라진 시점에서는 그 근거를 마련해야만 했다. 니체는 세계를 내부로부터 정당화하고, 삶의 본질인 변화와 생성으로서의 세계 자체를 긍정하며, 그 안에서 설명을 한다. 이를 위해 그는 먼저 현상을 현상 너머의 형이상학적 원리로 환원하지 않는다. 현상을 그 자체로 정당화시킬 수 있는 원리를 찾았다. 이러한 문제의식 속에서 등장하는 것이 바로 니체에 있어서 유일한 설명 원리인 '힘에의 의지'이다. 이것은 힘 관계에 의거한 도덕적 자연주의를 전제한 것이다. 그는 삶을 '자기극복에 의해 조형'하려는 강한 의지를 갖고 있고, 많은 욕구들의 대립을 제어하는 능력의 소유자이다. '힘에의 의지'는 삶의 외부로부터 규정된 개념이 아니라 삶에 대한 내적 관찰에 의해서 드러나는 개념이다. 그러기에 '힘에의 의지'로서의 세계와 삶은 변화, 생성, 적대, 모순의 성격을 지니고 있다. 이 모든 것은 형이상학적인 원리에 의해 규정되는 것이 아니며, 오로지 실재하는 생성의 세계, 현실 자체의 힘의 관계에 의해서만 드러난다. 세계를 '힘에의 의지'로 해석하는 니체는 기존의 도덕적 해석으로의 세계, 진리 세계가 허구의 세계라는 것을 밝혀낸다. 그리고 이러한 세계는 처음부터 존재하지 않았으며 단지 '힘에의 의지'에 의해서 해석된 세계일뿐이라고 말한다. 따라서 '힘에의 의지'는 삶 전체를 움직이는 힘이며, 생명을 가지고 삶을 영위하는 모든 존재자를 가능하게 하는 근거로 이해된다. '힘에의 의지'는 생성이 아니라 파토스고, 거기서 비로소 생성과 작용이 발생한다. 즉, 니체는 진리와 형이상학의 세계는 하나의 허구일 뿐이며, 절대적인 참을 획득하는 세계가 아니라 삶에 대한 하나의 쇠퇴의 형식일 뿐이라고 본다. 이것이 바로 삶의 가치 전체를 거부하게 되는 허무주의다. '힘에의 의지'의 세계 속에서 모든 것이 허용된다는 니체의 관점은 허무주의적 관점에서 해방된 세계에 대한 관점이며, 다양한 가치들을 스스로에게서 창조해내는 관점이다.

니체는 힘과 권력을 구분하여 사용한다. 그는 힘에는 강자/약자, 지배자/노예를 구분하는 질적 차이를 부여하는 가치판단적 개념이 있으나, 권력에는 이러한 가치판단이 들어가 있지 않으며, 약자나 강자건 간에 자기 나름대로의 권력을 추구한다고 본다. 그가 말하는 권력은 무엇일까? 삶을 움직이는 근본적인 동인이 권력이다. 일반적으로 권력이라고 하면 힘, 재산, 기득권을 가진 자들이 다른 사람에게 복종을 강요하고 압박하고 굴복시키는 폭력적인 경향의 사회적 권력을 생각한다. 하지만 니체는 이런 사회적인 권력에 국한하지 말고 '내면의 시선'으로 바라보고 개념을 정리한다. 니체에게 있어서 권력은 주어져 있는 것을 극복하고 더 나은 단계로 발전해가려는 경향이다. '힘에의 의지'의 하위 개념인 단편적인 '권력에의 의지'는 종속이나 협동이 아니라, 남을 지배하는 권력을 지향하면서 스스로 강대해지려는 강렬한 의지를 말한다. 권력이란 근원적으로 내면에서

솟아나는 활동적 생명의 힘이다. 니체에 의하면 '권력'이란 삶(Leben) 자체이며, 니체의 생에 대한 긍정적인 태도는 '초인'(Übermensch)의 표현에서 확인할 수 있다.

(2) 초인(Übermensch): 허무주의 극복의 주체

니체는 인간을 신체적 존재로 규정한다. '신체' 개념은 니체가 인간에 대한 이원적 해석을 벗어나기 위해 선택한 전략적 개념이다. 그에게 '신체'는 이원화 될 수 없는 '총체적 존재'로서의 인간을 가리킨다. 인간에 대한 이원적 해석이란 인간을 정신과 이성, 영혼과 육체라는 두 가지 단위로 분리하고, 둘 중 하나를 인간의 본질로 해명하는 해석이다. 플라톤적 사유, 데카르트적 사유 등은 이원적 해석 중에서도 이성중심의 인간관이라고 할 수 있다. 반면에 포이어바흐나 마르크스 등의 해석은 육체중심의 인간관이라고 할 수 있다. 하지만 이성중심의 인간관이든 육체중심의 인간관이든 모두 이원적 해석이라는 점에서 공통점이 있다. 니체는 육체 중심이든 이성중심이든 간에 인간을 정신과 이성, 영혼과 육체라는 두 단위로 분리하여 해명하는 모든 해석을 형이상학적 인간관으로 규정하며, 이러한 해석은 인간에 대한 오해라고 단정한다. 니체는 인간이란 '이성,' '육체' 그리고 '힘에의 의지'라는 세 계기가 서로 불가분적으로 유기적 결합을 하고 있는 존재라고 보았다. 이런 인간 존재를 니체는 '신체'라고 부른다.

니체는 신체적 인간의 삶의 목적을 휴머니즘의 인간상에 대립되는 '초인'(Übermensch)으로 제시한다. 즉 니체는 허무주의 시대를 극복하기 위해 '초인'을 제시하고 있다. '초인'은 무엇일까? '초인'은 유토피아 차원에서나 가능한 인간 유형이 아니다. 모든 인간적 한계를 극복하고 인간 이상으로 초탈한, 완전한 인간도 아니다. 오히려 '초인'은 이 지상에서 구현 가능한 인간이며 신체로서의 인간 개개인이 구현해야 할 실존적 이상이다. 니체는 자신의 철학을 '군주적 인간'을 위한 새로운 세계관으로 이해한다. 이러한 인간들이야말로 장래의 지상의 지배자이며 '초인'이다. '초인'은 인간의 공격을 자각하고, 인간 본연의 가치를 창출하고 이에 따라 자신의 삶을 적절하게 형성시키는 사람에 대한 묘사이다. '초인' 자신은 결코 고뇌를 모르는 사람이 아니지만, 그는 연약함을 극복하는 사람으로서 다른 사람들 속에 있는 연약함을 경멸한다. 그러므로 '초인'은 높은 정신적 고양과 감수성 및 행동에서의 분별력과 다른 한 편에 있어서 적과 투쟁하는 데 발휘되는 잔인성과 냉혹성과 같은 서로 다른 대립적 요소들을 결합시켜 드러나는 새로운 이상형의 인간상이다.

그렇다면 '초인'은 구체적으로 어떤 모습인가? 첫째, 초인은 항상 자기 자신을 극복하고, 새롭게 창조하는 삶을 영위하는 인간이다. 따라서 결코 고정될 수 없는 존재이며, 현 상태의 유지가 아니라 지속적인 상승으로서의 변화를 경험하는 존재이다. 이런 삶이 가능한 이유는 인간이 '힘에의 의지'를 가지고 있으며, 이 의지를 행사할 수 있는 존재이기 때문이다. 둘째, 초인은 모든 것의 생성적 성격을 인정하는 존재이다. 그는 존재하는 모든 것이 언제나 생성과 변화 과정 속에 있다는 것을 인정한다. 그러므로 초월 세계를 거부하고 오로지 지상에서의 삶을 유일한 삶으로 받아들이는 인간이다. 셋째, 초인은 자기 극복과 자기 창조라는 목표만을 위해 자신의 경험 상황을 스스로 구성하는 인간이다. 넷째, 초인은 자신이 구성한 의미와 가치를 긍정하면서도 동시에 그것의 한계마저도 긍정하는 인간이다. 따라서 그는 자신의 의미 세계를 세계에 대한 유일한 절대적 설명으로 받아들이지 않는다. 그렇기에 생성과 변화의 현실을 삶의 터전으로 인정한다. 아울러 끊임없는 자기 극복을 추구하는 삶을 초인의 삶으로 이해한다. 그러므로 초인은 이제까지의 삶의 방식을 극복하는 인간이며, 자기기만에 가득 찬 현대 문명을 극복하려는 인류의 최상의 목표를 구현하고 있는 존재이다.

(3) 신의 죽음

허무주의(Nihilism)는 기존의 신, 구원, 진리로 대표되는 추구해야할 절대적 가치 및 권위가 존재하지 않는다고 보는 사상이다. 즉, 허무주의는 절대적인 가치가 존재하지 않으므로 인간의 삶은 인간 바깥의 존재하지 않는 절대적인 무언가가 중심이 되어서는 안 되며, 인간이 스스로 자신의 삶과 가치를 개척해 나가야 한다는 것으로 귀결된다. 니체가 이해하는 허무주의는 인간이 그 가치와 의미를 상실하는 것이다. 그중 중요한 명제가 '신은 죽었다'이다. 이 명제가 의미하는 바는 기독교의 유일신에 대한 믿음이 사라졌다는 것이다. 특별히 인간에게 신이 어떤 존재였는지를 생각해보면 '신의 죽음'에 훨씬 많은 의미가 숨겨져 있음을 생각해 볼 수 있다. 신은 만물의 존재하는 토대이고 그 가치의 기준이다. 그런데 '신의 죽음'은 만물을 존재하게 해주는 어떤 초월적 실체의 사라짐이자, 선악을 판단케 해주는 절대적 가치 기준의 붕괴를 의미하는 것으로 해석될 수 있다. 또한 '신의 죽음'이란 신앙의 죽음이고, 신앙으로 존재하는 자인 인간의 죽음임을 의미하는 것이다. 그래서 '신의 죽음'이 인간의 죽음임을 의미하면서 '초인'이 탄생하게 된다. 그것은 항상 자기 바깥에 가치의 기준을 두고 그것에 복종해 온 인간이 드디어 노예적인 생활을 끝내고 자기 가치의 주인이 될 수 있다는 선언이다.

(4) 영원회귀(永遠回歸)

쇼펜하우어가 플라톤의 철학에 영향을 받은 것처럼 니체에 있어서도 마찬가지였다. 영겁회귀는 플라톤 철학에 있어서 윤회를 의미한다. '영원회귀'는 니체의 후기 사상의 근간을 이루는 사상으로, 「차라투스트라는 이렇게 말했다」(1885)에서 처음 제창되었다. '영원회귀'라는 말은 똑같은 것이 그대로의 형태로 영원에 돌아가는 것(回歸)이 삶의 실상(實相)이라는 생각이다. '영원회귀'는 영원이라는 시간에 유한한 물질을 결합한 것이 세계라고 주장하면서 나온 개념이다. '영원회귀' 사상은 그의 철학 중 가장 난해한 사상이고, 가장 해석하기 어려운 사상이기도 하다.

니체에게 있어서 '영원회귀'는 시간 속에서의 끝없는 회귀이다. 니체는 존재하는 세계는 영원히 반복되며 항상 제자리로 다시 회귀한다고 보았다. '영원회귀'는 모든 인간에게는 시작과 끝이 있어 각자의 삶에는 고유의 목적이 있고 인간은 그것을 이루기 위해 살아가야 한다는 목적론적 세계관을 부정한다. 태어나서 죽음까지 직선이라고 생각했던 삶이 원이 되는 것이다. 니체에 의하면 우리들의 세계는 처음도 알 수 없고 끝도 알 수 없으며, 모든 존재의 영원한 법칙은 끝없이 되풀이하는 회전일 뿐이다. 니체가 주장하는 '영원회귀'는 공상적 관념으로써 생은 원의 형상을 띠며 영원히 반복된다는 것을 말한다. 세계는 무궁히 되풀이되는 사이 인간은 태어나고 변화하고 소멸하여 가지만, 모든 것은 시들고 그 꽃은 다시 피지만 세계자체는 윤회만을 거듭할 뿐이다. 인간에게는 내세도 파안의 세계가 있는 것도 아니다. 순간순간 충실히 살아가야만 하는 현재만 있을 뿐이다. 신이 죽은 시대에 인간의 존재의 무의미를 깨닫고 주어진 운명 속에서 그 운명을 사랑하는 허무에의 의지가 니체의 마지막 긍정이다. 이것이 곧 '영원회귀'이다.

'영원회귀' 사상은 시간의 구분을 없애 버렸다. 기독교에서는 현재를 과거와 미래를 잇는 가교로만 보고 있다. 그러나 '영원회귀'는 일직선상의 시간을 거부하고 순간과 영원이 같다고 주장한다. 그러므로 '영원회귀' 사상에서는 지금 이 순간이 매우 중요하다. 니체는 자신에게 영겁의 시간이 있는 것을 알기 때문에 오늘 해야 할 일을 내일로 미뤄버리는 게으름뱅이에게는 생이 무의미하다고 주장했다.

니체의 '영원회귀'는 네 가지의 기본적인 의미를 갖고 있다. ① 동일성이다. 세계는 회귀의 원리에 따라 모든 것은 가고 모든 것은 들어온다. 존재의 수레바퀴는 영원히 회전한다. 모든 것은 죽고 모든 것은 새로 꽃핀다. 모든 것은 부서지고 모든 것은 새로이 접합된다. 이러한 되풀이는 보다 나은 혹은 보다 나쁜 상태로 변형되어 회귀하는 것이 아니고 동일한 것으로의 영원히 되풀이하는 것이다. ② 영원성이다. 세계의 회귀는 영원성을 갖는다. 여기서의 영원성은 존재가 생성의 과정 속에서 초지상적인 본질을 획득한다거나, 완전한 것으로 또는 변화가 없는 것으로의 실체가 된다는 의미는 아니다. 그것은 끊임없이 동일자의 반복을 거듭하는 변화 자체가 영원하다는 것이다. 그러므로 '영원회귀'에서의 영원성은 시간과 관련지어 볼 때, 존재가 생성을 계속하고 몇 번이고 다시 일어난다는 것을 의미한다. ③ 비도덕성이다. 시간 속에 있는 사물들의 진행을 볼 때, 거기에는 신의 배려나 도덕적 의미는 존재하지 않는다. 니체는 선과 마찬가지로 악도 세계의 한 요소로서 인정한다고 본다. '영원회귀'가 사색되는 곳에서는 윤리적 종교에서의 죄책 개념은 소멸하며, 신들의 지배도 사라진다. 따라서 니체는 생성 소멸하는 현실세계만을 유일한 것으로 파악하여, 기독교신학을 부정된다. ④ 무목적성이다. 세계는 동일자의 '영원회귀'라는 방식으로 생성된 것으로 현실세계의 배후는 존재하지 않는다. 영원회귀 설은 모든 종류의 초월론과 목적론적 철학을 거부한다.

4) 니체가 신학에 끼친 영향

니체는 신학에 있어서 사신신학파(The Death of God School)를 수립한 사람으로서 환대를 받고 있다. 급진신학(radical theology)은 20세기 중반 이후 스위스의 대표적인 20세기 신학자 칼 바르트(Karl Barth, 1886-1968), 독일의 루터교 신학자 루돌프 불트만(Rudolf Karl Bultmann, 1884-1976), 철학적 신학의 선구자인 독일의 신학자 폴 틸리히(Paul Tillich, 1886-1965), 독일의 신학자이자 반나치운동가인 디트리히 본회퍼(Dietrich Bonhoeffer, 1906-1945) 등의 신학 사상에 영향을 받아 형성된 새로운 신학 조류이다. 급진신학은 전통적인 신학의 길을 거부하고, 신학적 이해의 새로운 지평을 제시하려는 것이 공통적인 특징이다. 급진신학은 우파와 좌파로 구분된다. 우파는 메시지의 전달방법을 문제시했고, 좌파는 메시지 자체를 문제시했다. 즉 우파인 온건한 급진신학은 복음을 새로운 형식에 의해 전달하려고 한 것이고, 좌파인 과격한 급진신학은 메시지 자체가 문제성을 내포하고 있다고 보고 새로운 메시지를 전달하려고 했다. 그것은 바로 하나님의 상실, 즉 신의 죽음 이라는 무신론적 기독교를 주장했다. 미국에서 일어난 대표적인 급진신학이 '신 죽음의 신학'이다. 신 죽음의 신학은 1960년대 초에 몇 년 동안 지속되다 사라졌으나 희망의 신학, 정치신학, 해방신학 등을 통해 그 사상의 맥이 존속되었다. 이 신학은 하나님 상실의 경험과 역사적 예수에 대한 재발견을 토대로 미국의 낙관주의적 사고에 의해 인간의 문제를 하나님이 아닌 세계를 무조건적으로 신뢰함으로써 해결하려고 한 급진적인 신학 운동이다. 이 신학을 대표하는 학자는 다음과 같다. 토마스 알타이저(Thomas Altizer, 1927-2018)는 니체의 개념인 '신의 죽음'과 헤겔의 '변증법적 철학'으로 자신의 조직신학을 세웠다. 그는 시카고 대학교와 대학원에서 공부한 후 에모리 대학교의 성서 및 종교학 교수로 활동했다. 대표적인 저서로는 「동양 신비주의와 성서적 종말론」, 「엘리아데와 거룩의 변증법」, 「급진신학과 신의 죽음」, 「기독교와 무신론 복음」 등이 있다. 윌리암 해밀톤(William Hughes Hamilton, 1924-2012)은 뉴욕에 있는 유니온 신학교에서 공부한 후 성 앤드류 대학교(University of St Andrews in Scotland)에서 박사학위를 취득했다. 대표적인 저서로는 「그리스도교인」, 「그리스도교의 새로운 본질」, 「기독교의 새로운 본질」 등이 있다. 폴 밴 뷰런 (Paul van Buren, 1924-1998)은 미국의 성공회 사제이자 신학자로, 필라델피아 템플 대학교에서 종교학 교수로 있었다. 대표적인 저서로는 「복음의 세속적 의미」 등이 있다. 프랑스 기독교 신학자 가브리엘 바하니안 (Gabriel Vahanian, 1927-2012)은 1960년대 학계 내에서 '신의 죽음' 운동에 대한 신학에서 선구자적인 업적을 이루었다. 대표적인 저서로는 「신의 죽음」, 「다른 신은 없다」, 「우상 없는 기다림」 등이 있다. 특히 에모리 대학교의 알타이저와 로체스터 신학교 교수인 해밀톤과 함께 저술한 「급진신학과 신의 죽음」(Radical Theology and the Death of God, 1969)은 미국 개신교에 급진신학을 알린 최초의 책이었다.

한편 유럽에서는 도로테 죌레(Dorothee Sölle, 1929-2003)가 이런 신학의 흐름을 주도했다. 그는 전통적 하나님에 대해 의심하고 '신 없는 신학'을 내세웠다. 그는 쾰른대학교, 프라이부르그 대학교, 괴팅겐 대학교에서 수학했으며 1954년 괴팅겐 대학교에서 박사학위를 취득하였다. 그의 대표적인 작품은 다음과 같다. 「대리: 신의 죽음의 신학 이후의 신학적 시론」(1965), 「무신론적으로 신을 본다」(1968), 「환상과 복종」(1968), 「다른 것이 될 수 있는 권리」(1970), 「정치신학: 루돌프 불트만과의 토론」(1971), 「고난: 현대신학의 도전」(1973) 등이 있다.

'신 죽음의 신학'의 핵심적 주장은 다음과 같이 요약된다. 첫째, 기독교 전통적인 초월자와 창조주로서의 하나님은 죽었으며, 이것은 역사적인 사실이다. 둘째, 하나님의 죽음은 전통적인 기독교의 죽음을 의미한다. 따라서 '신 죽음의 신학'은 인간 이성과 경험에 근거와 신뢰성을 두는 실증주의적 태도로서의 새로운 기독교를 재조직하고자 하는 것이다.

5) 니체에 대한 비판적 고찰

니체가 종교를 거부하는 이유는 하나님의 나라가 이 세상을 외면하게 만든다고 보았기 때문이다. 니체의 허무주의는 삶을 지배하는 최고 가치로서 신은 반드시 탈 가치화 한다. 이것을 니체는 '신의 죽음'이라는 말로 나타냈다. 니체는 기독교를 허무주의의 기원이라고 보고 유럽에 팽배하게 될 허무주의에 대해 대비하고자 기존의 가치를 완전히 뒤엎고 자신이 제안하는 초인사상을 통하여 새로운 가치를 세우고자 하였다. 니체가 기독교를 허무주의의 기원이라 부른 이유는 기독교가 저 세상에 대한 구원의 약속을 전파하며, 이 땅에서의 절망을 부각시켰기 때문이다. 즉 구원과 부활 그리고 영생의 개념들이 궁극적으로 현 시대를 살아가고 있는 사람들에게 현실의 삶을 부정하는 것이라고 보았기 때문이다. 그러나 기독교적 관점에서 니체의 사상은 당연히 신성모독이고, 일방적이다. 왜냐하면 신은 죽었고, 그에 대한 대안으로 초인을 내세우고자 하는 시도는 하나님의 초월적인 도덕적 가치를 모두 부정하기 때문이다. 니체에게 하나님의 존재란 절망 가운데서 인간을 구원할 구원자가 아니라, 오히려 인간을 절망으로 몰아넣고 억압하는 존재로서 지각되어졌다. 그런 이유에서 니체는 인간의 자유를 억압하는 기독교를 급진적으로 부정하였다. 그러나 기독교는 허무주의의 원인이 아니라 허무주의의 안개를 걷어내는 햇빛이다. 니체가 신 대신에 내세우는 초인이란 단지 신기루에 불과하다. 인간은 하나님의 존재에 대한 인식 없이는 이 땅의 허무주의를 섬멸할 수 있는 근거와 방법이 없다. 그러므로 니체가 부수기 위해 손에 든 망치는 기독교의 신앙체계가 아니라, 바벨탑처럼 높아진 이성체계의 정상을 향해야 할 것이다. 니체가 바라보고 있는 시간의 개념은 영원회귀적 관점을 가지고 있다. 니체의 영원회귀란 만물의 무조건적이며 무한하고 반복된 순환 운동이다. 즉, 영원히 다시 순환한다는 원의 의미이다. 이것은 창조와 종말이 직선으로 이루어진다고 보는 기독교의 세계관과는 완전히 반대되는 개념이다. 니체의 생각대로라면 모세, 선지자 그리고 예수의 모습도 반복이 되어야 하는데 그렇지 않은 것만으로도 영원회귀 사상이 그릇된 것임을 알 수 있다. 기독교적 관점에서 보면, 시간도 하나님의 계획하심 안에 있다. 영원회귀사상은 결국 반역사적, 반사회적, 반진보적인 시민계급에게 그들의 기득권을 유지하게 도와주는 철학적 기초라고도 볼 수 있다. 이러한 니체의 사상은 기독교 세계관에서 접근해보면 결국 절대적인 무신론을 넘은 반기독교론적 사상을 지닌 것이다.

6. 에밀 뒤르켐(Émile Durkheim, 1858-1917)

뒤르켐은 프랑스의 진보사회학자로 '사회학'이 무엇을, 어떻게 연구해야 하느냐에 대해서 제시했으며, 통계를 적극적으로 사용하는 현대 사회학의 방법론적 기조를 창시한 사회학의 종주(宗主)이다. 19세기 말부터 20세기 초엽에 활동한 뒤르켐은 사회학적인 입장에서 종교에 대한 비판을 가하고 신의 존재를 거부한 학자이다.

1) 뒤르켐의 생애

뒤르켐은 1858년 프랑스 로렌(Lorraine) 지방인 에피날(Epinal)의 유대인 집안에서 태어났다. 그의 아버지와 할아버지, 그리고 증조할아버지까지 모두 전통적으로 유대교의 랍비였기 때문에, 그 역시 랍비교육을 받기 위해 랍비학교에 입학했지만, 곧 랍비가 되지 않기로 결심하고 학교를 옮겼다. 그러나 그는 가문의 랍비 전통을 따르지 않으면서도 유대인 공동체와의 관계를 단절하지는 않았다. 훗날에 유대인 출신의 협력자들이나 학생들이 많은 것을 보면 알 수 있다. 뒤르켐은 1879년 파리의 명문 에콜 노르말 쉬페리외(Ecole Nomale Supe'rieure) 고등사범학교에 입학했다. 그곳에서 역사학자 뉘마 드니 퓌스텔 드 쿨랑주 (Numa Denis Fustel de Coulanges, 1830-1889)를 통해 지적으로 많은 영향을 받았다. 뒤르켐은 그로 인해 칸트의 철학에 흥미를 갖게 되면서 신칸트학파 철학자인 샤를베르나르 르누비에 (Charles Bernard Renouvier, 1815-1903)의 저서들을 주로 연구하게 된다. 1879년 당시 고등사범학교에 입학했던 학생들은 뒤르켐과 더불어 1800년대 한 세기 동안 가장 뛰어난 재능을 가진 기수로 손꼽히며, 그의 동기들 중 많은 이들은 프랑스 학계에 한 획을 그었던 뛰어난 학자가 되었다. 대학교 시절 그는 프랑스의 철학자 오귀스트 콩트(Auguste Comte, 1798-1857)나 영국의 사회학자 허버트 스펜서(Herbert Spencer, 1820-1903)의 저작을 즐겨 읽었고, 인문학보다는 심리학, 철학, 그리고 사회학에 큰 관심을 보이기 시작했다. 당시 프랑스에는 사회과학에 대한 커리큘럼이 존재하지 않았고, 그 입지도 좁았기에 뒤르켐이 자신의 관심 학문과 그 관점이 프랑스에서 높이 평가받을 가능성은 요원했다. 그는 1882년부터 87년까지 소규모 학교만을 배회하며 자신의 철학을 강의하였다. 1887년 보르도 대학교(University of Bordeaux)에 신설된 사회학의 교수로 임용되었으며, 여러 학자를 모아 뒤르켐 학파를 구성하여 프랑스 사회학의 최고봉에 위치하는 학자가 되었다. 이 학파는 도덕사회학, 경제사회학, 법률사회학, 언어사회학 등을 확립시키는 공헌을 하였다. 뒤르켐은 1902년 파리 소르본 대학교(Sorbonne University) 교수가 되어 사회학과 교육학을 담당했다. 그의 외아들 앙드레가 1차 대전에 참전했다가 1916년에 전사한 충격으로, 뒤르켐은 그 이듬해인 1917년 뇌졸중으로 사망하였다. 뒤르켐은 실증주의 방법을 중시하여 주로 집단의식이나 집단의 규범 및 도덕에 관심을 기울였고, 근대 사회학의 창시자로 프랑스 사회학에 커다란 영향을 미쳤다. 그의 사상은 프랑스의 사회학자 마르셀 모스(Marcel Mauss, 1872-1950), 프랑스의 인류학자이며 구조주의의 선구자인 클로드 레비스트로스(Claude Lévi-Strauss, 1908-2009) 등의 후학들에게 전파되어, 인류학, 미국의 기능주의 사회학, 1960년대 프랑스 구조주의 등에 심대한 영향을 미치게 된다.

2) 뒤르켐의 배경과 작품

뒤르켐이 살던 19세기 후반 시대는 산업혁명으로 말미암아 사회에 산업화와 민주화 과정이라는 변동이 있던 시대였다. 이제 산업혁명 이전의 일정한 규범의 통제 아래 놓였던 시대가 지나가고, 다양화된 산업으로 말미암아 더 이상 구시대의 규범이 적당치 않게 된 시대가 도래됐다. 그러나 아직 새로운 규범이 형성되어지지 않은 이유로 인해 사회는 통합되지 못한 혼동과 무질서의 시기였다. 뒤르켐은 당시의 사회 붕괴를 맞닥뜨리면서, 이것을 해결하기 위해 노력을 기울였던 진보적인 사회학자였다. 그래서 그의 모든 저서는 사회연대를 형성하여 사회를 통합시키려는 목적이 분명했고, 이 기조아래 저술활동을 한 것이다.

뒤르켐은 꽁트의 후계자로서 실증주의를 재정비 하고 사회학을 독립된 하나의 과학으로 발전시켰다. 19세기 심리학적 사회학파의 대표적인 프랑스 사회학자 장 가브리엘 타르드(Jean Gabriel Tarde, 1843-1904)는 개인의 마음과 마음과의 접촉으로 현상이 생기고, 사회는 되풀이와 대립과 적응에 의해 발전한다고 하였다. 또한 그는 믿음과 욕망 등 심리적인 요인을 바탕으로 한 '모방'을 사회 안의 모든 현상이 비롯되는 진정한 원천으로 해석함으로써 사회의 근원적 조직을 규명하고자 했다. 그러나 뒤르켐은 타르드와는 달리 사회학은 사회적 사실에 관한 과학으로 세우는 것이 중요하다는 시각을 가지고, 실증주의적 사회학을 확립시켰다.[13] 사회적 사실은 어떠한 가설의 설정에 의해서 연역될 수 있는 것이 아니라 경험적

---

[13] 데이비드 프레이저, 토니 캠폴로, 「신앙의 눈으로 본 사회학」 (서울: IVP, 1995), 122-3. 사회적 사실은 인간 행위자의 의식과 행동에 영향을 끼치는 대규모의 사회 구조와 제도들을 말한다. 뒤르켐은 사회적 사실로서 분업, 도덕적 관습, 사회 집단 간의 자살률의 차이, 교육, 종교적 신념과 실천을 분석했다.

으로 관찰돼야 할 것이며, 이를 통해 사회학은 과학적 객관성을 확보할 수 있다고 주장하였다. 뒤르켐의 실증주의적 사회학 학설은 대상을 사회적 사실에 구하는 입장에 선 것으로, 사회학에 고유의 대상과 영역을 준 점에서 중요한 의미를 가진다. 그의 대표적인 저술들은 다음과 같다. 새로운 산업화 시대에 걸 맞는 사회적 연대의 방식이 있으며, 현재의 사회가 도덕적 개인주의를 토대로 한 새로운 유기적 연대를 수립해야 한다고 주장한「사회분업론」(1893), 사회학이 자연과학의 방법론을 통해 나름의 연구방법을 수립할 수 있다고 보는「사회학적 방법의 규준」(1895), 지극히 개인적인 현상으로 간주되는 '자살'을 사회적 요인으로 설명함으로써, 지적 패러다임의 변혁을 일으킨「자살론」(1897) 등을 출판했고, 1898년에 「사회학연보」를 창간했다. 1902년 파리대학교 교수 재직 중「종교생활의 원초형태」(1912)를 출판했다. 이 책에서 그는 원시종교에서 토템(totem)을 숭배하는 사회구성원들이 실제로 숭배하는 것은 그들의 공동체(사회)라고 주장했다. 뒤르켐은 사회학의 학문적 기초를 세우는데 필요한 일을 종교론을 통해 이루어 냈고, 여기서 사회학이란 곧 종교학이라고 말한다.

3) 뒤르켐의 주요 사상

뒤르켐의 사회학적 이론은 그와 더불어 프랑스의 사회학자들이 20세기 초엽에 제창한 것으로서, 사회의 구성원으로서 살고 있는 우리에게 선이나 악을 마음대로 조작해 줄 수 있는 사회가 가진 엄청난 힘을 의식하고 있는 오늘날의 세대에 환영을 받고 있다.

뒤르켐의 주요사상들을 살펴보면 다음과 같다.

(1) 사회실재론

뒤르켐의 사회실재론의 중심적인 가정은 '사회 그 자체가 독특한 실재'라는 것이다. 실체란 실제로 '존재'하는 것을 말한다. 비록 전체가 그것을 구성하는 부분이 없이는 존재할 수 없지만, 전체는 그 부분의 합보다 크다. 뒤르켐은 사회는 개인들의 단순한 합 그 이상이며, 개인들이 결합하여 만들어진 체계가 '그것 자체로 하나의 독특한 실체'를 나타낸다고 주장한다. 이러한 사회실재론의 중심에는 개인이 상호작용할 때 맺어지는 연계가 실제적이며, 개인의 속성으로부터 말미암을 수 없는 유대 혹은 결속을 발생시킨다는 개념이 자리 잡고 있다. 이러한 뒤르켐의 사회학은 어떤 개인으로부터 초월적인 신적 의지의 도구가 아니라, 자연 세계에 내재해 있는 것으로 사회 실재의 독특성에 더 큰 무게를 두고 있는 것이다. 따라서 사회 실재는 사회적 상호작용으로 구성되고, 그 상호작용 과정은 사회 실재를 생성할 뿐만 아니라 사회 질서를 재생시키기도 한다.

미국의 사회학자이며 신학자인 버거(Peter L. Berger, 1929-2017)는 뒤르켐이 이야기하는 사회의 특징을 다음과 같이 요약한다. 첫째, '외재성'이다. 사회는 저 멀리 우뚝 선 산이나 바위처럼, 그리고 도도히 흐르는 강처럼 인간들의 외부에 당당히 존재한다. 둘째, '객관성'을 지닌다. 사회는 주관적이지 않고 객관적으로 존재한다. 사회가 '저 밖에' 존재한다는 사실은 단순히 한 개인만이 아니라 그 주위에 있는 모든 이들도 동일하게 인식한다고 본다. 셋째, '강제성'이다. 사회는 강제력을 행사할 강력한 힘을 가지고 있다. 넷째, '정당성'을 지닌다. 사회는 도덕적 권위도 지니고 있다. 정당성은 물리적인 힘의 행사 없이 사람들을 위축시킬 수 있는 또 다른 힘의 바탕이 된다. 다섯째, '역사성'을 지닌다. 사회는 한 개인이 태어나기 전부터 이미 존재하고 있었고, 개인이 죽고 나서도 여전히 지속된다는 사실이다.

(2) 사회적 사실

뒤르켐은 사회 현상은 '사회적 사실'이며 이것이 사회학의 주요 연구 대상이라고 보았다. 여기서 '사회적 사실'이란 고정된 것이든 그렇지 않은 것이든 간에 개인에 대해 외적 구속력을 행사할 수 있는 모든 형태의 행위 양식이다. 즉 사회 구성원은 개인의식과 자유를 가지고 있지만, 어떤 외부적인 압박으로 인해 사회로부터 의식과 자유에 제한이나 구속을 받는 경우가 생기게 된다. 이 외부적 압박이 바로 '사회적 사실'이라고 설명하고 있다. 이렇게 개인의 생각과 행동을 직간접적으로 지배하고 구속하는 힘이 '사회적 사실'이다. '사회적 사실'은 '물질적인 사회적 사실'과 '비물질적인 사회적 사실'로 나누어진다. '물질적인 사회적 사실'은 국가, 법률, 학교 등과 같은 것이고, '비물질적인 사회적 사실'은 도덕규범, 유행, 문화와 같은 것이다. 이러한 '사회적 사실'의 특징은 다음과 같다. 첫째, '외부적'이다. 사회적 사실은 개인에 대해서 마음속에 있는 것이 아니라 외부적인 것이다. 둘째, '구속적'이다. 개인이 사회적 사실과 관련을 맺도록 강요당한다는 점에서 사회적 사실은 개인에 대해서 구속적이다. 셋째, '분산적'이다. 사회적 사실은 사회전체에 걸쳐 분산되어 있고 일반적으로 존재하고 있다.

(3) 자살론

사회적 사실의 특징을 나름대로 간파하고 그에 걸맞은 연구 방법을 주창했던 뒤르켐의 실례는 '자살'에서 찾아볼 수 있다. 일반적으로 자살 사건을 대할 때 대부분의 사람들은 그 원인을 자살을 행한 한 개인의 심리 상태에 초점을 둔다. 이를테면 누군가의 자살의 원인을 파악해보면 그가 최근 실연을 경험했다거나, 심각한 생활고에 시달려 괴로워했다는 식으로 이해하는 것이다. 그러나 이러한 설명들은 전혀 사회학적인 분석과 설명이 될 수 없다고 뒤르켐은 주장한다. 왜냐하면 하나의 고유한 독자적 실체로서 사물과 같이 존재하는 사회적 사실은 한 개인의 내면의 심리로 설명될 수 없다고 보았기 때문이다. 그러므로 자살은 개인적인 문제로 인한 것이 아니며, 어디까지나 사회적인 현상이고 원인 또한 사회 시스템에서 찾을 수 있다고 뒤르켐은 정의한다. 그는 자살의 원인이 신경쇠약이나 우울증과 같은 정신적인 문제, 유전이나 체질과 같은 개인 신상의 문제, 그리고 기후와 계절 등의 물질적 문제와도 관련이 없다고 본다. 그는 인간이 사회의 영향력을 벗어나서는 살 수가 없는 것처럼 자살도 사회와의 관계 속에서 이해해야 한다고 주장했다. 한편 뒤르켐은 개인이 어떤 도덕적 신념에 의해 집단에 어느 정도 소속되어 있느냐가 자살률을 결정한다고 보았다. 그는 개신교 신자보다 가톨릭 신자가, 미혼자보다 기혼자가, 핵가족에 속한 사람보다 대가족에 속한 사람이 자살률이 낮다는 통계를 갖고 근거로 든다.

뒤르켐에 의하면 자살은 크게 3가지로 나뉜다. 첫째, '이기적 자살'이다. 이는 사회 통합이 너무 약해져 개인주의가 심화되었을 때 발생하는 자살이다. 정신병이나 왕따 같은 각종 이유로 일상 현실과 사회에 적응을 못해 자살하는 경우를 들 수 있다. 둘째, '이타적 자살'이다. 이는 개인이 사회에 지나치게 밀착해 있어 사회를 위해 자살하는 경우이다. 사회 통합이 너무 강해져 개인이 집단에 매몰되는 경우 발생한다. 셋째, '숙명적 자살'이다. 이는 사회의 규율이 필요 이상으로 심할 때 발생하는 자살이다. 개인이 속한 사회에서 개인의 비참한 운명이 도저히 바뀔 것 같지 않다고 느낄 때 자살을 택하는 경우를 들 수 있다.

(4) 사회와 종교

뒤르켐은 사회질서를 가능케 하는 것, 즉 사회라는 것이 존재할 수 있도록 하는 것은 다름 아닌 '종교'라고 보았다. 그에게 있어서 각기 생김새와 관심사가 다른 각양각색의 사람들을 서로 엉겨 붙게 하는 접착제의 역할을 담당하는 것은 바로 '종교'였다. 즉, 사회질서의 기초에 바로 종교가 있다는 것이다.

가) 종교는 '묶음'이다

뒤르켐에 의하면 초자연적인 것은 신비의 세계요, 불가지(不可知)의 세계이며, 이해할 수 없는 세계이다. 그는 종교적 관념들이란 사물 속에 나타나는 예외적이고 변칙적인 사실이 아니라, 규칙적이고 항구적인 사실을 표현하고 설명하는 일을 대상으로 삼는다고 말하며, 시대에 따라 믿어지기도 하고 그렇지 않기도 한 관념을 종교의 본질적 요소로 삼을 수 없다고 주장했다. 따라서 그는 종교를 탐구할 때에 초자연적인 것을 철저히 배제했다. 그에게 종교란 한 사회에 속한 모든 구성원들이 그들 간의 응집력의 결정적인 토대를 제공하며, 동시에 자신들을 궁극적으로 묶어 주는 것으로 간주하는 집합표상이다.[14] 사람들은 주위의 세상을 바라볼 때 원래 각자가 매우 다른 방식으로 바라보게 되어 있다. 즉, 원래부터 각자 다른 심성, 다른 상징들을 가지고 세상을 바라보게끔 태어났다는 것이다. 하지만 이렇게 각자 다른 사람들이 한데 어울려 함께 살아가고 한 가지 방식으로 그들 주위의 세상을 바라보게끔 하는 것이 바로 종교다. 뒤르켐에 의하면 종교는 모든 것을 하나 되게 하는 '묶음'이다. 이렇게 그는

---

[14] '집합표상'이란 신적·영적 존재와 관련된 것이 아닌 사회에 관한 집단의 마음, 사회에 관한 집합적 표상을 말한다. 이 집합표상 자체가 사회적 사실이고 사회이다.

종교에서 초자연적인 것을 배제하고, '묶음'의 개념을 제시했다.

나) 제사와 믿음: 종교의 구성

종교는 '제사(의례)'와 '믿음(신념)'으로 구성되어 있다고 뒤르켐은 생각했다. 그는 인간과 자연을 넘어서는 안 되는 어떤 '초자연적인 존재'를 제외하고서 종교현상을 구성하는 인자를 찾다보니 '제사'와 '믿음' 외에는 더 이상 찾을 수 없다고 생각했다. 그러므로 '제사'와 '믿음'은 초자연적이고 절대적인 어떤 존재를 완전히 배제한 순전히 인간의 집단적인 구성 요소들이다. '제사'와 '믿음'은 순수하게 사회성을 띠며, 사회성과 연결되어 있다. 즉 뒤르켐에 있어서는 인간적인 것과 사회적인 것이 배제된다면, 아무리 그것들이 신비한 베일이 싸여 있다고 할지라도 절대로 종교가 될 수 없다. 이런 맥락에서 뒤르켐은 자연숭배나 정령신앙, 그리고 주술 등에는 인간적인 요소와 사회적인 요소가 결여되어 있기에 그것들을 종교의 원초적 형태로 간주하지 않았다. 자연현상을 섬기는 '자연숭배'나 동식물이나 그 밖의 모든 사물에 독립된 존재로서 잠정적으로 깃들어 있다고 생각되는 영혼을 숭배하는 '정령신앙'은 현실적이고 객관적인 가치가 없는 환각으로 치부했다. 뒤르켐은 종교는 현저히 사회적인 것이었기 때문에 자연적 현상을 통해 종교를 설명하려는 자연숭배나 정령신앙을 인정하지 않은 것이다. 반면 그는 특정의 동식물을 자신들이 속한 집단의 상징으로 믿어 그것을 신성시하는 '토테미즘'(Totemism)에 이르러서야 비로소 종교의 형태를 띠는 것으로 간주하였다. 따라서 뒤르켐에게 있어서 종교의 원초적인 형태는 바로 '토테미즘'이다.

다) 토테미즘(Totemism): 원초적인 종교의 형태

뒤르켐은 종교와 사회의 가장 원초적인 형태를 연구하면 현대 사회의 복잡한 사회적 현상들을 발생시키는 근본적인 원인을 이해할 수 있다고 내다봤다. 그래서 성과 속의 구분, 제사와 믿음, 공동체성과 같은 종교의 속성에 대한 뒤르켐의 설명은 모두 토테미즘에 대한 연구에 기초하고 있다. 그래서 그는 가장 원초적인 오스트레일리아 원주민의 토템 종교와 사회를 연구하기 시작했다. 오스트레일리아 원주민들은 서로 혈연관계가 아닐지라도 같은 토템 아래 같은 이름을 가졌다는 이유만으로 서로 친척이라고 생각했다. 이 원시 부족들에게 토템은 매우 신성한 것이고, 친숙한 것이었다. 그리고 이러한 성스러운 토템들은 그 사회의 구성원들에게는 매우 소중한 것이었다. 원시 부족들은 종교를 통해 좋은 것과 나쁜 것, 그리고 숭배해야 할 것과 금기해야 할 것을 구분했다. 그들은 토템의 대상인 성스러운 것들은 종교 행사를 통해 매우 소중하게 다루는 반면, 세속적인 것을 행할 때는 가혹한 처벌을 내렸다. 이러한 성스러움과 세속의 구분은 사람들의 머릿속에 깊이 새겨졌고, 이것이 곧 사회적 질서가 되었다. 그러므로 원시 부족들에게는 종교가 곧 법이고 삶 그 자체였다. 특히 원시 부족들은 종교 행사를 통해 토템의 중요성을 알리고, 집단의 구성원들을 통일시켜 이들에게 비슷한 사고방식을 심어주었다. 성스러운 토템에 대한 이러한 공동의 의식은 부족 구성원들을 강하게 하나로 묶어주는 끈이자 사회 질서의 근본이 되었다. 이렇듯 원시시대의 토템은 바로 사회였고, 토템을 숭배하는 것은 사회를 신성시하는 것과 같았다. 뒤르켐은 이러한 토템 숭배가 그 상징물 자체에 대한 숭배가 아니라 그 상징이 가리키는 집단이나 사회에 대한 숭배라는 사실을 밝히면서, 신과 사회는 하나일 수밖에 없다고 주장했다. 그는 이를 기반으로 종교란 어떤 실체의

상징적 해석이며, 그 실체란 곧 사회라는 주장을 전개한다. 사회가 바로 신이 된다.

라) 집단흥분과 집단적 정신착란

뒤르켐은 모든 종교현상이 집단 전체의 흥분 그 이상도 그 이하도 아니라고 규정한다. 그리고 집단적인 흥분은 다른 입장에서 보면 광분(狂奔)에 지나지 않는다고 보았다. 뒤르켐은 다른 곳에서 광분으로 보이는 집단적 흥분이 해당 집단에서는 그렇게 보이지 않는 이유는 그들이 집단적인 정신착란에 빠져있기 때문이라고 주장한다. 집합흥분 상태에서는 대부분의 사람들이 일정한 방식으로 사물을 보고 느끼고, 그들의 시선은 한 곳에 집중되어 있고, 그것을 동일하게 이해하기 때문이다.

마) 신이 되어 버린 사회

초월적인 신의 존재를 믿는 전통적인 종교가 점점 쇠퇴하고 극단적으로는 초월적인 신의 존재를 부정하는 사람들이 나오자, 사람들이 얻은 것은 자유가 아니라 방종이었다. 그러나 뒤르켐에게 있어서 자유를 얻었다는 것은 곧 사람들의 '묶음'이 풀어헤쳐졌다는 것을 의미했다. 그래서 뒤르켐은 하나님이 사라져버린 세계에서 어떻게, 무엇으로 인간들을 통합할 것인가에 대해 고민하기 시작했다. 그에 대한 뒤르켐의 해결책은 종교를 다시 재정의 하는 것이었다. 그는 종교를 재정의 하면서 애초부터 하나님을 배제했다. 하나님이 배제된 종교도 나름대로 잘 굴러가는 것으로 보였다. 그 종교에는 하나님이 배제된 대신, 순전히 인간적이고 사회적인 것만이 눈에 보이는 것이었다. 그리고 그런 종교는 다름 아닌 사회였다. 다시 말해, 그 종교는 인간들의 통합 그 자체였다. 즉, 사회는 종교가 될 수 있다는 것이다. 비록 하나님은 없는 종교이지만, 사회는 그것 자체의 힘만으로 인간들을 통합시키는 것이 가능하다고 뒤르켐은 주장했다. 그는 신성성을 지닌 사회의 복원, 그리고 그러한 사회의 측면을 부각시키고 일깨우는 것이 자신의 사명이라고 굳게 믿었다. 뒤르켐은 종교의 세속적이고 사회적인 근원을 탐구하면서 신을 사회라고 불렀다. 그는 신의 개념과 사회 개념을 동의어로 사용하면서, 퇴락한 종교적 관념을 대신하고 합리성과 세속주의의 범주와 일치하는 새로운 관념을 제시하였다. 다시 말해 사회를 그 구성원들에게 신성한 것으로 느끼고 인식하게 만들면서, 그들을 연대의식으로 통합하는 힘으로 바라보았다. 신도에게 절대적인 충성심을 요구하는 거룩하다는 개념이나 하나님이라는 개념도 사회가 그 구성원에게 절대적인 복종을 요구하고 있다는 사실로 설명한다. 인간은 사회적인 동물이기 때문에 그룹에 의존해서 살며, 사회는 개인의 정신적인 생명력의 근원이다. 마치 어느 종교인이 다른 종교인들과 함께 그들을 묶어놓은 종교를 찬양하면서 힘을 얻는 것과 같이 인간은 자신과 다른 사람들을 묶어 놓은 사회로부터 힘을 얻는다.

요약하면 다음과 같이 설명할 수 있다. 뒤르켐은 신, 종교란 사회적 개념에 따른 것으로 보고, 사회를 유지시키는 접착제 역할을 하는 것이 신이며 종교라고 본다. 인간이 경배하는 하나님이란 사회가 개인의 사고와 행위를 지배하기 위하여 조작해 낸 상상적인 존재에 불과하다는 것이 이 이론의 요점이다.

뒤르켐의 종교사상은 영국의 인류학자 브로니스와프 카스퍼 말리노프스키(Bronislaw Kasper Malinowski, 1884-1942), 미국의 사회학자 탤컷 파슨스(Talcott Parsons, 1902-1979), 미국의 인류학자 클리포드 기어츠(Clifford Geertz, 1926-2006), 미국의 사회학자 로버트 닐리 벨라(Robert Neelly Bellah,

1927-2013), 미국의 로마 가톨릭 사제이며 종교 사회학자인 앤드류 그릴리 (Andrew Greeley, 1928-2013) 등 많은 학자들의 종교사상에 커다란 영향을 미쳤고 오늘날에도 그의 사상은 종교사회학에서 결정적으로 중요한 고전적 전통으로 받아들여지고 있다.

4) 뒤르켐에 대한 비판적 고찰

뒤르켐의 사회학적 이론을 요약하면 다음과 같다. 인간이 자신의 생명을 초월한 어떤 위대한 힘 앞에 서있고, 그 위대한 힘의 의지를 도덕적인 명령으로 받아들여야 한다고 느낄 때 그는 진실로 어떤 '위대하고 포괄적인 실재' 앞에 서 있는 것이다. 그러나 이 포괄적인 실재란 사회가 만들어낸 자연적인 것이지, 초자연적인 실재가 아니다. 인간에게 하나님이란 개념을 심어주고 하나님이란 역할을 하는 것은 다름 아닌 인간의 그룹인 사회에 불과하며, 이런 의미에서 하나님이란 사회의 상징일 뿐이다. 그러므로 사회학적 이론은 종교라는 현상을 초자연적인 힘에 의존하지 않고 자연론적으로 설명한다. 하나님이 인간을 창조한 것이 아니라, 인간이라는 사회적인 동물이 그의 사회적 존속을 보존하기 위해서 하나님을 만든 것으로 해석한다.

이러한 뒤르켐의 사회학적 이론에 대해 영국의 종교철학자 허버트 헨리 파머(Herbert Henry Farmer, 1892-1981)는 다음과 같이 비판한다. 첫째, 사회학적 이론은 경험적인 사회의 범주를 초월하여 인간 상호간의 도덕적인 연관성을 추구하려는 보편적인 종교적 양심을 설명할 수 없다. 예를 들면 사랑이나 형제같이 살기를 바란다는 한결같은 결론을 설명할 수 없다. 하나님의 음성은 사회의 음성이 아니다. 둘째, 사회학적인 이론은 예언자적인 인간이 가지고 있는 도덕적인 창의성을 설명할 수 없다. 진정한 도덕이란 조직된 사회의 존속이나 발전만을 도모하는데 그 의의를 두지 않는다. 그러므로 사회학적인 이론은 자신이 속해 있는 그룹의 이익을 초월한 개척자들의 윤리적인 발자취를 설명할 수 없고, 단지 폐쇄된 사회에서만 적용될 수 있다. 셋째, 사회학적인 이론은 사회를 초월한 양심의 소리를 설명할 수 없다. 예를 들어 히브리 사회를 비판했던 아모스 선지자의 양심이나 러시아의 알렉산드르 솔제니친(Alexander Solzhenitsyn, 1928-2008)의 양심을 설명할 수 없다. 만일 사회학적 이론이 주장하는 것처럼 하나님이 단순한 사회의 변형에 불과하다면 이상과 같은 양심의 소리에 있어 하나님의 도움은 없었을 것이다.

뒤르켐의 종교사회학은 초월적인 신 개념을 철저히 거부함으로써 유일신 하나님을 부정하고, 하나님을 향한 믿음과 숭배를 사회나 집단의 숭배로 대체하려는 신성모독의 측면이 있다는 비판을 피할 수 없을 것이다. 그러므로 종교를 순수한 자연현상으로 해석하려는 사회학적 이론은 결국 실패했다.

참고문헌

강영계. 「포이어바흐가 들려주는 인간 이야기」. 서울: 자음과 모음, 2016.

개러스 스테드먼 존스. 「카를 마르크스: 위대함과 환상 사이」. 홍기빈 옮김. 서울: 아르테, 2018.

군나르 시르베크, 닐스 길리에. 「서양 철학사 2」. 윤형식 옮김. 서울: 이학사, 2016.

김광기. 「뒤르켐 & 베버: 사회는 무엇으로 사는가?」. 파주: 김영사, 2010.

김호경. 「종교, 과학에 말을 걸다」. 서울: 책세상, 2020.

드니 디드로. 「달랑베르의 꿈」. 서울: 한길사, 2006.

랠프 페브르, 앵거스 밴크로프트. 「스무 살의 사회학」. 이가람 역. 서울: 민음사, 2013.

로이 포터. 「2500년 과학사를 움직인 인물들」. 조숙경 옮김. 서울: 창작과비평사, 1999.

루이 알튀세르. 「마르크스를 위하여」. 서관모 옮김. 서울: 후마니타스, 2017.

루트비히 포이어바흐. 「기독교의 본질」. 강대석 옮김. 서울: 한길사, 2008.

뤼디거 자프란스키. 「니체」. 오윤희,육혜원 역. 서울: 꿈결, 2017.

루트비히 포이어바흐. 「종교의 본질에 대하여」. 강대석 옮김. 서울: 한길사, 2006.

마이클 덴턴. 「진화론과 과학」. 임번삼 옮김. 서울: 한국창조과학회, 1994.

박찬국. 「사는 게 힘드냐고 니체가 물었다」. 서울: 21세기북스, 2018.

백승욱. 「생각하는 마르크스」. 서울: 북콤마, 2017.

스콧 M 휴스. 「진화론의 붕괴」. 정동수 외 옮김. 서울: 말씀과 만남, 1995.

신재식. 「예수와 다윈의 동행」. 서울: 사이언스북스, 2013.

안광복. 「처음 읽는 서양 철학사」. 서울: 어크로스, 2017.

에드워드 티리아키언. 「뒤르켐을 위하여」. 손준모 역. 서울: 고려대학교출판부,

2015.

에밀 뒤르켐. 「사회분업론」. 민문홍 역. 서울: 아카넷, 2012.

에밀 뒤르켐. 「에밀 뒤르켐의 자살론」. 황보종우 역. 서울: 청아출판사, 2019.

에밀 뒤르켐. 「종교생활의 원초적 형태」. 민혜숙, 노치준 역. 서울: 한길사, 2020.

에밀 뒤르켐. 「사회학적 방법의 규칙들」. 윤병철, 박창호 역. 서울: 새물결, 2019.

에티엔 발리바르. 「마르크스의 철학」. 배세진 옮김. 서울: 오월의봄, 2018.

오귀스트 콩트. 「실증주의 서설」. 김점석 역. 서울: 한길사, 2001.

유진 번. 「찰스 다윈」. 서울: 푸른지식, 2014.

윤민재. 「콩트가 들려주는 실증주의 이야기」. 서울: 자음과 모음, 2007.

월러드 헌팅턴 라이트. 「니체는 이렇게 말했다」. 정명진 역. 서울: 부글북스, 2018.

이상엽. 「니체철학의 키워드」. 서울: UUP, 2005.

이양림. 「진화론의 실상과 창조」. 서울: 생명의말씀사, 1996.

이정순. 「신을 묻는다」. 서울: 대한기독교서회, 2019.

이재만. 「창조주 하나님」. 서울: 두란노서원, 2014.

이사야 벌린. 「칼 마르크스-그의 생애와 시대」. 안규남 옮김. 서울: 미다스북스, 2012.

이시키와 야스히로. 「마르크스는 처음입니다만」. 홍상현 역. 서울: 나름북스, 2016.

임번삼. 「잃어버린 생명나무를 찾아서」. 서울: 두란노, 2002

임승수. 「새로 쓴 원숭이도 이해하는 마르크스 철학」. 서울: 시대의창, 2020.

자끄엘륄. 「마르크스 사상: 과연 실천은 순수한가?」. 안성현 옮김. 서울: 대장간, 2013.

장대익. 「다윈의 식탁」. 서울: 바다출판사, 2015.

정기철. 「철학과 신학」. 서울: 한들출판사, 2000.

정동호. 「니체」. 서울: 책세상, 2014.

정수영. 「창조신앙」. 서울: 쿰란출판사, 2014.

정영도. 「칼 야스퍼스의 니체와 기독교 읽기」. 서울: 세창미디어, 2016.

진 S. 물툰. 「성경에 나타난 과학적 사실들」. 양승훈 옮김. 서울: 나침반, 2014.

찰스 다윈. 「종의기원」. 장대익 옮김. 서울: 사이언스북스, 2019.

카를로 로벨리. 「첫번째 과학자, 아낙시만드로스」. 이희정 옮김. 서울: 푸른 짓기, 2017.

켄 햄, 휴 로스, 데보라 하스마. 「창조, 진화, 지적 설계에 대한 네 가지 견해」. 소현수 옮김. 서울: 부흥과 개혁사, 2020.

파비앵 그롤로, 제레미 루아예. 「다윈의 기원 비글호 여행」. 김두리 역. 서울: 이데아, 2019.

프리드리히 니체. 「차라투스트라는 이렇게 말했다」. 정동호 역, 서울: 책세상, 2019.

프리드리히 니체. 「초역 니체의 말」. 박재현 역. 서울: 삼호미디어, 2020.

프리드리히 니체. 「니체 인생론」. 박별 역. 서울: 뜻이 있는 사람들, 2017.

프리드리히 니체. 「선악의 저편-도덕의 계보」. 김정현 역, 서울: 책세상, 2019.

프리드리히 니체. 「니체는 망치다」. 정명진 역. 서울: 부글북스, 2019.

프리드리히 니체. 「인간적인 너무나 인간적인」. 김미기 역. 서울: 책세상, 2019.

프리드리히 니체. 「바그너의 경우·우상의 황혼·안티크리스트 외」. 백승영 역. 서울: 책세상, 2019.

프리드리히 엥겔스. 「루트비히 포이어바흐와 독일 고전철학의 종말」. 강유원 역. 서울: 이론과 실천, 2008.

하이데거. 「니체의 신은 죽었다」. 강윤철 역. 서울: 스타북스, 2011.

한스 요아힘 슈퇴리히. 「세계 철학사」. 박민수 역. 서울: 이룸, 2013.

John MacArthur. 「우주와 인간의 시작」. 이심주 역. 서울: 부흥과개혁사, 2009.

J. P. 모어랜드, 스티븐 마이어 외 23인. 「유신진화론 비판」, 소현수 외 3인 옮김. 서울: 부흥과 개혁사, 2019.

Auguste Comte. *The Positive Philosophy of Auguste Comte*. London: Forgotten Books, 2012.

Emile Durkheim. *The Rules of Sociological Method*. New York: Free Press, 2014.

Francis Wheen. *Karl Marx: A Life*. New York: W. W. Norton & Company, 2001.

Gareth Stedman Jones. Karl Marx: Greatness and Illusion. Cambridge: Harvard University Press, 2016.

Isaiah Berlin. *Karl Marx: His Life and Environment*. New York: Oxford University Press, 2009.

Kristan Lawson. *Darwin and Evolution for Kids: His Life and Ideas with 21 Activities*. Chicago: Chicago Review Press, 2013.

Ludwig Feuerbach. *The Essence of Religion*. New York: Prometheus, 2004.

Mike Gane. *Auguste Comte*. London: Routledge, 2006.

Thomas Woodward. *Doubts about Darwin: A History of Intelligent Design*. Michigan: Baker Books, 2004.

Wolfgang Schirmacher. *German Socialist Philosophy: Ludwig Feuerbach, Karl Marx, Friedrich Engels*. London: Continuum, 1997.

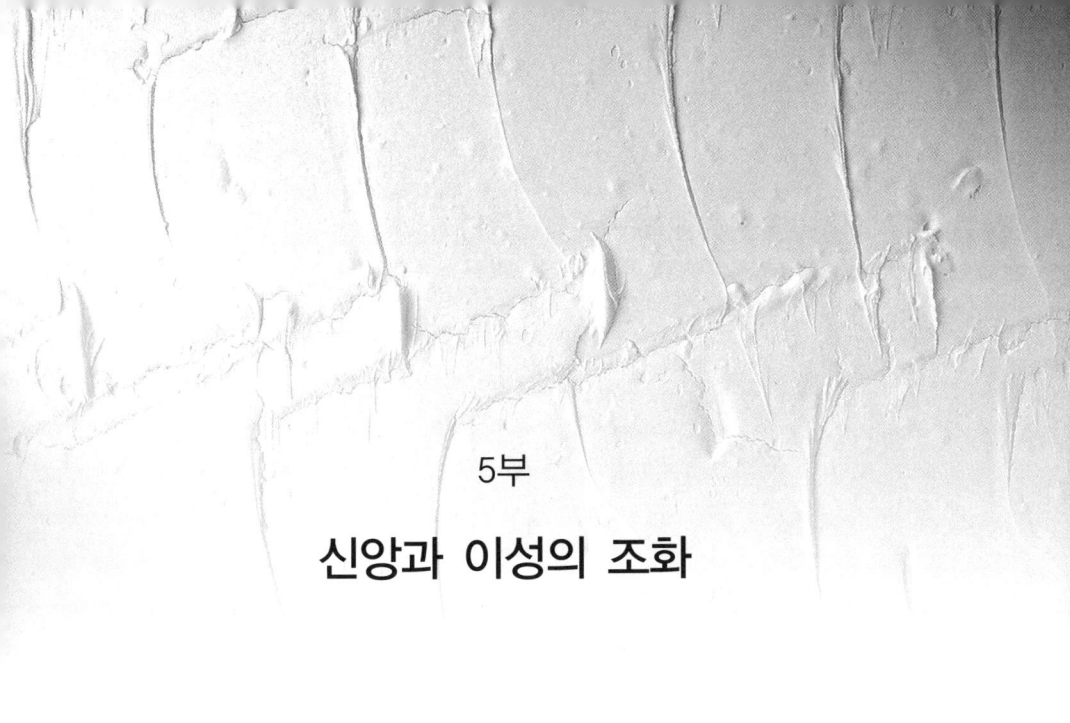

5부

신앙과 이성의 조화

5부

신앙과 이성의 조화

성경에서 신앙과 이성의 관계가 문제시 되는 부분은 사도행전에 잘 드러나 있다. 바울이 아덴에 전도하러갔을 때 바울이 아덴에서 에피쿠로스와 스토아 철학자들과 만나 쟁론하는 장면이 소개된다.

"바울이 아덴에서 그들을 기다리다가 그 성에 우상이 가득한 것을 보고 마음에 격분하여 회당에서는 유대인과 경건한 사람들과 또 장터에서는 날마다 만나는 사람들과 변론하니 어떤 에피쿠로스와 스토아 철학자들도 바울과 쟁론할새 어떤 사람은 이르되 이 말쟁이가 무슨 말을 하고자하느냐 하고 어떤 사람은 이르되 이방 신들을 전하는 사람인가보다 하니 이는 바울이 예수와 부활을 전하기 때문이러라"(행 17:16-18)

그러나 바울은 선교에 초점을 두었고, 철학자들은 학문적 토론에 초점을 두었으므로 이 둘은 확연한 차이가 드러나는 입장을 보였다. 즉 신앙과 이성의 긴장관계는 서로에게 그리 성공적이지는 않았다. 바울의 여정을 보면 초기 철학이 추구하는 이성의 절대성으로 기독교 신앙이 변질되고 이단들이 등장하게 된다는 우려로 철학에 대한 경계를 보이기도 한다.

"누가 철학과 헛된 속임수로 너희를 사로잡을까 주의하라 이것은 사람의 전통과 세상의 초등학문을 따름이요 그리스도를 따름이 아니니라"(골 2:8)

그러나 이러한 바울의 태도가 철학 자체를 비신앙적인 것으로 배격한 것인지는 확실하지 않다. 바울의 전도여정을 살펴보면 자신이 지닌 학문적 지식과 배경을 충분히 활용하여 그리스도와 부활을 전파했다는 사실이 이를 반증한다.

신앙과 이성(fides et ratio)에 대한 연구를 촉발한 계기는 기독교와 그리스 철학과의 만남이었다. 초기 기독교가 전파되면서 이성의 산물인 철학과의 조우는 서로간의 긴장관계를 형성하였고, 신앙과 이성의 관계는 주요 이슈일 수밖에 없는 환경이 조성되었다. 그러므로 기독교는 신앙과 이성의 긴장 관계에서 일어나는 갈등을 통하여 영원한 진리에 다가가고자 노력했다. 기독교철학의 독특성은 세계를 합리적인 방법으로 설명하려는 그리스 철학과 철학적 함의들을 담고 있는 기독교의 계시들을 어떻게 연결할 것인가에 대한 고민에서 생겨났다. 특히 교부들은 하나님의 계시를 선포하기 위한 수단으로 플라톤 경향의 철학을 수단으로 삼았다. 계시로부터 받은 관념들을 어떻게 표현할 수 있을까? 이에 교부들은 그 수단으로 철학을 수용할 수밖에 없었다.

역사적으로 기독교 신학자들은 신앙과 이성의 관계에 대해 많은 생각을 해왔다. 특별히 아우구스티누스(Sanctus Aurelius Augustinus, 354-430), 안셀름(Anselm, 1033-1109), 토마스 아퀴나스(Thomas Aquinas, 1224-1274),

보나벤투라(Bonaventura, 1221-1274) 등은 신앙과 이성의 관계를 심층적으로 조명한 대표적인 신학자들이다. 스콜라 철학의 아버지 캔터베리 대주교 안셀름은 하나님에 대한 인간의 모든 지식을 이성적, 체계적으로 정리해 세상으로 하여금 분명한 진리의 체계 속으로 들어오게 하기 위해서 몸과 마음을 헌신한 사람이다. 서유럽이 외세의 침공으로부터 벗어난 11세기 기독교는 유럽 전역에 지대한 영향력을 끼치게 된다. 동시에 교권과 왕권의 대립, 기독교와 이교도의 마찰 등은 당시 유럽 사회를 괴롭히는 최고의 악이었다. 이때 기독교 신앙에 대한 확고한 인식을 위해 이성적이고 합리적인 설명이 필요하게 됐다. 스콜라 철학은 이러한 신앙적 요청을 잘 규명해 보려는 시각에서 시작됐다. 스콜라 학파의 목표는 철저한 논리와 이성을 기초로 하는 기독교의 신학 체계를 새로 정립하는 일이었다. 보나벤투라는 성인으로 추앙받는 중세의 가장 탁월한 신학자이다. 토마스 아퀴나스와 동시대 인물로서 신학뿐 아니라 신비주의 학자로서 큰 족적을 남겼다. 그의 신학은 스콜라 철학자답게 이성에 바탕을 두고 있다. 토마스 아퀴나스가 철저히 아리스토텔레스의 철학에 기초하여 새로운 신학을 전개한 반면, 보나벤투라는 보수적 관점에서 신학을 전개했다.

중세 이후 인간 이성의 합리성과 충족성을 전면에 드러낸 모더니즘은 지나친 이성중심과 과학주의로 이성의 절대성을 내세우며 초월적 진리를 거부하려고 했고, 이에 합리적 이성을 축소하고 신앙주의(fideism)로 돌아가려는 양 극단의 병폐는 항상 많은 논란을 가져왔다. 신앙주의는 신학적 신조를 궁극적 진리 기준으로 삼고 이성이 종교적 진리를 파악하는 능력을 극소화시킴으로써 신앙을 최우선으로 삼는 철학적 견해이다. 즉 종교적 진리는 이성이 아니라 믿음에 의해서만 파악된다는 입장이다. 엄격한 신앙주의자들은 이성이 종교의 근본적인 교의를 이해하거나 발견할 여지를 주지 않는다. 그들에게는 맹목적 신앙이 확신과 구원에 이르는 최상의 길이다. 그들은 신비로운 경험, 계시, 주관적인 인간 욕구, 상식 등 다양한 근거에서 이러한 신앙을 옹호한다.

그러기에 신앙과 이성은 기독교 역사 속에서 항상 진행되어온 거대담론이며 매우 까다로운 문제이다. 이성은 학문 일반을 가능하게 하는 인간의 능력이고, 신앙은 이성을 넘어선 초월적인 계시를 받아들이는 인간에게 허용된 초자연적 능력이다. 신앙과 이성 사이의 관계는 그 경계선을 구분 짓기가 쉽지 않다는 사실이다. 이성을 초월한 계시를 어떻게 이해하고 어떻게 수용할 것인가? 알기 위해 믿는 것인가 아니면 믿기 위해 아는 것인가? 신앙은 이성을 거부하는가? 아니면 신앙과 이성은 조화를 이루어 진리를 확고히 하게 하는가? 기독교신학은 신앙의 진리에 대한 이성적 사유의 역사라 할 수 있다. 신앙에 대한 이성적 사유가 대두된 것은 무엇보다도 타문화 속에 드러난 자신을 이제는 논리적으로, 철학적으로 설명할 필요가 생겨났다는 사실이다. 타종교를 대하는 기독교의 태도는 과연 어떤 것일까? 자신의 종교에 충실하면서도 다른 종교를 존중해주는 것은 가능한 일일까? 문제는 기독교는 초대교회부터 타종교를 경험해왔으며, 그런 역사적 경험을 통해 타종교에 대한 다양한 태도가 형성되었다는 사실이다. 따라서 기독교에 대한 이해는 다종교 사회에서 다른 종교를 대하는 최선의 모습이 무엇인지 다시 생각할 수 있게 한다는 것이다.

중세는 신학이 모든 학문의 여왕이었던 시대이다. 철저히 신중심적인 사고가 지배적인 시대였다. 이제 중세를 지나 '과학'이라는 이름의 이성이 시대의 지배자로 등극한 4차 산업혁명 시대에 과연 신앙은 이성을 어떻게 받아들이고 있으며, 이성은 신앙을 어떻게 인식하고 있는가? 신앙과 이성은 동전의 양면처럼 서로 반목하면서도 공존할 수밖에 없다. 이천년 전

팔레스타인에서 탄생한 기독교가 그리스 철학을 받아들이고 헬레니즘 문화를 수용하며 세계의 종교로 변신하는 기독교의 역사를 통해 신앙과 이성의 문제를 새롭게 정립할만한 충분한 이유가 있다고 본다. 진리를 향해 가기 위해 필요한 것은 과연 이성만일까? 구원을 얻기 위해 필요한 것은 신앙뿐일까? 여기에 대한 진지한 고민과 대답이 필요한 시점이다.

필자는 우선 1장에서 신앙이 무엇인지에 대해 간략히 살펴보고자 한다. 신앙의 기초가 무엇인가? 신앙은 어떻게 설명할 수 있을까? 2장에서는 신앙과 이성의 갈등과 균형을 집중적으로 살펴볼 것이다. 신앙과 이성의 대립은 중세에 걸쳐 명맥을 유지해 온 신앙주의(fideism)과 이성주의(rationalism)를 들 수 있다. 이에 대한 개념을 알아보고자 한다. 아울러 신앙과 이성의 조화는 기독교철학자들 사이에서 다양한 방식으로 전개되었다. 그 중에 아우구스티누스와 토마스 아퀴나스는 어떻게 전개하였는지 살펴보고자 한다. 아우구스티누스는 그리스-로마의 고전 문화와 만남을 통해 중세 초기에 라틴 기독교의 토대를 세운 인물이고, 토마스 아퀴나스는 중세의 절정기에 중세 스콜라 사상을 완성한 인물이다. 인간 이성의 추론 작업은 신에 대한 신앙에 이를 수는 없다고 하더라도 신에 대한 신앙의 근거들을 발견할 수 있는 것임을 볼 것이다. 3장에서는 신앙과 이성에 대한 전망을 살펴봄으로써 새로운 영성을 향해 항해하는 것이 신앙과 이성의 조화를 통해 하나님의 진리를 알 수 있음을 제시하고자 한다. 4장에서는 전체를 요약하고, 성경적 가치관으로 회복된 신앙과 이성의 조화는 하나님의 진리를 제대로 알고 이 땅에서 하나님이 원하시는 인간 존재의 풍부한 삶을 살 수 있음을 강조하고자 한다.

1. 신앙이란 무엇인가?

누군가에게 신앙이란 무엇인가라는 질문을 받았을 때 어떻게 대답하고 설명을 할 수 있을까?

대부분의 사람들은 어떠한 종교적 형태에 속한 사람을 신앙인이라고 말한다. 그러나 기독교에서 표현하고 있는 신앙이라는 용어를 알기 위해서 몇 가지의 본질적 질문을 제기함으로 신앙의 가치기준을 찾아보는 것이 필요하다. 본질이란 고유한 성격 혹은 내용을 가르치는 말로 그것은 어떠한 조건이나 시간 속에서도 변할 수 없는 특성이다. 그러므로 본질은 그 신앙의 진리로 표현된다. 여기에 대한 해답이 성경에 분명히 기록되어 있다. "예수께서 이르시되 내가 곧 길이요 진리요 생명이니 나로 말미암지 않고는 아버지께로 올 자가 없느니라"(요 14:6). 즉, 기독교 신앙의 본질이란 곧 '예수 그리스도'로 귀결된다.

예수 그리스도로 귀결되는 본질에 대한 신앙의 개념은 신앙의 대상, 신앙의 대상에 반응하는 행위자에 대해 포괄적으로 이해될 때 신앙이라는 기독교의 독특한 개념이 설명될 수 있다. 첫째, 신앙의 대상은 창조주 하나님인데, 그 분은 삼위일체이다. 이것을 논리적으로 가르칠 때 우리는 신론(神論) 혹은 하나님, 예수님, 성령님이라는 설명으로 가르치고 있다. 기독교인이 대상에 대해 얼마나 올바른 지식을 갖고 있는가 하는 것이 기독교인의 삶에 올바른 기준이 되는 것이다. 다음은 호세아가 이스라엘 백성에게 절규하며 외친 말씀이다. "우리가 여호와를 알자 힘써 여호와를 알자"(호 6:3). "내 백성이 지식이 없으므로 망하는도다 네가 지식을 버렸으니 나도 너를 버려 내 제사장이 되지 못하게 할 것이요 네가 네 하나님의 율법을 잊었으니 나도 네 자녀들을 잊어버리리라"(호 4:6). 그러기에 신앙인이 신앙의 대상을 어떻게 이해하는가 하는 것이 신앙의 출발이 되는 것이다. 둘째, 신앙의 개념을 올바로 이해하는데 있어서 또 하나 기억해야 할 것은 신앙의 대상에 반응하는 존재가 있어야 한다는 것이다. 그런 사람을 우리는 신앙인이라고 부른다. "영접하는 자 곧 그 이름을 믿는 자들에게는 하나님의 자녀가 되는 권세를 주셨으니"(요 1:12). 성경은 바로 하나님과 자녀와의 관계로 부터 신앙의 행위자로 출발하게 되는 것임을 분명히 하고 있다. 이런 선택의 전제는 창조와 피조라는 창세기의 개념으로 부터 출발한다. 그러므로 기독교는 하나님의 창조와 에덴에서의 타락, 인간의 절망 그리고 십자가의 희생, 그로 인한 영접, 이런 결과적 존재가 신앙의 행위자로 인정되는 독특한 구조로 되어 있다.

신앙의 기초는 무엇인가? 신앙을 흔들어 놓는 수많은 삶의 문제들에 직면했을 때 신앙은 도대체 무슨 의미를 지니고 있는가? 신앙이란 몇 가지 명제들이나 원리들로 축소될 수 있는 성질의 것이 아니며, 경험되어지는 감정이나 정서도 아니다. 신앙은 하나님과의 '신뢰의 관계'를 가장 중요한 강조점으로 갖고 있다. 신뢰를 갖기 위해서는 다음의 몇 가지가 반드시 필요하다. 첫째, 신앙은 하나님의 말씀에 의지하는 모습이다. 신앙을 성경, 즉 하나님의 말씀과 분리시켜 생각할 수 없다는 것이다. 이는 신앙은 그리스도께 절대적으로 의존한다는 것을 의미한다. 왜냐하면 그리스도는 하나님의 '말씀'이기 때문이다. 구약의 선지자들은 주로 '여호와께서 말씀하시되'라는 말을 선포한 후 하나님의 말씀을 전했지만, 예수 그리스도는 말씀(로고스) 자체이시다. "태초에 말씀이 계시니라 이 말씀이 하나님과 함께 계셨으니 이 말씀은 곧 하나님이시니라(요 1:1). 예수 그리스도의 행동 하나하나, 말씀 하나하나가 바로 하나님의 말씀이다. 하나님은 인류를 향한 구원계획을 예수 그리스도를 통하여 성취하셨다. 예수 그리스도는 말씀으로 처음부터 함께 하신 분이요, 지금도 함께 하는 분이며, 영원히 함께하실 분이시다. "옛적에 선지자들을 통하여 여러 부분과 여러 모양으로 우리 조상들에게 말씀하신 하나님이 이 모든 날 마지막에는 아들을 통하여 우리에게 말씀하셨으니 이 아들을 만유의 상속자로 세우시고 또 그로 말미암아 모든 세계를 지으셨느니라"(히 1:1-2). 동시에 신앙은 성경에 기반을 두어야 함을 의미한다. 왜냐하면 성경 역시 하나님의 '말씀'이기 때문이다. 하나님의 말씀이신 그리스도와 하나님의 또 다른 말씀인 성경은 분리할 수 없는 관계라는 사실이다. 성경은 이렇게 가르치고 있다. "그러므로 믿음은 들음에서 나며 들음은 그리스도의 말씀으로 말미암았느니라"(롬 10:17). 우리가 성경이라는 거울을 들여다보고 있으면, 그 거울을 통해 우리는 하나님을 볼 수 있고, 하나님은 성경을 선택하여 신앙의 기초가 되도록 하셨다. 만일 우리가 성경이라는 거울을 쳐다보지 않는다면 우리는 하나님을 볼 수 없을 것이다. 둘째, 신앙은 신뢰(信賴)하는 것이다. 건강한 가정에서 양육된 자녀들은 그들의 부모를 신뢰한다. 신자들 역시 삼위 하나님의 건강한 가정에 있는 자녀들과 같다고 할 수 있다. 신자들은 하나님의 사랑을 받고 보호되고 위로 받으면서 성장하는 하나님의 자녀들이다. 하나님을 향한 신자들의 신뢰는 창조신앙에 그 뿌리를 두고 있다. 하나님을 창조주로 고백하는 믿음은 '신뢰'(trust)의 의미를 밝혀 준다. "땅과 거기에 충만한 것과 세계와 그 가운데에 사는 자들은 다 여호와의 것이로다"(시 24:1). 다른 말로 표현하자면, 우리가 알고 있는 모든 것, 우리가 인식하고 있는 모든 실체들이 다 창조주 하나님으로부터 나왔다는 것이다. 창조에 대한 믿음은 지금도 하나님께서 우리를 포함한 모든 세계를 선하게 유지시켜 주시고 있다는 신뢰를 만든다. 셋째, 신앙은 아는 것이다. 신앙은 우리를 향하신 하나님의 자비와 은총에 대해 확실하게 그리고 분명하게 아는 것을 말한다. 이 지식은 그리스도를 통하여 값없이 주어진 약속이 진실이라는 사실에 기초를 두고, 성령을 통하여 가슴 속에 도장을 찍게 된 것이다. 이것이 신앙이다. 넷째, 신앙은 선물이다. 이것은 신앙이 결코 우리의 업적이나 성취가 아니라는 것을 의미한다. 신앙은 우리의 노력의 결과나 결심이나 선택이 아니라, 선물이라는 사실이다.

"너희는 그 은혜에 의하여 믿음으로 말미암아 구원을 받았으니 이것은 너희에게서 난 것이 아니요 하나님의 선물이라"(엡 2:8)

성경이 신앙의 기준에 대해 구체적으로 제시하고 있는 것 가운데 집약적인 표현 하나가 에베소서에 나타나 있다. "그리스도의 장성한 분량이 충만한 데까지 이르리니"(엡 4:13). 예수 그리스도를 닮아가는 생활은 항상 기독교 신앙생활에서 큰 역할을 해 왔다. 예수 그리스도를 따른다는 것은 그의 외적 행동 하나하나를 흉내 내는 것이 아니고, 예수가 취한 행동의 내적동기, 즉 하나님에 대한 관계를 받아들이는 것이다. 그러기에 신앙은 각기 스스로 책임을 지는 모험이다. 그렇다면 신앙의 목적은 무엇인가? 이것은 예수님께서 세상에 오신 목적과 동일하게 이해될 수 있다. "내가 온 것은 양으로 생명을 얻게 하고 더 풍성히 얻게 하려는 것이라"(요 10:10). 그리고 바울은 이렇게 선포한다. "그런즉 너희가 먹든지 마시든지 무엇을 하든지 다 하나님의 영광을 위하여 하라"(고전 10:31). 다시 말해 신앙의 목적은 하나님의 영광이라는 초점으로 모아지는 것이며, 예수님의 삶을 본받아서 그 분의 뜻대로 행하는 것이 신앙이다.

다음으로 신앙과 이성의 관계에 대해 살펴보기로 하자.

2. 신앙과 이성: 갈등과 균형

신앙과 이성과의 관계가 본격적으로 논의되기 시작한 것은 교부시대이다. 교부(敎父)란 사도들을 이어 그리스도교를 전파하며 신학의 기본적인 틀을 형성한 교회의 지도자들을 일컫는다. 교부는 2세기 이후부터 기독교 신학의 주춧돌을 놓은 이들을 말하며, 교부란 호칭은 후대 교회에서 붙인 경칭이다. 교부는 2세기에서 8세기에 걸쳐 기독교의 이론을 세우고, 이단과의 열띤 논쟁을 벌이면서 사도로부터 계승된 거룩한 보편교회를 수호하는 데 기여했다. 니케아(Nicaea) 공의회 이전의 교부들로는 오리게네스(Origenes, 185-254 경), 알렉산드리아의 클레멘트(Clement of Alexandria, 150-215년 경), 예루살렘의 키릴루스(Cyrilus of Jerusalem, 313-386 경) 그리고 북아프리카 출신의 터툴리아누스(Tertullianus, 160-220), 로마교구의 히에로니무스(Eusebius Hieronymus, 345-420 경), 아우구스티누스(Sanctus Aurelius Augustinus, 354-430) 등이 있다.

초기 기독교에 복음이 확장되면서 교회 안에 희랍철학의 배경을 지닌 신자들이 생겨나면서 교회는 이들에게 신앙과 이성 간의 관계를 정립할 필요가 생겨났다. 희랍철학의 도전은 기독교 신앙에 대해 불신을 가져오게 했고, 여기에 대한 교회의 변증적인 입장조차 통일되지도 않았을 뿐만 아니라 반대의 입장인 경우도 있었기 때문이다.

신앙과 이성의 대립은 주로 흑백논리에서 비롯된다. 여기에는 중세에 걸쳐 명맥을 유지해 온 신앙주의(fideism)과 이성주의(rationalism)를 들 수 있다. 신앙주의는 이성적 인식을 부정하거나 이성적 인식이 신앙을 위협하는 것으로 간주한다. 반면에 이성주의는 신앙에 근거한 모든 인식이 전혀 무모한 것으로 본다. 신앙주의와 이성주의의 갈등과 극단적인 입장은 가볍고 단순한 것들이 아니었다. 이들이 주장하는 명제는 인식론, 구원론

등과 직간접적으로 연계되면서 중세 대학에서 토론을 활성화시키는 촉진제가 되었다. 1부 4장에서 언급했지만 그러면 여기서 신앙과 이성의 양 극단에 서 있는 신앙주의와 이성주의에 대해 좀 더 자세히 살펴보고자 한다.

1) 신앙과 이성의 갈등

(1) 신앙주의(fideism)

라틴신학의 아버지로 불리는 터툴리아누스(Tertullianus, 160-220)는 철저히 이성의 산물인 철학을 배격하고 신앙을 우선시 하는 신앙주의를 주장한다. 예루살렘과 아덴이 무슨 상관이 있느냐? 철학자와 기독교인이 무슨 공통점이 있느냐는 말은 이러한 그의 입장을 함축적으로 매우 잘 표현하는 말이다. 터툴리아누스와 동시대 인물인 알렉산드리아의 클레멘트(Clement of Alexandria, 150-215 경)는 기독교를 최고의 철학으로 보았고, 이성과 신앙을 통일적 관점에서 조화시키고자 노력했다. 이런 점에서 클레멘트는 그리스도가 다시 오시기 전까지 희랍사람들은 철학을 통해 의에 이를 수 있다는 주장을 하게 되었다. 이는 철학을 통해 하나님을 알 수 있다는 전제를 지니고 있는 것이다. 그러나 클레멘트의 이런 입장에 대해 터툴리아누스는 반대 입장을 분명히 하면서 신앙의 우선성을 내세웠다. 철학을 기독교 신앙에 수용할 수 있지만, 계시의 초월성과 유일성이 손상을 가져올 수 있다는 사실을 간과하고 있다고 판단한 것이다. 터툴리아누스는 역설(paradox) 개념을 신학에 도입했다. '부활은 불가능하기 때문에 확실한 것이다'라고 하는 주장이다. 예수는 단순한 마음으로 찾아야 가능하고, 그리스도 이후에는 사변이 필요 없다는 다소 강한 입장을 피력하였다. '불합리하기 때문에 나는 믿는다'는 그의 유명한 명제 역시 이런 역설적 입장에서 나온 것이다. 이 말은 신앙과 이성, 종교와 철학을 완전히 떼어놓는 것이고, 대립적인 걸로 보는 것이다. 불가능하다는 건 이성적으로 인식할 수 없는 것이고, 불합리하다는 건 이성에 접근할 수 없다는 것이다. 그러니까 오히려 불가능하기 때문에 확실하고 종교적으로는 불합리하기 때문에 믿는다고 주장한다. 따라서 그의 입장은 신앙과 이성을 서로 대립적인 것으로 보는 것이다. 그러나 이런 입장은 신앙의 초월적 측면을 잘 드러내고는 있으나 너무 극단적이어서 기독교인들로 하여금 철학이나 문화 활동 전반에 걸쳐 부정적인 태도를 갖게 했다는 사실이다.

19세기 최고의 기독교 사상가로 알려진 죄렌 키르케고어(Søren Kierkegaard 1813-1855) 역시 신앙적 진리에 도달하기 위해서는 이성적 사유로는 불가능하다는 입장을 피력한다. 키르케고어는 덴마크가 낳은 가장 독창적인 기독교 사상가였다. 그의 사상은 20세기 들어 실존주의 철학을 형성하게 되었으며 변증법적 신학의 사상적 토대가 되었다. 그는 헤겔의 관념론에 대한 비판가였다. 그의 대표적인 저작인 「철학 단편」(Philosophical Fragments, 1844), 「생의 여로의 단계」(Stages on Life's Way, 1845), 「비학문적 후기를 마감하며」(Concluding Unscientific Postscript, 1846) 등은 신앙을 갖는다는 것이 무엇인가라는 문제에 관심을 기울인 대답들이었다. 창 22장에 기록되어 있는 아브라함에게 이삭을 번제로 드리라는 아케다(Aceda) 사건은 이성으로는 도저히 따를 수 없는데 이런 명령을 따르는 것이 과연 옳은가?[1] 아브라함에게 무조건 이삭을 제물로 바치라는 하나님의 명령이 과연 인간 이성의 윤리적 원리에 부합하는 것인가? 사람에게 가장 소중한 목숨을 바치라는 이 명령은 당사자인 이삭에게 잘못도 없는 상황에 대해

---

[1] 아케다(Aceda)는 창22장에 나오는 '결박하다'는 히브리어의 명사형이다. 이는 이삭을 제물로 바치라는 하나님의 명령에 따라 아브라함이 이삭을 밧줄로 묶은 데서 온 말이다.

책임을 묻는 것으로 어떻게 요구할 수 있는 것인가? 다른 사람을 죽인 사람은 그 대가로 자기 목숨을 내 놓아야 하지만, 이삭에게는 그런 잘못이 없고 책임을 물을 수가 없다. 이 문제에 대해 키르케고어는 인간 이성으로는 결코 이해할 수 없는 신앙의 결단만이 대응할 수 있다고 보았다. 그러기에 신앙은 이성의 합리적인 차원을 넘어선 비합리적인 모순의 차원이라고 설명한다. 키르케고어는 헤겔 철학 비판을 위해 효과적인 도구로 '실존' 개념을 사용했다. 헤겔은 존재라는 말을 보편적이고 관념적인 것으로 이해했지만, 키르케고어는 존재를 이 세계에 실제로 생존하고 있는 구체적이고 개별적인 존재로 이해했다. 그에게 있어서 진실한 인간 존재, 즉 실존은 하나님 앞에 서는 단독자(單獨者)였다. 이 단독자는 그의 사상의 중심 개념이다. 키르케고어가 말한 '실존'의 의미는 그의 저작「양자택일」(Either-Or, 1843) 및「생의 여로의 단계」(Stages on Life's Way, 1845)와 같은 저서를 통하여 설명한 내용 가운데 가장 명확하게 드러나 있다.

키르케고어는 인간 실존의 단계를 세 단계로 구분한다. 첫째, 심미적 단계-미적 실존(aesthetische Existenz)이다. 이 단계에서의 삶을 영위하는 사람은 전적으로 가시적이고 세속적이며, 일시적인 목표들만을 추구함과 동시에 인생을 미적인 관점에서 판단하는 천박한 쾌락주의자를 의미한다. 이것은 감각적인 직접성의 영역이다. 심미적 인간은 윤리적인 결단, 즉 선택에는 익숙하지 못하다. 더욱이 이 단계에 있는 인간은 인생의 외적이고 한정적인 요소들에 제한되어 있으므로, 그에게는 영원한 것을 일시적인 것과 연결시킬 수 있는 능력, 다시 말해서 기독교의 특징인 시간과 영원의 종합을 발견할 수 있는 능력이 있을 수 없다. 또한 객관적 사고에 의하여 자신이 선택하지 않으면 안 될 상황으로부터 도피하는 사색적인 유형의 사람 역시 심미적 단계에 속해 있는 것으로 볼 수 있다. 이 심미적 단계의 생활은 절망, 불안에 대한 승산 없는 싸움이다. 둘째, 윤리적 단계-윤리적 실존(esthische Existenz)이다. 인간이 선과 악 사이에서 어느 쪽인가를 선택하라는 하나님의 무조건적인 강요에 직면했을 때 인간은 절대자와의 관계 속에 들어가면서 존재하기 시작한다. 자신의 소중한 아들인 이삭을 번제로 드리라는 하나님의 명령이 합리적인 것에 반하는 것이었음에도 불구하고, 아브라함은 그 요구에 겸손하게 순종했다. 그러나 윤리적 요구는 선택이라는 영원한 중압감에서 비롯된 진지함을 가지고 자기 인생에 대하여 깊이 생각하게끔 한다. 이것은 이어서 인간의 내부에 후회 혹은 회개의 상태를 유도해 내는바, 이는 그가 윤리의 끝없는 요구들을 완전하게 충족시킬 수 없음을 알 수 있기 때문이다. 결국 인간은 윤리적 결단 아래서 하나님을 의식하게 되어 종교적 단계로 이어진다. 윤리적 단계는 인간에게 양자택일을 맞게 하는, 양심에 대한 절대적인 요구로 이루어져 있다. 그는 자신의 인생에 대한 하나님의 뜻을 성취할 수도 있고 놓쳐버릴 수도 있다. 셋째, 종교적 단계-종교적 실존(religiöse Existenz)이다. 종교적인 사람은 인간의 착한 마음에 한계가 있음을 알고 결국 인간이 절망에 둘러싸여 있음을 절실히 느끼면서도 새로운 형태의 생활에로 결단하여 비약하는 사람이다. 종교적 실존의 초점은 고난이다. 종교적 단계에 이르기 위해서는 절망을 거쳐야 한다. 신앙과 함께 형성되는 종교적인 실존은 절망을 전제로 하는 것이다. 절망은 죽음에 이르는 병이면서도 또한 죽음에 이르는 병이 아니다. 죽음에 이르기 때문에 신앙이 일어날 수 있다. 여기서 그는 '역설'(paradox)의 개념을 도입했다. 미적 실존이나 윤리적 실존의 단계는 인간 스스로 도달할 수 있으나 종교적 실존은 하나님의 능력으로만 가능하다. 키르케고어가 표현한 종교적 단계는 도덕의 부정이나 이성의 부정이라기보다는 절대자 앞에 나체로 서있는 인간의 실존적인 모습이다. 그가 말하려는 것은 이성에 대한 신앙의 초월이라기보다는 본질에 대한 실존의 초월이다. 키르케고어는 신앙적 단계가 가장 높은 차원의 실존의 경지임을 말하고, 이런 신앙의 차원에서 인간이 가장 실존적 의미를 가질 수 있다고 보았다.

(2) 이성주의(rationalism)

이성주의는 신앙과 이성간의 확고하고도 명확한 분리를 주장한다. 합리적인 논변이 이루어지는 곳에는 신앙이 끼어들 수 없으며, 이성만으로 우리가 사는 세계에 관한 지식에 도달 가능하다. 이성주의는 신앙을 위협할 뿐만 아니라 신앙과 이성의 연관성을 주장해 온 교회 안의 사상가들에게도 영향을 끼쳤다. 이성주의에 대한 교회의 응답은 복잡하며 오늘날까지 지속되고 있다.

이성 중심적 사고방식에서 나온 신앙과 이성의 관계는 두 가지로 구분할 수 있다. 첫째, 신앙을 최소한으로 인정하면서 이성을 극대화하여 설명하려는 입장이다. 즉 이성의 한계 내에서 종교를 인정하는 입장이다. 둘째, 신앙을 완전히 제거하고 이성만으로 대처하여 설명하는 입장이다.

이성의 한계 내에서 종교를 인정하는 입장도 다양하게 나타나지만 그 중 대표적인 학자인 칸트(I. Kant, 1724-1804)는 신앙을 이성에 종속시켜 이성의 틀 안에서만 존재 가능한 것으로 파악했다. 종교는 도덕을 위해 필요한 것이며 하나님은 도덕적 근거로서 요청(postulate)된 존재라고 주장한다. 칸트는 인간의 순수 이성의 한계라는 점에서 신의 존재를 증명하는 가능한 방법은 도덕적 증명이라고 보았다. 물자체(物自體, Ding an sich)와 현상(現象, Phenomenon)이라는 이원론적 관점에서 볼 때, 현상이라는 한계를 뛰어넘기 위해 필요한 것이 실천이성비판이다. 신은 결코 증명(prove)될 수는 없지만 신은 우리들의 실천과 삶을 위해서 요청된다. 윤리와 도덕이 실천이성이 있어야 될 이유가 된다. 칸트는 영혼불멸이나 신의 존재는 이론적으로 논증될 수 있는 것이 아니라 오직 도덕적 의지와 실천 이성이 지향하는 최고선이 가능할 수 있는 조건으로서 도덕적으로 요청된다고 보았다. 칸트는 이성의 능력을 경험현상계로 한정하고 형이상학과 신앙의 세계를 인간 이성의 영역 밖으로 완전히 추방시켰다. 종교는 이론이성의 영역에서 다루어질 수 없는 도덕적 차원인 실천이성의 영역에서만 다루어 질 수 있는 것이라고 주장한다. 「이성의 한계 내에서의 종교」(1793)라는 저서는 칸트의 이러한 입장을 잘 표현하고 있는 저서이다.

신앙을 완전히 제거하고 이성만으로 대처하여 설명하는 입장은 자연주의(naturalism)에서 나타난다. 자연주의는 신앙을 이성적으로 설명하는 시도조차 거부하고 신앙에 대한 논의도 거부하는 극단적인 형태이다. 즉 신앙의 영역을 거부하는 입장이 자연주의이다. 자연주의는 자연적 존재의 세계를 넘어서는 어떤 실재도 없다고 보며, 세계의 모든 현상은 초월적 존재 없이도 자연적인 방식으로 설명될 수 있다고 주장한다. 지식을 얻을 수 있는 유일한 길은 과학적 방법이고 그러기에 초월적인 방법은 거부되어야 한다는 것이다. 자연주의는 이성의 자율성과 자기충족성을 믿는 이성 중심적 사고의 완성된 형태이다. 그러므로 자연주의는 도덕적인 삶이나 종교적인 삶을 포함하는 모든 인간 경험을 물질적인 환경에 유기적으로 연결되어 있으면서도 지성을 가진 동물로서의 인간 생존으로 충분히 설명할 수 있기 때문에 초자연적인 하나님이 필요 없다는 신념이다.

지금까지 신앙과 이성의 양 극단에 서 있는 신앙주의(fideism)과 이성주의(rationalism)에 대해 살펴보았다. 그렇다면 신앙과 이성의 균형에 대해 알아보기로 하자.

2) 신앙과 이성의 균형

종교적 신앙과 이성적 인식의 문제는 기독교철학의 중심과제일 뿐 만 아니라 조직신학, 변증학, 신학사와 직간접적으로 연계되어 있는 문제이기도 하다. 이 문제로 인한 질문은 여럿이 있을 수 있다. 예를 들면 믿음이 먼저인가? 아니면 앎이 먼저인가? 신앙이 이성에 의존하는가? 아니면 이성이 신앙에 의존하는가? 이성은 신앙에 걸림돌이 되는가? 아니면 그 반대인가? 이성과 신앙의 이상적인 관계는 무엇인가? 필자는 여기서 신앙과 이성의 균형에 대한 관점을 가지고 글을 전개하고자 한다.

합리주의와 계몽이라는 이름으로 인간이 스스로의 이성을 자각하기 이전 2천 년 가까운 서양의 역사를 지탱한 것은 바로 기독교였다. 종교개혁 이후 16-17세기 내내 동시다발적으로 일어난 종교전쟁과 대대적인 전염병 등은 종교 자체에 대한 관심을 저하시켰고, 기성 종교가 채워주지 못한 정서적 빈 공간을 건드린 것이 과학혁명을 기초로 한 합리주의와 계몽주의였다. 과학과 이성이 그 자리를 대체한 것은 고작 300년 남짓이다. 그 기간 동안 눈부시게 발달한 과학과 인간 이성에 대한 자각은 어느덧 종교와 신앙을 낡고 구태의연한 것으로 치부하게 만들었다. 하지만 또 다른 한편에서는 종교에 대한 변치 않는 믿음이 남아있다. 과학이라는 이름의 이성과 계시라는 종교가 어색하지만 여전히 공존하고 있고, 그로 인해 예기치 않은 갈등이 벌어지는 사회, 그것이 바로 오늘의 현대 사회이다. 그렇다면 과학의 시대를 살며 이성을 바탕으로 합리적으로 사유하고 주체적으로 행동한다고 자부하는 현대인들에게 신앙이란 시대착오적인 믿음에 불과한 것일까? 신앙을 목숨처럼 떠받드는 이들에게 이성은 편협한 잣대일 뿐일까? 신앙과 이성은 물과 기름처럼 절대로 섞일 수 없는 가치인 것일까? 하지만 오늘의 현대사회와 마찬가지로 인간의 역사 속에는 분명 신앙과 이성이 함께 공존했던 시기가 있었다. 그 시기에 인간은 신앙과 이성이라는 두 개의 날개로 진리를 추구하기 위한 날개 짓을 했다는 사실이다. 그 날개 짓의 시작이 바로 중세신학의 문을 연 아우구스티누스(Augustinus, 354-430)였고, 그의 신학을 바탕으로 더 높이 도움닫기를 시도한 이가 바로 토마스 아퀴나스(Thomas Aquinas, 1224-1274)이다. 과학을 중심에 둔 사고 체계에 익숙한 우리에게 이들의 중세적 사고방식은 낯설고 어색할 수도 있다. 하지만 신앙을 뒤로한 채 과학만이 저만치 앞으로 달려 나가는 현대사회가 성숙한 사회일까? 그렇지 않다. 신앙과 이성, 이 두 날개가 제대로 균형을 잡으며 날개 짓할 때 비로소 진정한 진리에 다가갈 수 있다고 본다.

신앙과 이성의 조화는 기독교철학자들 사이에서 다양한 방식으로 전개되었다. 그 방식은 '신앙과 이성의 분리'에 의한 조화, '신앙과 이성의 합일'에 의한 조화 그리고 '신앙과 이성의 구분'에 의한 조화이다. '신앙과 이성의 분리'에 의한 조화는 한마디로 신앙과 이성이 상호 무관하다는 의미이다. '신앙과 이성의 분리'에 의한 조화는 14세기의 가장 두드러진 철학자 중 하나인 오컴의 윌리엄(William of Ockham, 1285-1347)에서 비롯되어 근대로 넘어오면서 계몽철학의 선구자인 칸트(I. Kant, 1724-1804)가 신앙과 이성의 분리를 극대화 시켰으며, 자유주의 신학의 아버지라 불리는 슐라이어마허(F. Schleiermacher, 1768-1834)가 해석학을 통해 구체화시키게 된다. '신앙과 이성의 합일'에 의한 조화는 신학과 철학의 대상을 동일하게 보는 것으로부터 초래된다. '신앙과 이성의 합일'에 의한 조화를 처음 주장한 철학자는 알렉산드리아의 유대인 철학자 필로(Philo, B.C 25-A.D 45 경)이다. 필로는 그리스 철학과 유대신앙을 결합하려는 시도를 했다.

아우구스티누스는 철학적 여정을 거쳐 기독교 신앙에 입문했기에 신앙과 이성을 동일시한다. 아우구스티누스는 철학을 추구하는 과정에 신앙을 고백한 것이다. 이러한 성향은 캔터베리 대주교 안셀름의 '나는 알기위해서 믿는다'(credo ut intelligam)는 표현을 통해 보다 명확히 드러난다. '신앙과 이성의 구분'에 의한 조화는 토마스 아퀴나스가 추구한다. 신앙의 원천은 하나님의 은총이라고 생각한다. 그는 신앙은 이성을 초월한다는 사실을 분명히 한다. 한편 이성은 명백한 것에 동의하므로 그 자체로는 신앙과 무관하다고 본다. 그러므로 그는 이성이 초월하는 신앙에 동의하는 것은 하나님의 은총을 필요로 한다고 본다.

신앙과 이성에는 상관성이 존재한다고 믿는 사람들이 있다. 그 중에 신앙과 이성의 합일에 의한 조화를 전개한 아우구스티누스와 신앙과 이성의 구분에 의한 조화를 표명한 토마스 아퀴나스는 어떻게 전개하였는지 살펴보기로 하자.

(1) 아우구스티누스(Sanctus Aurelius Augustinus, 354-430)

신앙우선주의(fideism)가 지닌 극단적 문제점들을 인식하고 신앙과 이성에 대해 종합하고자 하는 대표적인 사람이 아우구스티누스이다. 그는 기독교 신앙과 그리스 철학을 서로 연결시켜 자신만의 독특한 사유의 틀을 확립한 사람이다.[2] 아우구스티누스의 말을 빌리자면, '신앙은 이해의 단계이다'. 신앙은 이해로 가는 첫 단계이다. 믿음 없이는 아무것도 이해할 수 없다는 것이다. 우선 신앙이 없이는 어느 누구도 신의 진리에 대해 완전히 이해하지 못할 것이다. 그러기에 그는 기독교 신앙의 신뢰성은 창조주의 선하심에 달려 있다고 본다.[3] 신앙은 지식을 전수하게 한다. 이런

---

[2] 신재식, 「신앙과 이성 사이에서 아우구스티누스 & 아퀴나스」 (서울: 김영사, 2017), 70.

의미에서 아우구스티누스는 신의 계시에 대한 신앙이 인간 이성에 앞선 다고 믿었다. 반면 그는 자신이 믿으려고 하는 바의 정체에 대해 알기 전에는 어느 누구도 믿으려고 하지 않는다고 주장했다. 믿음은 이성을 통해 이해되고 설명되지 않으면 불완전 할 수밖에 없다. 그러므로 그는 하나님을 바라보고자 하는 이성은 믿음을 통하여 모든 허무로부터 정화된 이성이어야 한다고 주장한다. 그는 건전한 이성에 의해 믿을만한 가치가 있다고 판단한 계시를 믿는다고 하여, 권위는 믿음을 요구하며 인간에게 이성을 예비하도록 한다고 피력한다. 이성 없는 신앙은 맹목적 일 수 있고, 신앙 없는 이성은 진리로 나갈 수 없다. 그러므로 신앙으로 먼저 받아들이고 나면 완전한 이해에 도달할 수 있다고 말한다.[4] 그리하여 아우구스티누스는 '나는 알기 위해 믿고자 하며, 믿기 위해 알고자 한다'고 말했다. 아우구스티누스는 먼저 신앙의 우선순위를 강조하고 그러나 신앙은 이성 없이는 불가능하다고 주장한다. 하나님을 아는 것은 초월적 신앙에 의해 가능하지만 이성을 통해 더 이해될 수 있다는 것이다. 그는 철학이 사람에게 지혜에 이르는 길을 보여주고 있는 한 철학은 좋은 점을 갖고 있다고 인정한다. 아우구스티누스는 플라톤 철학을 사용하여 기독교교리를 설명하였다. 안셀무스의 '나는 믿기 위해 알려하지 않고 알기 위해 믿는다'는 표현은 아우구스티누스의 입장을 매우 잘 표현해주는 것이다. 이 말은 신앙이 이성에 선행한다는 의미이다. 신앙을 전제로 이성을 추구한다는 의미가 된다. 아우구스티누스는 플로티누스(Plotinus, 205-270)가 일자(一者)와 다양한 만물의 원리, 즉 누우스(nous)로 종합하고자 한 철학적 시도를 통해 기독교를 이성적으로 표현할 수단을 발견했다. 그는 모든 고

---

3) 김광채, 「어거스틴 조직신학」 (부천: 마르투스, 2017), 15.
4) 신재식, 「신앙과 이성 사이에서 아우구스티누스 & 아퀴나스」, 90.

대철학자들 가운데서 플라톤주의자들이 기독교와 가장 가깝다고 생각했다. 아우구스티누스 이후 서구의 사상가들은 이성을 통해 어떻게 초월적인 존재에 도달하는지 지속적인 논쟁을 해왔고, 교부들과 스콜라학자들은 한결같이 신앙과 이성의 조화를 주장하게 됐다. 아우구스티누스의 이러한 신앙과 이성의 합일에 의한 조화는 인간에게 부여한 문화적 사명을 잘 설명할 수 있기에 안셀름, 루터(Martin Luther, 1483-1546), 칼빈(John Calvin, 1509-1564) 등에 의해 지속적인 지지를 받았다.

(2) 토마스 아퀴나스(Thomas Aquinas, 1224-1274)

아우구스티누스 이후 눈 여겨 볼만한 대표적인 학자는 토마스 아퀴나스이다. 토마스 아퀴나스는 아리스토텔레스의 학문방법론을 수용하여 기독교사상을 체계적으로 종합하는데 성공했다. 아우구스티누스 이후 800여년이 지나고 아퀴나스는 종교와 철학의 조화에 대한 입장을 피력하였다. 아퀴나스는 신앙과 이성 모두가 동등한 자격을 지닌 진리에 이르는 길로 제시한다. 이성은 자연의 빛(lumen naturae)에 의해, 신앙은 은총의 빛(lumen gratiae)에 의해 성립되는 것으로 보았다. 그는 계시는 이성을 전제로 하며 자연을 파기하는 것이 아니라 오히려 완성한다고 본다. 아퀴나스는 인간의 이성은 타락하지 않았으므로 계시가 없이도 이성은 진리에 도달할 수 있다고 믿는다. 이러한 입장은 기독교 신앙에 문제점을 남겨 놓게 된다. 이성에 '자율성'(autonomy)과 '자기 충족성'(self-sufficiency)을 부여하여 이성절대주의로 나아가는 시발점이 되었다는 것이다.

아우구스티누스는 신앙이 이성에 앞선다는 것을 전제하면서 '알기 위해 믿는다'고 고백했지만 아퀴나스는 '믿기 위해 이해한다'고 주장한다. 그는 신학과 철학을 분리하면서 신앙과 이성을 구분했다. 그러나 신앙과 이성은 구별되지만 서로 보완적인 관계로 파악했다. '믿기 위해 이해한다'고 말한 것은 이성을 통해 믿음으로 나아갈 수 있다는 합리적 성향을 강조하기 위해서이다. 즉 아우구스티누스는 '신앙을 전제로 하는 이성'으로 신비주의적 특징을 갖고 있고, 아퀴나스는 '이성을 전제로 하는 신앙'으로 합리주의적 특징을 가진 것으로 구분할 수 있다.5) 이런 차이에도 불구하고 아우구스티누스와 아퀴나스는 이성을 계시보다 낮은 개념으로 보는 공통점을 지니고 있다. 아퀴나스는 아리스토텔레스 철학의 전통에 서서 아우구스티누스 경우보다는 이성의 역할을 강조한다. 그러나 아퀴나스는 모든 사람이 신의 존재를 증명할 수 있는 것이 아니라는 점을 인정했다. 우선 인간은 정신이 유한하며 오류가능성이 항상 존재하고, 철학적인 증명을 다루는 일에 연구할 시간도 없기에, 그런 이유로 우선 인간은 신의 존재를 믿는 것이 필요하다고 설명한다. 아퀴나스는 신을 믿을 수 있는 근거는 신의 권위나 계시라고 강조하고 있다. 인간 이성의 역할은 신이 존재한다는 사실을 보여주는 것이며, 이성적인 추론 작업은 신에 대한 신앙에 이를 수는 없다 치더라도 신에 대한 신앙의 근거들을 발견할 수 있는 것이다. 아퀴나스는 종교적 지식과 이성적 지식은 다른 것일 수 있겠지만 신앙을 뒷받침하기 위하여 이성을 조화시키는 것은 초자연적 신앙, 즉 '진리는 하나이기에 학문의 진리와 신앙의 진리는 일치하는 것'이라고 주장했다.

아퀴나스에게 있어서 신앙을 통해 계시된 진리가 받아들여지기 위한 이성의 역할은 무엇일까? 아퀴나스는 신앙이란 믿는 것에 대해서 이성이 지적 동의(assensum intellectus)하는 것이라고 언급한다. 그에게 신앙과 이성은 계시와 합리적 인식을 통해 신학과 철학의 영역에서 각각 하나님을

---

5) 성공회의 여성 영성가인 이블린 언더힐(Evelyn Underhill, 1875-1941)은 아우구스티누스가 후기 신비주의의 발전에 큰 영향을 끼쳤다고 언급한다. Josef Pieper, 「중세 스콜라철학」, 김진태 옮김 (서울: 가톨릭대학교출판부, 2015), 66.

인식하는 길이 열려있다. 계시된 진리에 대해 수용할 것인지, 안할 것인지는 이성의 역할이다. 이성이 신앙의 빛에 의해 조명될 때 이성은 초자연적 이성으로 정화되고 바뀌어 간다. 그러나 이성이 수동적이 되어간다고 해도 이성의 주체적인 영역이 없어진다는 의미는 아니다. 이성이 이해를 추구해 가는 사유의 영역은 늘 상존한다. 신앙의 빛으로 조명된 이성을 가지고 신앙의 진리를 사유할 때만이 신앙에 대한 학문인 신학이 왜곡되지 않는 다는 사실이다. 즉 신앙의 빛이 이성을 조명할 때 계시된 진리에 대한 이해의 추구는 가능하다. 무분별한 이성은 해석하고 그것을 수용하거나 배척하는 것에 대한 식별 능력을 갖추지 못한다. 신앙의 빛의 도움으로 정화된 이성만이 계시된 진리를 통찰하고 식별할 수 있다고 본다. 아퀴나스는 믿는다는 행위의 직접적인 주체는 지성이라는 것을 강조했다. 아퀴나스는 믿는다는 행위 구조를 아우구스티누스가 언급한 '확실한 승인과 더불어 숙고한다'를 들어 설명한다. '숙고한다'는 말은 여기저기 시선을 움직이면서 탐구하는 상태를 가리키는 것으로 신앙이 불완전하다는 것을 의미한다. '승인'이라는 말은 지성의 작용으로 신앙이 갖는 확실성을 의미한다. 이는 확실하면서 불확실한 것이 신앙이라는 의미로서 신앙과 이성의 긴장관계를 주시한 것이다. 계시는 위로부터 주어지는 진리이고 이성은 아래로부터 주어지는 진리이기에 신학과 철학은 별개의 것인가라는 질문에 아퀴나스는 신앙과 이성의 조화를 주장하고 있다. 신앙과 이성, 신학과 철학은 서로 지탱할 수 있어야 한다고 것이다. 이성으로 도달 할 수 없는 영역은 계시가 보충하여 서로 조화를 이루어야 한다는 것이다. 그는 신앙과 이성의 모순이 아닌 조화와 일치를 추구하려 했고, 이런 입장은 스콜라 철학 전반에 걸쳐 지켜지고 있다. 아퀴나스는 진리를 세 가지로 이해한다. 신학에 의해서만 알려지는 고유한 진리와 철학에만 있는 고유한 진리 그리고, 철학과 신학에 있는 공통된 진리이다.

　세계의 모든 사건들은 이성을 통해 관찰되고 분석되어야 하는 실재들이지만, 그 과정에 신앙이 배제되서는 안된다. 아퀴나스는 신앙주의나 이성주의 같은 극단주의를 배격하고 이성은 신앙과 대립되지 않는다는 것을 말한다. 신앙은 이성의 자율성과 충족성을 제한하거나 부수기 위해서 개입하는 것이 아니다. 이 세계의 역사와 사건들은 그 속에서 역사하시는 하나님을 고백해야만 이해될 수 있다. 인간 이성은 역사 가운데 활동하시는 하나님을 알아볼 수 있도록 돕기 위해 개입하는 것이다. 아퀴나스는 신학과 철학을 자율적인 학문으로 생각하는가? 아퀴나스는 신학의 부족함을 도움받기 위해서가 아니라 내용을 보다 명확히 전달하기 위해 철학의 도움이 필요하다고 가르친다. 그는 신학 안에서 철학을 세 분야로 사용할 수 있다고 언급한다. 첫째, 신앙이 전제하고 있는 진리들을 증명하는 데 철학은 매우 유용하다. 신앙의 진리를 이성이 경험에 의해서 철학으로 입증할 수 있다. 둘째, 자연적 실례들은 신앙의 진리들을 조명하는 데 유익하다. 철학을 활용하여 신앙의 진리를 알기 쉽게 설명하는 것이다. 신앙의 진리를 증명하는 것이 아닌 철학의 이론을 사용하여 진리를 설명하는 차원이다. 셋째, 신앙의 진리들을 거스리는 공격들과의 논쟁에 유익하다. 이와 같이 아퀴나스는 신학과 철학이 각각 고유의 방법을 지닌 자율적 학문임을 인정하면서도 둘 간의 위계질서를 분명히 하고 신앙과 이성 사이의 균형을 유지한다. 그러나 아퀴나스는 어느 신학자나 철학자보다 하나님을 이해하는데 있어 이성의 역할을 강조하였다. 신학은 자신의 가르침을 보다 명백히 하기 위해서 철학을 필요로 한다. 이것은 신앙과 이성, 신학과 철학에 관한 아퀴나스의 결론이다. 그의 입장은 신학과의 관계에서 철학적 영향력을 확장하는 것이다.

신앙의 초월성과 이성의 자율성은 양립 가능한 것인가? 신앙을 지키기 위해서 이성을 제거해야 하는 것이 맞을까? 이성의 자율성을 지키기 위해 신앙을 허무는 것이 맞는 것인가? 대개 보수적이고 복음주의적 신앙 노선에 있는 사람들이 가지는 이성에 대한 부정적이고 소극적인 태도는 어디서부터 연유한 것인가? 신앙 안에서의 이성의 역할은 무엇인가? 신학과 철학의 관계에 대해 아퀴나스는 「신학대전」 서두에서 인간 이성으로 탐구되는 철학적 여러 학문 분야 이외에 하나님의 계시에 따라 이뤄지는 가르침을 인정하고 있다. 철학적 탐구만으로는 한계가 있다는 것을 인지하고 계시적 입장에서의 노력을 취한 것이다. 아퀴나스에게 있어서 이성은 신앙보다, 자연은 은총보다, 철학은 신학보다, 국가는 교회보다 아래에 있다는 사실이 분명하다. 요약하면 아퀴나스는 신앙과 이성을 구분하면서도 이 양자가 일체라는 신념이 깔려있는 입장을 고수한다. 아퀴나스는 신앙과 이성의 구별과 통일에 대해 다음과 같이 제안한다. 첫째, 이성의 능력으로 도달할 수 있는 문제-신의 존재, 둘째, 철학과 계시의 양측을 포함하는 문제-창조, 셋째, 계시에만 속하는 문제-삼위일체나 구원이다.

지금까지 신앙과 이성에 대한 아우구스티누스와 아퀴나스의 입장을 살펴보았다. 이것을 좀 더 쉽게 구분하기 위해 도식화하면 다음과 같다.

구 분	신앙과 이성	인식방향	신학과 철학	사상배경
아우구스티누스	이성에 우선하는 신앙	위로부터의 인식	신학으로 소급	플라톤주의
아퀴나스	이성을 전제로 한 신앙	아래로부터의 인식	신학과 철학 구분	아리스토텔레스 철학

신학은 신앙의 내용인 계시를 비판적으로 해명하는 작업을 한다. 철학은 이성을 통해 인간의 궁극적 이유와 목표를 추구한다. 따라서 신학과 철학은 양자 간 긴밀한 협력을 전제로 인간 존재의 풍부한 결실을 드러내야 한다고 필자는 주장한다.

이제 새로운 영성을 향해 항해하는 것이 신앙과 이성의 조화를 통해 하나님의 진리를 알 수 있음을 제시하고자 한다.

3. 새로운 영성을 향하여

　21세기 교회는 새로운 도전에 직면하고 있다. 끝없는 영적 고갈의 공항은 새로운 영성을 통한 해결을 요구하고 있다는 사실을 직시할 필요가 있다. 오늘날 우리는 하나님의 크신 사역에 새로운 시각을 열고 새로운 능력을 덧입히어 영적 고갈에서 벗어나야 할 것이다. 신학은 교회를 위한 것이다. 그러기에 하나님의 섭리와 시대적 요구에 부흥할 수 없는 신학은 단지 다른 시대, 다른 이들의 신앙고백을 복사하는 일에 불과한 것이다. 때문에 우리는 새로운 시대에 부응하는 새로운 영성을 향한 가능성을 구현해 나가야 할 의무를 가져야 한다.

　2019년 8월에 미국의 공공종교연구소(The Public Religion Research Institute/PRRI)가 발표한 '미국의 영적 사회 조사' 보고서 내용을 보면 예전에는 영성과 종교가 서로 연관이 깊은 개념으로 인식됐으나 이제는 구분되어 사용되는 추세라고 밝혔다. '영적이지만 종교적이지 않은'(Spiritual But Not Religious) 현상이 새롭게 떠오르고 있다. 영적인 것과 종교적인 것의 구분이 선명해지고, 그에 따른 인식의 변화들이 생겨나고 있는 것이다. 이제 영성은 종교만의 소유물이 아니다. 영성은 기독교 고유의 용어도, 기독교가 독점적 권리를 주장할 수 있는 용어도 아니다. 그것은 기독교뿐만 아니라 다른 종교도 사용하고 있는 초종교적 용어다. 그런데 종교에서 다루어오던 '영성(Spirituality)'은 이제 인문과학, 자연과학, 사회운동에 이르기까지 우리시대의 중요한 담론의 주제로 떠오르고 있다. 영성이란 이름 아래 점술, 요가, 신비주의, 심리학, 과학적 픽션 등에 관한 책들이 출현하고 있다. 사람들이 삶의 동력을 제공할 새로운 영성을 기대하는 반면에 기성 종교들은 전통과 교리, 조직의 견고함 속에서 현대인들이 느끼는 영성에 대한 갈증에 제대로 응답하지 못하고 있는 실정이다. 특히 한국 개신교는 영성의 중요성을 간과하거나 비본질적인 것으로 치장하기 급급했던 사실을 직시할 필요가 있다. 일반적 의미의 영성은 자기 훈련이나 수양을 통해 어떤 정신이나 삶을 본받으려는 인간적 노력, 인간의 자기 초월의 능력이다. 필자가 여기서 논의하려고 하는 것은 기독교의 영성이다. 기독교 관점에서 영성을 어떻게 이해해야 하느냐 하는 것이다. 영성(spirituality)이란 의미는 '영혼의 품질,' '영혼의 성향' 혹은 '영적 센스'를 말한다. 인간은 하나님의 형상으로 지음 받았기 때문에 본질적으로 영적인 존재이며, 모든 사람들은 예외 없이 영성을 갖고 있다는 말도 틀리지 않다. 문제는 어떤 것이 영적인 성향이고, 나아가 어떤 것이 성경이 말하는 바른 기독교적 영성인지를 분별하는 것이 쉽지 않다는 것이다.

　기독교 역사를 살펴보면, 영성이란 말은 항상 같은 것을 의미하지 않았으며, 그 형태 또한 다양했다. 그것은 문자적으로 육적인 것이나 물질적인 것과 대비되는 내적, 정신적 본질을 뜻하지만, 경건, 기도, 금욕주의, 신비주의 등과 동의어로 사용되기도 한다. 바울서신에 보면 자기 부정, 금욕적 삶, 이 세상보다 저 세상, 그리스도와의 신비적 연합을 강조하며, 마태복음은 인간과 세상에 대한 긍정적 태도, 창조 질서 내의 하나님의 활동, 행동하는 영성을 강조한다. 초대 교회는 금욕훈련을 중요시했으며, 세상적인 것과 영적인 것을 서로 대립적인 것으로 취급하는 전통이었다. 고대 교부들 역시 초대교회의 전통을 이어받아 세상과 영의 분리에 근거하여, 영성을 세상을 부인하는 것으로 이해했다. 서방신학의 기초를 세운 터툴리아누스(Tertullianus, 155-240 경)나 동방교회 최대의 신학자 오리게네스(Origenes, 185-254 경)를 보면 이러한 사상들이 잘 드러나 있다. 이러한 금욕주의가 기독교 영성의 일면인 것은 부정할 수 없으나, 그것은 우리와 피조물 사이의 관계를 부정하는 것에 기초하고 있다는 문제점을 지니고 있음을 간과해서는 안된다. 신비주의는 하나님과의 합일을 목표로 하는 영성의 형태다. 신비주의적 영성은 직접적 하나님 임재의 경험을 목표로 한다. 기독교인은 신비적인 친교를 통해 그리스도 안에 계시된 하나님을 알게 된 자를 말한다. 따라서 기독교인의 삶의 일부가 신비주의였다. 교부들은 지식과 영성 혹은 신비신학을 별개의 영역으로 취급하지 않았다. 이런 통찰이 디오니시우스(Dionysius, 200-265 경)의 저술과 신플라톤적 요소와 융합하여 신비신학을 형성하게 되었다. 기독교 신비주의는 세속적 교회에 대항하여 일어난 운동으로 자기와 세상에 대한 포기, 죄로부터의 정화, 초월적 경험을 강조하는 부정적 영성의 전통에 토대를 두고 있다. 기독교 신비주의는 기독교 역사상 끊임없이 일어나고 있다. 그러나 신비주의 운동은 하나님과의 개인적 관계를 강조한 반면, 세상에서의 교회의 의미와 사명을 소홀히 한 것이 문제점으로 지적된다. 금욕주의와 신비주의는 영적인 것과 물질적인 것, 영혼과 육체, 명상 혹은 내면적 삶과 일상생활을 이분법적으로 분리되는 것으로 간주한다. 영성을 인간 내면적인 것, 완전히 영적인 것을 추구하는 한편, 세상을 부인하거나 세상에서 도피하는 삶으로 이해하고 있다. 요약하면, 영성은 전통적으로 육체적이고 물질적인 것과 대조를 이루는 영적이며 신비적인 것을 가리키는 것으로 이해되어왔다. 그것은 중세의 수도원적 경건, 금욕생활이나 개인의 내면적 신비체험 등을 포괄하는 인간의 영적 활동을 총칭하는 용어였다.

　기독교는 16세기 종교개혁시대에 이르기까지 금욕주의와 신비주의 운동을 통해 풍부한 영적 자원을 마련했다. 그러나 종교개혁자들은 개혁하는 과정에서 그것을 적극적으로 수용하지 못했다. 프로테스탄트 교회는 금욕주의와 신비주의 운동의 영성 대부분을 상실하고 영성에 대해 체계적으로 논의하는 것에 부정적이었다.

그러나 최근 복음주의 신학자들 역시 영성문제에 관심을 기울이기 시작했다. 성공회 사제이자 복음주의 신학자인 제임스 패커(James Innel Packer, 1926-)는 의학도들에게 생리학의 연구가 필요한 것처럼, 복음적 목회를 바라는 우리에게 영성에 대한 연구 없이 참으로 목회를 감당할 수 없다고 설파하였다. 미국의 침례교 전통의 기독교윤리학자 스탠리 그렌츠(Stanley Grenz, 1950-)는 포스트모던 시대의 복음주의 신학은 영성에 초점을 맞추어야 한다고 역설한다. 왜냐하면 신학은 신자의 지적 신념의 변화뿐만 아니라 인격과 삶에도 관심을 가져야 하기 때문이다. 북아일랜드 신학자인 앨리스터 맥그래스(Alister McGrath, 1953-)는 복음에 충실하면서도 현대인의 삶의 문제를 진지하게 다룰 수 있는 복음주의적 영성을 개발하는 것이 절실하다고 하였다. 풀러신학교 교수를 역임한 로버트 뱅크스(Robert J. Banks, 1922-)는 영성을 우리의 영, 지성, 의지, 상상력, 감정, 몸이 성령의 사역 속에 빠져드는 것으로 설명한다. 미국 복음주의 신학자인 도널드 블러쉬(Donald George Bloesch, 1928-2010)는 영성을 살아 계신 하나님에 대한 신앙으로부터 나오는 삶의 스타일 또는 양태로 정의한다. 영성의 목표는 그리스도의 형상과 일치하는 것이다. 개혁주의 신학자인 하워드 라이스(Howard L. Rice, 1932-2010)는 영성을 하나님에 대한 경험에 따라 우리의 삶을 형성하는 양식으로 설명한다. 영적이라는 것은 하나님의 임재가 우리의 모든 일에 중심이 되도록 살아가는 것이다. 예배학 분야의 세계적인 석학이며 듀크대학교(Duke University) 교수를 역임한 제프리 웨인라이트(Geoffrey Wainwright, 1939-2020)는 영성을 기도와 삶의 결합으로 이해한다. 즉, 영성은 예수 그리스도 안에서 기도하며 사는 것으로 설명한다. 웨일스의 성공회 주교인 로완 더글라스 윌리엄스(Rowan Douglas Williams,

1950-)는 영성을 개인적 경험에 제한하는 것을 거부하고, 인간 경험의 모든 영역에 관계하는 것으로 이해하고 있다. 이상의 견해를 종합하면, 복음주의의 영성 이해는 전인적이며 통전적인 것이 특징이다. 영성은 인간 존재의 일부, 즉 영적 혹은 내면적 영역에만 관련된 것이 아니라 인간 전체에 관련된 것이다. 루터교회의 목사이며 신학자인 프랭크 센(Frank Colvin Senn, 1943-)은 영성은 인간과 하나님의 관계성이 고려되고 표현되는 방식과 관련되어 있다고 주장한다. 영국 케임브리지 신학협회 선임연구원이며 국제기독교영성학회 회장을 역임한 영성학 분야의 최고 권위자인 필립 쉘드레이크(Philip Sheldrake, 1946-)는 영성을 예수 그리스도 안에서, 성령의 내주를 통하여, 신자의 공동체 내에서 하나님과의 의식적 관계에서 본 인간 삶의 전체로 설명한다.

　복음주의는 일반적으로 영성을 기독교인의 전인적 삶과 하나님과의 관계성, 모두를 포함하는 것으로 보고 있다. 왜냐하면 기독교인의 삶과 하나님과 인격적 관계는 별개의 것이 아니기 때문이다. 따라서 영성을 인간 존재나 삶의 일부가 아닌, 육체를 포함한 인간 전체에 관련된 것으로 취급한다. 신령한 사람은 마음이나 영만이 아니라 전인적으로 초월적인 것, 거룩한 것 그리고 하나님을 추구하는 사람이다. 영성(Spirituality)이라는 말의 의미는 인간이 창조될 때에 있었던 '하나님의 형상'(창 1:27)을 말한다. '하나님의 형상'이라 함은 사람이 하나님의 모습을 닮았음을 의미하는 것이다. 그리고 그 영성이 구체화 된 것이 예수 그리스도의 성육신이며, 공생애이다. 예수 그리스도는 하나님의 형상이 나타난 실체이시다(고후 4:4, 골 1:15, 히 1:3). 그러므로 예수님의 인격과 그 분의 삶을 따르는 것(마 5:3-10, 고전 13:4-7, 갈 5:22-23, 골 3:12-14, 약 3:13-18)이 곧 기독교의 영성이다. 복음주의적 영성의 기본 전제는 예수 그리스도를 본받아 사는 것이다. 그리스도의 형상을 닮아가며, 그의 삶과 정신을 따르는 것이 영성이다. 그것은 하나님과의 직접적인 교제와 사귐의 관계 속에서만 가능한 것이다.

참된 영성의 실상은 성령으로 사는 삶이다. 이러한 삶은 성령님과의 동행이라고도 표현할 수 있다. 바울은 이런 사상을 밝히고 있다 "내가 이르노니 너희는 성령을 좇아 행하라. 그리하면 육체의 욕심을 이루지 아니하리라"(갈 5:16). "너희가 만일 성령에 인도하시는 바가 되면 율법 아래 있지 아니하리라"(갈 5:18). "만일 우리가 성령으로 살면 또한 성령으로 행할지니"(갈 5:25). '성령을 좇아 행하라'는 '성령의 자극과 능력에 의거해 생활하라'는 뜻이다. '성령으로 인도함을 받다'는 '성령의 통제와 주관 하에서 이끌림을 받다'라는 뜻이다. '성령으로 행하라'는 '규칙에 맞추어 걷다'라는 뜻이다. 이렇게 성령과 동행하는 삶은 필연적으로 내면적 싸움이 포함된다. "내가 이르노니 너희는 성령을 좇아 행하라. 그리하면 육체의 욕심을 이루지 아니하리라. 육체의 소욕은 성령을 거스리고 성령의 소욕은 육체를 거스리나니 이 둘이 서로 대적함으로 너희의 원하는 것을 하지 못하게 하려 함이니라"(갈 5:16-17). 따라서 우리는 이러한 선한 싸움을 지치지 말고 계속해 나가야 한다. 이러한 영적 씨름이 없이는 '성령과 동행하는 삶'을 운운할 수 없기 때문이다.

이런 측면에서 다시 한 번 되짚어보면 한국교회는 영성의 문제를 지나치게 이원론적으로 다룬 결과, 너무 감정적이고, 반지성적인 이미지를 갖게 됐다. 그러므로 이제 한국교회는 이원론적 영성을 넘어 통전적 영성으로 성숙해야 가야 한다. 통전적 영성이 필요한 시점이다. 성숙한 신앙인이라면 하나님과 사람과 자연과의 관계적이고 유기적인 삶을 중요하게 생각해야 한다. 하나님의 말씀은 고정되어 있는 것이 아니고, 관계적인 것으로서 생명의 삶 속에서 끊임없이 꽃피고 실현되는 역동적인 생명의 향기이기 때문이다. 인간은 하나님, 이웃 인간, 그리고 자연의 전 피조물과 관계를 맺으면서 살도록 창조되었다. 인간의 영성은 영 그 자체이신 창조주 하나님과의 수직적 초월적 관계에 근거를 두고 동료인간과의 수평관계, 그리고 자연과의 순환관계 속에서 꽃핀다는 사실을 놓쳐서는 안 된다. 영성은 방언, 신유능력, 예언능력 등 종교적 은사들에 국한되지 않는다. 성숙한 영성은 하나님을 닮아서 자유하고, 사랑하며, 창조하고, 치유하는 것이다. 필자는 4차 산업혁명을 통하여 세계가 하나로 묶여지는 총체적 문명전환의 새로운 새 시대에는 이 변화하는 문명을 이끌어 갈 새로운 통전적 영성이 필요하다고 본다. 진정한 기독교의 통전적 영성은 그리스도인의 인격 회복만이 아니라 자연의 회복에까지 확장시키고 성령공동체인 교회가 다른 사람들의 유익을 위해 노력하는 것이다.

4. 신앙과 이성의 조화: 성경적 가치관의 회복

필자의 목표는 신앙과 이성의 긴장과 조화로운 관계를 통해 하나님의 진리를 알고 신앙을 발견할 수 있음을 제시하고자 하는 것이다.

지금까지 신앙과 이성에 대한 여러 가지 입장을 살펴보았다. 이를 도식화하면 다음과 같다.

구 분	터툴리아누스	아우구스티누스	토마스 아퀴나스	칸트	자연주의
신앙(종교)	O	O	O	△	X
이성(철학)	X	△	O	O	O

실험실에서 열심히 연구하는 과학자가 진지한 종교인으로 살아가고, 종교 사제가 진화생물학이나 천체물리학을 가르치는 모습도 볼 수 있다. 신앙과 이성이 분리된 시대에도 신앙과 이성은 여전히 우리 안에 함께 있다. 이성은 우리가 맹목적인 믿음으로 나가는 것을 막아주고, 신앙은 이성의 활동에 풍요로운 의미와 맛을 부여한다. 신앙과 이성은 원래부터 인간의 문화와 삶을 규정하는 가장 중요한 두 요소였다. 새는 날기 위해 두 날개가 필요하다. 진리를 향해 우리가 날 수 있었던 것은 신앙과 이성이라는 두 날개가 있기 때문이다.

자연적인 이성의 빛만을 지나치게 절대화 하는 오류가 이성주의, 합리주의이다. 또한 신적 은총으로 이성이 정화되어 계시된 진리를 인식할 수 있다는 이성의 가능성을 불신하는 것이 허무주의로 흐르게 한다. 이러한 양극단으로는 진리를 인식하는 것이 불가능하다. 어떻게 신앙의 본질을 손상하지 않고 철학을 신학으로 도입하냐 하는 것은 매우 중요한 문제이다. 이성을 기반으로 한 철학은 언제든 오류가능성이 있고, 비판되고 수정될 여지가 있음을 전제한다. 그러기에 기독교적 이성을 회복하여 성경에 근거한 기독교적 가치관이 필요하다. 하나님의 말씀은 불변하지만 그 절대적인 하나님의 말씀을 적용할 시대적 상황은 항상 가변하기 때문에 기독교적 삶의 방향을 구체적으로 제시해야 한다. 우리 한국의 보수적이고 복음적인 교회들이 혹시 기독교 지성, 이성을 홀대하고 있는 것은 아닌지 반성할 필요가 있다. 한국교회가 기독교적 지성을 계속 무시한다면 불건전한 신앙의 패턴이 교회를 지배하게 될 것이다. 교회 역사에 계속되어온 악성적인 이원론적인 신앙의 극복은 그 어느 때보다도 절실하다. 이성을 동반한 신앙이 죽은 믿음이 아닌 역동성을 드러내는 성숙의 단계로 갈 것이다. 신앙적 이성을 통해 잘못된 신앙, 광신이나 맹신으로부터 벗어날 수 있다. 지속적으로 사회에 악영향을 끼치는 신천지, JMS, 구원파, 통일교 등 이단 및 사이비 거짓 종교로부터 참된 신앙을 분별하게 하는 것도 기독교적 이성이다. 결국은 신앙과 이성의 긴장과 조화로운 관계가 요청된다.

필자는 신앙은 이성의 결과로 도달하는 것이 아니라 이성적 작업의 전제로 작용한다고 본다.

신앙과 이성에서 앨빈 플랜팅가(Alvin Plantinga, 1932-), 윌리엄 올스턴(William Payne Alston, 1921-2009)과 함께 기독교 인식론을 발전시키고 확장한 미국의 기독교철학자인 니콜라스 월터스토프(Nicholas Walterstorff, 1932-)는 '종교의 한계 내에서의 이성'이라는 표현을 하며 이성에 대한 신앙의 역할을 강조했다. 이러한 표현은 신앙과 이성에 대한 입장을 매우 잘 표현해 주고 있다고 본다.[6] 기독교인에게는 육신을 입고 이 땅에 오신

---

6) Nicholas Wolterstorff, 「종교의 한계 내에서의 이성」, 문석호 역 (서울: 성광문화사,

그리스도의 십자가의 죽음과 부활이 인간 문제의 궁극적 해답이다. 이 십자가와 부활은 인간 이성으로 도저히 이해할 수 없는 하나님과의 대립점이 되고, 신앙과 이성 사이의 연결고리를 부수는 암초가 된다. 신성과 인성의 결합인 육화(incarnate)의 신비스러운 사건은 이성으로는 도저히 설명할 수가 없다. 그러나 그리스도 안에 계시되는 진리는 이성을 통해 얻을 수 있는 진리들을 반대하는 것은 아니다. 오히려 신앙과 이성이라는 두 가지 인식 방식은 완벽한 진리로 인도한다는 사실을 잊어서는 안된다. 과학자들이 신뢰하며 자연적 질서의 합리성을 보장하시는 분과 예수 그리스도의 아버지이신 하나님은 동일한 한 분이신 하나님이라는 사실이다. 하나님의 말씀은 인류의 구원을 위한 것이고, 인간은 진리를 탐구하며 구원을 갈망한다. 계시를 신앙 안에서 이해하려는 신학은 이성을 통해 발전되어 온 철학의 유산과 연결되어야 한다. 신학과 철학 사의의 관계가 순환적이 될 때 진리는 완전히 이해되어 질 수 있다. 삼위일체의 신비와 인류구원의 보편적 의미를 선포하는 교의신학, 신앙의 근거를 제시하기 위해 신학과 철학 사이의 관계를 규명하는 기초신학과 성경이 선포하는 계명들을 현 생활에 적용하는 윤리학은 철학의 도움을 외면해서는 안된다. 자연적인 이성이 아닌 신앙의 빛으로 조명된 이성은 올바른 이해를 통해 계시된 진리를 온전히 받아들이고 수용할 수 있도록 돕는다. 기독교인은 신앙과 이성의 상호작용을 통하여 최고의 삶에 도달할 수 있을 것이다. 기독교철학의 특징은 이성만으로는 알 수 없을 진리들이 신앙을 통해 제시된다는 것과 이만으로 모든 것을 해결한다는 교만함과 자만심을 정화시키는 신앙의 역할이다. 신앙과 이성이 서로를 대적하고 배격하는 것이 아니라 조화 속에서 협력한다면 기독교인들의 신앙은 더 깊어지게 되

1991)을 참조할 것.

고 강해진다는 사실을 확신하게 된다는 것이다.

　신학의 목표는 창조, 타락, 육화, 십자가, 구속, 죽음, 부활, 승천, 성령, 재림에 관한 계시를 바로 이해하고 받아들여 전달하는 것이다. 따라서 계시를 올바로 이해하기 위해서 성경에 대한 면밀한 주석 작업이 필요하고, 다른 한편으로는 진리의 절대성을 현시대의 문화에 반영하는 화해의 능력이 필요하다는 사실을 간과해서는 안된다. 그러므로 신학자와 목회자들은 하나님의 말씀이 담고 있는 철학적 함의에 대해 주의를 기울이고 연구해야 한다. 철학은 신앙을 공유하지 않은 사람들을 이해하고 그들과 대화를 나누는 초석이 된다는 사실이다. 신앙과 이성, 신학과 철학의 조화와 협력은 인류의 진보에 공헌을 해왔다는 사실을 간과해서는 안된다. 4차 산업혁명으로 모든 것이 변화하여 최첨단 사회 발전과 수준 높은 문화적 산물을 만드는 지금도 한국교회 상당 부분은 무모한 신비주의를 벗어나지 못하고 있고, 신비주의적 기복 신앙이 오늘날 한국교회의 신앙과 신학을 불건전하게 만들고 있는 듯하다. 이방 종교와 비슷한 잘못된 기복 교리를 정통 기독교의 진리인양 설파하는 혹세무민(惑世誣民) 세력들은 사그라질 줄 모르고 있다. 하나님께서 만드신 성경과 기독교 전체를 인간이 가진 이성적인 능력으로만 모두 해석할 수도, 운용할 수도 없다. 그러나 하나님 세우신 이 땅의 기독교가 우리 인간에게 주신 이성적인 능력을 통해 해결해야 하는 부분이 많이 있다는 것도 깊이 깨달아야 한다. 맹목적이고 기복적인 믿음 만능주의는 성경이 말하는 하나님의 정통 교회를 어지럽게 만드는 이단적인 산물이라는 것을 알아야 한다. 필자는 성경적 가치관으로 회복된 이성과 신앙의 조화는 하나님의 진리를 제대로 알고, 이 땅에서 하나님이 원하시는 인간 존재의 풍부한 삶을 살 수 있다고 확신한다.

참고문헌

길희성. 「신앙과 이성 사이에서」. 서울: 세창출판사, 2016.
김광채. 「어거스틴 조직신학」. 부천: 마르투스, 2017.
김학중. 「어거스틴: 신학을 집대성한 교부철학의 성자」. 서울: 넥서스CROSS, 2011.
박주영. 「중세와 토마스 아퀴나스」. 서울: 살림출판사, 2015.
빌헬름 게에를링스. 「교부 어거스틴」. 서울: 기독교문서선교회, 2013.
신재식. 「아우구스티누스 & 아퀴나스: 신앙과 이성 사이에서」. 서울: 김영사, 2017.
전광식. 「신플라톤주의의 역사」. 서울: 서광사, 2013.
정의채. 「중세철학사」. 서울: 가톨릭출판사, 2019.
최현근. 「신앙과 이성: 신학과 철학, 2000년의 갈등과 조화의 역사」. 서울: 쿰란출판사, 2007.
Aquinas, Thomas. 「신학대전」. 정의채 옮김. 서울: 성바오로딸수도회, 2013.
Bonsor, Jack A. 「이성과 신앙」. 이태하 옮김. 서울: 철학과 현실사, 1999.
Geerlings, Wilhelm. 「교부 어거스틴」. 권진호 옮김. 서울: CLC, 2013.
Pieper, Josef. 「중세 스콜라철학」. 김진태 옮김. 서울: 가톨릭대학교출판부, 2015.
Weisheipl, James A. 「토마스 아퀴나스 수사: 생애, 작품, 사상」. 이재룡 옮김. 서울: 성바오로출판사, 2011.
Wolterstorff, Nicholas. 「종교의 한계 내에서의 이성」. 문석호 역. 서울: 성광문화사, 1991.
Aquinas, Thomas. *Faith and Reason*. trans by A. Maurer. Toronto: PIMS, 1987.

6부

기독교철학과 사회적 이슈

1. 기독교와 남북통일 문제

1. 들어가는 글

　대한민국은 지구상에 남아있는 세계 유일의 분단국가다. 1953년 휴전협정 이후 남과 북은 분단된 상태로 계속 유지되어 왔기에 역사적 고리가 단절되었고, 이질성이 지속되어 왔다. 하지만, 분단 반세기 동안 철저히 닫혀있던 북한의 문은 탈냉전 이후 서서히 열리기 시작했고, 1995년 대홍수를 계기로 유엔과 국제사회에 개방되었다. 남한 대통령과 북한 최고 지도자의 제1차 남북정상회담은 2000년 김대중 대통령과 김정일 북한 국방위원장과의 회담이었다. 1차 남북정상회담이 이뤄진 배경은 국제사회의 대북 개방 지원, 남한의 대북포용정책(햇볕정책), 북한의 경제적 실용주의가 상호작용하면서 여건이 조성됐다. 국제적으로는 미국에서 1998년 대북정책조정관으로 임명된 페리 전 국방장관이 1999년에 북한을 방문한 후 김대중 정부의 대북포용정책을 지지하는 페리보고서를 작성한 것이 우호적인 배경을 조성했다. 남한에서는 2000년 3월 9일 김대중 대통령이 '베를린 선언'을 통해 남북 간 교류·협력 활성화를 천명했고, 사실상의 통일을 지향하는 햇볕정책을 통해 대화를 유도했다. 북한에서는 1998년 김정일 체제가 공식 출범한 이후 획득한 자신감과 베를린 선언에서 약속한 남한의 흡수 통일 배제와 경제 지원에 대한 기대감이 고조됐다. 1차 남북정상회담의 성과는 남한과 북한이 기존의 적대적 관계를 극복하고 평화

공존의 새로운 패러다임으로 전환에 합의한 점, 남북공동선언 이후 경제 협력 등 교류협력과 관련된 후속조치 확대, 상호 이해 증진, 남북 관계 발전과 공동 번영, 평화 통일 실현 등을 합의한 점 등이 성과로 꼽힌다. 또 남북통일 문제에 대해 '당사자 우선' 원칙 아래 '민족의 단합과 공조'를 합의했고, 2000년 6.15 공동선언 이후 이산가족 상봉, 금강산관광사업, 개성공단사업 등 남북교류협력 확대에 있어 실질적 성과를 도출해내기도 했다.[1] 특히 2000년 6월의 남북정상회담 이후 장관급 회담과 경제협력, 이산가족상봉 등이 활발하게 이루어짐으로써 남북 간의 화해와 교류협력의 역사가 새롭게 펼쳐지고 있으며, 과거 어느 때보다도 정부와 민간단체의 대북지원과 교류가 활발해지면서 북한의 피폐한 실상이 적나라하게 세계에 드러났다.[2]

제2차 남북정상회담은 2007년 노무현 대통령과 김정일 국방위원장 사이에 개최되었다. 각각 '6 · 15 공동선언'과 '10 · 4 공동선언'의 성과가 있었다. 이에 한국교회는 북한의 복음화에 대해 진지하게 고민하기 시작했고, 동시에 교회의 통일에 대한 기대와 관심이 더욱 높아졌다. 지금까지 통일 논의는 정부가 주로 주도하고 한국교회는 통일운동의 한 주체로서 남북한 민간교류 차원에서 참여하였다. 그러나 이제는 한국교회가 남북통일을 선교적 관점에서 한국교회의 사명이라고 인식해야 할 시점으로 인식된다. 소비에트 연방으로 구성된 구소련이 붕괴되면서 냉전 시대는 막을 내렸고, 통일 독일은 동독의 사회주의를 종식시켰다. 아울러 중국도 문호를 개방하며 사회주의 국가들이 자유민주주의 국가들과의 상생과 화합의 길로 노선을 변경하고 있지만 북한은 여전히 주체사상을 바탕으로 한 사회주의를 표방하고 있다. 그리고 세계에서 유일하게 김일성-김정일-김정은으로 이어지는 3대째 권력세습이 이루어졌다. 기아와 가난으로 허덕이는 인민들을 외면한 채 세습을 통해 권력 이양을 추진한 북한에 온 세계의 시선이 집중되어 있다. 앞으로 북한의 폐쇄적인 정권이 더욱 강화될 것이라는 전망과, 3대째는 세습이 순조롭게 이루어지지 않아 북한 정권이 붕괴될 수도 있다는 전망이 다양하게 나오고 있다. 이에 따라 한국 사회 내에서도 그 어느 때 못지않게 통일에 대한 관심이 급증하고 있다. 박근혜 정부에서도 2013년 6월 6일 남북 장관급회담 개최를 제안하자, 북한은 아주 신속하게 다음날인 7일 오전 조국평화통일위원회 대변인을 통해 개성에서 실무접촉을 하자는 '징검다리' 제안을 했다.3) 장관급 회담으로 직행하기에 앞서 예비접촉 성격을 갖는 '실무접촉'을 먼저 하자는 것이다. 조평통 대변인이 조선중앙통신 기자와의 대답을 통해 밝힌 이유는 "수년 동안이나 중단되고 불신이 극도에 이른 현 조건을 고려"한다는 것이었다. 이에 한국 정부는 판문점 우리 측 '평화의 집'에서 갖자고 수정 제의했고, 이에 대해 북한이 전격 수용하여 9일에 남북장관급 회담을 위한 실무접촉이 판문점에서 열렸다.4) 그러나 애석하게도 2007년 남북 장관급 회담 이후 6년 만에 서울에서 12일부터 개최될 예정이던 남북당국회담이 양측 수석대표 격을 둘러싼 이견으로 2013년 6월 11일 전격 무산됐다.5) 남북 간 회담이 개최 하루 전 무산된 것은 초유의 일이다. 그럼에도 불구하고 아직은 통일의 시기에 대해서 장기적으로 추측하는 이들이 많지만 통일이 한 세대 안으로 가까이 다가온 것은 분명하다.

3차 남북정상회담이 2018년 4월27일 문재인 대통령과 김정은 북한 국무위원장 사이에 열렸다. 양 정상은 한반도의 완전한 비핵화를 공동 목표로 확인한 '한반도의 평화와 번영, 통일을 위한 판문점 선언'을 공동 발표했다. 같은 해 5월 26일 문재인 대통령과 김정은 국무위원장 사이에 실무형 정상회담이 진행되었다. 이어 제5차 남북정상회담이 9월 18일부터 20일까지 평양에서 개최되었으며, 군사적 긴장 완화, 비핵화 일정 제시, 경제와 민간 분야 협력 재개와 강화 등의 내용이 담긴 '9월 평양 공동선언'과 군사합의서가 발표되었다.

2019년 6월 30일에는 오사카 G20 정상회의가 끝난 뒤 판문점에서 대한민국, 미국, 조선민주주의인민공화국 간의 정상회담이 열렸다. 조선로동당 위원장 김정은과 미국의 대통령 도널드 트럼프, 대한민국의 대통령 문재인이 만나 남측 지역에 있는 평화의 집에서 정상 회담을 가졌다. 이날 도널드 트럼프는 군사분계선을 넘어 현직 미국 대통령으로서 최초로 조선민주주의인민공화국 땅을 밟은 대통령이 됐다.

그러나 이러한 정상 간의 노력에도 불구하고 2020년 6월 16일 북한이 개성공단에 위치한 남북공동연락사무소를 폭탄으로 폭파한 사건이 일어났다. 남북공동연락사무소는 2018년 문재인 대통령과 북한 김정은 국무위원장이 4·27 판문점 선언에 합의함에 따라 개성공단 내 남북교류협력 사무소로 사용되었던 4층짜리 건물을 97억 8,000만원을 들여 개보수해 그 해 9월 문을 열었고, 2층과 4층에 각각 남·북 인력이 상주 근무하며 일상적으로 대면 소통이 가능한 여건이 만들어졌다. 남북공동연락사무소 폭파로 남북 간의 관계는 전 세계가 주시하고 있는 매우 긴장감이 극도에 달하는 상태가 되었다.

이러한 상황에도 불구하고 통일은 남북한을 근본적으로 흔들어 놓을 사회적 변혁 사건이 될 것이며, 우리민족과 한국교회의 미래는 통일을 계기로 크게 달라질 것으로 판단된다.[6] 그렇다면 이러한 통일에 대해서 한국 교회는 앞으로 무엇을 준비해야 하는가? 남북의 분단으로 분열과 대립이 해소되지 않고 있는 현실 속에서 남북이 통일되어 '하나 됨'을 추구하는 것은 그리스도인이 노력해야 할 삶의 태도임이 분명하다.

이런 맥락에서 필자는 2장에서 북한의 현 실태를 짚어 보고, 3장에서 통일의 당위성을 분석한 뒤, 4장에서 한국교회 통일운동의 역사적 흐름을 살펴보고, 5장에서 통일을 위한 한국교회의 사명을 제시하고자 한다. 결론에서는 실천 가능한 제안을 함으로 한국교회가 통일을 여는 역할을 할 수 있다고 본다. 이러한 노력은 독일통일에 독일교회가 공헌한 것 이상으로 한국교회가 사회통합의 한 축을 여는 중요한 역할이 될 것이다.

2. 북한의 현 실태

북한이 현실적으로 처해 있는 수많은 문제들이 있지만 그중 사회적으로 뿐만 아니라 국제사회에 심각한 문제가 되고 있는 인권과 기아 문제를 살펴보고자 한다.

1) 인권문제

북한사회가 직면한 가장 심각한 문제 중의 하나가 인권이다. 인권(Human Rights)은 어느 누구나 예외 없이 모든 인류에게 적용되어야 할 매우 중요한 개념이다. 인간은 인간이라는 그 이유만으로 존중되어야 하고 가치를 인정받아야 한다. 세계사회를 가만히 들여다보면 인간의 기본권이 보편적으로 인정받고 있는 듯 보이지만 실상은 그렇지 않다. 각종 뉴스나 언론을 보면 세계사회 곳곳에서 어김없이 사회가 당면한 주요 쟁점 가운데 하나는 인권문제이다.[7] 세계 곳곳에 인권의 유린 현장이 즐비하지만 특히 북한 사회의 인권은 국제사회의 핫 이슈가 되어있다. 북한은 세계가 인정한 인권 유린 국가 가운데 하나이다.[8] 북한은 정치체제의 특성에 기인하는 인권유린과 더불어 설상가상으로 극심한 경제난으로 인한 인권유린이 중첩되어 있어 북한 주민이 겪고 있는 고통은 매우 심각한 수준이다. 통일연구원이 펴낸「2018 북한인권백서」를 보면 북한의 인권실태에 대해 잘 분석하고 있다. 이 보고서는 북한인권침해 사건 유형의 60.1%가 개인의 존엄성 및 자유권 침해 사례라고 밝히고 있다. 역시「2019 북한인권백서」도 여전히 주민의 생명권이 위협받고 있다고 평가했다. 이번 백서에는 특히 한국 녹화물 시청·유포, 마약 거래, 강간 등 사회주의 질서를 어지럽힌 범죄에 대한 공개적 사형집행 사례가 수집됐다. 백서는 마약이 북한 전역으로 확산하고 있고 북한 주민들이 한국 녹화물을 시청·유포하는 사례가 늘어남에 따라 북한 당국이 단속과 처벌을 강화하고 있는 것으로 판단된다고 밝혔다. 보고서는 재판을 거치지 않거나 형식적인 재판을 거쳐 처형하는 초법적, 약식 또는 자의적 처형이 여전히 빈번한 것으로 파악했다. 사회·경제적으로는 만성적 식량 부족 상태가 계속되고 있으며 부족한 식량이 계급, 기업소 등에 따라 차별적으로 배급되는 것으로 나타났으며 종교와 표현의 자유도 보장되지 않았다. 백서는 김정은 체제 출범 전후로 국경통제와 탈북 단속이 강화되고 있는 것으로 평가했다.[9]

북한의 인권 실태 중 특히 교화시설의 인권은 불법을 넘어 사망자까지 속출하고 있는 실정이다.[10] 아울러 심각한 경제난으로 인한 성매매 및 인신매매가 증가하고 있고, 아동 및 청소년들의 정상적인 교육이 불가능하다. 최근 들어 탈북자들이 증가하고 있는데 이는 중국에 탈북고아의 문제를 제기하게 되었고, 북한 여성들의 중국 내 인권 문제도 매우 심각하다.[11] 한국에 들어 온 33,000여 명(2019년 12월 기준)의 탈북자들에 대한 관심과 이해, 배려는 그들이 한국사회에 정착하는데 있어 매우 중요하다. 한국교회는 북한선교를 놓고 오랫동안 기도해 왔지만, 막상 눈앞에 나타난 탈북자들에게 제대로 복음을 전하지 못한 채 당황하고 있다. 기도는 했지만, 연구하지 않았던 것이다. 탈북자에 대한 정책적인 지원과 관심이 필요한 시점이다. 유엔 북한인권조사위원회(COI) 위원들이 북한 인권문제를 조사하기 위해 2013년 8월 20일 연세대학교에서 '북한 인권 공청회'를 개최했다. 이는 국제사회가 북한의 인권에 대해 직접적으로 이의를 제기했다는 의미를 지닌다.[12]

2) 기아문제

서울대학교 황상익 교수는 "북한의 기아문제는 단순히 큰물(대홍수)과 가뭄 등 자연재해로 생긴 문제만은 아닌 것으로 보인다. 북한 기아문제의 발생에는 그 배경이 어디에 있든 무분별한 개간과 무리한 식량증산 등 '비생태적'이며 '생산력 지상 주의적'인 농정(農政)도 한몫을 했으며, 그것은 더 넓게는 북한사회의 전반적 모순의 결과"라고 지적했다.[13] 인권문제보다 심각한 북한의 기아문제는 지금도 여전히 계속되고 있다. 필자가 1993년 강의 차 중국 연변을 방문했을 때 북한주민들이 배고픔을 해결하기 위해 인육을 먹는다는 이야기와 식량을 얻기 위해 국경을 건너 몸을 판다는 이야기를 들었다.

북한은 1990년대 중반 이후 식량난은 걷잡을 수 없을 정도로 심해졌다.[14] 대한민국 통계청이 유엔의 인구센서스를 분석한 자료에 따르면 북한주민 33만 여명이 90년대 후반 '고난의 행군' 시기 굶어 죽었다.[15] 1998년을 기점으로 대량아사 사태는 사라졌으나, 대기근이 가끔씩 찾아오고 있어 아직도 굶고 있는 북한 주민이 많이 있다. 특히 김정일 체제 시대의 약 300만 명의 북한주민이 집단으로 굶어죽은 것으로 드러났다. 북한정부의 은폐로 인해 그동안 기아자의 숫자를 정확하게 알 수 없지만 세계식량계획(WFP)의 조사에 의하면 아사자가 약 5-6백만 명이며 그 중 체력이 약한 유아와 노인의 사망률이 73.9%로 절대적이다. 식량난은 아사자 뿐 아니라, 영양부족으로 인한 각종 질병으로 사망을 초래하게 되었다. 북한주민은 식량난으로 발육부진, 결손가족 증대 등 삶의 기본적 요소마저 박탈당한지 오래이다. 세계식량계획(WFP) 보고서는 북한 주민 10명 가운데 8명이 식량 부족을 겪고 있다는 조사 결과를 언급하였다. 세계식량계획(WFP)은 2019년 11월 북한에 식량 2천 897t을 지원했다고 밝혔다. 이는 전달인 10월의 1천 502t보다 거의 2배 증가한 수치이다. 특히 북한 내 6개월에서 59개월 사이 영유아 19%는 만성 영양결핍 상태에 있다고 지적했다.[16] 미국의 민간연구소인 '세계식량정책연구소'(International Food Policy Research Institute/IFPRI)'가 발표한 '2019 세계 기아지수' 보고서에 따르면 북한의 기아지수가 27.7점으로 조사대상 117개 국가 중 26번째로 심각하다고 밝혔다.[17] 그러기에 김정은 북한 국무위원장이 2018년 가장 관심을 기울인 분야는 경제였다. 2017년 최대관심사였던 국방·군사 분야 관련 공개 활동 비율은 급격하게 떨어졌다. 이러한 시급한 경제문제를 해결하기 위한 북한의 입장은 2018년 12월 당 기관지 노동신문이 김정은의 최대 관심사는 '경제강국 건설'이라고 강조한 것을 보면 확실히 드러난다. 이 같은 사실은 북한 정책의 최대과제가 경제회복에 맞추어져 있음을 시사하는 것이다.

이상과 같이 북한의 심각한 인권과 기아 문제를 살펴보았다. 인권과 기아 문제는 한국 교회의 가장 중요한 관심사가 되어야 한다. 진보, 보수를 초월해서 북한 인권유린에 대해서 맹렬하게 비판하고 모든 수단을 다 이용해서 굶고 있는 북한 주민들이 먹을 수 있도록 해야 한다. 어떤 이유도 북한의 인권유린과 기아를 방치하게 할 수 없다는 사실을 인지해야 한다.

3. 남북통일의 당위성

KBS 남북교류협력단과 공영미디어연구소가 조사기관 리서치&리서치에 의뢰해 실시한 2019 국민 통일의식 조사(표본오차 95% 신뢰수준 ±3.1%p) 결과를 보면 다음과 같다.

통일의 필요성에 대해서는 '반드시 통일해야 한다' 23.1%, '큰 부담만 없다면 통일되는 것이 좋다' 40.4% 등 63.5%가 긍정적으로 답했다. '상당기간 현 공존상태를 유지해야 한다'는 의견 24.2%, '통일되지 않는 편이 더 낫다'는 응답 12.3%를 합한 부정적 응답 36.5%를 크게 앞서는 수치이다. 하지만 통일의 필요성에 대한 긍정 응답은 2017년 72.7%, 2018년 66.0%였던 것과 비교해 보면 지속적으로 줄어드는 추세이다.[18] 2020년 통일에 대한 국민들의 의식은 긍정적인 대답이 54.5%에 불과했다.

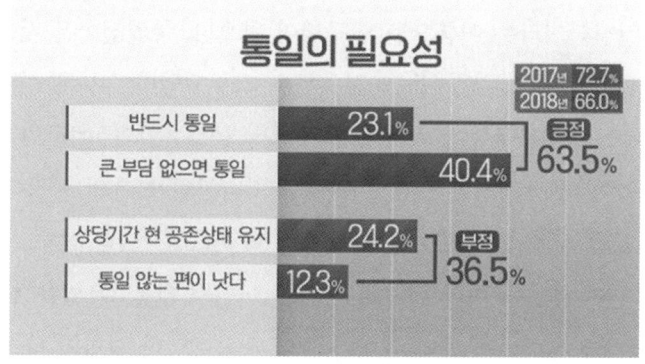

통일을 위해 우선적으로 추진해야 할 일은 '북핵 문제 해결'을 꼽은 응답자가 61.5%로 가장 많았고, 군사적 신뢰구축(40.6%)과 남북 경제 교류 협력(36.7%) 등이 뒤를 이었다.

통일 위한 선결과제 (1+2 순위 선택)

항목	비율
북핵 문제 해결	61.5%
군사적 신뢰 구축	40.6%
남북 경제 교류 협력	36.7%
문화·인적 교류	19.1%
이산가족 왕래·고향 방문	14.8%

민족의 분단 현실은 반드시 극복되어야 하고 민족의 화해와 통일은 반드시 성취되어야 한다는 당위론이 출발점이다. 왜냐하면 남북통일은 민족의 정의롭고 평화로운 생존과 번영을 위한 전제조건이기 때문이다. 여론조사에서 드러난 것처럼 통일의 열망과 관심이 고조되어 있는 이 시점에서 한국교회가 민족의 화해와 남북통일을 어떻게 접근해야 하는가? 성경에서 남북통일의 원리를 찾아내고 이를 현실에 적용하려는 노력은 그동안 통일신학이라는 이름으로 연구되어 왔으나, 통일신학은 사회과학적 분석에 치우친 진보주의자들의 전유물로 간주되었다. 이 문제를 정부에 의하여 주도 되고 정권에 의하여 제시되는 남북통일의 방법이나 사회과학적 분석이 아닌 성경에 드러난 하나님의 나라와 복음의 관점에서 남북 간의 통일의 문제를 바라보고 이해해야 할 필요가 있다.[19)]

그렇다면 통일에 대한 성경적 근거는 어디서 찾을 수 있을까? 기원전 8세기 남왕국 유다에서 활약한 미가 예언자가 예언한 평화의 나라는 우리

민족의 통일에 대해 좋은 모형을 제공한다.[20] "그가 많은 민족들 사이의 일을 심판하시며 먼 곳 강한 이방사람을 판결하시리니 무리가 그 칼을 쳐서 보습을 만들고 창을 쳐서 낫을 만들 것이며 이 나라와 저 나라가 다시는 칼을 들고 서로 치지 아니하며 다시는 전쟁을 연습하지 아니하고 각 사람이 자기 포도나무 아래와 무화과나무 아래에 앉을 것이라 그들을 두렵게 할 자가 없으리니 이는 만군의 여호와의 입이 이같이 말씀하셨음이라"(미 4:3-4). 구약을 보면 정의와 사랑을 담보하는 언약공동체를 발견할 수 있는데 하나님께서는 그 공동체를 통해서 평화를 이루기를 원하셨다.[21] 이러한 평화의 나라 구현은 우리 그리스도인들이 반드시 이루어야 할 사명이라고 본다. 이에 필자는 성경이 제시하는 통일과 화해에 대한 좋은 모델로 구약에서 이야기하고 있는 '야곱과 에서의 화해'(창 33:3-4), 신약에서 이야기하고 있는 사마리아인의 비유(눅 10:25-37)를 살펴보고자 한다.

첫째, 야곱의 인생 스토리 가운데 야곱과 에서가 화해하는 장면은 엄청난 감동의 장면이다. "자기는 그들 앞에서 나아가되 몸을 일곱 번 땅에 굽히며 그의 형 에서에게 가까이 가니 에서가 달려와서 그를 맞이하여 안고 목을 어긋맞추어 그와 입 맞추고 서로 우니라"(창 33:3-4). 야곱은 에서 앞에 일곱 번 절을 하면서 나아가자 야곱에 대한 분노와 적개심으로 가득 차 있던 에서도 마음이 녹아 달려와 서로 안고 입 맞추고 울었다고 했다. 이러한 행위는 자신을 온전히 낮추며 진심으로 회개하는 마음이 없이는 불가능한 일이다. 이것은 야곱의 철저한 자기 겸손에 의한 화해이다. 남북은 지난 69년의 엄청난 간격과 합치될 수 없는 이데올로기적 이질성을 갖고 있다. 그러므로 남북관계는 야곱의 자기겸손에 의한 화해처럼 서로를 비우고 낮추며 서로를 용서하는 마음이 없이는 불가능하다. 오랫동안 갈등과 적대감, 미움과 불신 속에 갈라진 남북의 마음을 치유할 수 있는 길은 상대방을 탓하는 것이 아니라 자기 겸손과 철저한 회개에 기반한 하나님의 사랑이다. 그러므로 교회는 어느 누구보다 앞장서서 남북의 화해를 위해 기도하고 노력해야 한다.

둘째, 사마리아인의 비유(눅 10:25-37)는 통일에 대한 중요한 시사점을 제공한다. 예수님 당시 유대와 사마리아는 종교적으로 갈라져 있어서 서로 원수 관계였다. 이런 관계에서 예수님이 비유를 하시면서 강도 만난 유대인을 구해준 사람을 제사장이나 레위인이 아닌 사마리아인으로 설정한 것은 그 당시 사회적, 종교적으로 엄청난 파장을 불러일으키는 의미가 있다. 사제나 레위인은 종교적인 이념을 내세우며 분열을 조장한다. 결국 그들은 생명보다 종교적인 정결법을 더 소중히 함으로써 강도 만난 유대인을 그냥 지나친다. 그러나 사마리아인은 유대인과 적대적 관계임에도 불구하고 갈등과 미움, 이념 차이를 넘어서서 죽어가는 유대인의 생명을 살리기 위해 혼신의 노력을 기울인다. 그러면서 예수님은 누가 이 강도 만난 사람의 이웃이냐고 물으면서 '너도 가서 그렇게 하라'고 말씀하셨다. 한민족인 남과 북은 분열과 갈등으로 인해 지난 오랜 역사 속에서 서로 피를 흘리며 죽어가고 있다. 이 갈등과 분열을 치유할 수 있는 길은 무엇일까? 사마리아인의 비유에서 주님이 말씀하시고자 하는 것처럼 갈등과 미움, 이념으로 인한 과거의 감정이 아니라 바로 무엇보다 고귀한 생명을 살리고자 하는 헌신적인 노력이다.

우리의 구주 되시는 예수 그리스도는 그리스도인이 사랑과 평화를 추구해야 함을 가르쳐주고 있다. 예수 그리스도께서는 '화해와 화목의 종'(엡 2:13-19)으로 이 땅에 오셨으며, 분열과 갈등과 억압의 역사 속에서 평화와 화해의 하나님 나라를 선포하셨다(눅 4:18-19; 요 14:27). 그리고 사람을 하나님과 화해하게 하시고 인간들 사이의 분열과 갈등을 극복하고 하나 되게 하시려고 고난을 받으셨으며 십자가에 못 박혀 죽으시고 다시 부활하셨다(행 10:36-40)22). 그러므로 우리 그리스도인들은 당연히 남과 북의 갈등과 분열, 미움과 이념 차이를 넘어서서 화해와 평화를 추구해야 한다. 하나님께서는 우리에게 화목케 하는 직책(고후 5:18)을 주셨으며 교회를 통해서 이 직무를 지속적으로 수행해야만 한다.

4. 한국교회 통일운동의 흐름

남북통일 문제는 이미 한국교회 안에서 오래 전부터 매우 중요한 담론으로 자리를 잡고 있었다. 그동안 한국교회가 남북한 통일운동에 어떤 역할을 했는가를 아는 것은 중요하다. 잘못이 있다면 반성하고 회개해야 하며, 좋은 점은 계승해야 한다. 그럼 한국교회가 정부의 통일정책에 어떠한 반응을 보였는지 살펴보자.

첫째, 해방이후부터 50년대까지는 이승만 정권의 제 1공화국 시대에 해당된다. 이 시기 정부의 북한을 향한 공식정책으로 '북진통일론'이 있었다.23) 이 시기 정부의 통일정책에 대해 한국기독교는 세 부류로 나눌 수 있다. 김창준 목사를 중심으로 하는 좌파가 있었고, 김구와 김규식의 남북협상 노선을 따르는 중도파가 있었다. 그리고 정치적으로 우파였던 대부분의 한국교회 노선이다.24)

둘째, 60년대 통일논의는 남북 교류협상론 등이 활발하게 전개되었다.25) 좌파는 한국 전쟁으로 남한의 기독교에 신뢰를 주지 못했고, 우파로 단순화된 한국교회는 신학적 성향과는 아무런 상관없이 오직 극단적

'반공'에 의해 그 정체성이 규정되었다.26) 이 시기 한국교회 대다수의 흐름은 여전히 반공노선을 견지했음을 부인할 수 없다. 1960년대 새로웠던 것은, 강원용, 박성중, 박형중, 문익환 목사 등에 의해 공산주의에 대한 효과적인 대응의 방식으로서 교회 내부의 혁신과 사회내부의 개혁이 강조되었다는 점이다.27)

셋째, 70년대 통일논의는 박정희 정권의 후반기에 해당되는 시기로 이전의 통일정책과는 많이 다르다. 정부는 1970년 8.15 '평화통일선언', 1971년 '적십자회담' 그리고 1972년 '7.4 남북공동성명'을 통해 두 개의 한국을 인정한다. 특히 자주, 평화, 민족 대단결의 통일원칙을 기본 골격으로 하는 '7.4 남북공동성명'은 실로 국민뿐만 아니라 한국 기독교에게 충격을 던졌다.28) 1970년대는 유신체제하에서 진보세력이 권위주의적인 정권과 첨예한 대결과 대립을 보인 시기이다. 이러한 대결로 인해 1970년대 한국교회는 인권 투쟁에 전념했던 진보진영과 보수 측 사이의 양대 진영으로 더욱 양극화되는 시기였다. 한국교회의 진보와 보수는 그 이전보다 다원화되는 모습을 보였다. 진보는 WCC의 영향을 받아 '반공'에서 '하나님의 선교(Missio Dei)'의 흐름으로 변화되었고, 보수는 복음 전도에 기초한 민족 복음화 차원의 통일 운동을 지속하였다. 그러나 이러한 진보와 보수 모두 통일정책의 공통분모로 '반공'의식을 철저히 가지고 있었다.29)

넷째, 80년대 통일논의에 있어 한국교회는 정부에 의존했던 논의를 한국교회 스스로가 논의하기에 이르렀다. 이 시기에 한국교회는 민주화운동과 통일운동을 별개의 것으로 보지 않았다. 아울러 민족통일 문제를 교회의 선교적 과제로 인식하기 시작했다.30) 1980년대에 가장 활발한 통일운동을 전개했던 한국기독교장로회는 1980년 3월에 "통일은 교회의 선교의 과제"임을 천명했고, 1986년 처음으로 통일문제를 신앙고백서에 포함시켰던 대한예수교장로회(통합)도 평화통일이 그리스도인의 사명임을 밝혔다.31) 80년대 한국교회의 통일논의에 가장 영향을 끼친 사건이 하나 있는데 그것은 1988년 2월 한국기독교교회협의회가 발표한 '민족의 통일과 평화에 대한 한국기독교회 선언'이다. 이 선언으로 한국교회의 통일운동에 있어 보수가 진보를 비판하며 입장 차이를 드러내었지만, 이 선언은 한국교회에 큰 영향을 미쳤음을 부인할 수 없다. 이만열은 이 선언을 한국기독교의 한국통일 운동사, 그리고 세계기독교 운동에 영향을 미칠 만큼 중요한 선언이라고 밝히고 있다.32) 1980년대는 보수와 진보가 남북통일 운동에 있어서 대립관계를 형성했음에도 불구하고 민족통일 문제를 선교적 차원(Missio Dei)에서 인식했다는 공통점이 있다.33)

다섯째, 90년대 통일논의는 새로운 분위기로 전환되었다. 소련과 동유럽의 공산주의의 몰락과 더불어 1990년 독일통일 때문이다. 그 결과 1991년 9월에 남과 북은 국제연합에 각각 회원국으로 가입, 1992년 2월 '남북기본합의서'와 '비핵화 공동선언'을 발효시켰다. 그리고 1993년 2월 남한에는 32년 만에 문민정부가 출범하여 '흡수통일'을 배제하고 '합의통일'을 토대로 하는 '3단계 3기조 통일정책'을 천명하였다. 90년대에 들어와 기독교 통일운동에 보수 진영이 활발하게 참여하여 '평화와 통일운동을 위한 남북나눔운동'(1993), '기독교학문연구소'(1994), '기독교윤리실천운동', '남북나눔운동' 등이 참여하여 "1994 한국기독인통일선언", 한국기독교총연합회가 발표한 "통일 및 북한 선교를 위한 결의문"(1994.5) 등을 발표하였다.34) 가장 획기적인 것은 1994년 12월 15일 한국교회의 120여 교단 및 연합기관이 평화통일을 함께 추진해 갈 수 있는 '한국기독교평화통일추진협의회'가 창립되었다는 점이다.35) 특히 90년대 들어서서 한국교회의 통일운동에 제 3의 새로운 틀이 형성되었는데 이것은 북한의 경제난에 기초한 대북한 물질지원이다. 이념 논쟁적 통일운동을 지양한 현실적이고 실천적 통일운동으로서 보수 진영에서 그 첫 관문을 열었고, 이후 진보와 보수 양 진영이 '남북나눔운동'을 창립함으로 한국교회의 제 3의 통일운동으로 자리 잡았다.36)

여섯째, 2000년대 정부의 통일 논의는 김대중 정부의 햇볕정책으로 6.15 남북공동선언(2000년)이 이루어져 남북정상회담, 남북교류와 경제협력 활성화, 이산가족상봉, 통일문제 논의가 활발하게 이루어졌고, 노무현 정부에서는 10.4 남북공동선언(2007년)이 발표되어 남북정상회담, 남북관계 발전 및 평화번영을 위한 선언, 남북간 경제협력 등이 이루어졌다. 그러나 이명박 정부가 들어선 이후 남북간 대화는 중단되고 전반적인 남북관계는 급격히 냉각되었다. 이명박 정부의 대북정책 기조인 "비핵. 개방, 3000운동'은 한국교회의 지속적인 성명서와 요청으로, 2007년 10.4선언과 2000년 6.15선언을 긍정적으로 받아들이며, 변화된 모습으로 비쳐지고 있다. 그러나 2008년 7월 금강산관광객 피격사망 및 2010년 3월 천안함 폭침, 10월 연평도 포격사건으로 악화된 한반도안보상황으로 대북 화해 협력정책은 중단되고, 강경압박정책이 강화되었다. 이에 이명박 정부는 2010년 3대 공동체 통일구상-평화공동체(안전과 평화), 경제공동체(교류와 협력), 민족공동체-을 발표했다. 2013년 박근혜 정부의 대북통일정책은 신뢰에 기초한 대북관계의 재설정으로부터 출발한다. 그 내용은 주관적 통일론을 견지함에 따라 대결적 성격을 나타내고 있다. 즉, 통일 대박론은 흡수통일론을 전제하고 있다. 경제교류의 단절은 북한의 고립을 조장하는 조치이다. 그리고 국가보안법의 폐지를 반대하고 국방백서에서 북한을 주적으로 규정한 것은 박근혜 정부의 적대적인 북한관을 웅변하고 있다. 박근혜 정부에 들어와서는 대북정책이 대체로 성공을 거두게 된다. 그 이유는 박근혜정부가 북한의 다양하고 부분적으로는 유례없는 도발에 대처하는 데서 정책적·전술적으로 현명하고 합리적으로 대처했기 때문이며, 북한의 대남/대외정책에서의 실패를 꼽을 수 있다. 2017년 문재인 정부는, 통일·대북 정책에 있어서도 "통일국민협약"과 "통일교육 강화"를 공약하는 등 이전 정부에 비해 통일과 북한 문제에 대한 국민공감대 형성을 중시하고 있다. 그러나 북핵 문제 해결에 진전이 없을 경우 남북 관계가 협력적 관계로 전환될 수 있을지에 대해 의구심을 갖고 있는 것으로 보인다. 2019년 2월의 하노이 북미정상회담의 결렬로 남북관계가 급속도로 악화되었고, 북한은 원색적으로 문재인 정부를 비난하고 각종 미사일을 발사하는 한편 2020년 6월 남한 민간단체의 대북전단 살포를 구실삼아 관계단절을 통보한다. 김창현 교수는 문재인정부의 대북정책을 비판했다. 2018년 초, 문재인 정부는 상당한 자신감속에 미국의 소극적인 대북관계개선에 대해 비판도 하며 적극적이었지만, 이후 남북관계도 미국과 보조를 맞춰야 한다는 트럼프정권의 강요 앞에 '한미워킹그룹'을 먼저 제안하는 등 미국이 하자는 대로 한미전쟁 연습, 대규모 무기구입, 방위비분담금 인상 등의 무리한 요구까지 다 들어주고 남북관계는 파탄지경에 이르게 됐다고 지적했다. 문재인 정부는 통일의 과정(3단계): 화해협력 → 남북연합 → 통일국가를 이루겠다는 정책을 펴고 있다.[37]

한국기독교는 2000년대 들어서서 진보와 보수의 갈등을 넘어서 북한사회에 대한 인도적 지원과 교류확대에 함께 목소리를 내고 있다. 그러나 한국교회가 풀어야 될 과제는 정부의 통일정책보완과 협력 그리고 북한 선교역량을 확대하는 길이다. 한국교회는 정부의 통일정책을 지적하고, 살펴보아야 한다. 한국교회도 정부의 통일정책을 협조하며, 보완해주며, 정부의 낼 수 없는 목소리를 대변해주는 창구역할을 함으로, 북한이 오판하거나, 잘못된 행위를 하지 않도록 사전에 예방하는 것도 한국교회의 사명이다.

이상에서 살펴본 것처럼 지난 68년의 한국교회의 통일운동이 시대적 상황에 영향을 받아온 것이 사실이지만 그럼에도 평화통일을 지향하는 방향으로 발전해 왔다는 것은 매우 고무적인 일이다. 진보주의 진영이 정치적이고 민족적인 특성을 지나치게 강조했다면, 보수주의 진영은 선교적 측면에서만 통일을 이해해 왔다고 할 수 있다. 그러므로 이제 양 진영은 북한을 공존의 대상으로 여기고 함께 통일을 이루어 평화적으로 발전해야 할 대상으로 생각하고, 교회의 연합된 노력을 해야 한다.

5. 통일에 대한 교회의 사명

분단이 장기화되어 갈등과 이질감으로 적대적인 관계의 남북 분위기가 미약하나마 호전되고 있는 이 시점에 한국교회는 통일을 기대하며 화해를 위한 노력에 경주해야만 한다. 특히 한국교회가 북한 복음화를 위해 통일에 대한 적극적인 자세와 사명을 갖는 것은 매우 중요하다. 필자는 통일에 대한 교회의 사명을 다음 다섯 가지로 제시하고자 한다.

첫째, 무엇보다 교회갱신의 사명이다. 이미 자정 능력을 잃은 한국교회가 사회적으로 비판의 대상이 되고 있는 교회의 물량주의, 성장주의, 물질주의, 기복주의, 교권주의, 직분의 계급화 현상, 개교회주의, 파벌주의를 극복하지 못한다면 교회에 대한 권위와 신뢰가 떨어져 통일 이전은 말할 것도 없고 통일 이후 시대에 통일 조국을 위한 교회로서의 사명을 제대로 감당할 수 없을 것이다.[38]

둘째, 교회 연합의 사명이다. 한국교회가 진보와 보수로 양분화 되어 있는 이 현실은 남북한 통일에 있어서 교회의 역할에 장애를 가져올 것이다. 대천덕 신부는 통일의 조건으로 남한 기독교계의 불일치를 회개해야 한다고 강조했다.39) 한국교회가 서로 연합하지 못한다면 통일 후에 북한에 긍정적인 영향력을 행사하기를 기대하는 것은 어렵다.

셋째, 통일 의식화에 대한 사명이다. 무엇보다 기독교인들의 통일에 대한 의식 고취가 필요하다. 대부분 전후 세대인 지금 왜 통일이 필요한지에 대한 의식 전환이 절대적으로 요구된다. 70년 가까이 장기화된 분단 구조에 스스로 빠져 경제적으로 뿐만 아니라 사회적으로 부담스럽고 혼란스러운 통일을 할 필요가 있는가라고 생각하는 사람들이 많아졌다. 통일에 대한 이러한 부정적인 생각은 북한복음화를 위해서도 큰 장애가 될 것이 분명하다. 그러므로 통일에 대한 긍정적 태도와 의식전환이 선행되어야 한다. 통일에 대한 긍정적 태도와 인식은 한반도의 평화와 민족의 번영을 실현하고자 하는 우리의 소망이고 출발점이다. 아울러 통일은 경제적으로 남북의 번영을 가져올 것이 분명하다. 분단의 불안요인을 제거하고 과도하게 소모되고 있는 군비를 감축하여 경제에 투자하면 남북이 경제적으로 번영할 수가 있다는 사실을 인식해야 한다. 그리고 통일은 불신과 적대적인 관계를 청산하고 신뢰와 사랑이 넘치는 사회관계를 유지시켜 행복한 공동체를 만들 것이라는 의식의 전환이다. 통일은 종국에는 우리가 기대하고 소망하는 북한의 민족복음화가 실현될 수 있다는 것이다.40)

넷째, 적극적인 나눔과 구호활동의 사명이다. 북한은 사회주의 계획 경제의 실패로 세계에서 가장 극빈국의 하나로 전락했다. 94년 냉해, 95년 대홍수, 96년 한해, 97년 해일로 인해 식량 생산이 크게 줄어들어 세계에서 가장 심각한 기아지역으로 관리되고 있다.[41] 대홍수로 고난의 행군을 겪은 북한은 2000년대에도 지구온난화에 따른 자연재해의 피해가 엄청나다. 이러한 때 구호물자가 주민들에게 직접 분배되고 있는가 하는 투명성 문제로 우리는 정부와 교단, 교회 간에 서로 갈등을 빚고 있다. 이 문제에 대해 서경석 목사는 "외부에서 지원하는 식량이 군량미로 쓰이게 되면 그만큼 북에서 생산되는 식량이 북한 주민에게 전달될 것이고, 군량미로 쓰여지지 않으면 그만큼 북한의 농촌에서 생산되는 식량이 군량미로 가게 될 것이다. 어느 나라든 식량 위기가 왔을 때 군인부터 굶기는 나라는 없다. 더구나 북에서 생산되는 식량만으로 북의 군인을 충분히 먹이고도 남는 상황이기 때문에 우리가 보내는 식량이 군량미로 가는가 안 가는가 하는 것은 별로 중요한 질문이 되지 못한다"고 언급했다.[42] 한국교회가 갖고 있는 재정적 여력은 정책만 잘 세울 수 있다면 북한사회를 기근으로부터 벗어나게 하는 중요한 시발점이 될 수 있다. 그러므로 교회는 북한의 기근에 대하여 도움의 손을 펴야 한다. 이는 북한 동포에 대한 구제와 형제 사랑뿐만 포함되어 있는 것이 아니라 한국교회의 갱신과 부흥을 드러내는 것이다.

다섯째, 한국교회는 통일을 위한 전략적 사역개발을 확대해야 하는 사명이 있다. 남북의 기독교인들이 서로 적극적인 만남을 통해 상호이해를 높이는데 힘써야 한다. 이러한 관점에서 남북 교회 간에 신학적, 이념적 차이가 크지만 기독교 절기행사에 남북공동예배 개최, 신학자·학생간의 학술교류, 기독교서적의 지원 등도 남북이 협력할 수 있는 부분이다. 그리고 인도주의 지원 사업을 통해 남북한의 적대의식을 해소함으로써 증오와 불신을 사랑과 신뢰의 관계로 만들어 나가도록 해야 한다. 현재 한국교회는 식량과 의약품을 제공하고, 빵공장, 국수공장 운영을 비롯하여

병원과 육아원, 학교 등의 시설을 지원하고 있다. 특히 북한에서 차별받고 있는 기독교인들에 대한 인도주의적인 지원은 기독교에 대한 사회적 이미지를 개선함으로써 복음전도의 가능성을 높이는 좋은 전략이다. 또한 탈북자들에 대한 관심과 정책이 필요하다. 탈북자들은 생명의 위협을 받는 상황에서 가장 쉽게 복음을 받아들이는 집단이다. 탈북자들을 통해 통일과 북한선교를 준비할 수 있다는 점에서 국내외에 적게는 10만 많게는 30만 명 규모로 추산되는 탈북자들에 대한 관심과 지원을 높여 나가야 한다. 최근 탈북자들의 정착을 돕기 위한 기독교 단체들이 활발히 활동하고 있는 것은 다행이다. 탈북자들에게 아브라함과 같이 부르셨고 모세와 같이 동족구원의 전도자로 불렀음을 강조하며 통일의 선도적 사명자로서 의식을 심어주어야 한다.

6. 나가는 글

이상으로 남북의 분단으로 분열과 대립이 해소되지 않고 있는 현실 속에서 통일과 하나 됨을 추구하기 위해 북한의 현 실태를 짚어 보고, 통일의 당위성을 분석한 뒤, 한국교회 통일운동의 역사적 흐름을 살펴보고, 통일을 위한 한국교회의 사명을 논하였다. 이제 필자는 한국교회가 남북통일에 대한 교회의 사명을 제대로 인식하고 실천해 나간다면 한국교회가 남북통일과 사회통합의 한 축을 여는 중요한 역할이 될 것이라고 본다.

남북통일은 한국교회가 준비하고 풀어가야 할 가장 중요하고 시급한 과제이다. 한국교회와 교회지도자들, 그리고 성도들은 깨어서 기도하면서 한국의 통일에 어떻게 기여할 수 있을 지에 대해 깊이 생각해 보아야 한다. 민족의 문제에 대해 방관만 하다가는 시대와 역사 앞에 그리고 하나님 앞에서 외면을 받을지도 모른다.

그러므로 민족의 분단 현실은 반드시 극복되어야 하고 남북통일은 반드시 성취되어야 한다. 남북통일을 향한 교회의 결단과 실천은 분단을 넘어 통일을 지향하는 실천적 삶의 과제이다. 남북통일은 교회의 철저한 사랑의 실천이 전제될 때 성취 가능하다. 우리에게 있어서 통일은 하나님의 축복이지만 통일에 대한 이견을 좁히지 못하고 수동적인 자세로 기다리기만 한다면 한국교회의 역사적인 소명을 저버리는 행위가 될 것이다. 교회의 본질은 사랑이다. 교회가 할 수 있는 일이 있다면 크든 작든 찾아서 실천해야 한다. 매우 복잡한 정치적이고 국제적인 상황 속에서 향후 남북관계 개선에 어느 단체보다도 교회의 역할이 지대하다는 것이 전문가들의 지적이다. 실제로 한국 교계의 젖 염소 보내기 운동, 분유공장 설립, 옥수수 종자 보내기 등은 북한의 생존 공간을 열어주는 동시에 통일을 향한 작은 씨앗이 되고 있다. 한국 교계는 북한교회 재건을 위한 각종 프로그램도 준비하고 있다. 하지만 통일을 위해 한국 교계가 좀 더 적극적인 모습을 보여줘야 한다는 것이 중론이다.

민족의 남북통일을 위해 가장 위대하고 절대적인 역할을 감당할 주체 세력은 교회요, 성도이다. 한국교회는 민족의 과제인 평화통일을 위해 외적으로 구체적인 실천과제를 목표로 삼아 적극적으로 참여하고, 내적으로 개혁과 갱신으로 복음의 역량을 확대하여 한국을 살리고, 북한을 살려야 한다. 이에 필자는 실천 가능한 제안을 몇 가지 하고자 한다. 첫째, 교회가 남북한 화해의 실천을 위하여 '화해와 통일을 위한 주일'을 설정하고 지킨다. 둘째, 북한교회재건운동을 확산한다. 북한교회재건운동은 유무형 교회를 같이 일으키는 운동이다. 현재 한국교회와 해외 한인교회가 재건할 북한교회를 두고 기도하며 재건기금을 모으고 재건지역별 북한동포 돕기와 선교에 앞장서고 있다. 셋째, 통일과 북한복음화의 일꾼을 양성한다. 통일에 관해 방관하거나 잠들어 있는 한국교회를 깨워 동원해야 한다. 교단, 신학교, 교회 등에서 통일과 선교에 대한 세미나와 워크숍 또는 선교학교를 열어 다가올 통일시대를 대비한다. 넷째, 교회, 교단, 기독단체들로 통일과 북한복음화를 위한 특별선교회나 기도모임을 결성하여 전 교회적인 동참과 일사불란한 네트워크를 형성한다.

기독교 국가인 독일처럼 한국교회가 모든 종교 내지 종파를 대변할 수는 없다. 서독교회는 '독일교회 연합'(EKD)과 같은 단일 창구가 있었지만 한국교회는 단일 창구를 마련하기 쉽지 않다. 그러나 수요자 중심적인 지원책 마련, 오른손이 한 일을 왼손이 모르게 하는 성경적 자세를 견지하고, 불필요한 사상적 대립의 지양 등을 통한 북한 돕기는 한국교회가 통일을 대비할 수 있는 실질적인 대안이다. 이에 교단들도 교단 산하에 통일관련 선교와 정책을 연구하고 통일교회 설립을 준비할 수 있는 부서를 신설하여 남북통일에 작은 밑거름이 되는 시발점을 만들 필요가 있다고 본다. 남북한의 이질적인 요소 및 정치적인 대결 구도 해소, 탈북동포 지원 등에 대해 한국교회가 '필터 역할'을 감당하면서 교회의 본질인 섬김의 정신을 구현해 나가면 닫혀있는 동토의 땅을 열 수 있을 것이라고 전망한다. 이제 남북통일은 먼 다른 나라의 이야기가 아니고 더 이상 늦추어서도 안되는 우리의 눈앞에 닥친 매우 긴급하고도 중요한 문제이다. 교회들도 남북통일에 대한 분명한 철학을 세우고 함께 첫 마음이 끝 마음이 되도록 힘을 모은다면 화룡점정(畵龍點睛)이 될 것이 분명하다.

주(註)

1) "남북정상회담," [온라인자료] https://100.daum.net/encyclopedia/view/47XXXXXXX210, 2019년 6월 22일 접속.
2) 제1차 남북정상회담은 2000년 6월13일부터 15일까지 2박 3일 동안 평양에서 열렸다. 김대중 대통령과 김정일 국방위원장이 정상회담 후 '6·15 공동선언'(총 5개항)을 발표했다. 다음은 '6.15공동선언' 전문이다. "조국의 평화적 통일을 염원하는 온 겨레의 숭고한 뜻에 따라 대한민국 김대중 대통령과 조선민주주의인민공화국 김정일 국방위원장은 2000년 6월13일부터 6월15일까지 평양에서 역사적인 상봉을 하였으며 정상회담을 가졌다. 남북정상들은 분단 역사상 처음으로 열린 이번 상봉과 회담이 서로 이해를 증진시키고 남북관계를 발전시키며 평화통일을 실현하는데 중대한 의의를 가진다고 평가하고 다음과 같이 선언한다." 1. 남과 북은 나라의 통일문제를 그 주인인 우리 민족끼리 서로 힘을 합쳐 자주적으로 해결해 나가기로 하였다. 2. 남과 북은 나라의 통일을 위한 남측의 연합제 안과 북측의 낮은 단계의 연방제 안이 서로 공통성이 있다고 인정하고 앞으로 이 방향에서 통일을 지향시켜 나가기로 하였다. 3. 남과 북은 올해 8·15에 즈음하여 흩어진 가족, 친척 방문단을 교환하며, 비전향장기수 문제를 해결하는 등 인도적 문제를 조속히 풀어 나가기로 하였다. 4. 남과 북은 경제협력을 통하여 민족경제를 균형적으로 발전시키고, 사회, 문화, 체육, 보건, 환경 등 제반분야의 협력과 교류를 활성화하여 서로의 신뢰를 다져 나가기로 하였다. 5. 남과 북은 이상과 같은 합의사항을 조속히 실천에 옮기기 위하여 빠른 시일 안에 당국 사이의 대화를 개최하기로 하였다.
3) 남북 장관급 회담의 현안으로는 개성공단, 금강산관광, 이산가족 문제 등이 있다.
4) [온라인자료] http://www.ifreenk.com/9787, 2020년 3월 9일 접속. 남북이 공식 회담 테이블에 마주 앉는 것은 2년 4개월만의 일이다. 또한 북한이 비군사적 의제의 회담 장소로 판문점을 수용한 것은 지난 2000년 이후 13년 1개월 만이다. 북한이 회담 장소로 판문점을 수용했다는 사실 자체가 이번 회담에 굉장한 적극성을 보이는 것이다.
5) [온라인자료] http://www.mediatoday.co.kr/news/articleView.html?idxno=110048, 2020년 3월 12일 접속.
6) 김병로, "평화통일과 북한복음화를 위한 한국교회의 과제,"「성경과 신학」, 37권 (2005): 12.
7) 김종걸, "인권에 대한 기독교적 이해,"「복음과 실천」, 50집 (2012 가을): 119-42를 참조할 것.

8) 북한 인권에 대한 자료들은 다음의 책들을 참고하면 좋다. 최성철, 「북한 인권론」 (서울: 국제인권옹호 한국연맹, 1999); 허만호, 「북한의 개혁. 개방과 인권」 (서울: 명인문화사, 2009).

9) [온라인자료]https://www.kinu.or.kr/main/kinu, 2020년 3월 30일 접속.

10) [온라인자료] http://blog.naver.com/PostView.nhn?blogId=cjh832&logNo=150152704890, 2020년 3월 9일 접속. 북한의 교화시설로는 다음과 같은 것들이 있다. 첫째, '정치범 교화소'는 재판이 비공개로 진행되며 보위부서 특별 관리한다. 정치범은 사망해도 가족들은 죄명조차 모른다. 둘째, '정치범 관리소'는 정치범 교화소와는 다른 일종의 수용소로 감옥의 형태가 아닌 마을 형태로 운영된다. 경미한 죄를 지은 정치범 본인이나 정치범 가족들이 수용된다. 셋째, '노동 교화소'는 1년 이상의 형을 받은 경제범이 수감되며 하루 12시간 노동을 하며, 노동 시간이외에는 구타가 심해 견디기 힘들 정도이다. 넷째, '노동 단련대'는 18세 미만의 미성년자나 2년 이하의 노동 교화형을 받은 자들이 수감된다. 감옥과 수용소의 중간 형태이며, 3번 이상의 노동 단련형을 받으면 교화소로 향한다. 다섯째, '집결소'는 현행범을 즉석 심판해 수개월 간 강제노역을 시키는 곳이다. 「북한인권백서 2019」 (서울: 통일연구원, 2005)을 참고할 것. "생명권 침해 여전히 심각," [온라인자료]https://www.voakorea.com/korea/korea.com/korea/korea-social-issues/5077265, 2020년 3월 9일 접속.

11) 2010년 10월 제주평화연구원 주최의 JPI정책포럼에서 통일연구원의 김수암 연구원이 발표한 "탈북자의 현황 및 인권"을 보면 다음과 같다. 2000년 유엔 인신매매의 정의에 따르면 인신매매는 "위협 혹은 폭력이나 기타의 강제력, 납치, 사기, 유인, 피해자의 취약한 지위 활용, 타인에 대한 통제력을 가진 자의 동의를 얻어내기 위해 금전 혹은 혜택을 주고받는 행위 등에 의해 '착취(exploitation)'의 목적으로 사람을 모집, 운송, 이전, 은신, 접수하는 행위"이다. 인신매매(human trafficking)가 밀입국매매(human smuggling)와 다른 점은 불법적인 국경이동 주선 이후에도 지속적인 착취가 이루어진다는 사실이다. 반노예국제연대(Anti-Slavery International), 좋은 벗들 등에서 발간한 관련 보고서들은 탈북여성들의 강제결혼 혹은 매춘 등 심각한 인신매매 실태를 제기한다. 미혼여성뿐 아니라 남편과 자녀가 있는 기혼 여성들도 배고픔에서 벗어나기 위해 어쩔 수 없이 중국 남성과 동거 생활을 하고 있다. 북한주민의 불법 국경이동 규모가 급증하면서, 이들을 조직적으로 매매하여 이익을 챙기려는 조직들이 출현하고 있다.

12) [온라인자료] http://news1.kr/articles/1286884, 2020년 3월 21일 접속. 유엔 북한인권조사위원회(COI) 위원들-마이클 커비 전 호주 대법관, 마르주키 다루스만 유엔 북한인권 특별 보고관, 소냐 비세르코 세르비아 인권운동가-이 2013년 8월 20일 서울 연세대학교에서 '북한 인권 공청회'를 개최했다. "이날 공청회에서 '14호 수용소 탈출'의 저자로 유명한 신동혁 등 탈북자들은 북한인권 상황에 대해 증언했다. 신동혁 씨는 특히 수용소에서 수감자들에 대한 공개처형이 일어나고 있다고 주장했다. 그는 그의 오른쪽 중지가 잘려나간 데 대해선 '미싱을 파손해 그 벌로 손가락을 잘렸다'며 '공개 처형당하거나 팔 다리가 잘릴 수도 있었는데 손가락 하나 잘린데 대해 간수에게 감사했다'고 당시의 상황을 토로했다. 수용소 내 여성 인권과 관

련 그는 '여자들이 더 상황이 열악했다'며 '여자들이 생리를 할 때는 바지 사이로 피가 흘러내리는 등 위생물품이 아무것도 없었다'고 설명했다."

13) [온라인자료] http://www.durihana.tv/technote2001/read.cgi?board=union&y_number=36, 2020년 3월 12일 접속.

14) [온라인자료] http://blog.daum.net/kjw77/13755493, 2020년 2월 9일 접속. 이러한 경제불안 상황을 반영하는 듯 15년이 지난 2010년 북한의 신년공동사설 제목이 "당 창건 65돌을 맞는 올해에 다시 한 번 경공업과 농업에 박차를 가하여 인민생활에서 결정적 전환을 이룩하자"로 되어 있다. 신년공동사설의 제목은 1년 동안 북한 주민들이 사용하는 구호이다. 북한이 이전에 인민생활 향상을 위해 상투적으로 표현했던 천리마 대고조, 강성대국, 선군의 기치 등 거대담론을 앞세우는 표현과는 다른 어조이다. 북한이 얼마나 경제적인 문제 해결이 시급한 건지 알 수 있다.

15) [온라인자료] http://www.ilbe.com/1148445848, 2020년 2월 9일 접속. 소설가 황석영은 작품「바리데기」에서 당시 북한의 풍경을 이렇게 전한다. "가을이 되면서 두만강변은 어디라 할 것 없이 굶주린 사람들이었다. 식구들을 잃고 살아남은 사람들은 중국에 나가 돈을 벌어 집안을 살리겠다고 몰려왔다. 밤이면 무리를 지어 개천 같은 강을 건너갔다. 경비원들도 병력이 부족하고 굶주리기는 마찬가지여서 강을 오가는 이들이 쥐여주는 돈이나 물건에 대개는 모른척했다. 당일꾼이 찾아와 조심스럽게 전하는 이야기로는 온 공화국 천지에 굶어죽는 사람들로 사태가 날 지경이란다." 황석영,「바리데기」(서울: 창비, 2007)를 참조할 것.

16) [온라인자료] https://www.voakorea.com/korea/korea-economy/5225801, 2020년 3월 25일 접속.

17) [온라인자료] https://www.voakorea.com/korea/korea-economy/5125246, 2020년 3월 9일 접속. 미국 워싱턴에 본부를 둔 IFPRI는 북한의 농업개발을 지원하는 아일랜드 비정부기구 'Concern', 독일의 'German Agro Action'과 함께 세계 기아를 퇴치하기 위한 노력의 일환으로 2006년부터 해마다 '세계기아지수'를 발표하고 있다. IFPRI는 해당 국가 국민의 영양 상태와 5살 미만 어린이의 저체중 비율 및 사망률을 기준으로 기아지수를 계산하는데, 0점은 굶주림이 전혀 없는 상황이고 100점은 모든 국민이 굶주리는 상황을 나타낸다. 지수가 30점 이상이면 '매우 위험한' 수준이고, 20~30점은 '위험한' 수준, 10점 이상이면 '심각한' 수준으로 분류한다. "세계식량정책연구소" 홈페이지(http://www.ifpri.org/)를 참조할 것.

18) "2019 국민통일 의식조사," [온라인자료] http://mn.kbs.co.kr/mobile/news/view.do?ncd=4262972, 2020년 4월 2일 접속.

19) 이승하,「교회와 사회」(서울: 성광문화사, 2002), 136.

20) 정성한,「한국 기독교 통일 운동사」(서울: 그리심, 2003), 23.

21) 임성빈,「21세기 책임 윤리의 모색」(서울: 장로교출판사, 2002), 394.

22) 정성한,「한국 기독교 통일 운동사」, 24.

23) 정원범,「기독교 윤리와 현실」(서울: 성지출판사, 1999), 101.

24) 정성한, 「한국 기독교 통일 운동사」, 103-4. 좌파는 비교적 분단과 신탁통치 문제에 대한 과학적 인식을 가지고 있었으나, 교회에 영향력을 주는 운동으로까지 발전하지 못했다. 중도파는 남한만의 단독 선거로 분단이 고착되는 현실에서 나타났으며, 이들 역시 우파가 지배하는 한국 교회의 현실에서 조직적인 힘을 가질 수 없었다. 우파는 전적으로 정부에 동조하여 남한 정부가 북진통일론을 한창 내세우고 있던 기간 동안에 남한의 교회들 또한 북진통일론을 강하게 주장하였다. 따라서 평화통일에 대하여는 기본적으로 반대하는 입장이었다.
25) 정원범, 「기독교 윤리와 현실」, 103.
26) 정성한, 「한국 기독교 통일 운동사」, 171.
27) 황준배, 「통일과 크리스천 리더십」 (서울: 도서출판 그리심, 2007), 97.
28) 정원범, 「기독교 윤리와 현실」, 105-6. 그중에서도 '7.4 남북공동성명' 제 3항의 "사상과 이념을 초월하여 민족적 대단결을 도모한다"라는 원칙은 지금까지의 반공주의 노선을 취했던 기독교계의 일반적 사고로 볼 때 당혹스러운 사항이었다.
29) 정성한, 「한국 기독교 통일 운동사」, 234.
30) 김홍수, "한국교회의 통일운동 역사에 대한 재검토," 「신학과 현장」 (1991): 267.
31) 정원범, 「기독교 윤리와 현실」, 110.
32) 이만열, 「민족통일을 생각하는 그리스도인」 (서울: 두란노, 1994), 63-4.
33) 정성한, 「한국 기독교 통일 운동사」, 313.
34) 기독교학문연구회 편, 「민족통일과 한국기독교」 (서울: 한국기독학생회출판부, 1994), 255-6.
35) 정원범, 「기독교 윤리와 현실」, 113-4.
36) 정성한, 「한국 기독교 통일 운동사」, 373.
37) "민족공동체 통일방안," [온라인자료] https://www.unikorea.go.kr/unikorea/policy/Mplan/Pabout/, 2020년 4월 3일 접속.
38) 정원범, 「기독교 윤리와 현실」, 119.
39) 김동호 외 8인, 「남북의 하나됨을 위하여」 (서울: 진리와 자유, 2000), 64.
40) 김병로, "평화통일과 북한복음화를 위한 한국교회의 과제," 「성경과 신학」, 37권 (2005): 33-7.
41) 임성빈 외 6인, 「통합적인 통일과 그리스도인들의 과제Ⅱ」 (서울: 예영커뮤니케이션, 2003), 188.
42) 임성빈 외 13인, 「통합적인 통일과 그리스도인들의 과제」 (서울: 장로회신학대학교출판부, 1999), 237-8.

2. 4차 산업혁명과 교회의 변화

1. 들어가는 글

　1977년 미국에서 제작된 조지 루카스(George Lucas) 감독의 영화 스타워즈(에피소드4: 새로운 희망)는 인간의 상상력이 얼마나 대단하지 보여주는 영화로 그 당시로는 황당한 공상 그 이상도 이하도 아니었다. 그러나 43년이 지난 2020년 지금 황당한 공상이 대부분 현실이 되어버린 세상이 되었다. 4차 산업혁명은 인간 상상력의 현실화가 핵심이다.
　전 세계의 화두는 이제 4차 산업혁명이다. 4차 산업혁명은 이전의 1,2,3차 산업혁명과는 달리 기하급수적인 속도로 진행될 것이다.[1] 2016년 1월 20일 스위스 다보스(Davos)에서 열린 '세계경제포럼(WEF)'[2]에서 클라우스 슈밥(Klaus Schwab)에 의해 처음 언급된 4차 산업혁명은 3차 산업혁명을 기반으로 한 디지털과 바이오산업, 물리학 등의 경계를 융합하는 기술혁명이다. 일반인들에게는 다소 생소했던 개념인 '4차 산업혁명'이라는 용어는 이제 인간의 삶에 엄청난 파급력을 가져다주고 있지만 상상 속에서만 꿈꾸었던 미래생활과 기술들이 가져올 파급력은 제대로 어떤 변화를 가져오게 할지 제시되지 않고 있다. 이제 4차 산업혁명은 IT(Information Technology) 기술, 인공지능(Artificial Intelligence), 드론(Drone), 우주항공(Aerospace), 사물인터넷(Internet of Things), 가상현실(Virtual Reality), 생명공학(Biotechnology) 등이 연계되고 급속도로 발전되어 지금까지 볼 수 없었던 대혁명을 예고

하고 있다. 이러한 과학기술의 약진을 통해 이루어질 융합은 서로의 분야를 증폭시키는 상상하기 힘든 발전을 가져올 것이다.3) 과학기술과 디지털화가 모든 것을 완전히 바꾸는 세상이 될 것이다. 또한 4차 산업혁명의 과학기술은 인본주의, 맘몬사상 등과 어우러져 현세의 안일을 추구하는 풍조로 흐르고 있어 기독교 정신과는 거리가 멀다. 더 나아가 인간과 로봇의 섹스, 유전자 변형 등 하나님의 주권적 영역을 넘으려는 시도가 한창이다. 이러한 혁명적인 변화의 시대를 맞아 과연 기독교의 설자리가 어디인가를 심각하게 고민해야 할 때이다. 세계는 지금 디지털 기기와 물리적 환경 그리고 인간이 융합하는 새로운 시대를 내다보는 논의가 앞으로 파괴적 혁신을 가져다준다는 사실에 모두가 공감하고 있다. 이제 '인공지능(AI)'으로 대변되는 4차 산업혁명이 기독교와 어떤 연관이 있는지 사회적 화두를 넘어 기독교적 가치관을 다시 되짚어 보는 연구가 필요한 시점이다. 지난 2,000여 년 동안 한 번도 고민하지 않았던 성경적 세계관과의 충돌이 예상되는 4차 산업혁명의 도래에 어떻게 해야 할까? 이에 필자는 4차 산업혁명과 기독교의 방향에 대한 연구를 통해 한국교회가 나아갈 방향을 제시하고자 한다.

    필자는 다음과 같은 구조로 연구를 진행할 것이다. 우선 2장에서 4차 산업혁명 시대의 기술을 살펴보고자 한다. 글로벌 사회에서 오르내리던 유비쿼터스(Ubiquitous), 인공지능, 자율주행자동차, 유전공학, 뇌과학 등을 총망라하는 변화의 흐름이 4차 산업혁명을 불러온다. 필자는 다소 일반인들에게 생소한 인공지능(Artificial Intelligence), 빅 데이터(Big Data), 사물인터넷(Internet of Things) 등에 대해 알아보고 이들이 지닌 장단점들을 통해 4차 산업혁명이 가져올 미래가 긍정적인 것만은 아니라는 점을 지적하고자 한다. 3장에서는 4차 산업혁명시대의 문화를 살펴보고자 한다. 기독교는 문화와의 영속적인 관계에 있다. 그러므로 문화와 기독교 현장이 만나는 과정에서 상대방의 문화를 이해해야 하며 복음이 현장의 문화에 자리 잡게 해야 한다. 4장에서는 4차 산업혁명 시대에서의 기독교 전략을 통해 기독교가 나아갈 바른 방향성을 제시함으로서 4차 산업혁명 시대에 한국교회가 새로운 희망이 될 수 있음을 제시하고자 한다. 이어서 결론에서 전체 논의를 요약하고 4차 산업혁명 시대에서의 교회의 사명을 강조하며 결론을 맺고자 한다.

2. 4차 산업혁명 시대의 기술

우리는 우려가 현실이 되고 있는 4차 산업혁명 시대에 서 있다.[4] 산업이라는 단어에 혁명이라는 말이 덧붙여진 것에서도 알 수 있듯이 산업혁명은 기술혁신과 이에 수반하여 일어난 산업상의 변화가 사회, 경제 구조를 혁명적으로 변화시킨 결과를 두고 만들어진 말이다. 18세기 영국에서 시작된 증기기관과 기계화로 대표되는 1차 산업혁명, 19세기 말 전기를 이용한 대량생산이 본격화된 2차 산업혁명, 그리고 20세기 말에 인터넷이 이끈 컴퓨터 정보화 및 자동화 생산시스템이 주도한 3차 산업혁명에 이어 4차 산업혁명이란 IT(information technology)기술[5], 사물 인터넷(Internet of Things)[6], 가상현실 (Virtual Reality)[7], 인공지능(Artificial Intelligence)[8], 빅데이터(Big Data)[9], 우주항공(Aerospace), 생명공학(Biotechnology) 그리고 모바일(Mobile) 등 지능정보통신기술이 기존 경제와 산업, 사회 전반에 융합되어 혁신적인 변화가 만들어지는 차세대 산업혁명을 말한다.[10] 3차 산업혁명의 키워드가 정보화였다면, 4차 산업혁명의 키워드는 지능화다.

그렇다면 4차 산업혁명은 어떤 징조를 지니고 있는가? 시어스(Sears), 코닥(Kodak), 야후(Yahoo)는 몇 세대에 걸쳐 패러다임을 바꾼 혁신적인 기업들이다. 그리고 이들의 또 다른 공통점은 지금은 모두 몰락한 기업들이다. 이들 기업들은 지속적인 혁신과 미래를 보는 통찰이 부족했고, 자만에 빠졌으며 리더쉽이 부재했다. 그러나 우버(Uber), 에어비앤비(Airbnb)는 짧은 시간에 성공을 거두었으며, 주요 비즈니스 모델이 무형의 플랫폼에 기반하고 있다.11) 이제 기존의 전통적 산업구조를 파괴하고 새로운 개념의 비즈니스 모델이 발생하는 것은 전 세계적인 현상이며 징조이다.12) 이러한 공유경제의 활성화는 인간의 삶을 더욱 여유롭게 만들어 줄 것이고, 공동체 의식 회복에도 도움이 될 것이라는 낙관적 태도가 지배적이다.13)

미국의 경제학자 조지프 슘페터(Joseph Schumpeter, 1883-1950)가 1940년대 사용한 경제학 용어인 '창조적 파괴'는 기술혁신에 의해 새로운 것들이 창조되면서 낡은 것은 계속 파괴되고 끊임없이 경제구조가 발전해 가는 산업개편 과정을 뜻하는 경제학 이론이다. 2000년대 들어서서 창조적 파괴 현상을 이야기할 때 애플(Apple)을 거론하지 않을 수 없다.14) 망한 회사나 다름없는 애플에 1997년 스티브 잡스(Steve Jobs, 1955-2011)가 CEO로 복귀하면서 2000년대 중반 아이팟(iPod)과 2007년 아이폰(iPhone)을 내놓으면서 기사회생한다. 아이팟은 2018년까지 누적 10억 6,000만대가 팔렸고, 아이폰은 2021년까지 20억대를 판매했다. 철저한 디자인씽킹(design thinking) 전략과 브랜드 전략을 통해 개발한 제품으로 성공을 이루었다. 이어서 애플 생태계의 핵심 플랫폼인 아이튠즈(iTunes)와 앱스토어(app store)의 개발을 통해 세상을 변혁시키고 있다.15) 그러나 애플이 또 다른 혁신을 시도하지 않는다면 애플을 뛰어넘는 혁신기업이 어디선가 칼날을 갈고 있는지, 또 다른 '창조적 파괴'가 임박했을지 모를 일이다. 결국 국가나 기업이나 개인이 창의적 가치를 제시하는 통찰과 리더쉽을 확보하지 못한다면 4차 산업혁명 시대에서 퇴출당할 수밖에 없다는 사실을 인지해야 한다.

4차 산업혁명의 특징은 다음과 같다. 첫째, 초지능화(Hyper-Intelligent)이다. 초지능이란 인간의 지능을 뛰어넘는 인공지능을 말한다.[16] 지금까지의 1,2,3차 산업혁명은 인간의 육체노동이 기계로 대체하면서 자동화를 통해 생산성을 강화해 온 과정이다, 그러나 4차 산업혁명은 인공지능 발전으로 인해 로봇이 사람의 두뇌 역할을 하는 시대이다. 인공지능은 딥 러닝(심층학습)이라는 알고리즘을 가지고 스스로 학습하면서 발전하므로 상상 그 이상의 놀라운 진보를 보인다.[17] 둘째, 초 연결사회(hyper-connected society)로의 진입이다. 정보통신기술과 사물인터넷의 발전과 융합으로 모든 것이 네트워크 속으로 들어오게 된다. 자율적인 초지능과 초연결과 결합된 로봇이 만들어지면 스마트, 네트워크, 자율성을 갖춘 로봇도 등장하게 된다. 사물이 인터넷에 연결되는 사물 인터넷은 사물이 지능을 얻게 된다는 사실을 의미한다.[18] 셋째, 예측 가능성이다. 초연결성에서 비롯된 막대한 데이터를 분석하여 거기에 나타나는 일정한 패턴을 분석하고 그 결과를 토대로 인간과 사회의 행태와 방향을 예측하는 것이 가능하다.[19]

인공지능의 발전이 미래의 인간에게 희망이 될 것인지 위협이 될 것인지 예측할 수 없지만 인공지능 분야의 다양한 분야의 산업은 새로운 직업군을 만들어 낼 것이며 또한 그동안 누려온 많은 직업들이 사라질 것이다. 이러한 변화의 양상을 바라볼 때 기독교는 4차 산업혁명 시대가 가져올 다양한 문제와 현상에 대해 신학적 대답을 준비하고 있어야 하며 새로운 시대를 대비하는 전략이 필요하다.

정리하면 4차 산업혁명은 이 정보통신기술을 바탕으로 발달한 개별 산업들이 융합돼 지능산업화 되는 것이다. 필자는 지능정보통신기술이 기존 경제와 산업, 사회 전반에 융합되어 혁신적인 변화가 만들어지는 차세대 산업혁명 가운데 인공지능(Artificial Intelligence)과 빅 데이터(Big Data) 그리고 사물 인터넷(Internet of Things)에 대해 알아보고자 한다.

1) 인공지능(Artificial Intelligence)

인공지능은 인간이 가진 학습 능력과 지각 능력을 통해 무엇을 추론하는 능력이다. 그리고 자연 언어를 이해하는 능력 등을 컴퓨터 프로그램화하여 실현한 기술이다. 인공지능은 컴퓨터가 이러한 인간의 지적 행동을 잘 할 수 있게 하는 것이다. 쉽게 설명하면 인공지능이란 기계를 지능적으로 만드는 작업이다. 사람은 여러 분야의 전문가가 되는 것이 한계가 있고 어렵지만 인공지능은 네트워크를 통해서 가능하다. 그것은 일종의 협업 기능인데, 사람의 협업은 물리적 공간과 시간의 한계가 있지만 인공지능은 네트워크 안에서 그것을 극복할 수 있다.

2016년 구글 딥마인드(DeepMind)가 개발한 인공지능 바둑 프로그램 알파고(AlphaGo)가 세계 최고의 바둑기사인 이세돌 9단을 추풍낙엽처럼 쓰러뜨리며 큰 파장을 일으켰다.[20] 바둑만큼은 인공지능도 정복하지 못하리라고 생각했지만, 인간의 뇌를 모사해 스스로 '학습'하는 능력을 가진 알파고는 딥 러닝(Deep Learning)을 통해 인간의 인지 능력을 훨씬 뛰어넘는 초지능적 존재임을 증명했다.[21] 이는 겨우 꿀벌 정도의 지능을 확보한 인공지능이 벌인 일이었기에 더 큰 충격을 안겨다 주었다. 이미 각 산업 분야에서 인공지능의 일자리 대체 가능성은 급증하고 있다. 은행업무, 회계업무, 공무원의 행정 업무 대부분을 진화하는 알고리즘과 데이터 기술로 대체 가능하다. 인공지능의 공세는 전문직 일자리까지 위협하고 있다. 기자, 주식 트레이더, 법무 사무직의 직위를 위협하고 있다. 의료분야에서도 가능성 높은 질병명과 치료방법을 제시해 환자의 개인주치의 역할을 하는 시대가 멀지 않았다.22) 금융도 예외가 될 수 없다. 금융사업과 관련하여 확실한 것은 수백 명의 조직이 몇 명의 직원으로 축소될 수 있는 시대가 도래되었다. 골드만 삭스(Goldman Sachs)의 600여 명의 트레이더(Trader)가 2명으로 축소된 예가 바로 그것이다.23) 보험 산업도 마찬가지이다. 보험금 지급업무에는 전문가의 경험과 판단이 필수인데 이제는 인공지능으로 대체 가능하다. 각 산업 분야에서의 인공지능 왓슨의 활약은 미래 인간의 삶을 크게 변혁시킬 것으로 보인다.24) 그 진입 분야는 거의 모든 영역이라 해도 과언이 아니다.25) 마찬가지로 인공지능이 교회에 접목되면 성경의 이야기를 현실처럼 체험하고, 빅 데이터에 기반한 설교가 활성화될 것이라고 본다. 또 목회자를 대신해 설교하는 인공지능 로봇이 등장하는 것도 가능하다. 고도화된 인공지능이 현실화되면 목회자가 인공지능과 경쟁하는 구조가 형성되며 아무도 예측할 수 없는 방향으로 흘러갈 것이다.

2) 빅 데이터(Big Data)

인공지능의 핵심인 빅 데이터는 수치·문자·영상 데이터가 포함된 비정형의 대규모 데이터를 말한다. 기존의 데이터는 수동적 공유 및 단순 분석의 대상이었지만, 빅 데이터는 소비자들의 능동적인 공유, 상황인식, 상황 정보에 기반 한 실시간 분석과 예측을 쉽게 하는 기반이다.26) 이것은 금융 거래, 교육학습, 여가활동이나 전반적인 분야에서 활용되며 일상의 모든 분야 및 모든 행동에 데이터로 저장됨으로 질병의 예방 등에 많은 도움이 된다. 박성진 교수는 실생활의 모든 정보를 온라인화(O2O: Online to Offline)해서 사용자에게 최적의 환경을 제공하는 '스마트 홈'(Smart Home)을 대표적인 예로 들어 설명한다. 스마트 홈에 장착된 컴퓨터는 사용자의 생물학적 정보를 디지털화 하여 사용자가 필요로 하는 환경을 제공한다. 사용자가 운동을 하고 집에 돌아오면 사용자의 몸에 장착된 스마트 워치를 통해 심장박동 및 체온을 측정하여 중앙 컴퓨터에 자료를 제공하고, 중앙 컴퓨터는 최적의 환경으로 에어컨의 풍속, 풍향, 조명의 강도 등을 자동으로 조절한다. 사용자 데이터의 패턴을 분석하는 초지능성, 공간 속에 생활하는 사용자와 주변 사물의 빅 데이터를 통합하는 초연결성, 사용자 개인에게 최적의 환경을 제시할 수 있는 예측가능성의 시대가 되는 것이다.[27] 머지않은 미래에는 오락기기나 통신기기가 아닌 가정용 기기에 50% 이상의 인터넷 트래픽이 몰리게 되어 가정의 자동화가 빠르게 발달하게 된다. 가정뿐만이 아니라 5만 명 이상이 거주하지만 신호등이 하나도 없는 스마트 도시도 등장한다. 이는 도시들이 서비스, 공공사업. 도로를 인터넷과 연결하고 스마트하고 지능적인 기능을 적용해 데이터 분석과 예측 모델링을 통해 이루어내는 미래의 도시가 될 것이다.[28]

이처럼 4차 산업혁명은 빅 데이터 통계 기법을 통해 소비자의 욕구를 가장 정확하게 분석하고 파악하여 즉시 제품에 반영하는 기업이 시장을 주도하는 구조를 가져올 것이다. 4차 산업혁명의 중심에는 소비자의 욕구가 있고, 이를 최고, 최대로 만족시키기 위해 연관된 기술들을 융합하는 과정을 거치게 된다.

3) 사물 인터넷(Internet of Things)

사물 인터넷이란 인터넷을 기반으로 모든 사물을 연결하여 사람과 사물 혹은 사물과 사물 간의 정보를 상호 소통하는 지능형 기술이나 서비스를 말한다. 1969년 10월 29일 인류 최초의 인터넷 아르파넷(Arpanet) 두 컴퓨터는 접속 개시를 뜻하는 5바이트 크기의 한 단어 'Log In'을 전송하는 데 성공한다. 이런 인류 최초의 인터넷 연결이후 90년대 초 개인용 컴퓨터를 중심으로 100만 대의 기기가 인터넷에 연결되었고, 90년대 말 노트북이 가세하며 10억 대, 2010년에는 스마트 폰으로 120억 대의 기기가 인터넷에 연결되었다.[29] 처음 두 대의 컴퓨터를 연결했던 인터넷이 40년 뒤에 120억 개의 사물을 연결하게 되었다. 오라클(Oracle)의 CEO 마크 허드(Mark Hurd)는 앞으로 500억 개의 디바이스가 인터넷에 연결되면 그 데이터의 양은 상상할 수가 없을 것이라고 주장한다.[30] 이 지구상에 존재하는 모든 사물이 인터넷에 연결된다면 우리 세상은 상상할 수 없을 정도로 변할 것이다.[31] 연결(connectivity)은 많은 것을 바꾸어 놓는다. 사물 인터넷이 가장 활용될 분야 중의 하나는 의료 서비스이다. 환자, 병원, 약국을 연결해 효율적으로 약물 서비스를 제공할 수 있게 된다.[32] 사물 인터넷의 세상에서 사물들의 이야기는 센서를 통해서 들을 수 있게 된다. 중동의 오일 추출 장치에는 수천 개의 센서가 붙어 있고, A380 항공기에도 10만 개의 센서가 있어 모든 부분이 잘 작동되는지 알려준다. 인간이 개입되지 않고 이루어지는 사물들 간의 커뮤니케이션 그리고 이 연결을 가능하게 하는 기술과 그것으로 만들어진 세상을 사물 인터넷이라고 부른다. 센서로부터 얻은 정보를 활용하면 주차문제, 공해문제를 해결하고 농업 등의 생산성도 높이게 된다. 아울러 재난과 사고에 미리 대비할 수도 있고, 지진도 대비가 가능해진다. 사물 인터넷은 기업의 전략도 바꿀 뿐만 아니라 유통 분야의 혁신이 이루어진다.33) 스마트 하우스(Smart House)에서는 냉장고가 식료품점과 소통해 스스로 식품을 재주문할 수 있고, 욕실에 놓인 체중계는 식습관을 감시한다. 전원설비는 전력수요가 최고일 때 전력소비를 낮추고, 집 안의 조명은 스스로 조절한다. 사물 인터넷을 통해 상상할 수 없는 안락과 편의 도모가 가능해 지는 세상이 왔다. 사물 인터넷은 공상과학이 아니다. 이미 도래한 현실이다.34) 모든 상품이 유비쿼터스 통신 기반시설(Ubiquitous communication infrastructure)로 연결되고, 어디에나 있는 센서를 통해 자신이 처한 환경에 대해 정확히 인식 가능하게 된다.35) 사물 인터넷은 삶의 모든 기기를 인터넷으로 서로 연결하여 활용을 극대화하고, 무엇보다 상상력을 현실로 만든다는 사실이다. 그러나 긍정적인 것만 있는 것은 아니다. 이러한 상상력이 현실로 되는 미래세계에도 간과할 수 없는 부정적인 일들이 벌어질 것이라는 대부분의 우려가 있다. 클라우스 슈밥(Klaus Schwab)은 부정적인 결과를 다음과 같이 예측하고 있다. 첫째, 사생활 침해와 감시의 가능성이 있다. 둘째, 데이터 보완이 문제가 될 수 있다. 셋째, 현실도피와 중독이 생긴다. 넷째, 이익단체 내 양극화가 심화된다. 다섯째, 온라인 괴롭힘과 스토킹이 일어나다. 여섯째, 비숙련 노동력의 일자리가 감소된다. 일곱째, 사이버 공격에 대한 위험이 도사린다. 여덟째, 불평등이 심화된다.36)

  필자는 4차 산업혁명 가운데 인공지능(Artificial Intelligence)과 빅 데이터(Big Data) 그리고 사물 인터넷(Internet of Things)에 대해 알아보았다. 3장에서는 4차 산업혁명시대의 문화를 살펴보고자 한다. 기독교는 문화와의 영속적인 관계에 있다. 기독교는 문화와 만나는 과정에서 상대방의 문화를 이해해야 하며 복음이 현장의 문화에 자리 잡게 해야 한다.

3. 4차 산업혁명시대의 문화

4차 산업혁명은 이제 거스를 수 없는 거대한 흐름으로 진행되어 가고 있고, 이와 관련된 기술 분야들이 어떤 성취를 이루고 있는지 미디어를 통해 접할 수 있다.37) 기독교인들도 이러한 흐름으로부터 도피할 수 없다. 기독교인들은 4차 산업혁명 시대의 세상적인 문화를 성경적 관점에서 바라보고 올바른 방향을 제시하며 그릇된 문화는 고쳐가는 역할을 통해 참여해야 한다. 이윤석 박사는 기독교인들이 해야 할 일을 다음과 같이 주장한다. 첫째, 4차 산업혁명이라는 세상 문화에 대한 이해와 성경적 관점에서 어떻게 4차 산업혁명을 바라보아야 하는가에 대한 정리가 필요하다. 둘째, 4차 산업혁명의 기술들을 교회에 도움이 되도록 적용할 수 있는지에 대한 정리가 필요하다.38)

기독교인들이 4차 산업혁명이란 문화 현상에 대해 어떤 관점을 가질 것인가? 교회와 세상 문화는 어떤 관계를 갖는가? 그리고 교회는 4차 산업혁명에 대해 어떤 문화적 사명을 갖는가? 필자는 로버트 웨버(Robert Weber, 1933-2007)가 구분한 교회와 문화의 모형 중에 '변혁 모형'이 적합하다고 본다.39) 변혁 모형은 아우구스티누스(Augustinus, 354-430)의 신국론(De Civitate Dei)에서 비유하는 '하나님 나라'와 '세상 나라'가 서로 얽혀 있다는 사상을 계승한다. 세상 문화는 회복이 필요한 영역이다. 그러기에 변혁 모형에서 4차 산업혁명의 기술 분야가 한편으로는 하나님의 영광을 드러내는 면이 있지만, 다른 한편으로는 하나님을 대적하는 면이 있다는 것을 인식할 수 있어야 한다. 그러므로 기독교인들은 하나님이 요구하시는 도덕적 기준에 맞게 기술 발전과 활용의 경계를 지키며, 해도 되는 것과 하지 말아야 할 것을 지혜롭게 구분하여 일하는 사명이 있음을 알아야 한다. 이윤석 박사는 4차 산업혁명 시대에 기독교인들이 감당해야 할 문화적 사명을 다음과 같이 제시하고 있다. 첫째, 모든 문화 활동의 목적은 하나님의 영광을 위한 것이다. 둘째, 기독교인들은 선한 문화적 산물을 창출하기 위해 노력해야 한다. 셋째, 비기독교인들이 창출한 문화적 산물 가운데 선한 것들의 보존과 활용에 힘써야 한다. 넷째, 비기독교인들이 창출한 문화적 산물에 대해서는 비판하고 제거하는 일에 힘써야 한다. 다섯째, 비기독교인들에게 복음을 전달해야 한다. 여섯째, 세상을 판단하는 올바른 기준을 제시해야 한다. 일곱째, 하나님에 대한 예배가 회복되어야 한다. 여덟째, 동료 인간들의 행복한 삶에 기여해야 한다. 아홉째, 모든 피조세계가 회복되고 아름답게 보존되어야 한다.[40]

그러나 4차 산업혁명이 장밋빛 미래만 보장하는 것은 아니다. 그 이면에 어두운 그림자도 만만치 않다. 첫째, 인공지능의 발달에 따라 미래의 사회에서는 고용과 일자리가 크게 변화할 것으로 예측된다.[41] 이제는 인간이 하던 많은 일들이 컴퓨터와 인공지능에 의해 대체된다. 단순하고 반복적인 일뿐만 아니라 창의적인 영역까지 기계가 일을 대신하게 될 것이라는 전망이다. 세계경제포럼(WEF)은 4차 산업혁명의 여파로 2020년까지 기존의 일자리 710만 개가 사라지고, 전 세계 7세 아이들의 65%는 새로운 직업을 가질 것이라고 예측했다.[42] 둘째, 4차 산업혁명은 전통적인 제조업과 해운업, 운송업 등을 쇠퇴시킬 것으로 보인다. 자동화, 인공지능, 빅데이터, 3D프린터 등으로 인건비 비중이 줄어들면서 자국에서의 제조가 가능해지므로 그 결과 국제무역량의 감소로 해운업, 운송업이 쇠퇴하게 된다. 이미 해외 진출 기업들이 본국으로 돌아오는 리쇼어링(reshoring) 현상이 일어나고 있다. 셋째, 국가와 사회 그리고 개인들 사이에 더욱 심각한 부익부 빈익빈의 불균형과 양극화가 일어나게 될 것이다.[43] 경제 규모와 자본의 많은 차이로 인해서 이 격차는 훨씬 더 극복하기 힘든 차이가 될 것이다. 기술과 정보를 보유하지 못한 사회나 개인은 여러 가지 면에서 큰 불이익을 보게 될 것이다. 뿐만 아니라 노동 시간 단축은 충분한 소득을 못하게 되고, 이는 삶의 질을 높이기보다는 또 다른 일을 찾아다니게 됨으로써 불안정한 2중직 또는 3중직의 직업 활동을 하게 될 수 있다.44) 넷째, 4차 산업 혁명이 사회적으로는 민주주의에 위협이 될 수 있다. 이제 4차 산업 혁명에서 직면한 문제나 어려움을 소수의 전문가에게 맡기거나 거대 정보를 수학적 알고리즘에 의해 분석하는 기계의 판단에 맡기게 된다. 이렇게 되면 과학기술과 인간사이의 사회적 맥락이나 윤리적 영역들에 관한 반성적 사유의 기회를 갖기 힘들게 된다는 사실이다. 그래서 점차적으로 인간은 사유의 능력을 상실해 갈 수 있다는 것이다. 결국 공동의 선을 모색하고 발견하는데 어려움을 겪게 될 것이고, 건전한 사고와 비판 능력에 기초하는 민주주의는 그 뿌리부터 흔들릴 수밖에 없다.45)

기업 컨설턴트인 스티븐 코비(Stephen Covey, 1932-2012)는 인간이 지니고 있는 지능과 능력을 지성(Intelligence Quotient), 신체지능(Physical Quotient), 감성지능(Emotional Quotient), 영성(Spiritual Quotient)으로 구분했는데 4차 산업혁명으로 인해 이 4가지 지능의 균형이 불균형을 초래하고 깨어질 것이 우려된다고 보았다.46) 그러므로 4차 산업혁명이 지배하는 미래 사회에서는 지능의 균형이 깨어지고 불균형이 초래되는 승자 독식의 비인간화의 폐해를 짚어내고 저항하는 것이 이 시대 교회의 과제라는 사실을 잊어서는 안된다. 필자는 구글 검색이나 위키피디아를 통해 사실적 지식들을 확인할 수 있는 요즘 세상에서 지식 정보로 머리를 채우는 것이 아닌 깊이 사고하는 힘을 가진 사람들이 미래 사회에 살아남을 수 있다는 사실

을 강조하고 싶다.[47]

4장에서는 4차 산업혁명 시대에서의 기독교전략을 통해 기독교가 나아갈 바른 방향성을 제시함으로서 한국교회가 새로운 희망이 될 수 있음을 강조하고자 한다.

4. 4차 산업혁명 시대에서의 기독교전략

4차 산업혁명은 이전의 변화와는 근본적으로 다르다. 왜냐하면 인간의 육체를 대신하는 기술이 아니라 지능을 대신하는 것이기 때문이다. 우선 기계가 인간의 노동이 아닌 지적능력을 대체하는 '초지능적' 역할에 따라 인간소외 현상이 빚어질 수 있다. 인간이 지능으로 자연을 정복할 만큼 강해졌다면, 그 지능조차 보조하고 심지어 대체까지 할 수 있는 기술은 실로 가공할 힘을 행사할 수 있고 예측할 수 없는 결과를 가져올 수 있다. 그 무서운 힘이 반드시 건설적이고 결코 파괴적이지 않게 사용한다는 것을 어떻게 보장하겠는가? 자동화가 사람의 통제를 벗어나는 것을 허용해야 할 것인가?

지금까지의 1차, 2차, 3차 산업혁명이 이 세상의 일을 중심으로 다루어 왔다면, 현재 진행 중인 4차 산업혁명은 신의 영역까지 들어갔다. 이러한 4차 산업은 인간의 삶뿐만 아니라 종교계의 무서운 변화도 예측 가능하게 한다는 사실이다.[48] 4차 산업혁명은 인간의 오감을 자극하는 육과 인간의 죽음을 결정짓는 영의 문제까지 다루고 있다. 4차 산업혁명은 신이 필요치 않은 세상을 만들어 가고 있다. 종교는 있지만 신이 통치하는 세상은 없어지고 인간의 편리함과 유익을 추구하는 종교만 존재하게 된다는 것이다. 기독교의 근본적인 진리인 죄, 인간, 하나님이라는 구도 안에 예수 그리스도를 통해 죄 용서함을 받고 구원 받을 수 있다는 진리를 순식간에 무용지물로 만들고 기독교의 진리를 거짓으로 만들어버리는 것이 4차 산업혁명이다.49) 성경의 창조론은 성경 속의 신화적 이야기로만 자리 잡아가고, 대다수의 사람들은 성경보다 과학적 지식에 더 관심을 기울인다. 이제 이러한 시대를 맞이하는 교회는 생존의 기로에 서 있다는 사실을 간과해서는 안된다. 박길서 목사는 4차 산업혁명의 모든 지향점은 인간이 신이 되는 것으로, 4차 산업혁명의 목적지는 성경의 법칙과는 정반대의 지점에 있다는 것을 지적한다. 그는 4차 산업혁명이 가져 올 위기의식을 전혀 느끼지 못하는 한국교회와 목회자들에게 시대를 보는 안목을 넓힐 것과 그리고 성도들에게 시대를 보는 안목을 갖게 하고 성경을 철저히 바르게 가르치라고 권고한다.50)

4차 산업혁명 시대에 교회는 어떻게 대처해야 할까? 굳이 신을 의지하지 않아도 살아갈 수 있고, 과학의 절대성을 내세우며 기독교의 진리를 신화나 거짓으로 만들어버리는 4차 산업혁명 시대에 필자는 다음의 기독교전략이 필요하다고 본다.

첫째, 교회는 교회답게 영적인 공동체로서 기독교만의 가치와 삶의 방식을 분명하게 드러내는 공동체가 되어야 한다. 4차 산업혁명 시대에는 종교성에도 변화가 올 것이 분명하다. 4차 산업혁명 시대에는 개인의 취향과 필요에 대한 맞춤형 생산과 소비가 이루어지는 것처럼 종교와 신앙에 대한 욕구도 다양해지고 자기 나름의 방식으로 필요에 따라 신앙을 추구하는 경향이 강해질 것이다. 이러한 점에서 무엇보다도 중요한 것이 공동체이다. 사회가 아무리 복잡하고 다양해진다고 해도 인간은 공동체를 떠나 삶을 영위할 수 없다. 따라서 교회는 4차 산업혁명이 제공할 수 없는 공동체를 제공하는 것이 가장 중요한 역할이 될 것이다. 정보기술과 네트워크 환경이 신과 신앙을 대체할 수는 없다. 따라서 중요한 것은 기독교 정신을 4차 산업혁명이라는 새로운 환경에 담아서 어떻게 표현해 낼 것인가 하는 문제이다. 이를 위해서는 4차 산업혁명 시대에도 현대인들이 삶의 방향을 잃지 않고 안정되고 평안한 삶을 영위할 수 있도록 교회가 신앙공동체의 역할을 감당해야 한다. 시대와 환경의 변화에 흔들림 없이 신앙의 정수를 지켜내면서, 그것을 날마다 새로운 양식으로 표현하며 다음 세대와 소통할 수 있는 지혜가 절실히 요구된다.[51]

둘째, 교회 공동체 리더들은 수직적 사고를 버리고 수평적 사고를 해야 한다. 그리고 공동체 리더들은 4차 산업혁명의 시대에 다른 교회, 기관들과 협력하면 훨씬 더 성공할 가능성이 높다는 사실을 인식해야 한다. 세계경제포럼(WEF)의 클라우스 슈밥 회장은 4차 산업혁명 시대에 성공하기 위한 요건으로 4가지 기능을 말한다. 1) 아는 것을 잘 이용하는 '상황맥락 지능' 2) 타인과 관계를 잘 맺는 '정서지능' 3) 공동의 목적과 신뢰성을 활용하는 '영감능력' 4) 건강과 행복을 유지하는 '신체지능'을 갖춘 기업이 성공한다고 주장했다.[52] 클라우스 슈밥(Klaus Schwab)이 제시하는 상황맥락지능, 정서지능, 영감능력, 신체지능의 기능을 교회의 영적 리더들이 갖추도록 훈련하는 것이 필요하다고 본다.

셋째, 신학자, IT 전문가, 미디어 전문가, 사회과학자, 자연과학자 등 전 영역을 아우르는 네트워크가 활성화되어 '범기독교 미래를 위한 플랫폼'을 형성할 필요가 있음을 주장한다. 이는 4차 산업혁명 시대를 맞이한 한국 기독교계가 연구개발의 역량을 키우고 신학적, 조직적 연구와 융합적 대응책을 강구하기 위해 꼭 필요하다고 본다. 각종 소프트웨어 기술이 눈부시게 발전하는 4차 산업혁명 시대에는 인공지능과 빅 데이터 등 각종 기술을 잘 활용할 수 있는 능력이나 기술과 함께 이런 것들이 대체할 수 없는 분야의 역량이 동시에 요구된다는 것이다. 인공지능이 넘쳐나는 세상에서는 그에 대한 반감으로 인간성을 추구하는 현상이 생길 것이라고 본다. 직관, 감성, 창의성 등과 관련된 직업들은 생존가능하다[53] 네트워크 활성화는 4차 산업혁명 시대에 대응책을 효율적으로 제시할 수 있을 것이다.

　넷째, 기독교의 본질인 하나님의 구원 계획과 이웃 사랑을 실천하는 것이 절실하다고 본다. 교회는 본질을 잊어서는 안되고 진리를 사수하며 사명으로 주어진 복음을 증거해야 한다. 복음 자체를 더 정확하고 자세하게 전해야 한다. 4차 산업혁명 시대는 인간성과 자존감이 상실되고, AI 관련 범죄가 증대하며, 성경의 권위가 추락하는 도전에 직면하기 때문에 하나님 자녀로서의 자존감을 회복하여 복음전도와 이웃사랑을 실천하는 것이 필요하다. 4차 산업혁명으로 상실된 인간성을 회복하는 유일한 길은 세상이 어떤 변화를 도모하든 본질에서 떠나지 않으려고 노력하는 길임을 잊어서는 안된다. 4차 산업혁명의 기술이 인간의 육체의 기능을 회복시키고 수명을 연장해줄 수 있을지는 모르지만 영생의 문제를 해결할 수는 없다. 4차 산업혁명에 대한 이야기가 지속적으로 나오지만 예수님의 십자가를 통한 복음전도, 죽음의 문제와 영혼 구원, 영생의 문제만큼 중요한 것이 없다는 사실을 심각하게 인지하고 교회가 더 적극적으로 하나님을 얘기하는 것이 중요하다.[54] 4차 산업혁명 속에서 교회는 '영혼구원'과 '영적 성숙'에 푯대를 둬야 한다. 4차 산업혁명의 인공지능이라도 하나님을 상대하거나 관계할 수 없고, 진리의 성령을 통한 진리의 말씀의 역사를 모방하거나 흉내 낼 수 없고, 성령이 주는 길과 방향 등을 제시할 수 없다는 것을 선포해야 한다. 무엇보다 기계화되어 신과 인간, 인간과 인간 사이

관계가 단절 된 신앙 없는 시대에 오직 진리의 말씀, 진리의 복음으로, 성령의 감동을 따라 하나님 사랑과 이웃 사랑을 드러내는 목회가 어느 때보다도 필요한 시점임을 제시해야 한다.

다섯째, 교회가 지역사회와 함께 살아가는 참된 공동체가 되어야 한다. 간과할 수 없는 또 다른 심각한 문제는 4차 산업혁명이 가져오는 불평등과 윤리적인 문제이다. 이러한 불평등의 문제에 교회는 자본주의 시장의 논리를 극복할 수 있는 공적인 차원의 문화적 의미들을 생산해내서 공동의 선에 기여해야 한다.[55] 4차 산업혁명 시대에 기술이 발전되면서 교회는 이 공동선과 윤리적 가치의 문제를 점점 더 공론장에서 많이 부각해야 할 사명을 가지고 있다. 교회가 지역사회에서 문화적 혜택을 받지 못하는 주민들을 위한 문화목회 콘텐츠를 개발해 지역사회의 불평등 문제를 해결하고, 지역의 공동체성을 확장해나가야 한다.[56] 사회적 '양극화' 역시 사회와 교회 모두가 극복해야 할 과제다. 그러기에 교회는 디지털 문명에 익숙하지 못한 이들이 고립되지 않도록 적응력을 키워주고 반대로 지나치게 중독된 이들은 건강한 삶을 영위할 수 있도록 도와야 한다. 이제는 영성시대에 주목하여 성화(Sanctification)의 삶을 함께 살아가는 참된 '예수 공동체'가 요청된다.

여섯째, 교회는 적극적으로 인재양성을 해야 한다. 4차 산업혁명의 시대에는 새로운 지식을 이해하고 흡수하는 능력과 융합적 사고를 하는 능력 그리고 이를 기반으로 복합적으로 문제를 창의적으로 해결할 수 있는 능력을 갖춘 인재가 필요하다.[57] 이제 4차 산업혁명 시대에는 기술의 전지전능을 신봉하고 기계보다 인간의 가치를 더 낮게 두는 인간소외와 더불어 신을 부정하는 현상으로까지 이어질 수 있다는 사실을 인식하고, 세상을 기독교적 가치관에 근거해 더 유익하게 변화시키고 항상 미래를 바라보며 무슨 문제를 해결하고, 무엇을 만들 것인가를 고민하는 인재가 절실하다.

5. 나가는 글

대부분의 사람들은 4차 산업의 혜택을 누리고 있으면서도 4차 산업이 무엇인지 그리고 얼마나 무서운 것인지도 모른다. 이미 앞에서 언급한 것처럼 4차 산업이 사회에 엄청난 변화와 편의를 제공하는 것도 있지만, 기독교의 전체 뿌리를 흔드는 산업이 있음에도 교회는 어떠한 대책도 없이 맞이하고 있다. 4차 산업혁명 시대, 새로운 변화와 정책을 만들어 내는 기술의 도전에 대해 교회는 어떻게 응답할까?

경안신학대학원대학교의 박성원 총장은 '미래의 인공지능(AI)과 하나님 중 누가 퇴출되고 누가 남을 것인가'라는 질문에 세상의 많은 과학자들은 AI가 하나님이 될 것이라고 예언한다며, 인간과 기계가 결합해 영생이 가능해지는 트랜스휴먼의 탄생이 예측되는 가운데 인간의 종교적 성찰과 신앙적 깊이가 인공지능보다 깊어야 한다고 주장했다. 한국과학생명포럼 대표인 김흡영 박사는 한국교회도 인류의 미래가 결정되는 연구에 종사하고 있는 우리 기독교 과학자들과 엔지니어에게 필요한 가이드라인을 제공할 수 있는 최소한의 자정능력을 하루 빨리 갖춰야 한다고 충고했다.[58]

4차 산업혁명 시대에는 인공지능(Artificial Intelligence)과 빅 데이터(Big Data), 사물 인터넷(Internet of Things) 등의 하이테크들이 쓰이지 않은 분야가 거의 없을 정도로 삶의 대부분에서 인공지능이나 로봇과 같은 것들이 인간을 대신한다. 그러므로 인간 사이의 소통과 감성적 측면을 고려한 목회가 절대적으로 필요하다. 하이테크가 생명을 복제할 수 있을지는 몰라도 생명을 창조할 수는 없다. 나아가 영적 생명을 위한 일은 더더욱 할 수 없을 것이기에 영혼을 구원할 수 있는 유일한 건 복음뿐이라는 사실을 강조해야 한다. 미래에는 더욱더 성경이 말하는 영적 만족을 주는 교회, 영적 공동체를 추구하는 교회들이 살아남을 수 있다고 본다. 지금까지의 산업화는 높은 생산성이 최고의 목표였기에 이런 생산성 향상은 인간이 아닌 인공지능과 로봇 등이 얼마든지 감당할 수 있다. 따라서 4차 산업혁명 시대에 필요한 인재는 성경이 강조하고 있는 창의력과 인성, 개성 등의 역량을 갖춘 인재다. 사람은 다른 동물들과 구별되는 하나님의 형상이며 동시에 하나님을 의식하는 유일한 피조물이다. 그러므로 사람이 만든 인공지능이 이 속성을 대체할 수 없다는 사실을 분명히 해야 한다. 교회들은 4차 산업혁명이라는 거대한 변화에 대응하기 위해 개인적으로는 타인과의 소통을 통하여 공감과 협동을 이루어 타인과의 협력 관계를 연결하고 그것이 의미 있는 일로 확장될 수 있는 것이 무엇인지 그리고 사회에 기여할 수 있는 것이 무엇인지를 찾아내야 한다. 아울러 교회공동체는 공공의 가치를 추구하는 사회성이 더욱 더 개발되고 드러나야 된다.

바라기는 4차 산업혁명의 도전이 어떠한 것인지를 진지하게 공부하여 하나님이 우리 교회들에게 주시는 시대적 말씀이 어떠한지 성경적으로 충분히 이해하고 신앙적 무장을 철저히 그리고 분명히 하길 바라는 마음이다. 올바른 신학이 결여되어 있고, 거짓예언으로 혹세무민(惑世誣民)하는 목회자들이 더 이상 없도록 주변을 살피고 강하게 응징하고 대처하는 우리의 노력과 4차 산업혁명에 성경적으로 대응하는 교단과 교회의 노력들이 지속적으로 필요한 때이다.

주(註)

1) 미래전략정책연구원, 「10년 후 4차 산업혁명의 미래」 (고양: 일상과 이상, 2018), 7.
2) 1971년 독일 출신의 하버드대 경영학교수 클라우스 슈밥(Klaus Schwab)이 비영리재단 형태로 창립했으며 정식 명칭은 세계경제포럼(World Economic Forum: WEF)이지만 스위스 다보스(Davos)에서 매년 초 총회가 열려 '다보스 포럼'으로 더 잘 알려져 있다. 세계의 저명한 기업인, 경제학자, 저널리스트, 정치인 등이 모여 세계경제에 대해 연구하고, 토론하는 국제민간회의 기구이다.
3) Klaus Schwab, 「클라우스 슈밥의 제4차 산업혁명」, 송경진 옮김 (서울: 메가스터디, 2017), 10-1.
4) 장재준 외 2인, 「4차 산업혁명 나는 무엇을 준비할 것인가」 (서울: 한빛비즈, 2017), 35. 과학기술의 발전은 인간의 삶을 편리하게 할 것이란 기대가 있다. 그러나 인공지능과 로봇이 인간을 대체하면서 인간이 기계에 종속될 것이라는 비관적인 이야기를 간과해서는 안된다. 우리사회는 '언제 어디서나 원하는 것'을 모두 구현해 낼 수 있는 유비쿼터스 사회에 진입했고, 이런 변화에 효과적으로 대처하는 국가와 기업만 살아남는 시대가 됐다는 사실을 인식해야 한다.
5) 정보기술(IT)은 개인이나 단체, 그리고 국가의 정보화를 위한 모든 이론·방법론·시스템 등을 총망라한 용어이다. 하드웨어·소프트웨어·통신기술을 종합적으로 활용하는 정보기술은 작게는 자동화·전산화·시스템화를 위한 것이지만 크게는 정보사회의 구축을 그 목표로 삼는다.
6) 사물 인터넷이란 사람과 사물 그리고 공간이 인터넷에 연결되는 것이다. 대부분의 기기는 제어할 수 있는 마이크로 칩과 센서를 가지고 있다. 이것들에게 각각 인터넷 주소를 부여하고 연결하는 것이다. 이렇게 되면 사람이 원격으로 제어할 수도 있지만 동시에 사람의 개입 없이 기기끼리 상호간에 정보를 주고받아 처리할 수도 있다. 미래전략정책연구원, 「10년 후 4차 산업혁명의 미래」, 97-120을 참조할 것.
7) 현실의 특정한 환경이나 상황을 컴퓨터를 통해 그대로 모방하여 사용자가 마치 실제 주변 상황·환경과 상호작용을 하고 있는 것처럼 만드는 기술이다. 가상현실 기술은 인간의 원초적 욕망, 현실과 다른 세상을 꿈꾸는 욕망을 충족시켜줄 것이다. 가상 속에 일어나는 일이 현실처럼 느껴지는 것은 뇌를 착각하도록 만들어 가상을 현실로 인식하게끔 하기 때문이다. 1960년대 미국의 컴퓨터 과학자인 이반 서덜랜드(Ivan Edward Sutherland) 교수의 3D 컴퓨팅을 이용한 상호작용 연구에서 시작하여 비행기나 우주선의 조종을 위한 시뮬레이션 기술을 거쳐 발달했다. 디지 캐피탈(Digi-Capital)은 가상현실 시장규모가 2020년에 1,500억 달러에 이를 것으로 전망했다. 박길서, 「4차 산업과 그리스도인의 재림」 (서울: 북랩, 2018), 83.
8) 인공지능은 컴퓨터가 인간의 지적 행동을 잘 할 수 있게 하는 것이다. 이 인공지능

이 활용되는 분야는 다양하지만 의사의 진단과 손해배상 보험료의 판정 등에서 활용되고 언어의 번역과 통역 부분에서의 역할은 타 언어권 사람들에 대한 선교의 활용에 많은 도움이 있을 것으로 기대한다.
9) 과거 아날로그 환경에서 만들어지던 데이터에 비해 그 규모가 훨씬 방대하고, 생성주기가 짧으며, 형태도 수치·문자·영상 데이터가 포함된 비정형의 대규모 데이터를 말한다. 개인이 어느 분야를 검색하면 그 검색 기록이 자동적으로 데이터화되어 저장된다.
10) 4차 산업혁명은 단순한 기술발전이 아니라 정보통신기술이 다양한 산업들과 결합하여 지금까지 인류가 경험하지 못한 새로운 형태의 제품과 서비스, 비즈니스를 만들어 내는 기술혁명이다.
11) 장재준 외 2인, 「4차 산업혁명 나는 무엇을 준비할 것인가」, 44-57. 기존의 자동차 산업이 제시하는 소유의 개념을 파괴하고 공유와 고객중심 서비스를 제공하는 우버(Uber)는 2017년 1월 기준 기업가치가 70조원을 넘어섰고, 오프라인 숙박 시설을 전혀 보유하지 않은 에어비앤비(Airbnb)도 2017년 1월 기준 기업가치가 35조원을 넘어섰다.
12) 앞으로는 생산된 제품을 소유하지 않고 여러 사람들이 대여하고 차용을 하여 사용하는 협력 소비 경제인 공유경제가 확산될 것이다. 박찬홍 외 3인, 「사람중심으로 만들어가야 할 4차 산업혁명」(서울: 책과 나무, 2017), 18-24.
13) 최인수 외 4인, 「2018 대한민국 트랜드」(서울: 한경준, 2017), 220.
14) 애플은 1976년 스티브 잡스(Steve Jobs, 1955-2011)와 스티브 워즈니악(Steve Wozniak)이 세운 IT 브랜드다, 사용자 중심의 기술과 세련된 디자인으로 큰 인기를 얻으며 성장했으며 컴퓨터부터 노트북, MP3, 스마트 폰으로 이어지는 IT 업계의 흐름을 선도하여 가장 높은 브랜드 가치를 지닌 기업 중 하나로 자리매김 했다. 2012년 세계 10대 기업의 순위는 애플, 엑스 모빌, 페트로 차이나, 마이크로소프트, ICBC, 월마트, IBM, 차이나 모바일, GE, AT&T였다. 그로부터 5년 후인 2017년 세계 10대 기업 순위는 1위 애플, 2위 구글, 3위 마이크로소프트, 4위 아마존, 5위 페이스북, 6위 바크셔 헤써웨이, 7위 엑슨 모빌, 8위 존슨 & 존슨, 9위 텐센트, 10위 알리바바 순이다. 새로운 플랫폼을 제공하는 기업들이 대거 약진했다는 사실을 주목해야 한다. 이영미, 이윤석, "4차 산업혁명 시대 코딩 기술과 교회교육,"「신앙과 학문」, 23/2 (2018): 219-20.
15) 장재준 외 2인, 「4차 산업혁명 나는 무엇을 준비할 것인가」, 70-6. 아이튠즈(iTunes)는 아이폰, 아이팟, 아이패드 등에서 음악, 동영상, 사진 파일을 재생하고 전송 가능한 플랫폼이다.
16) 박찬홍 외 3인, 「사람중심으로 만들어가야 할 4차 산업혁명」, 73.
17) 정기묵, "4차 산업혁명 시대의 선교,"「선교신학」, Vol. 48 (2017): 265-94.
18) 박찬홍 외 3인, 「사람중심으로 만들어가야 할 4차 산업혁명」, 74.
19) 정재영, "4차 산업혁명 사회에서 교회의 의미는?,"「목회와 신학」, 262 (2017년 9

월): 162-7.
20) 장재준 외 2인, 「4차 산업혁명 나는 무엇을 준비할 것인가」, 30.
21) 딥 러닝(Deep Learning)은 사람처럼 스스로 지식을 계속 쌓아가면서 공부하는 인공지능 학습이다.
22) 장재준 외 2인, 「4차 산업혁명 나는 무엇을 준비할 것인가」, 31-2. 실제로 IBM의 왓슨은 2,000만 건이 넘는 암 관련 논문 등을 학습하며 데이터를 축적했다. 왓슨은 이미 한국의 병원에서도 그 진가를 나타내고 있다. 길병원과 부산대병원, 대구 가톨릭대병원, 대구 계명대 동산병원, 대전 건양대병원 등에서 도입해 암 진단에 활용하고 있으며, 의사의 결정과 왓슨의 결정이 상이할 경우 자신의 생명이 걸린 경우에도 환자들이 왓슨을 선호했다는 사실은 인공지능이 우리생활에 보편화 될 때 사람들이 어떻게 선택하고 행동할 지를 보여주는 상징적인 일이라고 볼 수 있다. 왓슨은 IBM 전체 매출의 10%를 넘는 규모로 2015년 10조원 매출을 넘어섰다.
23) 장재준 외 2인, 「4차 산업혁명 나는 무엇을 준비할 것인가」, 247.
24) 미래전략정책연구원, 「10년 후 4차 산업혁명의 미래」, 122. 미국 보스턴컨설팅그룹은 10년 후 인공지능이 전 세계 일자리의 25%를 대체할 것이라고 전망했다. 옥스퍼드대학교는 미국 내 직업 가운데 47%가 20년 내에 인공지능에 의해 대체될 것이라고 내다봤다.
25) 박병기, 「제4차 산업혁명 시대의 리더쉽, 교육 & 교회」 (수원: 거꾸로미디어, 2018), 36.
26) 박찬홍 외 3인, 「사람중심으로 만들어가야 할 4차 산업혁명」, 84. 빅 데이터와 결합된 인공지능은 대출신청자의 채무불이행 가능성을 예측할 수 있다. 빅 데이터를 통한 수천가지의 변수를 고려한 신용평가 모델의 활용이 가능하다는 사실이다.
27) 박성진, "성육신화 목회로 4차 산업혁명 도전 극복해야," [온라인자료] http://www.christiantoday.co.kr/news/314083, 2019년 7월 4일 접속.
28) Klaus Schwab, 「클라우스 슈밥의 제4차 산업혁명」, 203-8.
29) 이는 오늘날 물질계에 존재하는 사물 중 1%도 되지 않는다. 그럼에도 우리의 삶과 사회는 엄청난 변혁을 이루었다는 사실이다.
30) 오라클(Oracle Corporation)은 미국 캘리포니아 주에 본사를 둔 매출 규모 세계 2위의 소프트웨어 회사이다. 이 회사의 대표적인 제품인 오라클 DBMS는 세계 최고의 점유율을 차지하고 있다.
31) 한국경제TV산업팀, 「4차 산업혁명 세상을 바꾸는 14가지 미래 기술」 (서울: 지식노마드, 2018), 122-4.
32) 박병기, 「제4차 산업혁명 시대의 리더쉽, 교육 & 교회」, 38.
33) 한국경제TV산업팀, 「4차 산업혁명 세상을 바꾸는 14가지 미래 기술」, 126-40.
34) Klaus Schwab 외 26인, 「4차 산업혁명의 충격」, 김진희 외 2인 옮김 (서울: 넥스트웨이브미어, 2017), 57-9.

35) Klaus Schwab, 「클라우스 슈밥의 제4차 산업혁명」, 199.
36) 위의 책, 200-25.
37) 미래전략정책연구원, 「10년 후 4차 산업혁명의 미래」, 14-5. 세계경제포럼은 2025년에 벌어질 일들을 다음과 같이 예측한다. 1) 세계인구의 10%가 인터넷에 연결된 의류를 입고 스마트 글라스를 착용한다. 2) 1조 개의 센서가 인터넷에 연결된다. 3) 미국 최초의 로봇 약사가 등장한다. 4) 미국 도로를 달리는 자동차 중 10%가 자율주행 자동차가 된다. 5) 3D 프린트로 제작된 간이 이식된다. 6) 인공지능이 기업 감사의 30%를 수행한다. 7) 가정용 기기의 50% 이상이 인터넷과 연결된다. 8) 자가용보다 카 셰어링(Car Sharing)을 이용하는 사람이 늘어난다. 9) 5만 명 이상이 거주하지만 신호등이 없는 스마트 시티(Smart City)가 등장한다.
38) 이윤석, 「4차 산업혁명과 그리스도인의 삶」 (서울: 기독교문서선교회, 2018), 24-6.
39) Robert Weber, 「기독교 문화관」, 이승구 역 (서울: 토라, 2008), 191-219. 로버트 웨버는 문화에 대한 그리스도인들의 관점이 어떠해야하는지를 잘 정리해 주었다. 그의 책 「기독교 문화관」(원제/ The secular saint)은 기독교인들의 문화관을 세 가지 모델로 구분한다. 분리 모델: 세상과 완전히 구별된 모델이다. 동일시 모델: 문화와 타협하거나 문화와의 긴장을 인정함으로서 삶의 구조에 참여하는 모델이다. 변혁 모델: 복음을 통해 궁극적으로 변화의 대상으로서 문화를 바라보는 모델이다. 분리 모델과 동일시 모델은 부적절한 모델이며 그 대안이 변혁 모델이다. 변혁 모델은 분리와 동일시 모델이 가진 특징을 적절히 절충하면서도 성경이 도전하는 성도로서의 삶을 보여준다.
40) 이윤석, 「4차 산업혁명과 그리스도인의 삶」, 170.
41) 박찬홍 외 2인, 「사람중심으로 만들어가야 할 4차 산업혁명」, 26-7.
42) 미래전략정책연구원, 「10년 후 4차 산업혁명의 미래」, 17.
43) 박찬홍 외 2인, 「사람중심으로 만들어가야 할 4차 산업혁명」, 30-1. 빅 데이터를 처리하는 핵심 중앙정보센터의 투자 규모는 천문학적이어서 기업 간 연합과 합병이 불가피하고 이에 따라 승자독식이 강한 기술제국주의의 위험성으로 불균형과 양극화가 심화될 것이다.
44) 인력이 필요했던 분야에 이제는 로봇이 투입되면서 일자리가 줄어들고 있다. 일자리의 잠식은 곧 대다수 생산노동계급의 잠식을 의미하고 이로 인해 대다수 사람이 경제적으로 빈곤에 처해 빈익빈 부익부가 가속될 수 있다.
45) 정재영, "4차 산업혁명 시대에 교회는," [온라인자료] http://www.goodnews1.com/news/news_view.asp?seq=81500, 2019년 7월 1일 접속.
46) 박찬홍 외 2인, 「사람중심으로 만들어가야 할 4차 산업혁명」, 78-9.
47) Roberta Golinkoff, Kathy Hirsh-Pasek, 「4차 산업혁명시대 미래형 인재를 만드는 최고의 교육」, 김선아 옮김 (서울: 예문아카이브, 2019), 21.
48) 박길서, 「4차 산업과 그리스도인의 재림」, 121.

49) 4차 산업의 발달은 질병과 노화를 정복하고, 영생불사, 인공지능인간, 유전자인간, 합성인간, 복제인간 등이 공존하는 시대를 만들어 심판과 사망을 정복하여 하나님의 존재성마저 단칼에 없애 버린다.
50) 박길서, 「4차 산업과 기독교의 위기」 (서울: 좋은땅, 2019), 241-59.
51) 정재영, "4차 산업혁명 시대에 교회는," [온라인자료] http://www.goodnews1.com/news/news_view.asp?seq=81500, 2019년 7월 1일 접속.
52) 미래전략정책연구원, 「10년 후 4차 산업혁명의 미래」, 25.
53) 위의 책, 146.
54) 시간과 공간, 실제와 가상, 사물과 생명, 인관과 기계, 자연과 기능의 경계가 모호해지는 시대에 교회는 인간이라는 존재의 의미와 가치, 죄와 구원에 관해 기독교적 관점에서 현대인들에게 설명하고 삶의 길을 찾아가도록 제시할 책무가 있다.
55) 모든 사람이 그 공동체 안에서 최대한의 잠재력을 발휘할 수 있는 데까지 돕는 것이 공동선이다.
56) 모든 사람이 함께 더불어 사는 문화를 경험할 수 있게끔 만드는 좋은 장치로 적용될 수 있게 힘을 기울여야 한다.
57) 장재준 외 2인, 「4차 산업혁명 나는 무엇을 준비할 것인가」, 39.
58) 표현모, "기술 도전에 교회는 더 깊은 영성으로 응답해야," [온라인자료] http://www.pckworld.com/article.php?aid=7809521707, 2019년 7월 2일 접속.

"주의 말씀은 내 발에 등이요 내 길에 빛이니이다"
시편 119편 105절

기독교철학 길라잡이

지 은 이	김 종 걸
발 행 인	김 선 배
초 판 발 행	2022년 2월 14일
등 록 번 호	출판 제6호(1979. 9. 22)
발 행 처	한국침례신학대학교 출판부 (하기서원)
주 소	대전광역시 유성구 북유성대로 190 (34098)
전 화	(042)828-3257
홈 페 이 지	http://www.kbtus.ac.kr
이 메 일	public@kbtus.ac.kr

값 25,000원

ISBN 979-11-89528-26-3   93230